2025年春 受験用　解答集

鹿児島県

ラ・サール中学校

2017～2011年度の7年分

本書は，実物をなるべくそのままに，プリント形式で年度ごとに収録しています。
問題用紙を教科別に分けて使うことができるので，本番さながらの演習ができます。

■　収録内容

・解答集（この冊子です）

書籍ＩＤ番号，この問題集の使い方，リアル過去問の活用，解答例と解説，
ご使用にあたってのお願い・ご注意，お問い合わせ

・2017（平成29）年度　～　2011（平成23）年度　学力検査問題

JN132443

○は収録あり 年度	'17	'16	'15	'14	'13	'12	'11
■ 問題収録	○	○	○	○	○	○	○
■ 解答用紙	○	○	○	○	○	○	○
■ 解答	○	○	○	○	○	○	○
■ 解説	○	○	○	○	○	○	○
■ 配点※	○	○	○	○	○	○	○

※社会のみ配点非公表，他教科は大問ごとにあり

☆問題文等の非掲載はありません

もっと過去問！シリーズ

教英出版

■　書籍ＩＤ番号

入試に役立つダウンロード付録や学校情報などを随時更新して掲載しています。
教英出版ウェブサイトの「ご購入者様のページ」画面で，書籍ＩＤ番号を入力してご利用ください。

書籍ＩＤ番号　186046

（有効期限：2025年9月30日まで）

【入試に役立つダウンロード付録】
「中学合格への道」

■　この問題集の使い方

年度ごとにプリント形式で収録しています。針を外して教科ごとに分けて使用します。①片側，②中央のどちらかでとじてありますので，下図を参考に，問題用紙と解答用紙に分けて準備をしましょう（解答用紙がない場合もあります）。

針を外すときは，けがをしないように十分注意してください。また，針を外すと紛失しやすくなりますので気をつけましょう。

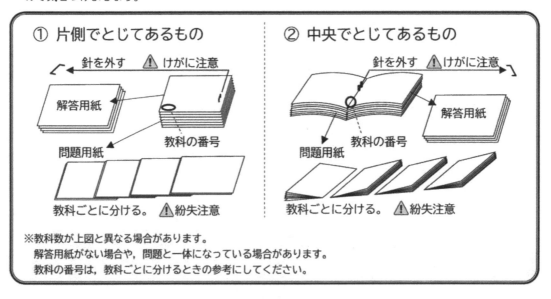

① 片側でとじてあるもの　　② 中央でとじてあるもの

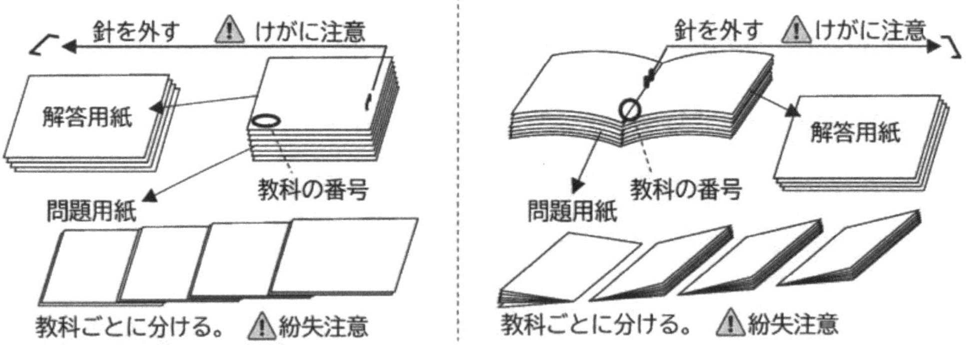

※教科数が上図と異なる場合があります。
解答用紙がない場合や，問題と一体になっている場合があります。
教科の番号は，教科ごとに分けるときの参考にしてください。

リアル過去問の活用

～リアル過去問なら入試本番で力を発揮することができる～

本番を体験しよう！

問題用紙の形式（縦向き／横向き），問題の配置や余白など，実物に近い紙面構成なので本番の臨場感が味わえます。まずはパラパラとめくって眺めてみてください。「これが志望校の入試問題なんだ！」と思えば入試に向けて気持ちが高まることでしょう。

入試を知ろう！

同じ教科の過去数年分の問題紙面を並べて，見比べてみましょう。

① 問題の量

毎年同じ大問数か，年によって違うのか，また全体の問題量はどのくらいか知っておきましょう。どのくらいのスピードで解けば時間内に終わるのか，大問ひとつにかけられる時間を計算してみましょう。

② 出題分野

よく出題されている分野とそうでない分野を見つけましょう。同じような問題が過去にも出題されていることに気がつくはずです。

③ 出題順序

得意な分野が毎年同じ大問番号で出題されていると分かれば，本番で取りこぼさないように先回りして解答することができるでしょう。

④ 解答方法

記述式か選択式か（マークシートか），見ておきましょう。記述式なら，単位まで書く必要があるかどうか，文字数はどのくらいかなど，細かいところまでチェックしておきましょう。計算過程を書く必要があるかどうかも重要です。

⑤ 問題の難易度

必ず正解したい基本問題，条件や指示の読み間違いといったケアレスミスに気をつけたい問題，後回しにしたほうがいい問題などをチェックしておきましょう。

問題を解こう！

志望校の入試傾向をつかんだら，問題を何度も解いていきましょう。ほかにも問題文の独特な言いまわしや，その学校独自の答え方を発見できることもあるでしょう。オリンピックや環境問題など，話題になった出来事を毎年出題する学校だと分かれば，日頃のニュースの見かたも変わってきます。

こうして志望校の入試傾向を知り対策を立てることこそが，過去問を解く最大の理由なのです。

実力を知ろう！

過去問を解くにあたって，得点はそれほど重要ではありません。大切なのは，志望校の過去問演習を通して，苦手な教科，苦手な分野を知ることです。苦手な教科，分野が分かったら，教科書や参考書に戻って重点的に学習する時間をつくりましょう。今の自分の実力を知れば，入試本番までの勉強の道すじが見えてきます。

試験に慣れよう！

入試では時間配分も重要です。本番で時間が足りなくなってあわてないように，リアル過去問で実戦演習をして，時間配分や出題パターンに慣れておきましょう。教科ごとに気持ちを切り替える練習もしておきましょう。

心を整えよう！

入試は誰でも緊張するものです。入試前日になったら，演習をやり尽くしたリアル過去問の表紙を眺めてみましょう。問題の内容を見る必要はもうありません。どんな形式だったかな？受験番号や氏名はどこに書くのかな？…ほんの少し見ておくだけでも，志望校の入試に向けて心の準備が整うことでしょう。

そして入試本番では，見慣れた問題紙面が緊張した心を落ち着かせてくれるはずです。

※まれに入試形式を変更する学校もありますが，条件はほかの受験生も同じです。心を整えてあせらずに問題に取りかかりましょう。

算　数

平成29年度　解答例・解説

《解答例》

1　(1) $4\frac{1}{2}$　(2)2280　(3) $4\frac{2}{7}$

2　(1) $\frac{1}{3}$　(2)男子…53　女子…50　(3)7.85　(4)72　(5)3，38

3　(1)180　(2)7.2

4　(1)2：35　(2)4：3　(3)7：3

5　(1)右図　(2)17：7

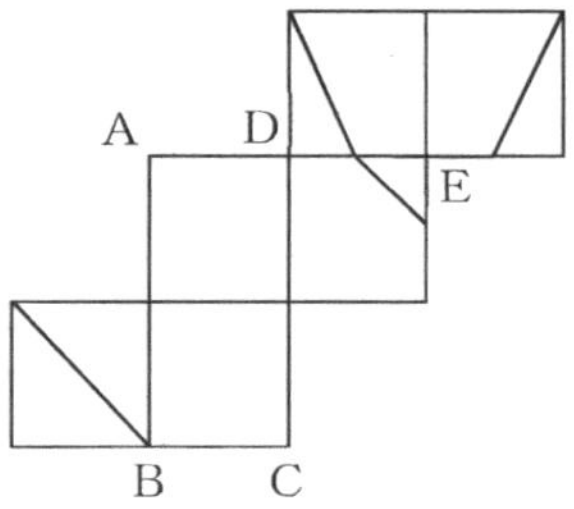

6　(1)27　(2)［イ］cm…3，30　［イ］＋［ウ］cm…10，30　(3)イ．21　ウ．20　エ．11

《解　説》

1　(1)　与式$=\frac{1}{3}+(\frac{10}{3}-\frac{3}{2}\div\frac{9}{5})\div\frac{3}{5}=\frac{1}{3}+(\frac{20}{6}-\frac{5}{6})\times\frac{5}{3}=\frac{1}{3}+\frac{15}{6}\times\frac{5}{3}=\frac{1}{3}+\frac{25}{6}=\frac{27}{6}=\frac{9}{2}=4\frac{1}{2}$

(2)　与式$=63\times19-21\times37+62\times54-93\times16$

$=(21\times3)\times19-21\times37+(31\times2)\times54-(31\times3)\times16$

$=21\times57-21\times37+31\times108-31\times48=21\times(57-37)+31\times(108-48)=21\times20+31\times60=420+1860=2280$

(3)　与式より，$2\div\{\square-2\div(\frac{10}{12}-\frac{3}{12})\}=2\frac{3}{4}-\frac{5}{12}$　$2\div(\square-2\div\frac{7}{12})=\frac{7}{3}$　$\square-2\times\frac{12}{7}=2\div\frac{7}{3}$

$\square-\frac{24}{7}=\frac{6}{7}$　$\square=\frac{6}{7}+\frac{24}{7}=\frac{30}{7}=4\frac{2}{7}$

2　(1)　(分母)＝$(369-3)\times456+369=369\times456-3\times456+369=369\times456-1368+369=369\times456-999$ となるから，

与式$=\frac{123\times456-333}{369\times456-999}=\frac{123\times456-333}{(123\times456-333)\times3}=\frac{1}{3}$

(2)　13：11の比の13－11＝2にあたるのが8人だから，比の1あたりは8÷2＝4(人)となる。したがって，この日の出席者は，男子が4×13＝52(人)，女子が52－8＝44(人)となる。

よって，求める人数は，男子が52＋1＝53(人)，女子が44＋6＝50(人)である。

(3)　円の半径を□cmとし，右図のように補助線を引き，記号をおく。

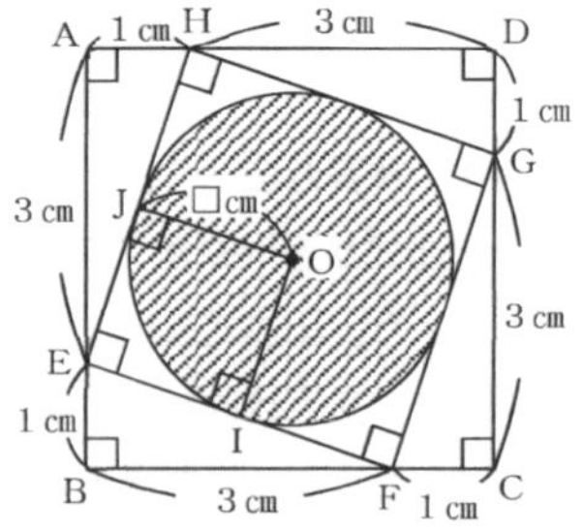

正方形ABCDの面積は(3＋1)×(3＋1)＝16(㎠)であり，三角形AEH，三角形BFE，三角形CGF，三角形DHGの面積はすべて3×1÷2＝1.5(㎠)である。したがって，正方形EFGHの面積は16－1.5×4＝10(㎠)となる。正方形EIOJは正方形EFGHを4等分した図形だから，その面積は10÷4＝2.5(㎠)となる。これより，□×□＝2.5となるから，求める円の面積は，□×□×3.14＝2.5×3.14＝7.85(㎠)

⑷　右図のように記号をおく。また，並べた正方形の１辺の長さを１とし，例えば縦が２，横が３の長方形を［２，３］と表して，各長方形が何個まで入るかを調べる。［１，１］は３×４＋２＝14(個)入る。また，右図の太線のように，［１，２］は長方形ＡＢＣＤの中に縦に３個，横に３個入り，長方形ＥＦＧＨの中に１個入るから，３×３＋１＝10(個)入る。同様に数えると，［１，３］は６個，［１，４］は３個入る。さらに，［２，１］は長方形ＡＢＩＦ，長方形ＧＪＣＤの中にそれぞれ２個入り，長方形ＥＩＪＨの中に縦に３個，横に２個入るから，２×２＋３×２＝10(個)入る。同様に数えると，［２，２］は７個，［２，３］は４個，［２，４］は２個入る。また，［３，１］は６個，［３，２］は４個，［３，３］は２個，［３，４］は１個入る。そして，［４，１］は２個，［４，２］は１個入る。

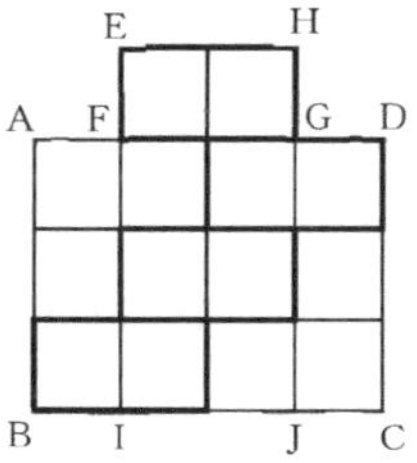

以上より，求める個数は，14＋10＋６＋３＋10＋７＋４＋２＋６＋４＋２＋１＋２＋１＝72(個)

⑸　同じ道のりを進むとき，かかる時間は速さに反比例するので，帰りの速さが行きの$\frac{5}{6}$倍だから，帰りの走る時間の合計は行きの走る時間の合計の$\frac{6}{5}$倍である。３時間＝180分だから，180÷(30＋５)＝５余り５より，行きは１回走って１回休む35分の区切りを５回くり返し，さらに５分走るとＢ町に着く。したがって，行きの走る時間の合計は30×５＋５＝155(分)だから，帰りの走る時間の合計は155×$\frac{6}{5}$＝186(分)である。186÷40＝４余り26より，帰りは，１回走って１回休む40＋８＝48(分)の区切りを４回くり返し，さらに26分走るとＡ町に着く。これより，帰りにかかる時間は，186＋８×４＝218(分)となる。よって，218分＝３時間38分

3　⑴　６％の食塩水360ｇにふくまれる食塩の量は360×0.06＝21.6(ｇ)である。水を加えてもこの量は変わらないから，４％の食塩水が21.6÷0.04＝540(ｇ)できる予定だった。よって，求める水の量は，540－360＝180(ｇ)

⑵　できた食塩水にふくまれる食塩の量は900×0.04＝36(ｇ)である。したがって，200ｇの食塩水Ａにふくまれる食塩の量は36－21.6＝14.4(ｇ)とわかる。よって，求める濃度《のうど》は，14.4÷200×100＝7.2(％)

4　三角形ＰＥＣの面積を１とする。また，例えば三角形ＰＥＣの面積を，(三角形ＰＥＣ)と表す。

⑴　三角形ＤＥＣと三角形ＰＥＣの底辺をそれぞれＤＥ，ＰＥとしたときの高さは等しい。したがって，これらの三角形の面積の比は底辺の長さの比に等しい。

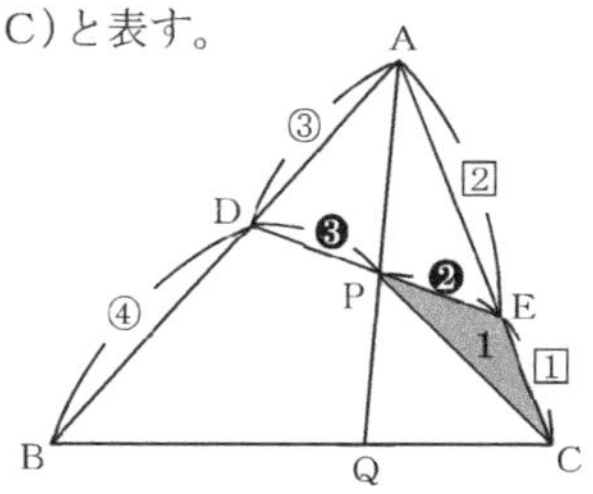

これより，(三角形ＤＥＣ)＝(三角形ＰＥＣ)×$\frac{\mathrm{DE}}{\mathrm{PE}}$＝１×$\frac{3+2}{2}$＝$\frac{5}{2}$となる。

以下，同様に考えると，三角形ＤＡＣと三角形ＤＥＣにおいて，

(三角形ＤＡＣ)＝(三角形ＤＣＥ)×$\frac{\mathrm{AC}}{\mathrm{EC}}$＝$\frac{5}{2}$×$\frac{2+1}{1}$＝$\frac{15}{2}$

三角形ＡＢＣと三角形ＤＡＣにおいて，(三角形ＡＢＣ)＝(三角形ＤＡＣ)×$\frac{\mathrm{AB}}{\mathrm{AD}}$＝$\frac{15}{2}$×$\frac{3+4}{3}$＝$\frac{35}{2}$

よって，求める面積の比は，１：$\frac{35}{2}$＝２：35

⑵　右図のように，点Ａ，Ｐから辺ＢＣに垂直な直線を引き，辺ＢＣと交わる点をそれぞれＨ，Ｉとする。また，２点Ｂ，Ｐを結ぶ。

⑴の解説をふまえて順に調べると，(三角形ＰＡＥ)＝２，(三角形ＰＤＡ)＝３，(三角形ＰＤＢ)＝４とわかる。これより，

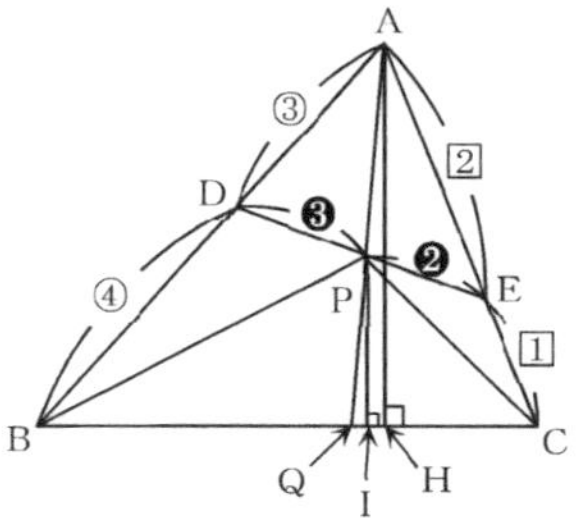

(三角形ＰＢＣ)＝(三角形ＡＢＣ)－(三角形ＰＥＣ)－(三角形ＰＡＥ)

－(三角形ＰＤＡ)－(三角形ＰＤＢ)

＝$\frac{35}{2}$－１－２－３－４＝$\frac{15}{2}$

したがって，三角形ＡＢＣと三角形ＰＢＣの面積の比は$\frac{35}{2}$：$\frac{15}{2}$＝７：３となる。三角形ＡＢＣと三角形ＰＢＣの底辺をともにＢＣとしたときの高さは，それぞれＡＨ，ＰＩとなるから，ＡＨ：ＰＩ＝７：３とわかる。これより，三角形ＱＡＨは三角形ＱＰＩを$\frac{7}{3}$倍に拡大した図形となるから，ＡＱ：ＰＱ＝７：３となる。
よって，ＡＰ：ＰＱ＝(７－３)：３＝４：３

(3)　右図のように，点Ｂ，ＣからＡＱを延長した直線に垂直な直線を引き，ＡＱと交わる点をそれぞれＪ，Ｋとする。(2)の解説から，
(三角形ＰＡＢ)＝(三角形ＰＤＡ)＋(三角形ＰＤＢ)＝７，
(三角形ＰＡＣ)＝(三角形ＰＥＣ)＋(三角形ＰＡＥ)＝３
三角形ＰＡＢ，三角形ＰＡＣの底辺をともにＡＰとしたときの高さは，それぞれＢＪ，ＣＫとなるから，ＢＪ：ＣＫ＝７：３となる。三角形ＱＢＪは三角形ＱＣＫを拡大した図形だから，ＢＱ：ＱＣ＝ＢＪ：ＣＫ＝７：３

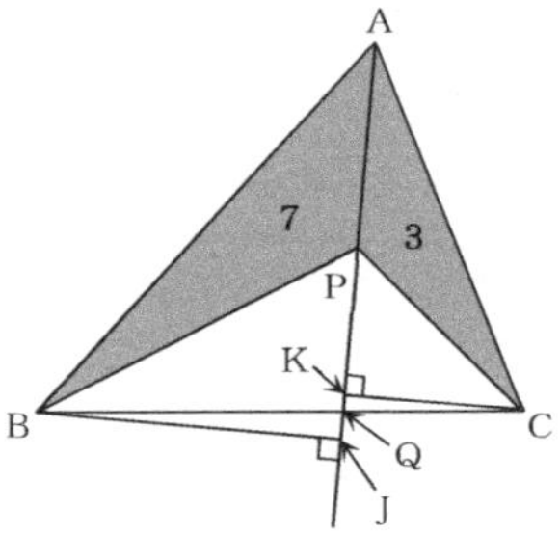

5　(1)　立方体や直方体を切断するとき，向かい合う面にできる切り口の線は平行になることから，(図１)の立方体の切り口は，右の図①のようになる。ただし，点Ｎは辺ＤＥの真ん中の点である。したがって，展開図上で，点Ａと点Ｂ，点Ｂと点Ｍ，点Ｍと点Ｎ，点Ｎと点Ａをそれぞれ結べばよい。なお，(図２)の展開図に記号を書きこむと，右の図②のようになる。

図①

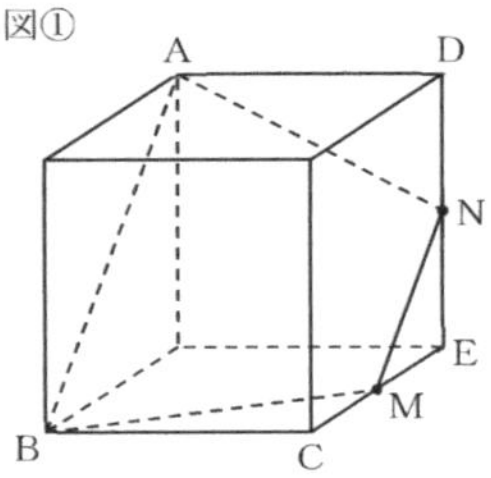

図②

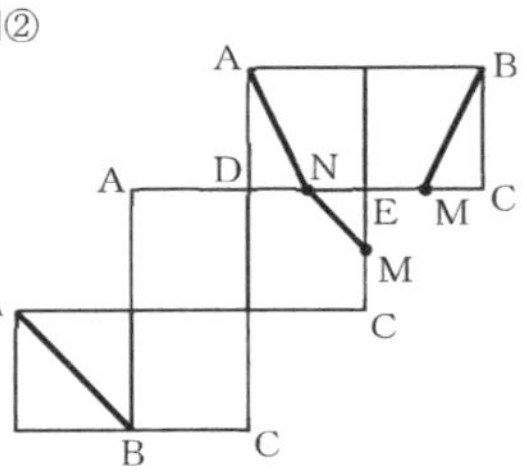

(2)　立方体の１辺の長さを６とし，右のように作図する。ただし，点Ｐは，ＦＥ，ＡＮ，ＢＭをそれぞれ延長した直線の交わる点である。
立方体の体積は６×６×６＝216である。
ＮＥ＝ＤＥ×$\frac{1}{2}$＝６×$\frac{1}{2}$＝３より，三角形ＮＥＰは三角形ＡＦＰを$\frac{1}{2}$倍に縮小した図形だから，ＦＥ＝ＥＰ＝６，ＦＰ＝６＋６＝12となる。
同様に，ＭＥ＝ＣＥ×$\frac{1}{2}$＝３だから，三角すいＰＥＮＭの体積は，
(３×３÷２)×６÷３＝９となる。また，三角すいＰＦＡＢの体積は，(６×６÷２)×12÷３＝72となるから，切り分けられた立体のうち，点Ｆをふくむ方の立体の体積は，72－９＝63となる。よって，求める体積比は，
(216－63)：63＝17：７

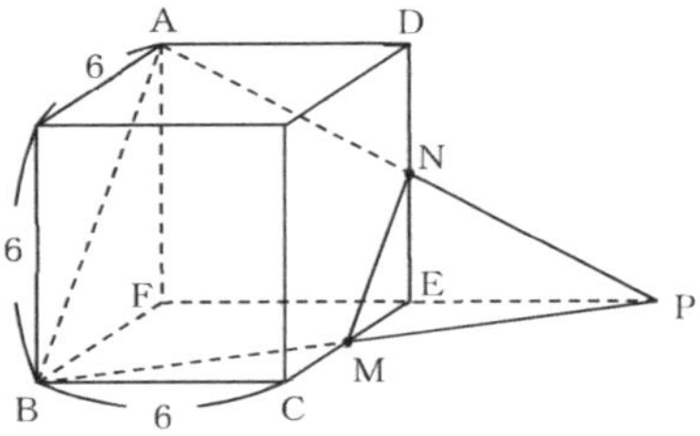

6　右図は，水そうを正面から見たものであり，水そうの水が入る部分を下から順にａ，ｂ，ｃとする。
(1)　グラフより，ａの部分では水面が毎分６㎝上昇し，ｃの部分では(52－50)÷(16－15)＝２より，水面が毎分２cm上昇する。したがって，ａとｃの底面積の比は６：２＝３：１の逆比に等しく１：３となる。この底面積の比は，ａとｃの横の長さの比に等しいから，ｃの横の長さは30×$\frac{3}{1}$＝90となる。よって，ア＝90－30－33＝27

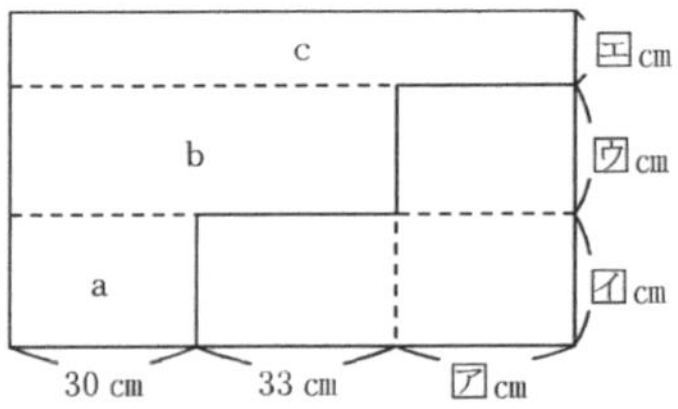

⑵　aとbの底面積の比は30：(30＋33)＝10：21となるから，1分間に上昇する水面の高さの比はこの逆比に等しく21：10となる。したがって，bの部分では，$6\times\frac{10}{21}=\frac{20}{7}$より，水面が毎分$\frac{20}{7}$cm上昇する。
45÷60＝0.75より，8分45秒＝8.75分である。水を入れ始めてから8.75分後の水面がaの部分にあるとすると，このときの水面の高さが6×8.75＝52.5(cm)となって，問題と合わない。また，8.75分後の水面がcの部分にあるとすると，満水になるまでの16－8.75＝7.25(分)では水面が2×7.25＝14.5(cm)しか上がらず，満水になるまでに水面は52－36＝16(cm)上がる必要があるので，問題に合わない。以上のことから，8.75分後の水面は，bの部分にあるとわかる。
8.75分間ずっと水面が毎分$\frac{20}{7}$cmの割合で上昇したとすると，水面の高さは$\frac{20}{7}\times 8.75=25$(cm)となり，実際の水面の高さに36－25＝11(cm)足りない。1分間の上昇する割合を毎分6cmにすると，水面の高さは$6-\frac{20}{7}=\frac{22}{7}$(cm)高くなるから，毎分6cmの割合で上昇した時間は，$11\div\frac{22}{7}=3.5$(分間)とわかる。したがって，水面の高さが[イ]cmになるのは，3.5分後，つまり3分30秒後である。
また，水を入れ始めてから8.75分後から後の，7.25分間ずっと水面が毎分$\frac{20}{7}$cmの割合で上昇したとすると，水面の高さは$\frac{20}{7}\times 7.25=\frac{145}{7}$(cm)となり，残りの水そうの高さより$\frac{145}{7}-16=\frac{33}{7}$(cm)高くなる。1分間の上昇する割合を毎分2cmにすると，水面の高さは$\frac{20}{7}-2=\frac{6}{7}$(cm)低くなるから，毎分2cmの割合で上昇した時間は，$\frac{33}{7}\div\frac{6}{7}=5.5$(分間)とわかる。したがって，水面の高さが[イ]＋[ウ]cmとなるのは，16－5.5＝10.5(分後)，つまり10分30秒後である。
⑶　⑵より，[イ]＝6×3.5＝21
また，bに水を入れた時間は10.5－3.5＝7(分)だから，[ウ]$=\frac{20}{7}\times 7=20$
さらに，グラフより[イ]＋[ウ]＋[エ]＝52だから，[エ]＝52－21－20＝11

平成28年度 解答例・解説

《解答例》

1　(1) $2\frac{1}{6}$　(2)388　(3) $\frac{1}{2012}$

2　(1)9729　(2)3360　(3)15.84　(4)19　(5)２ｇの玉…Ｂ　３ｇの玉…Ｆ

3　(1)11　(2)50

4　(1)10：3　(2)78　(3)16.25

5　(1)7　(2)154　(3)2314，2315

6　(1)552　(2)(ア)右図　(イ)39

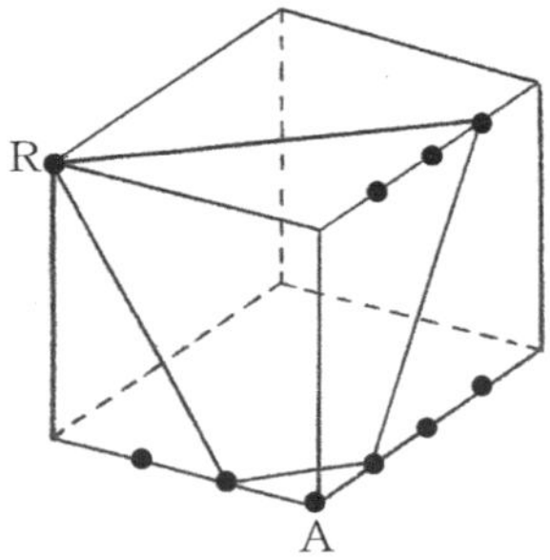

《解　説》

1　(1)　与式 $=\frac{7}{3}\times\frac{33}{14}-(5-\frac{2}{3}\div\frac{2}{5})=\frac{11}{2}-(5-\frac{5}{3})=\frac{11}{2}-\frac{10}{3}=\frac{13}{6}=$ **$2\frac{1}{6}$**

(2)　与式 $=19.4\times15\times1.7-19.4\times3.5\times4+19.4\times8.5=19.4\times(25.5-14+8.5)=19.4\times20=$ **388**

(3)　与式より，$1+1\div(3+1\div\square)=\frac{2016}{2015}$　　$1\div(3+1\div\square)=\frac{2016}{2015}-1$　　$3+1\div\square=1\div\frac{1}{2015}$

$1\div\square=2015-3$　　$\square=1\div2012=$ **$\frac{1}{2012}$**

2　(1)　９□□９は23と47の公倍数だから，最小公倍数である $23\times47=1081$ の倍数である。

千の位に注目すると，$9\square\square9=1081\times9=$ **9729** とわかる。

(2)　同じ距離を進むときのかかる時間の比は速さの逆比に等しくなるから，毎分70ｍの速さと毎分84ｍの速さで進むときにかかる時間の比は，$\frac{1}{70}:\frac{1}{84}=6:5$ である。この比の $6-5=1$ が $5+3=8$（分）にあたるから，毎分70ｍの速さで進むと，$8\times6=48$（分）かかるとわかる。よって，求める距離は，$70\times48=$ **3360（ｍ）**

(3)　右のように作図して，おうぎ形ＯＡＢの面積から，㋐，㋑，㋒の面積を引く。

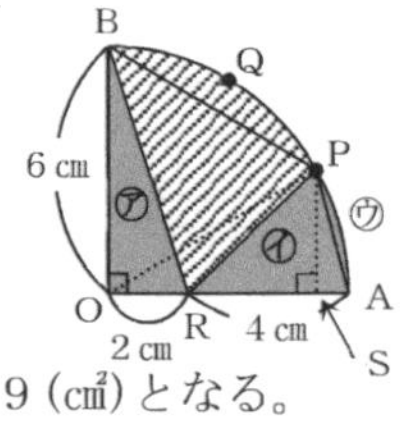

㋐の面積は，$2\times6\div2=6$（㎠）

角ＡＯＰ $=90\times\frac{1}{3}=30$（度）だから，三角形ＯＰＳは１辺の長さが６㎝の正三角形を半分にした図形とわかり，$\text{PS}=6\times\frac{1}{2}=3$（㎝）となる。このことから，㋑の面積は $4\times3\div2=6$（㎠）となり，㋒の面積は $6\times6\times3.14\times\frac{30}{360}-6\times3\div2=3\times3.14-9$（㎠）となる。

よって，求める面積は，$6\times6\times3.14\times\frac{90}{360}-\{6+6+(3\times3.14-9)\}=6\times3.14-3=$ **15.84（㎠）**

(4)　できる３けたの整数は，小さい順に，111，112，113，121，122，123，131，132，211，212，213，221，223，231，232，311，312，321，322の **19通り** である。

(5)　Ａ，Ｃ，Ｄ，Ｅの４個とＢ，Ｆの２個の重さの関係から，重さが１ｇの玉はＡ，Ｃ，Ｄ，Ｅの４個で，重さが２ｇの玉と３ｇの玉は，ＢかＦとわかる。Ｂ，Ｃ，Ｄの３個の重さと，Ｅ，Ｆの２個の重さが等しいため，Ｂの方がＦより１ｇ軽いとわかるから，２ｇの玉は **Ｂ**，３ｇの玉は **Ｆ** である。

3　ＢよりＡを多く混ぜたときよりも，ＡよりＢを混ぜたときの方が濃度《のうど》が高いため，Ａの濃度の方が低い。

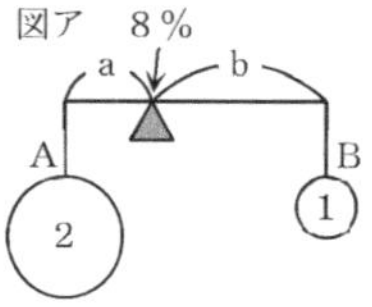

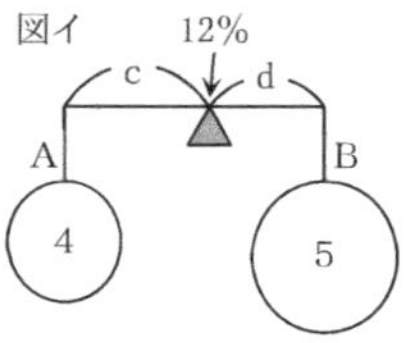

(1)　８％の食塩水，12％の食塩水ができる場合それぞれについて，てんびん図を考えると，右の図ア，図イのようになる。
図アにおいてａ：ｂ＝$\frac{1}{2}:\frac{1}{1}$＝１：２，図イにおいて
ｃ：ｄ＝$\frac{1}{4}:\frac{1}{5}$＝５：４だから，右の図ウの線分図を考えると，１目盛りは(12－８)÷２＝２(％)にあたるとわかり，Ａの濃度は８－２×３＝２(％)，Ｂの濃度は12＋２×４＝20(％)となる。

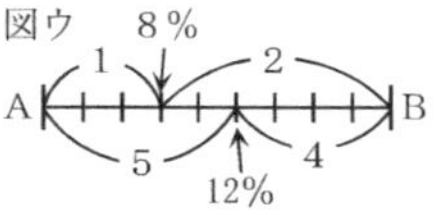

１：１の割合で混ぜると，ちょうど真ん中の濃度の食塩水ができるから，求める濃度は，$\frac{2+20}{2}$＝**11(％)**

(2)　右の図エのようにてんびん図を作図すると，ｅ：ｆ＝(17－２)：(20－17)＝５：１となるから，ＡとＢを$\frac{1}{5}:\frac{1}{1}$＝１：５の割合で混ぜればよいとわかる。
17％の食塩水を300ｇ作るから，Ａは，300×$\frac{1}{1+5}$＝**50(ｇ)**使う。

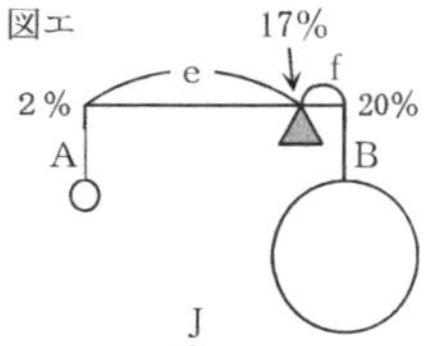

4　高さが等しい三角形の面積の比は底辺の長さの比に等しいから，右の図の三角形ＨＫＬの面積は，(三角形ＨＩＪの面積)×$\frac{HK}{HI}\times\frac{HL}{HJ}$で求められることを利用する。

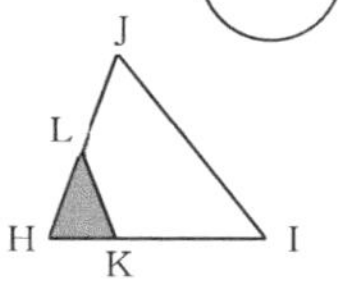

(1)　長方形ＡＢＣＤの面積を１とすると，三角形ＡＥＤの面積は三角形ＡＢＤの面積に等しく，$\frac{1}{2}$となる。また，三角形ＤＥＦの面積は，
(三角形ＢＣＤの面積)×$\frac{EC}{BC}\times\frac{FD}{CD}=\frac{1}{2}\times\frac{3}{2+3}\times\frac{1}{2}=\frac{3}{20}$となるから，求める面積比は，$\frac{1}{2}:\frac{3}{20}$＝**10：３**

(2)　三角形ＡＥＤと三角形ＤＥＦの面積比は，底辺をともにＥＤとしたときの高さの比に等しいから，右の図の色をつけた直角三角形の対応する辺の長さの比は，ａ：ｂ＝10：３となる。
このため，ＡＧ：ＦＧ＝10：３だから，三角形ＡＥＦの面積は，
(三角形ＡＥＧの面積)×$\frac{AF}{AG}=60\times\frac{10+3}{10}$＝**78(cm²)**

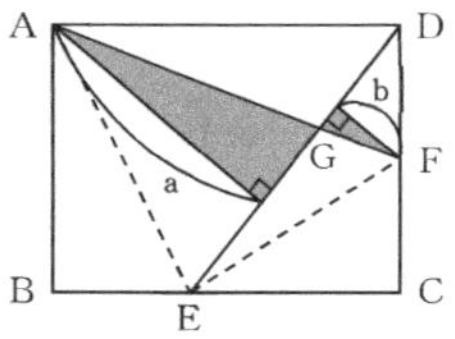

(3)　三角形ＡＥＦの面積が長方形ＡＢＣＤの面積の何倍かがわかれば，長方形ＡＢＣＤの面積から辺ＡＤの長さが求められる。(1)と同様に長方形ＡＢＣＤの面積を１とすると，
三角形ＡＢＥの面積は，(三角形ＡＢＣの面積)×$\frac{BE}{BC}=\frac{1}{2}\times\frac{2}{5}=\frac{1}{5}$
三角形ＣＥＦの面積は，三角形ＤＥＦの面積と等しく，$\frac{3}{20}$
三角形ＡＤＦの面積は，(三角形ＡＣＤの面積)×$\frac{FD}{CD}=\frac{1}{2}\times\frac{1}{2}=\frac{1}{4}$
したがって，三角形ＡＥＦの面積は$1-\frac{1}{5}-\frac{3}{20}-\frac{1}{4}=\frac{2}{5}$となるから，長方形ＡＢＣＤの面積は，$78\div\frac{2}{5}$＝195(cm²)である。よって，辺ＡＤの長さは，195÷12＝**16.25(cm)**

5　(1)　１～９までの９個の１けたの数のうち，５の倍数は１個だから，できた数字の列に１けたの数の分の数字は９－１＝８(個)含まれる。また，10～99までの90個の２けたの数を，10から順に５個ずつのグループに分けていくと，１グループの中の４個の数の数字４×２＝８(個)が，できた数字の列に含まれる。このグループは全部で90÷５＝18(グループ)できるから，できた数字の列に２けたの数の分の数字は，８×18＝144(個)含まれる。したがって，左から100番目の数字は，２けたの数の分の数字の100－８＝92(個目)にあ

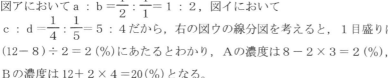

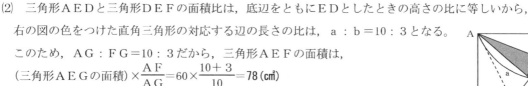

たる。92÷８＝11 あまり４より，求める数は第 12 グループの１＋４÷２＝３(番目)の一の位である。

第 12 グループは 10＋５×11＝65 から始まるグループだから，求める数は 67 の一の位の**7**となる。

⑵　はじめて出てくる０は，はじめて十の位に現れる０だから，101 の十の位の０である。

⑴の解説から，99 の一の位の９は８＋144＝152(番目)に並ぶとわかり，153 番目は 101 の百の位の１だから，求める番号は，**154 番目**となる。

⑶　はじめて現れる 00 は，はじめて百の位と十の位に現れる 00 だから，1001 の百の位と十の位である。

２けたの数と同様に(⑴の解説参照)，100～999 までの 900 個の３けたの数を 100 から順に５個ずつのグループに分けていくと，１グループの中の４個の数の数字３×４＝12(個)が，できる数字の列に含まれる。このグループは全部で 900÷５＝180(グループ)できるから，できた数字の列に３けたの数の分の数字は 12×180＝2160(個)含まれる。したがって，1001 の千の位の１は，152＋2160＋１＝2313(番目)に並ぶから，はじめて０が隣り合うのは，**2314 番目と 2315 番目**である。

6 ⑴　３個の立方体をずらさずに積み上げた場合と比べて，ずらしたことで増えた表面を調べると，右の図のように，増えた表面は縦が２cmで横が６cmの長方形４つ分である。ほかの表面は，１辺の長さが６cmの正方形５＋４＋５＝14(個)にあたるから，求める表面積は，

(６×６)×14＋(２×６)×４＝**552(cm²)**

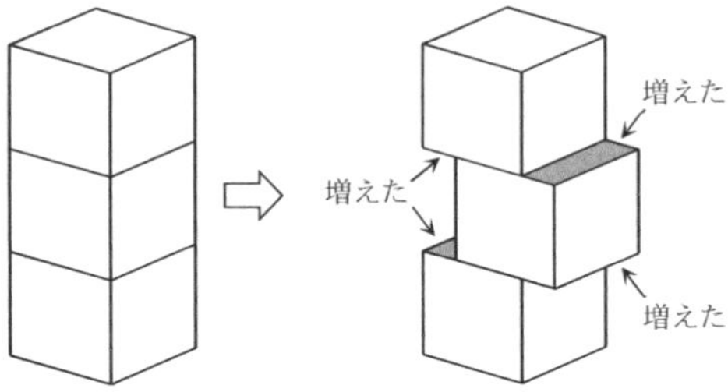

⑵(ア)　右のように作図して，Ｓ，Ｔ，Ｕの順に切り口の通る点の位置を調べていく。

三角形ＲＢＳと三角形ＱＣＳは同じ形の直角三角形だから，ＢＳ：ＣＳ＝ＲＢ：ＱＣ＝３：１となるため，点ＳはＢＣを４等分する点のうち，Ｃに最も近い点である。

三角形ＰＤＲと三角形ＳＶＴは同じ形の直角三角形だから，ＤＲ：ＶＴ＝ＰＤ：ＳＶ＝２：１となる。ＤＲ＝ＥＡであり，点ＶがＥＡを４等分する点のうちＥに最も近い点であることから，点ＴはＥＡを４等分する点のうち，Ａに最も近い点である。

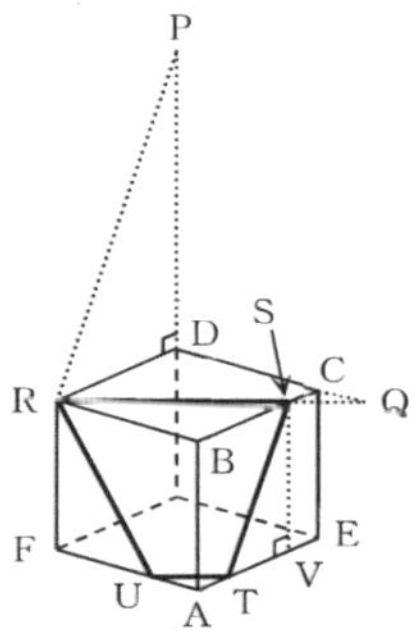

三角形ＲＢＳと三角形ＵＡＴが同じ形の直角三角形だから，ＲＢ：ＵＡ＝ＢＳ：ＡＴ＝３：１より，点ＵはＡＦを３等分する点のうち，最もＡに近い点となる。

(イ)　(ア)の解説において，ＢＳ＝$6\times\frac{3}{4}$＝4.5(cm)，ＡＴ＝$6\times\frac{1}{4}$＝1.5(cm)，ＵＡ＝$6\times\frac{1}{3}$＝２(cm)である。このため，体積を求める立体を，右の図のように三角すいと四角すいに分けて体積を求めると，

$(2\times1.5\div2)\times6\times\frac{1}{3}+\{(4.5+1.5)\times6\div2\}\times6\times\frac{1}{3}=$**39(cm³)**となる。

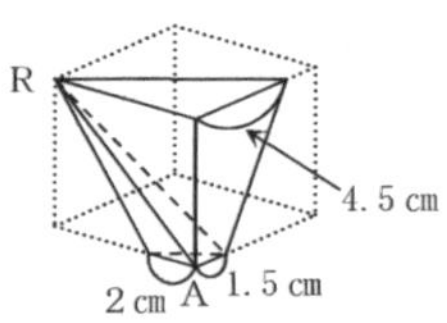

平成27年度 解答例・解説

《解答例》

1　(1)259　(2)$\frac{3}{5}$　(3)$\frac{1}{4}$

2　(1)$12\frac{6}{7}$　(2)$\frac{1}{8}$　(3)A．72.2　B．58.6　C．33.2　(4)32　(5)7 : 3

3　(1)0，$49\frac{1}{11}$　(2)4，$5\frac{5}{11}$　(3)27

4　(1)7 : 20　(2)7 : 6

5　(1)図…下図　影の面積…125　(2)図…下図　影の面積…187.5

6　(1)4.8，320　(2)$2\frac{2}{3}$

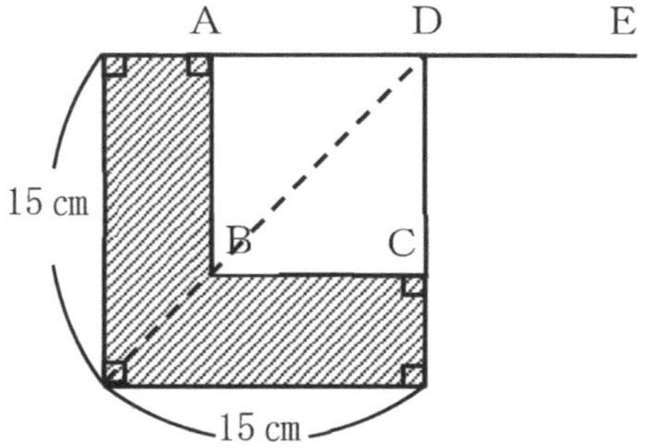

5(1)の図

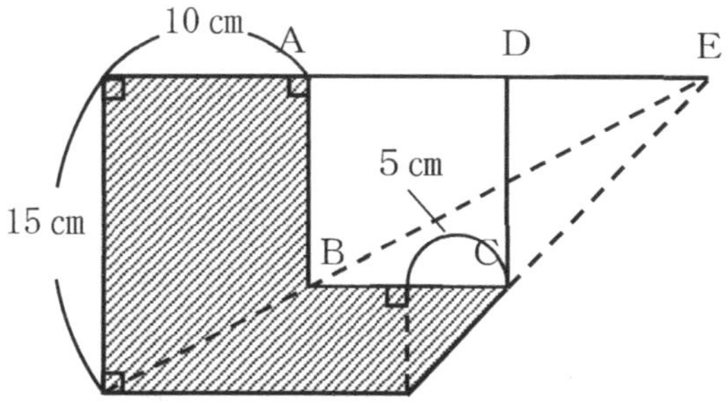

5(2)の図

《解　説》

1 (1)　与式＝37×10×4－37×3×12＋37×3＝37×(40－36＋3)＝37×7＝**259**

(2)　与式＝$5-3\times\{1\frac{11}{21}-(\frac{30}{35}-\frac{28}{35})\}$

$=5-3\times(1\frac{11}{21}-\frac{2}{35})=5-3\times(1\frac{55}{105}-\frac{6}{105})=5-3\times1\frac{49}{105}=5-3\times\frac{22}{15}=\frac{25}{5}-\frac{22}{5}=\mathbf{\frac{3}{5}}$

(3)　与式より，$6\times(\frac{11}{18}-\square)-\frac{2}{3}=2\div\frac{4}{3}$　$6\times(\frac{11}{18}-\square)-\frac{2}{3}=\frac{3}{2}$　$6\times(\frac{11}{18}-\square)=\frac{3}{2}+\frac{2}{3}$

$6\times(\frac{11}{18}-\square)=\frac{13}{6}$　$\frac{11}{18}-\square=\frac{13}{6}\div6$　$\frac{11}{18}-\square=\frac{13}{36}$　$\square=\frac{11}{18}-\frac{13}{36}=\frac{9}{36}=\mathbf{\frac{1}{4}}$

2 (1)　$\frac{7}{9}$，$2\frac{1}{10}=\frac{21}{10}$，$5\frac{5}{6}=\frac{35}{6}$のどれにかけても整数となる分数で最小のものは，
分母が7と21と35の最大公約数の7，分子が9と10と6の最小公倍数の90の，$\frac{90}{7}=\mathbf{12\frac{6}{7}}$である。

(2)　A中学校の生徒数を⑮，B中学校の生徒数を⑯とすると，
A中学校の野球部員は⑮×$\frac{1}{10}$＝$\textcircled{\frac{3}{2}}$だから，B中学校の野球部員は$\textcircled{\frac{3}{2}}$×$\frac{4}{3}$＝②である。
よって，求める割合は，$\frac{②}{⑯}=\mathbf{\frac{1}{8}}$

(3)　A，B，Cの体重をそれぞれa，b，cとすると，a＋b＝c×4－2より，
3人の体重の和はa＋b＋c＝(c×4－2)＋c＝c×5－2であり，これが164kgと等しい。
したがって，c×5は164＋2＝166(kg)と等しいから，cは166÷5＝**33.2(kg)**である。

よって，ａは33.2×２＋5.8＝**72.2(kg)**，ｂは164−72.2−33.2＝**58.6(kg)**である。

(4) 右図のように記号をおく。

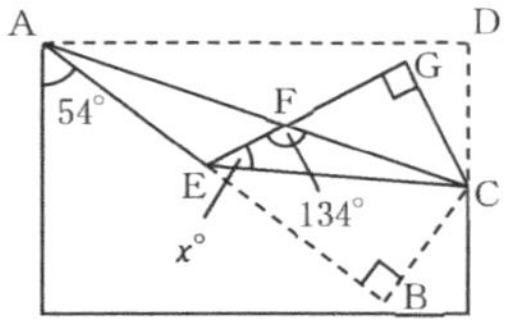

折り返して重なる角は等しいから，角ＢＡＣ＝角ＤＡＣ＝(90−54)÷２＝18(度)

三角形の１つの外角は，これととなりあわない２つの内角の和に等しいから，

角ＡＥＦ＝134−18＝116(度)

折り返して重なる角は等しいから，角ＢＥＣ＝角ＧＥＣより，$\boldsymbol{x}$**＝**(180−116)÷２＝**32**

(5) Ｐを通るＤＣに平行な直線を引き，右図のように作図すると，

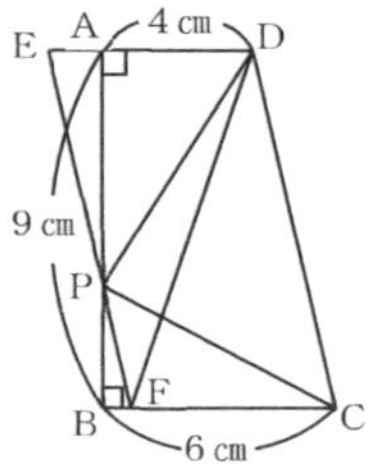

四角形ＥＦＣＤは平行四辺形になる。

三角形ＦＣＤの面積は，三角形ＰＣＤの面積と等しく，平行四辺形ＥＦＣＤの面積の半分になっているから，平行四辺形ＥＦＣＤの面積は，24.3×２＝48.6(㎠)

これより，ＥＤ＝ＦＣ＝48.6÷９＝5.4(cm)だから，ＥＡ＝5.4−４＝1.4(cm)，

ＦＢ＝６−5.4＝0.6(cm)

三角形ＥＡＰと三角形ＦＢＰは同じ形だから，ＡＰ：ＢＰ＝ＥＡ：ＦＢ＝**７：３**

3　長針と短針が重なっている状態を「重なり」とよび，午前０時の次の重なりを「１回目の重なり」とする。

ある重なりから次の重なりまでに，間が90度になることは２回起こる。

長針は１分で 360÷60＝６(度)進む。短針は１時間に 360÷12＝30(度)進むから，１分に 30÷60＝0.5(度)進む。したがって，長針と短針が進む角度の差は，１分あたり６−0.5＝5.5(度)である。

(1) ２回目に長針と短針の間が90度になるのは，最初に長針と短針が進む角度の差が 360−90＝270(度)になるときであり，午前０時から 270÷5.5＝$\frac{540}{11}$＝49$\frac{1}{11}$(分後)である。よって，求める時刻は，**午前０時49$\frac{1}{11}$分**

(2) ８回目に長針と短針の間が90度になるのは，８÷２＝４より，

４−１＝３(回目)の重なりと４回目の重なりの間であり，３回目の重なりから$\frac{540}{11}$分後である。

ある重なりから次の重なりまでの時間は，長針と短針が進む角度の差が360度になる時間に等しく，

360÷5.5＝$\frac{720}{11}$(分)である。

したがって，８回目に長針と短針の間が90度になるのは，午前０時の$\frac{720}{11}$×３＋$\frac{540}{11}$＝$\frac{2700}{11}$＝245$\frac{5}{11}$(分後)，

つまり４時間５$\frac{5}{11}$分後だから，**午前４時５$\frac{5}{11}$分**である。

(3) 午前０時から午後２時30分までは60×(12＋２)＋30＝870(分)あるから，870÷$\frac{720}{11}$＝13.2…より，

重なりは13回起こる。午後２時30分のとき長針と短針の間の角は90度より大きく180度より小さいので，

間が90度になることは，13回目の重なりから午後２時30分までに１回起こる。

よって，求める回数は，13×２＋１＝**27(回)**

4　三角形ＡＢＣの面積を５，三角形ＢＣＥの面積を２とする。

また，高さが等しい２つの三角形の面積の比は，底辺の長さの比に等しいことを利用する。

(1) (三角形ＤＢＣ)：(三角形ＡＢＣ)＝ＤＣ：ＡＣ＝３：(１＋３)＝３：４だから，

(三角形ＤＢＣ)＝(三角形ＡＢＣ)×$\frac{3}{4}$＝$\frac{15}{4}$より，

(三角形ＣＤＥ)＝(三角形ＤＢＣ)−(三角形ＢＣＥ)＝$\frac{7}{4}$

よって，求める比は，$\frac{7}{4}$：５＝**７：20**

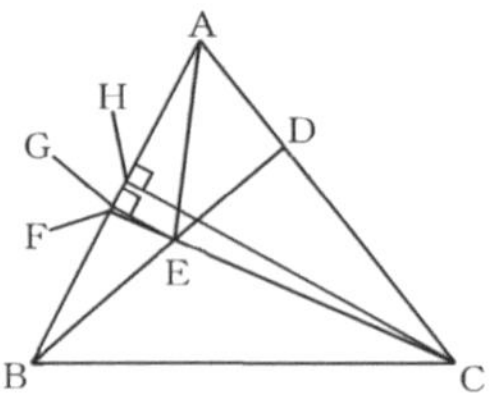

(2) 三角形ＦＢＣの面積がわかればＡＦ：ＦＢが求められるので，

三角形ＦＢＣの面積を求めるために，ＦＣ：ＥＣを考える。

(三角形ＡＢＤ)＝(三角形ＡＢＣ)−(三角形ＤＢＣ)＝$\frac{5}{4}$

(三角形ＡＢＥ)：(三角形ＡＢＤ)＝ＢＥ：ＢＤ＝(三角形ＢＣＥ)：(三角形ＤＢＣ)＝８：15より，

(三角形ＡＢＥ)＝(三角形ＡＢＤ)×$\frac{8}{15}$＝$\frac{2}{3}$

２点Ｅ，Ｃそれぞれから，辺ＡＢに垂線ＥＧ，ＣＨを引くと，三角形ＥＦＧと三角形ＣＦＨは同じ形になるから，ＦＥ：ＦＣ＝ＧＥ：ＨＣ＝(三角形ＡＢＥ)：(三角形ＡＢＣ)＝２：15
(三角形ＦＢＣ)：(三角形ＢＣＥ)＝ＦＣ：ＥＣ＝15：(15－２)＝15：13より，
(三角形ＦＢＣ)＝(三角形ＢＣＥ)×$\frac{15}{13}$＝$\frac{30}{13}$
よって，ＡＢ：ＦＢ＝(三角形ＡＢＣ)：(三角形ＦＢＣ)＝13：６より，**ＡＦ：ＦＢ＝(13－６)：６＝７：６**

5 (1) 影は右図のようにでき，図のように記号をおくと，四角形ＦＧＨＤは，立方体の上の面を拡大した四角形だから，正方形となる。
三角形ＩＦＡと三角形ＰＦＤは同じ形の三角形だから，
ＦＡ：ＦＤ＝ＩＡ：ＰＤ＝１：３より，
ＦＡ：ＡＤ＝１：(３－１)＝１：２となるため，ＦＡ＝ＡＤ×$\frac{1}{2}$＝５(cm)
したがって，四角形ＦＧＨＤは１辺の長さが５＋10＝15(cm)の正方形だから，
影の面積は，15×15－10×10＝**125(cm²)**

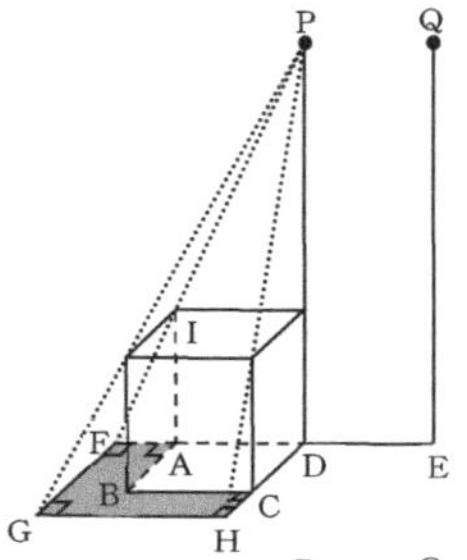

(2) 影は右図のようにでき，図のように記号をおく。２点Ｍ，Ｎはそれぞれ，影の頂点Ｌを通るＫＪに平行な直線と，辺ＢＣ，ＡＤとが交わる点である。
四角形ＪＫＬＮは，立方体の上の面を拡大した四角形だから，正方形となる。
三角形ＩＪＡと三角形ＱＪＥは同じ形の三角形だから，
ＪＡ：ＪＥ＝ＩＡ：ＱＥ＝１：３より，
ＪＡ：ＡＥ＝１：(３－１)＝１：２となるため，ＪＡ＝ＡＥ×$\frac{1}{2}$＝10(cm)
(1)と同様に考えるとＮＤ＝５cmだから，ＡＮ＝10－５＝５(cm)，ＪＮ＝10＋５＝15(cm)
したがって，四角形ＪＫＬＮは１辺の長さが 15 cmの正方形であり，ＬＭ＝15－10＝５(cm)，ＣＭ＝５cmより，三角形ＭＬＣは直角二等辺三角形である。よって，影の面積は，
(正方形ＪＫＬＮ)＋(直角二等辺三角形ＭＬＣ)－(長方形ＡＢＭＮ)＝15×15＋５×５÷２－10×５＝**187.5(cm²)**

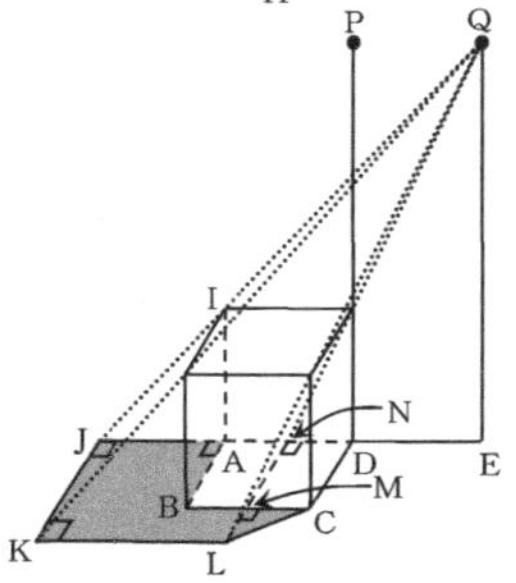

6 (1) 予定より余分にかかった時間は，花子さんが６分で進んでいたはずの道のりを，２人が向かい合って進んで出会うまでにかかる時間に等しい。同じ道のりを進むのにかかる時間の比は速さの逆比に等しい。花子さんの速さと２人が向かい合って進むときに近づく速さの比は，16：(16＋４)＝４：５だから，かかる時間の比は５：４となり，余分にかかった時間は６×$\frac{4}{5}$＝**4.8(分)**となる。
２人が出会った場所は，太郎くんがＣ地点に着いてからさらに 4.8 分＝(4.8÷60)時間＝$\frac{2}{25}$時間歩いた地点だから，Ｃ地点より４×$\frac{2}{25}$＝0.32(km)，つまり**320m**Ａ地点に近いところである。

(2) 求める道のりは，太郎くんがＣ地点で引き返したときに，花子さんと太郎くんが同時にＢ地点に着く場合のＡＢ間の道のりである。まず，太郎くんがＣ地点に着いたときに２人が何ｍはなれていたかを調べる。
(1)より，太郎くんがＣ地点に着いたときの２人の間の道のりは，太郎くんが 320m歩く間に２人が進む道のりの和に等しい。同じ時間に進む道のりの比は速さの比に等しく，２人が向かい合って進むときに近づく速さと太郎くんの速さの比は(16＋４)：４＝５：１だから，進む道のりの比は５：１である。したがって，太郎くんがＣ地点に着いたときの２人の間の道のりは，320×$\frac{5}{1}$＝1600(m)である。
次に，太郎くんがＣ地点で引き返してから，花子さんと太郎くんがＢ地点に同時に着く場合について考える。
太郎くんがＣ地点で引き返してからＢ地点に着くまでの間に，
２人が近づく速さの比と太郎くんの速さの比は(４－１)：１＝３：１だから，

太郎くんが引き返さない場合

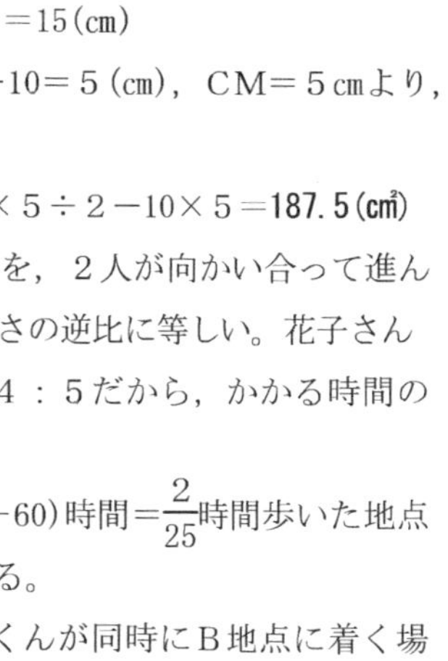

太郎くんが引き返す場合

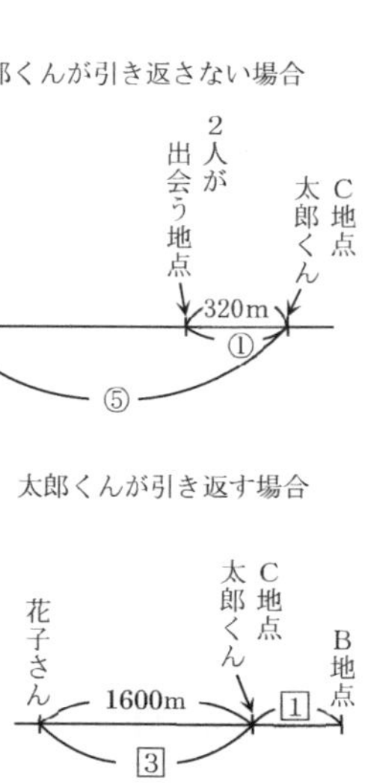

Ｃ地点からＢ地点までの道のりは $1600\times\frac{1}{3}=\frac{1600}{3}$(m)である。

花子さんの出発がおくれなかった場合の最初の予定から考えると，

ＡＢ：ＣＢは，２人が近づく速さと太郎くんの速さの比である５：１に等しいから，

求める道のりは，$\frac{1600}{3}\times\frac{5}{1}=\frac{8000}{3}$(m)，つまり $\frac{8}{3}$㎞＝**$2\frac{2}{3}$㎞**である。

平成26年度 解答例・解説

《解答例》

1　(1)525　(2)$2\frac{1}{4}$　(3)$\frac{5}{6}$

2　(1)３，31　(2)(ア)３：１　(イ)78.5　(3)2800　(4)(ア)108　(イ)106

3　(1)４，10　(2)10　(3)1250

4　(1)45　(2)9065　※(3)22，28，81，89

5　(1)３：５　(2)８　(3)40

6　(1)９　(2)13

※４(3)の途中の考え方は解説を参照してください。

《解　説》

1 (1)　与式＝21×14.8－21×4.8＋21×15＝21×(14.8－4.8＋15)＝21×25＝**525**

(2)　与式＝$(\frac{76}{24}-\frac{21}{24})\div\frac{11}{8}+\frac{7}{12}=\frac{55}{24}\times\frac{8}{11}+\frac{7}{12}=\frac{5}{3}+\frac{7}{12}=\frac{20}{12}+\frac{7}{12}=\frac{27}{12}=\frac{9}{4}=\mathbf{2\frac{1}{4}}$

(3)　与式より，$\frac{5}{14}\div(1\frac{1}{20}-\square)\times\frac{13}{10}=\frac{15}{7}$　$\frac{5}{14}\div(1\frac{1}{20}-\square)=\frac{15}{7}\times\frac{10}{13}$　$1\frac{1}{20}-\square=\frac{5}{14}\times\frac{91}{150}$　$1\frac{1}{20}-\square=\frac{13}{60}$

$\square=1\frac{1}{20}-\frac{13}{60}=\frac{63}{60}-\frac{13}{60}=\frac{50}{60}=\mathbf{\frac{5}{6}}$

2 (1)　考えられるＡの最低点は引き分けだけで与えられた点数の合計であり，最高点はＡが最低点のときのＢの点数に等しい。引き分けた回数は，１回のゲームの結果での２人の得点の合計の増え方に注目して調べる。

１回のゲームで勝敗がついた場合は２人の得点の合計が４点増え，引き分けの場合は２人の得点の合計が１＋１＝２(点)増える。

したがって，10回のゲームですべて勝敗がつくと２人の得点の合計は４×10＝40(点)となり，実際より40－34＝６(点)高くなる。１回のゲームの結果が引き分けにかわると２人の得点の合計は４－２＝２(点)低くなるから，10回のゲームのうち引き分けた回数は６÷２＝３(回)とわかる。よって，考えられるＡの得点は，最低１×３＝**３(点)**，最高34－３＝**31(点)**となる。

(2)(ア)　正方形Ａの面積は 10×10÷２＝50(㎠)だから，正方形Ａの１辺の長さをａ㎝とすると，正方形Ａの面積について，ａ×ａ＝50(㎠)となる。扇形Ｂは半径ａ㎝で中心角の大きさが 270 度の扇形，扇形Ｃは半径 10 ㎝で中心角の大きさが 45 度の扇形だから，これらの面積の比は，

扇形Ｂ：扇形Ｃ

＝{ａ×ａ×(円周率)×$\frac{270}{360}$}：{10×10×(円周率)×$\frac{45}{360}$}＝(50×270)：(100×45)＝**３：１**

(イ)　(ア)より，扇形Ｃの面積は２つの扇形の面積の比の１にあたり，その値は $10\times10\times3.14\times\frac{45}{360}=$ 39.25(㎠)だから，求める面積の差は，$39.25\times\frac{3-1}{1}=$**78.5(㎠)**

(3)　はじめの兄，弟の所持金をそれぞれ[8]，[3]とし，最後の兄，弟の所持金をそれぞれ⑯，⑪として，右のような線分図を考える。

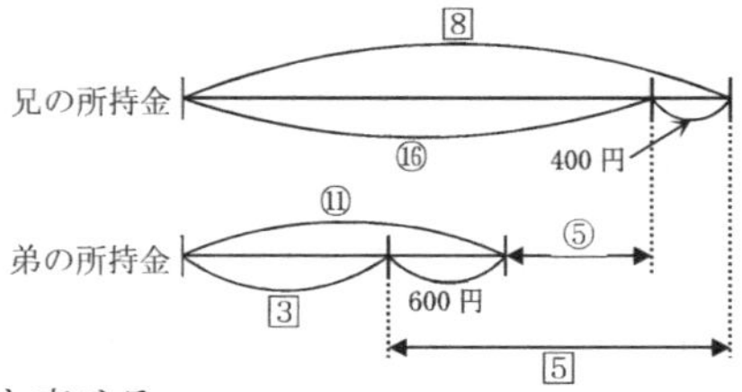

この図から，最後の２人の所持金の差の⑤は，はじめの２人の所持金の差の[5]よりも 1000 円小さいとわかり，⑤＝[5]－1000 と表せる。

①＝[1]－200 だから，⑯＝[16]－3200 より，最後の兄の所持金ついて，[16]－3200＝[8]－400 となる。

これより，[8]＝2800 とわかるから，兄のはじめの所持金は**2800 円**となる。

(4)　アの角度は正五角形の内角の１つだから，$\dfrac{180\times(5-2)}{5}=$**108(度)**

　イの角度を求めるため，右図のように記号をおくと，ウの角度は，180－108－40＝32(度)

三角形ＦＡＧと三角形ＦＥＢが大きさの異なる同じ形の三角形であることに注目すると，対応する角度は等しいから，エの角度は 32 度とわかる。折り返した角度は等しいことから，イの角度の２倍の大きさは 180＋32＝212(度)とわかり，イの角度は 212÷２＝**106(度)**となる。

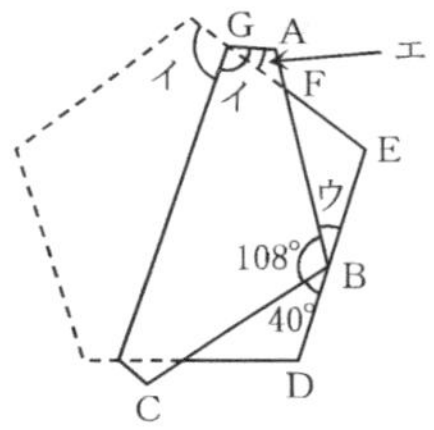

3　(1)　同じ時間に走る道のりの比は，速さの比に等しいことを利用する。

Ａが登り坂を走りきったあとの２人の残りの道のりの比は 300：250＝６：５である。このあとＡが走った平地の長さを⑥とすると，このあとＢが走った平地の長さは⑤，最初の平地の長さは⑥÷２＝③と表せる。

また，平地ではＡの方が速く走るから，登り坂を走っている途中でＢがＡを追いこすときに２人が並び，そのあとＡが登り坂を走りきるまでの時間で２人の走った道のりの比は 200：250＝４：５である。このときＡが走った長さを[4]とすると，このときＢが走った長さは[5]と表すことができ，[4]＋⑥＝[5]＋⑤より，[1]＝①とわかる。

２人が同じ時間で平地と登り坂を合わせた同じ道のりを走るとき，平地と登り坂の長さの比は⑥：④＝３：２だから，２人が並んだ地点は登り坂を登り始めてから③×$\dfrac{2}{3}$＝②のところにある。

以上より，コース全体の長さは③＋②＋④＋⑥＝⑮と表すことができ，途中で２人が並んだ地点はスタート地点から⑤のところにあるとわかる。一定の速さで走るのにかかる時間は道のりに比例するから，Ｂは⑮の長さを走るのに 12 分 30 秒＝$12\dfrac{1}{2}$分かかったため，⑤の長さを走るのにかかる時間は $12\dfrac{1}{2}\times\dfrac{\text{⑤}}{\text{⑮}}=\dfrac{25}{6}=4\dfrac{1}{6}$(分)，つまり４分 10 秒とわかる。よって，求める時間は**４分 10 秒後**となる。

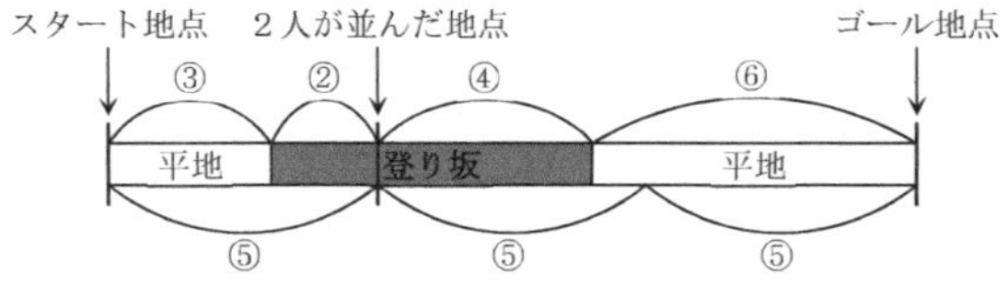

(2)　$\dfrac{100}{200}-\dfrac{100}{300}=\dfrac{1}{6}$(分)より，求める時間は，$60\times\dfrac{1}{6}=$**10(秒)**

(3)　(1)の図より，コース全体の長さを⑮としたときの登り坂の長さは②＋④＝⑥である。

Ｂがコース全体を $12\dfrac{1}{2}$分で走ることから，コース全体の長さは $250\times12\dfrac{1}{2}=3125$(m)とわかり，求める登り坂の長さは $3125\times\dfrac{\text{⑥}}{\text{⑮}}=$**1250(m)**となる。

4　(1)　〈１×１〉＝１，〈２×２〉＝４，〈３×３〉＝９，〈４×４〉＝６，〈５×５〉＝５，〈６×６〉＝６，〈７×７〉＝９，〈８×８〉＝４，〈９×９〉＝１，〈10×10〉＝０だから，求める和は，

１＋４＋９＋６＋５＋６＋９＋４＋１＋０＝**45**

(2)　積の一の位の数にはかけ合わせる数の一の位以外の数は影響《えいきょう》しないから，一の位が同じである数は，それ

それを２個かけ合わせた積の一の位の数が等しい。このことから，１からはじまる整数を小さい方から 10 個ずつの組に分けて，２個かけ合わせた積の一の位の数の和を求めていくと，⑴のようにすべて 45 となる。

2014÷10＝201 余り４より，〈１×１〉から〈2010×2010〉までに和が 45 となる組が 201 組できるから，求める和は，45×201＋１＋４＋９＋６＝**9065**

⑶　［Ａ］×〈Ａ×Ａ〉＝８だから，〈Ａ×Ａ〉は８の約数である。

⑴より，〈Ａ×Ａ〉は１，４，９，６，５，０の６通りであり，このうち８の約数であるのは１と４である。

〈Ａ×Ａ〉＝１だとすると，Ａの一の位は１か９である。また，このとき［Ａ］＝８÷１＝８だから，２けたの整数Ａの十の位は８となり，Ａは**81**か**89**となる。

〈Ａ×Ａ〉＝４だとすると，Ａの一の位は２か８である。また，このとき［Ａ］＝８÷４＝２だから，２けたの整数Ａの十の位は２となり，Ａは**22**か**28**となる。

5 ⑴　右図のように補助線を引く。

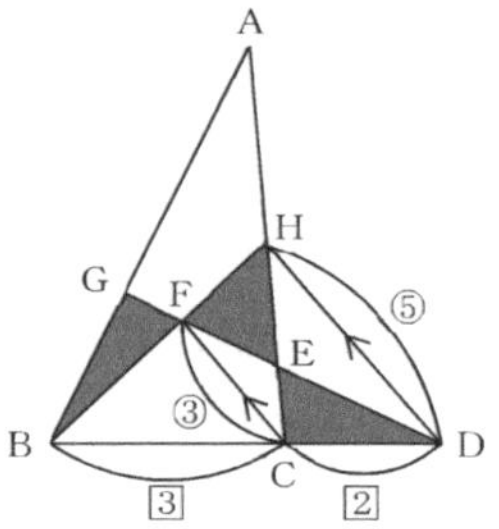

三角形ＦＥＨと三角形ＣＤＥの面積が等しいから，三角形ＣＦＨと三角形ＣＤＦの面積は等しく，ＣＦとＤＨが平行であるとわかる。

ＣＦとＤＨが平行だから，三角形ＢＣＦと三角形ＢＤＨは大きさの異なる同じ形の三角形とわかり，対応する辺の長さの比は等しく，

ＣＦ：ＤＨ＝ＢＣ：ＢＤ＝３：５である。

また，三角形ＣＥＦと三角形ＨＥＤも拡大縮小の関係にあるから，対応する辺の長さの比は等しく，

ＣＥ：ＨＥ＝ＣＦ：ＨＤ＝３：５である。よって，求める長さの比は，ＣＥ：ＥＨ＝**３：５**

⑵　三角形ＢＦＧは三角形ＥＦＨ，三角形ＣＤＥと面積が等しいから，これら３つの三角形のうち，どれか１つの面積を考える。このとき，高さが等しい三角形の面積の比は，底辺の長さの比に等しいことを利用する。

⑴の図にＧＨ，ＢＥをかき加えると右のようになり，ＧＨとＢＥは平行であるとわかる。

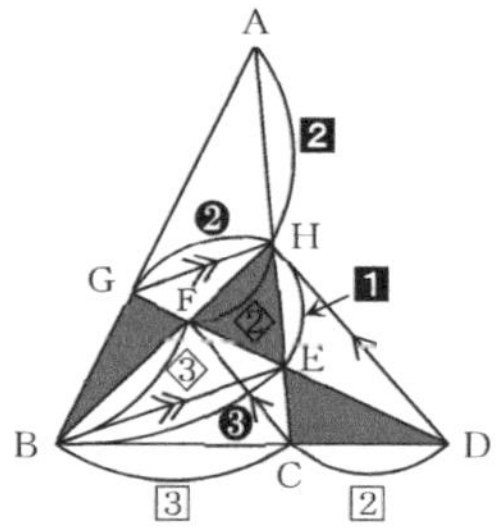

三角形ＢＣＦと三角形ＢＤＨの対応する辺の長さの比から，ＢＦ：ＦＨ＝３：２

三角形ＢＥＦと三角形ＨＧＦの対応する辺の長さの比から，ＢＥ：ＨＧ＝３：２

三角形ＡＧＨと三角形ＡＢＥの対応する辺の長さの比から，ＡＨ：ＥＨ＝２：１

したがって，ＣＥ：ＥＨ：ＨＡ＝３：５：（５×２）＝３：５：10

三角形ＢＣＥと三角形ＡＢＣの面積の比はＣＥ：ＡＣ＝３：18＝１：６

だから，三角形ＢＣＥの面積は $72\times\frac{1}{6}$＝12(㎠)となる。

三角形ＣＤＥと三角形ＢＣＥの面積の比はＣＤ：ＢＣ＝２：３だから，

三角形ＣＤＥの面積は $12\times\frac{2}{3}$＝８(㎠)となり，求める面積は**８㎠**となる。

⑶　⑴・⑵より，ＧＦ：ＥＦ＝ＧＨ：ＥＢ＝２：３，

ＥＦ：ＥＤ＝ＣＦ：ＤＨ＝３：５である。

三角形ＢＤＧと三角形ＢＤＥの面積の比はＧＤ：ＥＤ＝10：５＝２：１だから，三角形ＢＤＧの面積は，（12＋８）×$\frac{2}{1}$＝**40(㎠)**

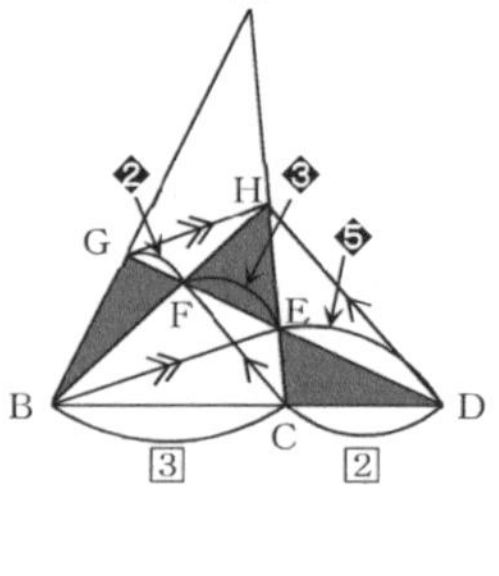

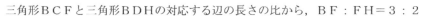

6 ⑴　右図のように点Ｐをとると，点Ｐは辺ＡＤのまん中の点である。

体積を求める立体を直角二等辺三角形ＰＥＦで２つに分けると，合同な三角すいＡ－ＰＥＦ，Ｄ－ＰＥＦができるから，求める体積は，

{(３×３÷２)×３÷３}×２＝**９(㎤)**

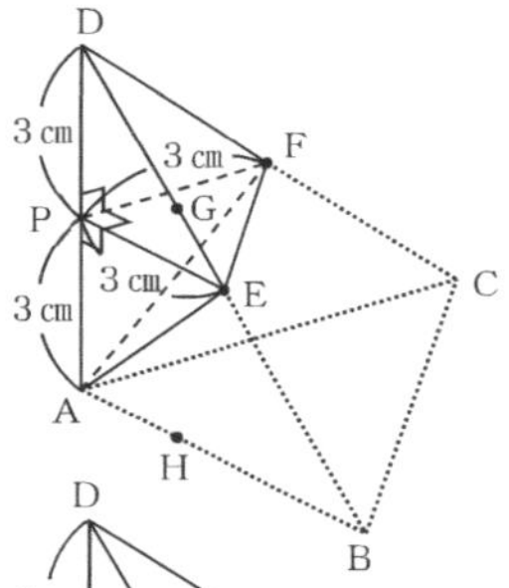

⑵　⑴と同様に点Ｐをとり，ＥＰとＧＨの交わる点をＱとする。

体積を求める立体を直角三角形ＰＱＦで２つに分けると，下側は直角三角形ＰＱＦを底面とする高さが３㎝の三角柱となり，上側は三角すいＤ－ＰＥＦから三角すいＧ－ＱＥＦをのぞいた立体となる。

下側の三角柱の体積は，(３×２÷２)×３＝９(㎤)

上側の立体について，ＱＥ＝ＰＥ－ＰＱ＝１(㎝)

また，三角形ＱＥＧはＱＥ＝ＱＧの直角二等辺三角形だから，ＱＧ＝ＱＥ＝１㎝

したがって，上側の立体の体積は，$\frac{9}{2}$－{(１×３÷２)×１÷３}＝４(㎤)

よって，求める体積は，９＋４＝**13(㎤)**

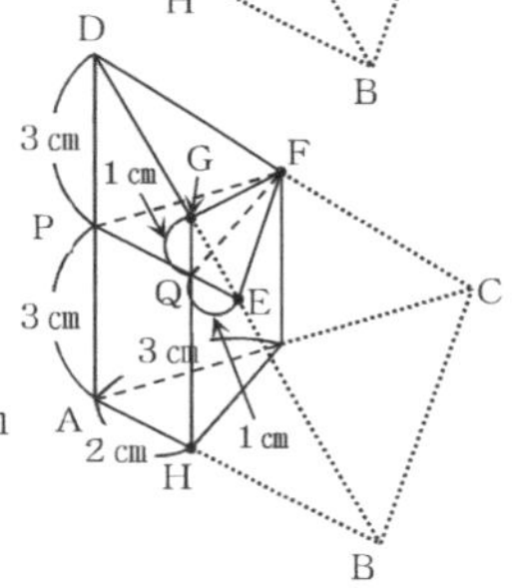

平成25年度　解答例・解説

《解答例》

1　⑴2150　⑵$2\frac{1}{2}$　⑶0.25

2　⑴$11\frac{11}{14}$　⑵①７：５　②25　⑶周の長さ…52.26　面積…113.04　⑷㋐78　㋑18

3　⑴15　⑵３：５　⑶12.6

4　⑴５　⑵８　⑶24

5　⑴$3\frac{2}{3}$　⑵$2\frac{10}{49}$

6　⑴230　⑵①辺…13　面…７　②170

《解　説》

1　⑴　与式＝24×1.25×10＋40×1.25＋48×1.25×30＝(24×10＋40＋48×30)×1.25＝1720×1.25＝**2150**

⑵　与式より，$\frac{7}{12}\times\frac{16}{5}-\frac{7}{3}\times\frac{4}{7}\div□=\frac{4}{3}$　$\frac{4}{3}\div□=\frac{28}{15}-\frac{4}{3}$　$\frac{4}{3}\div□=\frac{8}{15}$　$□=\frac{4}{3}\div\frac{8}{15}=\frac{4}{3}\times\frac{15}{8}=\frac{5}{2}=\mathbf{2\frac{1}{2}}$

⑶　与式より，0.425－(0.38－□×1.46)＝0.41　0.38－□×1.46＝0.425－0.41　□×1.46＝0.38－0.015

□＝0.365÷1.46＝**0.25**

2　⑴　$\frac{15}{56}$の逆数である$\frac{56}{15}$，$\frac{33}{98}$の逆数である$\frac{98}{33}$のどちらをかけても整数になるような分数を考えればよい。

分子が15と33の公倍数で，分母が56と98の公約数であれば，$\frac{56}{15}$と$\frac{98}{33}$のどちらをかけても整数になる。

よって，求める分数は，分子が15と33の最小公倍数165，分母が56と98の最大公約数14の分数で，

$\frac{165}{14}=\mathbf{11\frac{11}{14}}$

⑵①　ある仕事の全体の量を１とすると，１分間でする仕事の量は，ａ人だと$\frac{1}{2}\div60=\frac{1}{120}$，ｂ人だと$\frac{1}{7}\div24=\frac{1}{168}$となる。生徒１人あたりの１分間の仕事の量は等しいから，人数の比は１分間にする仕事の量の比に等しい。ａ：ｂ＝$\frac{1}{120}:\frac{1}{168}$＝**７：５**

②　①と同様に，ある仕事の全体の量を１とすると，48人が１分間でする仕事の量は，$\frac{1}{120}\times\frac{7+5}{7}=\frac{1}{70}$

Ａ，Ｂグループ全員の48人でする残りの仕事の量は，$1-\frac{1}{2}-\frac{1}{7}=\frac{5}{14}$

よって，$c=\frac{5}{14}\div\frac{1}{70}=$**25(分)**

⑶ 周の長さは，ＡＢと，ＤＥと，中心角 90 度で半径 13 ㎝のおうぎ形ＣＡＤの曲線部分ＡＤと，中心角 90 度で半径５㎝のおうぎ形ＣＢＥの曲線部分ＢＥの長さの和である。$\frac{90}{360}=\frac{1}{4}$より，周の長さは，

$12+12+2\times13\times3.14\times\frac{1}{4}+2\times5\times3.14\times\frac{1}{4}=24+20.41+7.85=$**52.26(㎝)**

面積は，直角三角形ＡＢＣの面積とおうぎ形ＣＡＤの面積の和から，直角三角形ＤＥＣの面積とおうぎ形ＣＢＥの面積の和を引けばよい。

直角三角形ＡＢＣと直角三角形ＤＥＣは合同だから，おうぎ形ＣＡＤの面積とおうぎ形ＣＢＥの面積の差が，求める面積である。

$13\times13\times3.14\times\frac{1}{4}-5\times5\times3.14\times\frac{1}{4}=(13\times13-5\times5)\times3.14\times\frac{1}{4}=144\times3.14\times\frac{1}{4}=$**113.04(㎠)**

⑷ 右図で，角ＡＥＢ＝180－12－84＝84(度)

角ＡＢＥ＝角ＡＥＢより，ＡＢ＝ＡＥ

角ＥＣＤ＝180－72－36＝72(度)

角ＥＤＣ＝角ＥＣＤより，ＥＤ＝ＥＣ

ＡＢ＝ＥＣより，ＡＢ＝ＡＥ＝ＥＤ＝ＥＣ

角ＡＥＣ＝180－84＝96(度)

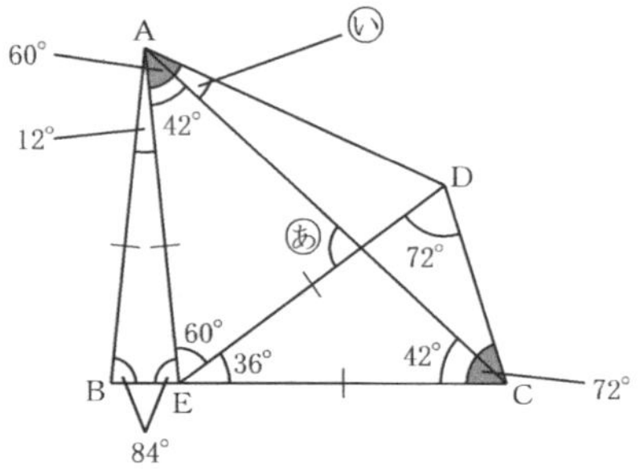

三角形ＡＥＣはＡＥ＝ＣＥの二等辺三角形だから，角ＥＡＣ＝角ＥＣＡ＝(180－96)÷２＝42(度)

三角形の１つの外角は，それととなりあわない２つの内角の和に等しいから，㋐＝36＋42＝**78(度)**

角ＡＥＤ＝96－36＝60(度)より，三角形ＡＥＤは正三角形だから，角ＥＡＤ＝60 度　㋑＝60－42＝**18(度)**

3 ⑴ 船ＰとＱは静水での速さが同じだから，往復するのにかかる時間も同じ。つまり，２度目にすれちがったあと，それぞれの船は同時にＡ港，Ｂ港に着く。よって，９㎞上るのにかかる時間と 24－９＝15(㎞)下るのにかかる時間は同じだから，１度目にすれちがったのはＡ港から **15㎞**のところである。

⑵ ⑴より，上る速さと下る速さの比は，９：15＝**３：５**

⑶ 船が川を上る速さを時速③㎞とすると，下る速さは時速⑤㎞と表せる。

正午－午前９時＝３時間，40 分＝$\frac{2}{3}$時間より，$\frac{24}{③}+\frac{2}{3}+\frac{9}{⑤}=3$

$\frac{24}{③}+\frac{9}{⑤}=2\frac{1}{3}$　$\frac{120}{⑮}+\frac{27}{⑮}=\frac{7}{3}$　$\frac{147}{⑮}=\frac{7}{3}$　$⑮=147\div\frac{7}{3}=147\times\frac{3}{7}=63$

$③=63\times\frac{3}{15}=12.6$ より，求める速さは，**時速 12.6㎞**。

4 ⑴ 右図のように，石を置く場所に記号をつける。

頂点に黒石を置かない場合の黒石の置き方は，(Ｂ，Ｆ)に置く１通り。

頂点に１つだけ黒石を置く場合の黒石の置き方は，(Ａ，Ｂ)(Ａ，Ｆ)(Ａ，Ｄ)に置く３通り。

頂点に２つ黒石を置く場合の黒石の置き方は，(Ａ，Ｃ)に置く１通り。

よって，黒石が２か所となる置き方は，１＋３＋１＝**５(通り)**

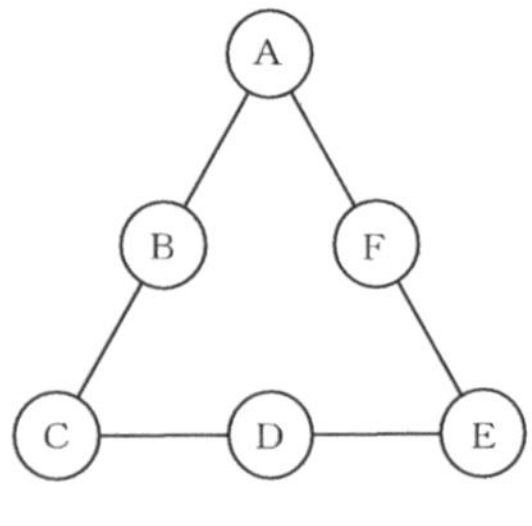

⑵ ⑴の図において，頂点に黒石を置かない場合の黒石の置き方は，(Ｂ，Ｄ，Ｆ)に置く１通り。頂点に１つだけ黒石を置く場合の黒石の置き方は，(Ａ，Ｂ，Ｆ)(Ａ，Ｂ，Ｄ)(Ａ，Ｄ，Ｆ)に置く３通り。頂点に２つ黒石を置く場合の黒石の置き方は，頂点に１つだけ黒石を置く場合の黒石を置かない場所，つまり，白石を置く場所に黒石を置く置き方だから，３通り。頂点に３つ黒石を置く場合の黒石の置き方は，(Ａ，Ｃ，Ｅ)に置く１通り。よって，黒石が３か所となる置き方は，１＋３＋３＋１＝**８(通り)**

⑶　すべて白石となる置き方は１通り。黒石が１か所となる置き方は⑴の図で，Ａ，Ｂに置く２通り。黒石が２か所となる置き方は，⑴より５通り。黒石が３か所となる置き方は，⑵より８通り。黒石が４か所となる置き方を⑵と同様に考えると，黒石が２か所となる置き方と同じで５通り。黒石が５か所となる置き方は，黒石が１か所となる置き方と同じで２通り。すべて黒石となる置き方は１通り。よって，置き方は全部で，（１＋２＋５）×２＋８＝**24(通り)**

5　⑴　高さが等しい三角形の面積の比は，底辺の長さの比に等しいことを利用する。右図のように補助線を引く。

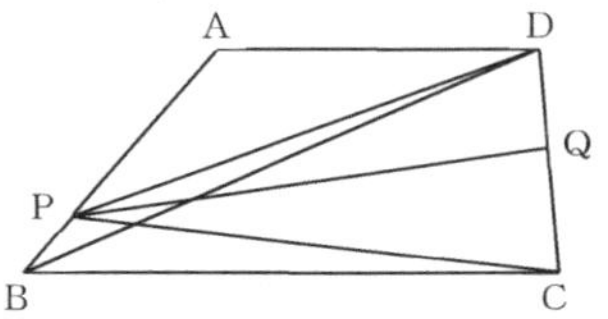

２点Ｐ，Ｑが同時に出発してから３秒後では，

ＡＰ＝２×３＝６(cm)，ＰＢ＝８－６＝２(cm)

２つの三角形ＡＢＤとＢＣＤにおいて，底辺をそれぞれＤＡ，ＢＣとしたときの高さが等しいから，面積の比は底辺の長さの比に等しく，ＤＡ：ＢＣ＝９：15＝３：５となる。このことから，三角形ＡＢＤの面積を３とすると，三角形ＢＣＤの面積は５，台形ＡＢＣＤの面積は３＋５＝８となり，

２つの四角形ＡＰＱＤとＰＢＣＱの面積は，ともに８÷２＝４と表せる。

２つの三角形ＡＢＤとＡＰＤにおいて，ＡＢ：ＡＰ＝８：６＝４：３より，三角形ＡＰＤの面積は，

$3\times\frac{3}{4}=\frac{9}{4}$

ＡとＣを結んでできる三角形ＡＢＣの面積は，三角形ＢＣＤの面積と等しく５だから，２つの三角形ＡＢＣとＰＢＣにおいて，ＡＢ：ＰＢ＝８：２＝４：１より，三角形ＰＢＣの面積は，$5\times\frac{1}{4}=\frac{5}{4}$

以上より，三角形ＰＣＤの面積は$8-\frac{9}{4}-\frac{5}{4}=\frac{9}{2}$，三角形ＰＣＱの面積は$4-\frac{5}{4}=\frac{11}{4}$となり，この２つの三角形は，底辺をそれぞれＣＤ，ＣＱとしたときの高さが等しいから，ＣＤ：ＣＱ＝$\frac{9}{2}:\frac{11}{4}$＝18：11

よって，ＣＱの長さは，$6\times\frac{11}{18}=$ **$3\frac{2}{3}$(cm)**

⑵　点Ｑの速さは$3\frac{2}{3}\div3=\frac{11}{9}$より，毎秒$\frac{11}{9}$cm。点ＰはＡを出発してから８÷２＝４(秒)でＢに着き，点ＱはＣを出発してから$6\div\frac{11}{9}=\frac{54}{11}$(秒)でＤに着く。つまり，点Ｐは１秒あたりに台形ＡＢＣＤの高さの$1\div4=\frac{1}{4}$だけ下方向に動き，点Ｑは１秒あたりに台形ＡＢＣＤの高さの$1\div\frac{54}{11}=\frac{11}{54}$だけ上方向に動く。

２点Ｐ，Ｑが上下方向に動いた長さの和が台形ＡＢＣＤの高さに等しくなるときにＡＤとＰＱが平行になる。よって，出発して$1\div(\frac{1}{4}+\frac{11}{54})=\frac{108}{49}=$ **$2\frac{10}{49}$(秒後)**にＡＤとＰＱは平行になる。

6　⑴

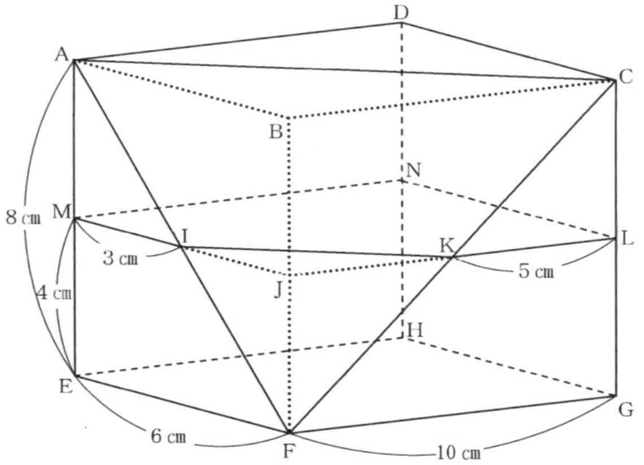

上図のように補助線を引き，記号をつける。ＡＭ＝ＭＥ＝８÷２＝４(cm)

点Ｅを含む方の立体は，底面が四角形ＥＦＧＨで，高さがＭＥ＝４cmの直方体から，三角すいＦ－ＪＩＫ

を取り除いたものである。三角形ＡＥＦと三角形ＡＭＩは大きさの異なる同じ形の直角三角形だから，対応する辺の長さの比が等しく，ＥＦ：ＭＩ＝ＡＥ：ＡＭ　ＭＩ＝$6\times\frac{4}{8}=3$(cm)　ＩＪ＝$6-3=3$(cm)

同様に，ＫＬ＝$10\times\frac{4}{8}=5$(cm)より，ＪＫ＝$10-5=5$(cm)

三角すいＦ－ＪＩＫの体積は，$3\times5\div2\times4\div3=10$(cm³)

よって，求める体積は，$6\times10\times4-10=$**230(cm³)**

(2)①　(1)の図で，辺の数は，辺ＡＣ，辺ＡＩ，辺ＡＭ，辺ＭＩ，辺ＩＫ，辺ＫＬ，辺ＬＮ，辺ＮＭ，辺ＡＤ，辺ＤＮ，辺ＤＣ，辺ＣＬ，辺ＣＫの**13**本あり，面の数は，三角形ＡＭＩ，三角形ＡＣＤ，三角形ＣＫＬ，四角形ＡＩＫＣ，四角形ＡＭＮＤ，四角形ＤＮＬＣ，五角形ＭＩＫＬＮの**7**面ある。

②　直方体ＡＢＣＤ－ＥＦＧＨの体積から，三角すいＦ－ＢＡＣの体積と(1)で求めた体積を引けばよい。

$6\times10\times8-6\times10\div2\times8\div3-230=480-80-230=$**170(cm³)**

平成24年度　解答例・解説

《解答例》

1　(1)2.3　(2)$3\frac{2}{3}$　(3)$1\frac{1}{4}$

2　(1)36　(2)$\frac{27}{31}$，$\frac{28}{31}$，$\frac{29}{31}$，$\frac{30}{31}$　(3)43.96　(4)①10：3　②65

3　(1)28　(2)7

4　(1)56　(2)511　(3)4945

5　(1)18　(2)10，15　(3)54

6　(1)$14\frac{2}{3}$　(2)$12\frac{2}{3}$

《解　説》

1.(1)　与式＝$0.23\times42+0.69\times\frac{23}{3}-0.23\times5\times11=0.23\times42+0.23\times23-0.23\times55=0.23\times(42+23-55)=$**2.3**

(2)　$240.4+\square\div15-233\frac{2}{45}=7.6$，$\square\div15=7.6+233\frac{2}{45}-240.4$より，$\square=\frac{11}{45}\times15=\frac{11}{3}=$**$3\frac{2}{3}$**

(3)　$\frac{1}{5}\times(2\times\square-\frac{5}{8})=\frac{7}{2}\times\frac{5}{4}-4$，$2\times\square-\frac{5}{8}=\frac{3}{8}\div\frac{1}{5}$より，$\square=(\frac{15}{8}+\frac{5}{8})\div2=\frac{5}{4}=$**$1\frac{1}{4}$**

2.(1)　もし，初めにテニス部に入っていた生徒が100人だったとすると，テニス部の$\frac{1}{4}$の生徒が野球部に変わったとき，テニス部の生徒の人数は，$100\times(1-\frac{1}{4})=75$(人)になる。$1-\frac{1}{6}=\frac{5}{6}$　$1-\frac{1}{4}=\frac{3}{4}$

初めにサッカー部に入っていた生徒の人数は，$(78-75)\div(\frac{5}{6}-\frac{3}{4})=$**36(人)**

(2)　$\frac{13}{15}$より大きく１より小さい分母が31の分数は，分子が，$31\times\frac{13}{15}=\frac{403}{15}=26\frac{13}{15}$より大きく，31より小さいので，**$\frac{27}{31}$，$\frac{28}{31}$，$\frac{29}{31}$，$\frac{30}{31}$**

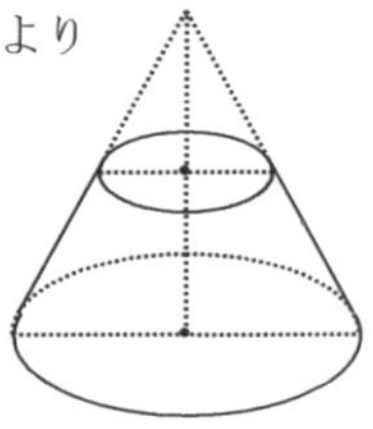

(3)　この台形を１回転させてできる立体は，右の図のような，大きい円すいから小さい円すいを切り取ってできた立体になる。

小さい円すいと大きい円すいは大きさの異なる同じ形の立体なので，底面の半径の比が１：２のとき，母線の長さの比も１：２である。よって，小さい円すいの母線の長さは，

$3\div(2-1)\times1=3$(cm)，大きい円すいの母線の長さは，

$3\times2=6$(cm)，$6\times6\times3.14\times\frac{2\times2\times3.14}{6\times2\times3.14}=6\times2\times3.14$

$3\times3\times3.14\times\frac{1\times2\times3.14}{3\times2\times3.14}=3\times1\times3.14$　この立体の表面積は，
$1\times1\times3.14+2\times2\times3.14+6\times2\times3.14-3\times1\times3.14=$**43.96(㎠)**

⑷ ①　三角形ＡＥＤの面積は，長方形ＡＢＣＤの面積の$\frac{1}{2}$で，ＢＥ：ＥＣ＝２：３，ＣＦ：ＦＤ＝１：１より，三角形ＤＥＦの面積は長方形ＡＢＣＤの面積の，$\frac{1}{1+1}\times\frac{3}{2+3}\div2=\frac{1}{2}\times\frac{3}{5}\div2=\frac{3}{20}$であるから，三角形ＡＥＤと三角形ＤＥＦの面積比は，$\frac{1}{2}:\frac{3}{20}=$**10：３**

②　三角形ＡＢＥ，三角形ＡＦＤ，三角形ＥＣＦの面積はそれぞれ，長方形ＡＢＣＤの面積の，$1\times\frac{2}{5}\div2=\frac{1}{5}$，$1\times\frac{1}{2}\div2=\frac{1}{4}$，$\frac{3}{5}\times\frac{1}{2}\div2=\frac{3}{20}$なので，三角形ＡＥＦの面積は長方形ＡＢＣＤの面積の，$1-(\frac{1}{5}+\frac{1}{4}+\frac{3}{20})=\frac{2}{5}$　①より，三角形ＡＥＤと三角形ＤＥＦの面積比が10：３なので，三角形ＡＥＧと三角形ＥＦＧの面積比も10：３であるから，三角形ＥＦＧの面積が６㎠のとき，三角形ＡＥＧの面積は，$6\div3\times10=20$(㎠)　三角形ＡＥＦの面積は，$20+6=26$(㎠)　三角形ＡＥＦの面積は長方形ＡＢＣＤの面積の$\frac{2}{5}$なので，長方形ＡＢＣＤの面積は，$26\div\frac{2}{5}=$**65(㎠)**

3.⑴　ゲートを３か所にしたとき，並んでいる車の台数は１分間に，$14\div7=2$(台)ずつ減る。よって，車が56台並んでしまったときにゲートを３か所にしていたら，車の並びがなくなるまでかかる時間は，$56\div2=$**28(分)**

⑵　ゲートを４か所にしたとき，並んでいる車の台数は１分間に，$(56-14)\div6=7$(台)ずつ減る。よって，ゲート１か所が１分間に処理できる車の台数は，$(7-2)\div(4-3)=5$(台)　料金所にやってくる車の台数は，１分間に，$5\times4-7=13$(台)　よって，車の並びがなくなったときにゲートを２か所にすると，並んでいる車が20台を超えるのは，$20\div(13-5\times2)=\frac{20}{3}=6\frac{2}{3}$より，**７分後**

4.⑴　十の位の数が，{２，３，４，５，６，８，９} の７通りで，それぞれに一の位の数が，{０，２，３，４，５，６，８，９} の８通りある。よって，このような２桁の整数は，$7\times8=$**56(個)**

⑵　１桁の整数は７個，２桁の整数は56個，３桁の整数は，$7\times8\times8=448$(個)ある。999は，３桁の整数のうちで最も大きい整数なので，$7+56+448=$**511(番目)**

⑶　４桁の整数のうち，千の位が２，３，４，…，９の整数はそれぞれ，$8\times8\times8=512$(個)ずつあるので，2012番目の整数は，$(2012-511)\div512=2$あまり477より，千の位が４の整数のうち，477番目の数である。このうち，百の位が０，２，３，…，９の整数はそれぞれ，$8\times8=64$(個)ずつあるので，$477\div64=7$あまり29より，2012番目の整数は，千の位が４で百の位が９の数のうち，29番目の整数である。このうち，十の位が０，２，３，…，９の整数はそれぞれ８個ずつあるので，$29\div8=3$あまり５より，十の位は４で，一の位は５である。よって，2012番目の整数は，**4945**

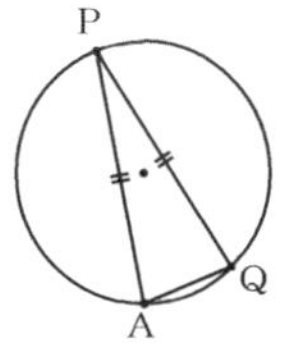

5.⑴　２点がはじめて衝突するのは，スタートしてから，$90\div(1+4)=$**18(秒後)**

⑵　はじめて衝突するまでに，三角形ＡＰＱが二等辺三角形となるのは，右の図のように，ＡＰ＝ＰＱとなる，$90\div(4\times2+1)=$**10(秒後)**と，ＡＱ＝ＰＱとなる$90\div(4+1\times2)=$**15(秒後)**

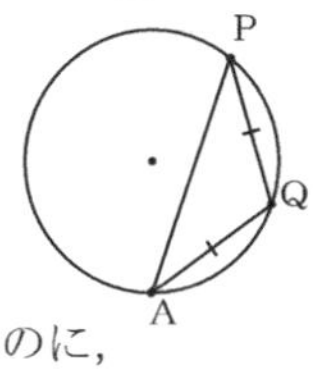

⑶　２点は衝突する度に，速さを入れかえ，もと来た円周上をもどる。
このときの三角形ＡＰＱと，２点が速さも向きも変えずに進んだときの三角形ＡＰＱは，つねに合同である。よって，２点が速さも向きも変えずに進むとして考える。点Ｐは１周するのに，$90\div4=22.5$(秒)，点Ｑは１周するのに，$90\div1=90$(秒)かかるので，２点がはじめて同時に点Ａにもどるのは90秒後。よって，スタートしてから90秒間に，三角形ＡＰＱが二等辺三角形になるときを調べると，

ＡＰ＝ＰＱとなるのは10秒ごとなので，10，20，30，40，50，60，70，80秒後。ＡＱ＝ＰＱとなるのは15秒ごとなので，15，30，45，60，75秒後。ただし，45秒後は点Ｐが点Ａにくるので三角形ができない。

ＡＰ＝ＡＱとなるのは，90÷(４－１)＝30(秒)ごとなので，30，60秒後。以上より，スタートしてから90秒間に，三角形ＡＰＱが二等辺三角形になるのは，10，15，20，30，40，50，60，70，75，80秒後の10回。

よって，スタートしてから480秒後までに，三角形ＡＰＱが二等辺三角形になるのは，

480÷90＝５あまり30より，10×５＋４＝**54(回)**

6.(1)　この立体を３点Ａ，Ｈ，Ｉを通る平面で切ると，図１のように，切り口は辺ＢＥのまん中の点と辺ＣＦのまん中の点を通る。

よって，点Ｂを含む立体は，底面が正方形の四角すいと，底面が台形の四角柱を組み合わせた立体になる。よって，点Ｂを含む立体の体積は，

$2\times2\times2\times\frac{1}{3}+(2+4)\times2\div2\times2=2\frac{2}{3}+12=\mathbf{14\frac{2}{3}}$**(㎤)**

図１

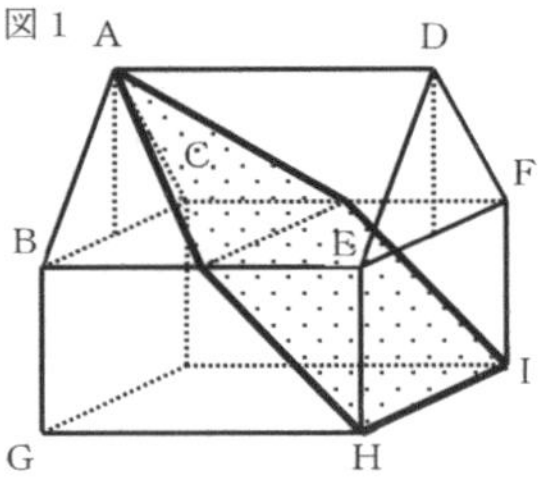

(2)　(1)でできた立体を，さらに３点Ａ，Ｇ，Ｈを通る平面で切ると，切り口は図２のようになる。

切り取られる方，つまり，体積が小さい方の立体は，底面の面積が

$1\div2\times2=1$(㎠)の長方形で高さ２㎝の四角すい２個と，底面の面積が

$4\times2\div2=4$(㎠)の三角形で高さが$1\div2=\frac{1}{2}$(㎝)の三角すい１個をあわせたものになる。その体積は，$1\times2\times\frac{1}{3}\times2+4\times\frac{1}{2}\times\frac{1}{3}=\frac{4}{3}+\frac{2}{3}=2$(㎤)

よって，体積が大きい方の立体の体積は，$14\frac{2}{3}-2=\mathbf{12\frac{2}{3}}$**(㎤)**

図２

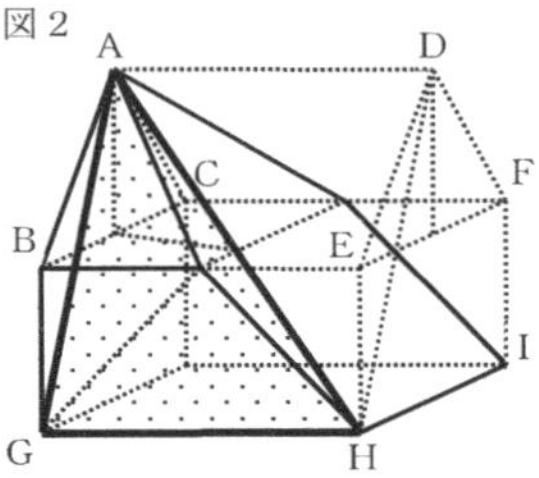

平成23年度 解答例・解説

《解答例》

1　(1)商…6.37　余り…0.005　(2)111000　(3)2.5〔別解〕$2\frac{1}{2}$

2　(1)x＝25　y＝34　(2)$1\frac{7}{9}$　(3)6　(4)6　一番小さいもの…$\frac{16}{63}$

(5)$2\frac{3}{4}$

3　(1)７：８：９　(2)３：２：１　(3)35.28

4　(1)18　(2)47

5　(1)42.84　(2)右図　面積…149.04

6　(1)192　(2)80

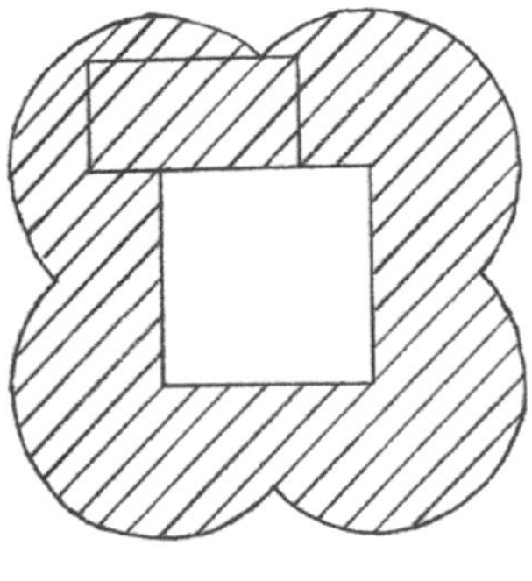

《解　説》

1　(1)　右図より，〔与式〕＝**6.37**あまり**0.005**

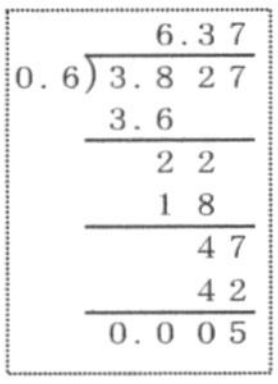

(2)　〔与式〕＝25×５×526＋125×215＋125×３×49

＝125×(526＋215＋147)＝125×888＝**111000**

(3)　与式より，$(6\frac{3}{10}-2\frac{1}{4})\div(1+\frac{7}{8}\div\square)=3$　$(6\frac{6}{20}-2\frac{5}{20})\div(1+\frac{7}{8}\div\square)=3$

$4\frac{1}{20}\div(1+\frac{7}{8}\div\square)=3$　$1+\frac{7}{8}\div\square=\frac{81}{20}\div3$　$\frac{7}{8}\div\square=\frac{27}{20}-1$　$\square=\frac{7}{8}\div\frac{7}{20}=\frac{7}{8}\times\frac{20}{7}=\mathbf{2.5}$

2 ⑴　ＣＤをＤの方に延長すると，同位角は等しいので，①の角の大きさは100度である。また，対頂角は等しいので，②の角の大きさは100度である。よって，$\boldsymbol{x}$＝125－100＝**25** である。

　ＢＣをＢの方に延長すると，同位角は等しいので，③の角の大きさは92度である。したがって，$\boldsymbol{y}$＝126－92＝**34** である。

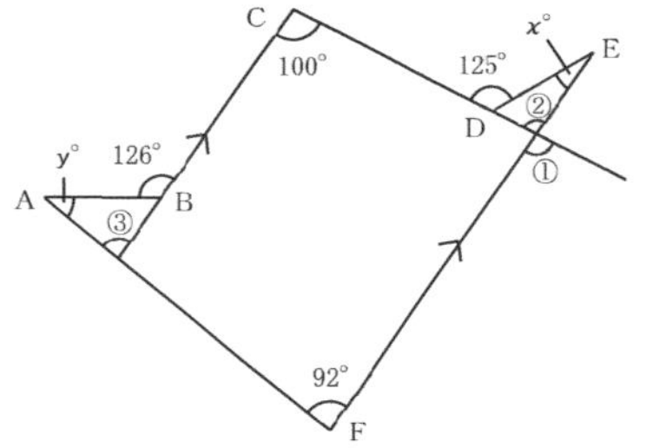

⑵　（1＋5）×2＝12より，長方形Ａのたての長さ，横の長さ，針金の長さの比は1：5：12である。また，（4＋5）×2＝18より，長方形Ｂのたての長さ，横の長さ，針金の長さの比は4：5：18である。12と18の最小公倍数は36だから，針金の長さを36とすると，長方形Ａのたての長さは$1\times\frac{36}{12}=3$，横の長さは$5\times\frac{36}{12}=15$となり，長方形Ａの面積は3×15＝45である。そして，長方形Ｂのたての長さは$4\times\frac{36}{18}=8$，横の長さは$5\times\frac{36}{18}=10$となり，長方形Ｂの面積は8×10＝80である。よって，長方形Ｂの面積は長方形Ａの面積の80÷45＝$\boldsymbol{1\frac{7}{9}}$**(倍)**である。

⑶　長針は1分間に360÷60＝6(度)ずつ回るので，4分30秒＝4.5分より，今の長針と短針の間の小さい方の角の大きさは6×4.5＝27(度)である。2時ちょうどのとき，長針と短針の間の小さい方の角の大きさは360÷12×2＝60(度)なので，今の時間までに60－27＝33(度)小さくなっている。短針は1分間に360÷12÷60＝0.5(度)ずつ回るので，33÷(6－0.5)＝6(分)より，今の時刻は**2時6分**である。

⑷　$3\frac{15}{16}=\frac{63}{16}$より，$3\frac{15}{16}$にかける分数は分子が16の倍数であり，分母が63の約数である。また，$7\frac{1}{9}=\frac{64}{9}$より，$7\frac{1}{9}$を割る分数は分子が64の約数であり，分母が9の倍数である。つまり，分母は9の倍数であり63の約数なので，63の約数は1，3，7，9，21，63だから，条件にあう分数の分母は9，63の2通りである。そして，分子は16の倍数であり64の約数なので，64の約数は1，2，4，8，16，32，64より，条件にあう分子は16，32，64の3通りである。よって，条件にあう分数は2×3＝**6(個)**ある。このうち，一番小さいものは，分母が最大で分子が最小の$\boldsymbol{\frac{16}{63}}$である。

⑸　右図のように補助線をひき，記号をおく。

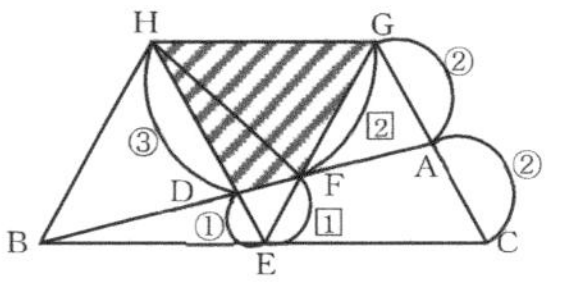

三角形ＢＤＥと三角形ＢＡＣは大きさのことなる同じ形の三角形なので，対応する辺の長さの比は等しく，ＤＥ：ＡＣ＝ＢＥ：ＢＣ＝1：2である。

また，ＡＣ＝ＡＧなので，ＤＥ：ＡＧ＝1：2であり，ＨＥ＝ＧＣより，ＤＥ：ＨＥ＝1：(2＋2)＝1：4である。そして，三角形ＤＥＦと三角形ＡＧＦは大きさのことなる同じ形の三角形なので，対応する辺の長さの比は等しく，ＥＦ：ＧＦ＝ＤＥ：ＡＧ＝1：2である。

ＥＧ＝ＥＦ＋ＧＦより，ＥＦ：ＥＧ＝1：(1＋2)＝1：3である。

三角形ＨＥＦと三角形ＨＥＧにおいて，底辺をそれぞれＥＦ，ＥＧとすると高さは等しいので，面積の比は底辺の長さの比に等しく，1：3である。よって，三角形ＨＥＧの面積は3㎠より，三角形ＨＥＦの面積は$3\times\frac{1}{3}=1$(㎠)である。また，三角形ＤＥＦと三角形ＨＥＦにおいて，底辺をＤＥ，ＨＥとすると高さは等しいので，面積の比は底辺の長さの比に等しく，ＤＥ：ＨＥ＝1：4だから，三角形ＤＥＦの面積は$1\times\frac{1}{4}=\frac{1}{4}$(㎠)である。したがって，求める面積は$3-\frac{1}{4}=$$\boldsymbol{2\frac{3}{4}}$**(㎠)**である。

3 ⑴　Ｃ君がＰ地に到着するまでにかかった時間は2時間48分＝168分である。Ｂ君がＰ地点に到着するまでにかかった時間は168＋21＝189(分)であり，Ａ君がＰ地点に到着するまでにかかった時間は189＋27＝216(分)である。Ａ君とＢ君がＰ地点に到着するまでにかかった時間の比は216：189＝8：7であり，速さの比は同じ距離を進むのにかかる時間の逆比なので，Ａ君とＢ君の速さの比は7：8である。同様に，Ａ君とＣ君がＰ地点に到着するまでにかかった時間の比は216：168＝9：7なので，Ａ君とＣ君の速さの比は7：9である。したがって，求める速さの比は**7：8：9**である。

(2) 最初のＢ君の速さを毎分８とすると，最初のＡ君の速さは毎分７となる。５時間 42 分＝342 分より，Ａ，Ｂ両君がＰ地を出発してからＱ地に到着するまでにかかった時間は 342－216＝126(分)である。また，７時間 14 分－20 分＝414 分より，Ａ，Ｂ両君がＱ地を出発してからゴール地点に到着するまでにかかった時間は 414－342＝72(分)である。よって，求める距離の比は(７×216)：(８×126)：(７×72)＝**３：２：１**である。

(3) Ｑ地からゴール地点までの距離は，$4.9\times\frac{72}{60}$＝5.88(km)である。Ｑ地からゴール地点までの距離と，スタート地点からゴール地点までの距離の比は１：(１＋２＋３)＝１：６なので，スタート地点からゴール地点までの距離は，5.88×６＝**35.28(km)**である。

4 (1) 長方形ＡＢＣＤの面積から，４つの三角形ＡＰＳ，ＢＱＰ，ＣＲＱ，ＤＳＲの面積を引けばよい。
よって，求める面積は，
(1＋4)×(1＋5)－4×1÷2－4×1÷2－2×3÷2－2×5÷2＝30－２－２－３－５＝**18(㎠)**である。

(2) 四角形ＳＰＸＱが平行四辺形であることから，三角形ＳＰＱと三角形ＸＱＰはぴったりと重なる三角形で，四角形ＳＱＹＲが平行四辺形であることから，三角形ＳＱＲと三角形ＹＱＲはぴったりと重なる三角形である。だから，四角形ＳＰＸＱと四角形ＳＱＹＲをあわせた面積は 18×２＝36(㎠)である。また，ＰとＲを結ぶと，四角形ＰＸＹＲは，ＰＸ，ＲＹが平行で等しい長さだから，平行四辺形になる。

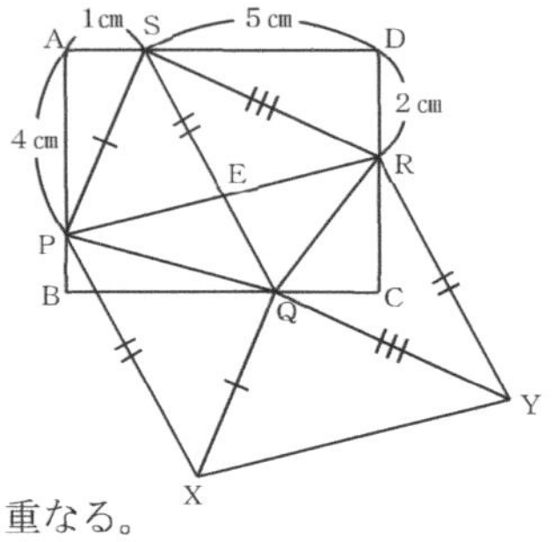

三角形ＳＰＲと三角形ＱＸＹはすべての辺の長さが等しくなるから，ぴったりと重なる。
つまり，36 ㎠に三角形ＳＰＲの面積を加えればよいので，
36＋{(２＋４)×(５＋１)÷２－２×５÷２－１×４÷２}＝36＋11＝**47(㎠)**

5 (1) 点Ｐは右図の太線部分を動く。最初のＭＤの長さは６－１＝５(cm)なので，点Ｍが頂点Ｄに着くまでに点Ｐは５cm動く。長方形ＰＱＲＳが点Ｍを中心に時計まわりに点Ｑが辺ＣＤに重なるまで回転するとき，点Ｐは半径が１＋２＝３(cm)で中心角が 90 度のおうぎ形の弧の部分を動く。

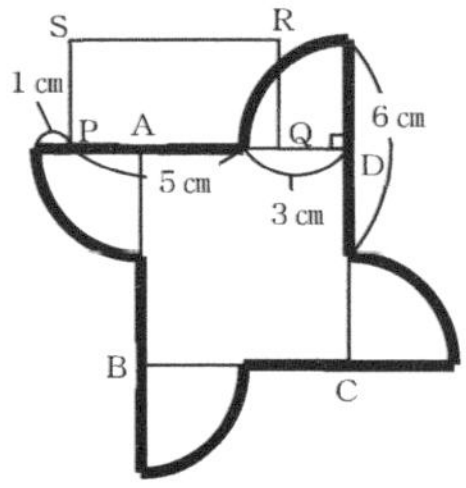

そして，点Ｍが頂点Ｃまで動くとき，点Ｐは６cm動く。
これより，点Ｐが動く直線部分の長さの和は５＋６×３＋１＝24(cm)である。
また，点Ｐが動く曲線部分の長さの和は，半径が３cmの円の円周の長さに等しくなるので，
２×３×3.14＝18.84(cm)である。
よって，求める長さは 24＋18.84＝**42.84(cm)**となる。

(2) 点Ｒと点Ｓの動く部分について考える。

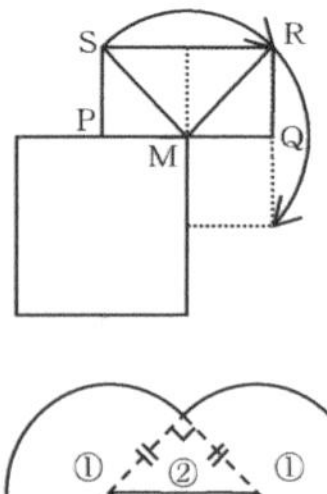

長方形ＰＱＲＳが点Ｍで回転するとき，点Ｒは半径がＭＲの長さに等しく中心角が 90 度のおうぎ形の弧の部分を動く。
同様に，点Ｓも半径がＭＳの長さに等しく中心角が 90 度のおうぎ形の弧の部分を動く。

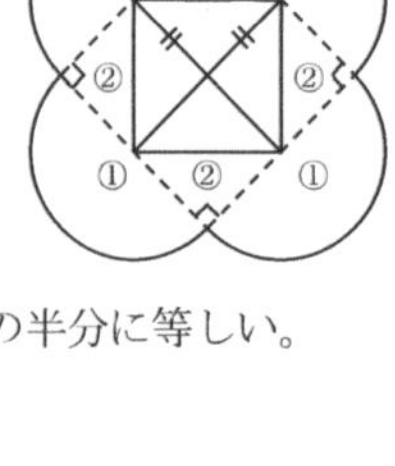

点Ｍが辺ＰＱのまん中の点なのでＭＲとＭＳの長さは等しく，点Ｓは点Ｑが正方形の辺に重なると回転する前の点Ｒの位置にくる。
よって，長方形ＰＱＲＳは，半径がＭＲの長さに等しい半円①の面積の４倍と，２辺がＭＲの長さに等しい直角二等辺三角形②の面積の４倍の和に等しい。
長方形ＰＱＲＳは正方形ＡＢＣＤを半分にした四角形なので，ＭＲの長さは対角線ＡＣの長さの半分に等しい。
つまり，②の面積の４倍は正方形ＡＢＣＤの面積に等しい。

正方形ＡＢＣＤの面積は６×６＝36(㎠)なので，対角線ＡＣの長さを$\boxed{2}$とすると，$\boxed{2}$×$\boxed{2}$÷２＝36である。

ＭＲの長さは$\boxed{1}$なので，$\boxed{1}$×$\boxed{1}$＝36×２÷２÷２＝18である。

したがって，①の面積の４倍は$\boxed{1}$×$\boxed{1}$×3.14÷２×４＝18×3.14÷２×４＝113.04(㎠)なので，求める面積は113.04＋36＝**149.04(㎠)**となる。

6　(1)　この立体は，三角形ＡＢＦを底面とする高さが８㎝の三角柱である。

三角形ＡＢＦの面積は６×８÷２＝24(㎠)なので，求める面積は24×８＝**192(㎤)**である。

(2)　切り口は右図のようになる。

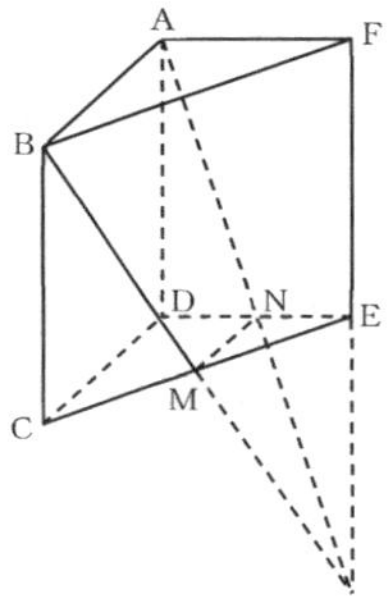

立体ＡＢＦ－ＮＭＥは，底面が三角形ＡＢＦで高さが８×２＝16(㎝)の三角すいから，底面が三角形ＮＭＥで高さが８㎝の三角すいを取りのぞいたものである。

ＭＮ＝８÷２＝４(㎝)，ＥＮ＝６÷２＝３(㎝)より，立体ＡＢＦ－ＮＭＥの体積は$24\times16\times\frac{1}{3}-4\times3\div2\times8\times\frac{1}{3}=112$(㎤)である。

よって，求める体積は，192－112＝**80(㎤)**である。

理　科

平成29年度　解答例・解説

《解答例》

【1】A．(1)あ．④　い．③　(2)あ．イ　い．カ　う．エ　え．キ　(3)ア

B．ア．タンパク質　イ．だ液　ウ．胃　エ．肝　オ．すい　カ．小　キ．毛細　ク．859

【2】A．(1)あ．600　い．36　う．3.51　え．速さ　(2)オ

B．(1)イ　(2)ウ　(3)イ　(4)2　(5)4　(6)ウ　(7)B　(8)D　(9)イ

【3】(1)ウ　(2)イ　(3)ア　(4)エ　(5)ウ　(6)イ　(7)エ　(8)ア

【4】A．(1)A．過酸化水素水　D．塩酸　Z．アルミニウム　(2)①エ，オ　②ア，イ　(3)水溶液が白くにごる。

B．(1)エ　(2)エ　(3)2　(4)4.5，36.4　(5)2.5

《解　説》

【1】

〔A〕(1)　あ．表1で，①と④では昼の長さと夜の長さの比がどちらも1：2であり，①と④で咲いた花が異なるので，昼の長さと夜の長さの比は季節の変化を感じる手がかりではないと考えられる。い．表1で，①と③では昼の長さがどちらも8時間であり，①と③で咲いた花が異なるので，昼の長さは季節の変化を感じる手がかりではないと考えられる。　(2)　あ，い．表2で，夜の長さが11時間の⑥では○で，12時間の⑦では×なので，夜の時間が11時間以下であれば，花が咲くと考えられる。う，え．表2で，夜の長さが12時間の⑦では×で，13時間の⑧では○なので，夜の時間が13時間以上であれば，花が咲くと考えられる。　(3)　表3より，育て始めた6月18日は夜の時間が11時間より短いと考えられる。この後，夏至の日に夜の時間が最も短くなり，夏至の日から冬至の日までは夜の時間が長くなっていく。夜の長さが11時間以上になるのは秋分の日よりも早いので，12月1日に花を咲かせた状態で出荷するには，夜の長さが11時間以上になっていないように感じさせるため，人工照明をあてて，花を咲かせる時期を遅くする必要がある。

〔B〕　ク．ラーメン1杯のエネルギー量は70×4＋20×4＋30×9＝630(キロカロリー)，おにぎり1個のエネルギー量は50×4＋5×4＋1×9＝229(キロカロリー)なので，630＋229＝859(キロカロリー)が正答となる。

【2】

〔A〕(1)　あ．分速とは1分間→60秒間での移動距離なので，$100(\mathrm{m})\times\frac{60(秒)}{10(秒)}=600(\mathrm{m})$となる。い．時速とは1時間→60分間での移動距離なので，$600\times\frac{60(分)}{1(分)}=36000(\mathrm{m})$→36㎞となる。う．4選手の記録の合計は10.05＋10.37＋10.23＋10.13＝40.78(秒)なので，40.78－37.27＝3.51(秒)が正答となる。え．リレーでは2，3，4番目の走者はバトンをもらうときにはすでに走っている(速さが0ではない)。　(2)　時速40㎞は，1時間→3600秒間で40㎞→4000000㎝移動する速さである。したがって，10.05－10.01＝0.04(秒)では，$4000000(\mathrm{cm})\times\frac{0.04(秒)}{3600(秒)}=44.4\cdots$→44㎝移動する。

〔B〕(1)　てこでは，支点からおもりまでの距離とおもりの重さの積が支点の左右で等しくなると水平につりあう。輪じくでは，円盤の半径を支点からおもりまでの距離と考えて，a×c＝b×dのイが正答となる。　(2)　ばねは

かりを動かしたとき，大きい円盤と小さい円盤が回転する角度は同じであり，ａ：ｂ＝ｅ：ｆが成り立ち，それぞれの比の値について，$\frac{a}{b}=\frac{e}{f}$が成り立つ。＝の左の分子と右の分母の積と，＝の左の分母と右の分子の積は等しいので，ウが正答となる。　(3)　(2)解説のａ：ｂ＝ｅ：ｆ，(1)のａ×ｃ＝ｂ×ｄより，ｃ×ｅ＝ｄ×ｆのイが正答となる。

(4)　後輪とリアギアＢの半径の比は 30：8 なので，リアギアＢにかかる力$1\times\frac{30}{8}=\frac{30}{8}$(kg)と同じ力がフロントギアＺにかかる。したがって，クランクとフロントギアＺの半径の比は 15：8 なので，ペダルにかける力を$\frac{30}{8}\times\frac{8}{15}=2$(kg)にすればよい。　(5)　(4)と同様に計算する。リアギアＥにかかる力は$1\times\frac{30}{5}=\frac{30}{5}$(kg)なので，ペダルにかける力を$\frac{30}{5}\times\frac{10}{15}=4$(kg)にすればよい。　(6)　後輪とリアギアの半径の差を小さくするとリアギアにかかる力が少なくなり，クランクとフロントギアの半径の差を大きくするとペダルにかかる力が少なくなる。したがって，リアギアは大きく，フロントギアは小さくすればよい。　(7)　フロントギアをＹからＺへと$\frac{8}{10}=\frac{4}{5}$(倍)にすると，フロントギアにかかる力も$\frac{4}{5}$倍になる。坂道Ｌのときと同じ力で坂道Ｈを登るにはリアギアで力を$\frac{4}{5}\times\frac{5}{3}=\frac{4}{3}$(倍)にする必要がある。したがって，リアギアの半径をＤの$\frac{4}{3}$倍の$6\times\frac{4}{3}=8$(cm)にすればよい。

(8)　自転車が 360m進むには，円周が 30×２×３＝180(cm)→1.8mの後輪が 360÷1.8＝200(回転)すればよい。ペダルとフロントギアの回転数，後輪とリアギアの回転数はそれぞれ等しいので，フロントギアＸが 100 回転したときにリアギアをその２倍の 200 回転させるには，リアギアの半径をフロントギアＸの半径の$\frac{1}{2}$倍にすればよいので，リアギアの半径は$12\times\frac{1}{2}=6$(cm)になる。　(9)　フロントギアが１回転する間に，リアギアがより多く回転すればよいので，フロントギアを大きくし，リアギアを小さくすればよい。

【３】

(1)　北半球が太陽の方を向くと，北半球の方があたる光の量が多く，温度が高くなる。　(2)　棒のかげの先端は太陽の反対方向にある。日の出のころの棒のかげの先端は図２の西の端の点であり，太陽はこの点から棒の先端に向かって引いた直線の延長線上にあるので，真東よりも北寄りの方角から昇ったことがわかる。また，正午の棒のかげの先端は図２の真南付近の点であり，太陽は北にあることがわかる。　(3)(4)　６月下旬では，日の出・日の入りは真東・真西よりも北寄りになるので，棒のかげの先端を結んだ線の両端は南寄りにある。また，太陽が真南に来たときの太陽の高さ(南中高度)は北にある札幌の方が低いので，真北にのびるかげが長くなる(かげの先端が棒から遠くなる)。したがって，(3)はア，(4)はエが正答となる。　(5)(6)　日本である日の夜８時ごろに見えた星座は，リオデジャネイロでも同じ日の夜８時ごろになれば見ることができる。見える星座の向きは，日本が北半球，リオデジャネイロが南半球にあるので，上下左右が逆になった形に見える。したがって，(5)はウ，(6)はイが正答となる。

【４】

〔Ａ〕(1)　実験１～３からわかることをまとめると，右表のようになる。

実験１	赤色リトマス紙が変化→アルカリ性	ＢとＣは石灰水かアンモニア水
実験２	固体が溶けている水溶液がＣ	Ｃが石灰水，Ｂがアンモニア水

また，炭酸水に石灰石やアルミニウムを加えたときには気体が発生せず，塩酸に石灰石を加えると二酸化炭素，塩酸にアルミニウムを加えると水素が発生する。このことから，実験４で，水溶液Ｄは塩酸，水溶液Ｅは炭酸水であり，炭酸水を加熱したときに発生する気体は二酸化炭素なので，固体Ｙは石灰石であり，固体Ｚはアルミニウムだとわかる。　(2)　(1)解説より，①は二酸化炭素，②は水素である。二酸化炭素は地球温暖化の原因と考えられていて，固体(ドライアイス)として存在しているものは，保冷剤として利用されている。水素は空気より軽く，水に溶けにくい。　(3)　炭酸水に二酸化炭素が溶けているので，石灰水に息をふきこんだときと同じ変化が見られる。

〔Ｂ〕(1)　反応前の炭化水素と酸素の重さの和と，反応後の二酸化炭素と水の重さの和はそれぞれ等しい。炭化水素の重さはすべて１ｇなので，表１の二酸化炭素と水の重さの和が最も大きいエが正答となる。なお，１ｇの炭化水素エが燃えるのに必要な酸素は(2.75＋2.25)－１＝４(ｇ)である。　(2)　発生した熱が多いほど水の温度が高くなるので，エが正答となる。　(3)　必要な炭化水素の重さは，水の重さと水の上昇温度に比例する。１ｇの炭化水素アを燃やしたときの熱は 200ｇの水を 68－10＝58(℃)上昇させたので，1000ｇの水を 34－10＝24(℃)上昇させるには，$1\times\frac{1000}{200}\times\frac{24}{58}=2.0\cdots$→２ｇの炭化水素アを燃やせばよい。　(4)　(1)解説より，１ｇの炭化水素エを燃やすには４ｇの酸素が必要である。酸素が４ｇの２倍の８ｇしかないので，燃やすことができる炭化水素エも１ｇの２倍の２ｇである。したがって，生じた水は表１の２倍の 2.25×２＝4.5(ｇ)である。また，上昇温度は炭化水素の重さに比例し，水の重さに反比例するので，炭化水素エ１ｇを燃やしたときの熱が 200ｇの水を 76－10＝66(℃)上昇させたことから，炭化水素エ２ｇを燃やしたときの熱は 1000ｇの水を $66\times\frac{2}{1}\div\frac{1000}{200}=26.4$(℃)上昇させる。したがって，10＋26.4＝36.4(℃)が正答となる。　(5)　炭化水素ウ 5.5ｇを燃やしたときの熱は 1000ｇの水を$(70-10)\times\frac{5.5}{1}\div\frac{1000}{200}=66$(℃)上昇させる。これは炭化水素イとウを合計 5.5ｇ混ぜて燃やしたときより(77－10)－66＝１(℃)小さい。ここで，5.5ｇのうち１ｇを炭化水素イにすると，１ｇの炭化水素イによる上昇温度が$(72-10)\div\frac{1000}{200}=12.4$(℃)で，4.5ｇの炭化水素ウによる上昇温度が $66\times\frac{4.5}{5.5}=54$(℃)で，合計 12.4＋54＝66.4(℃)になり，すべて炭化水素ウのときよりも 66.4－66＝0.4(℃)大きくなる。したがって，すべて炭化水素ウのときよりも上昇温度を１℃大きくするには炭化水素イを$1(g)\times\frac{1(℃)}{0.4(℃)}=2.5(g)$にすればよい。

平成28年度 解答例・解説

《解答例》

【1】⑴エ　⑵ウ，オ　⑶ア，エ　⑷8　⑸②16　③40　⑹①410　②25　③360　④40　⑺900
⑻イ，ウ　⑼ア，オ

【2】⑴イ　⑵ア，ウ　⑶北西　⑷80　⑸右図　⑹地層A…ア　地層C…エ
⑺雨や雪が氷となって，陸上に留まるから。

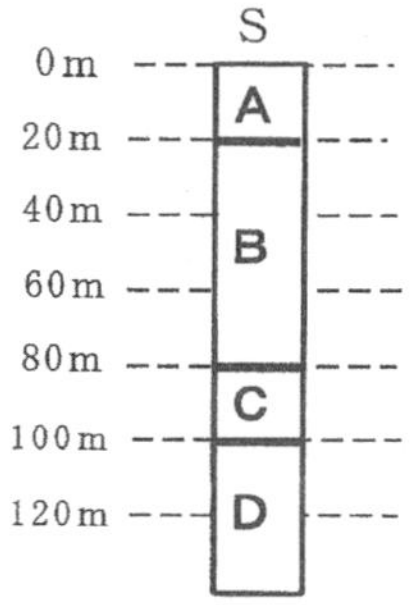

【3】A．⑴①イ，コ　②ウ，キ　③オ，カ　⑵C　⑶イ　⑷エ　⑸ウ
B．⑴24　⑵8.75　⑶25，30　⑷23.5　⑸イ，エ，カ

【4】A．⑴イ　⑵イ　⑶イ　⑷①エ　②キ　③イ　④キ
B．⑴低　⑵(a)①左　②左　③右　(b)イ　⑶イ　⑷(a)ウ　(b)イ

《解　説》

【1】⑵　ウ．さなぎを固定するための糸は口のあたりから出す。オ．モンシロチョウの成虫の口はなめる口ではなく，ストローのような細長い吸《す》う口である(ふだんは巻いている)。

⑶　モンシロチョウ，ゲンゴロウ，タマムシ，カイコなどのようにさなぎになる育ち方を完全変態《かんぜんへんたい》，タイコウチ，クロゴキブリなどのようにさなぎにならない育ち方を不完全変態という。なお，キョクトウサソリ，オカダンゴムシ，アオズムカデ，コガネグモ，ニキビダニは昆虫ではない。

⑷　飼育温度が28℃のときの数値を式にあてはめて①を求めると，28−①＝$\frac{200}{10}$より，①＝8(℃)となる。

⑸　②−8＝$\frac{200}{25}$より，②＝16(℃)となる。また，13−8＝$\frac{200}{③}$より，③＝40(日)となる。

⑹　①1齢幼虫と2齢幼虫での期間初めの生存数の差を求める。880−470＝410(匹)が正答となる。
②80(匹)÷3.2(日)＝25(匹)　③3齢幼虫での期間初めの生存数から3齢幼虫での期間内の死亡数をひけばよい。390−30＝360(匹)　④期間内の生存数は50−30＝20(匹)なので，20÷50×100＝40(%)が正答となる。

⑺　1000個の卵から5齢幼虫になるのは300匹なので，3000個の卵からは300×$\frac{3000}{1000}$＝900(匹)が5齢幼虫になる。

⑼　幼虫が死亡しやすいということは，期間内の生存率が低いということなので，最も死亡しやすいのは5齢幼虫，その次に死亡しやすいのは1齢幼虫である。

【2】⑴　イのように南の空で左半分が光って見える月を上弦《じょうげん》の月という。アの満月は夕方の東の空，ウの下弦の月とオは夕方には見えず，エの三日月は夕方の南西の空に見える。

⑵　イ．夕焼けがきれいに見えるのは太陽がしずむ西の空に雲がないからである。日本の天気は西から東に変化していくので，夕焼けがきれいに見えた次の日は晴れになることが多い。エ．朝つゆが降りるのは，夜間に気温が下がることで，空気中の水じょう気が水てきに変化するからである。夜間に気温が下がるのは，空に雲がなく，熱が宇宙空間に放射されるからである。このため，朝つゆが降りた日は晴れになるこ

とが多い。

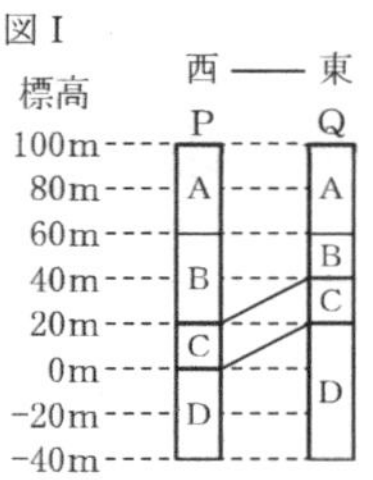

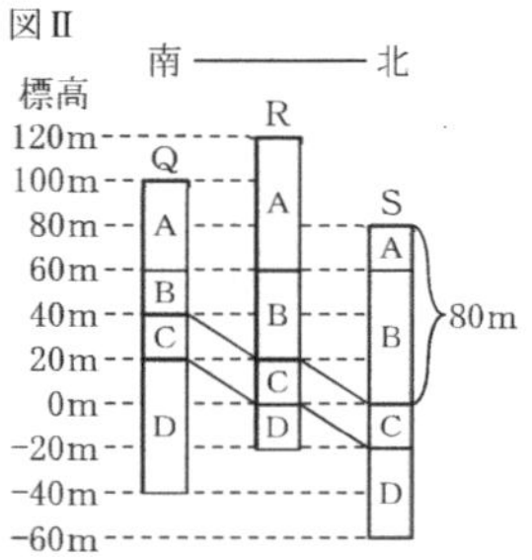

⑶⑷⑸　右図Ⅰ，Ⅱのように，柱状図を標高に合わせて考える。図ⅠのP地点とQ地点の様子から西に，図ⅡのQ地点とR地点の様子から北に向かって下がっていることがわかる。S地点の様子は，Q地点とR地点の様子から予想することができる。

⑹　Q地点の地層Aから「い」の化石が出てきたことに着目する。この化石は 10000～15000 年に生息した貝の化石なので，地層Aはこの時期にできたものである。また，地層Cからは「あ」，「え」，「か」の化石が出てきたので，これらの３つの貝が同時期に生息したのは 25000～30000 年前である。

【３】〔A〕⑵　それぞれの性質から，気体Aは二酸化炭素，気体Bは酸素，気体Cはアンモニアだとわかる。アンモニアは水によく溶けるため，水を１滴落とすと，ふたが最も下まで下がる。

⑶　二酸化炭素は水に少し溶け，酸素は水にほとんど溶けない。このため，二酸化炭素とアンモニアの組み合わせのときに，ふたが最も下まで下がる。

⑷　種類の異なる気体を混ぜると，たがいに混じり合い，均一に広がるので，エが正答となる。このように，気体などが広がって散っていくことを拡散《かくさん》という。

⑸　食塩はフラスコC，D全体に拡散していくので，どこでも濃さが一定になる。

〔B〕⑴　氷は２分で４℃→１分で２℃下がっているので，水は１分で４℃下がる。図１では，水を６分間冷やして０℃になっているので，冷やし始めたときの水の温度は $4 \times 6 = 24$(℃)である。

⑵　図１で，温度が一定になっている部分で水が氷に変化している。つまり，10ｇの水が氷になるのに８分かかっていることになる。図２で，16 分後は水が氷になり始めた９分後のさらに７分後である。15ｇの水がすべて氷になるには $8 \times \frac{15}{10} = 12$(分)かかるので，７分間で氷になるのは $15 \times \frac{7}{12} = 8.75$(ｇ)である。

⑶　図２では，水が９分で 24℃下がっているので，６℃下がるのにかかる時間は $9 \times \frac{6}{24} = \frac{9}{4}$(分)である。氷が６℃下がるのにかかる時間はこの２倍の $\frac{9}{4} \times 2 = \frac{9}{2}$ →4.5 分である。したがって，⑵解説より，$21 + 4.5 = 25.5$(分後)→25 分 30 秒後が正答となる。

⑷　200mL がすべて水のときの重さは $10 \times \frac{200}{10} = 200$(ｇ)であり，ここから 10mL を氷にかえると重さが $10 - 9.2 = 0.8$(ｇ)小さくなる。したがって，200mL での重さが 196ｇになる(200mL すべてが水のときよりも重さが４ｇ小さくなる)のは，氷が $10 \times \frac{4}{0.8} = 50$(mL)のときである。氷 50mL の重さは $9.2 \times \frac{50}{10} = 46$(ｇ)であり，これは全体の重さの $46 \div 196 \times 100 = 23.46\cdots$→23.5％である。

【４】〔A〕⑴　E_1の＋極から流れた電流は，ａ→ｄ→豆電球→ｂ→ｃの順に流れ，電源の－極にもどってくる。

⑵　E_2の＋極から流れた電流は，ｃ→ｄ→豆電球→ｂ→ａの順に流れ，電源の－極にもどってくる。

⑶　E_3は，E_1とE_2の向きの電流を５秒間かくで交互に流すので，豆電球は図４のときと同じように光る。

⑷　①E_1と同じ向きに電流が流れたときには豆電球は光らない。　②回路に電流が流れないため，豆電球は光らない。　③E_1とE_2のどちらの向きに電流が流れても豆電球は光るが，豆電球に流れる電流の向きは⑶の逆になる。　④回路に電流は流れるが，豆電球には電流が流れないため，光らない。

〔B〕⑴　右図参照。

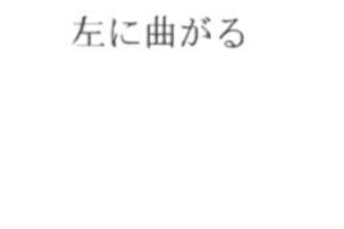

左に曲がる

⑵　⒜②２つの車輪が図２のイの状態よりも，少し右側にずれるので，左が低くなるように傾く。

⑶　イのような車輪でなければ，車軸を左右に傾けることはできず，左右のどちらにも曲がることはできない。

⑷　(a)図２のイより，レールはどちらも内側だけが車輪と接するので，ウが正答となる。(b)カーブの内側のレールから車輪が内側にずり落ちないような脱線防止レールがあればよい。

平成27年度　解答例・解説

《解答例》

【１】A．⑴４：３：１　⑵ａ：ｂ＝１：１　ｃ：ｄ＝１：３　⑶A．３　B．２　C．６　⑷①ア　②１：４

B．⑴４　⑵680　⑶①3240　②8.9

【２】⑴エ　⑵ア　⑶ウ　⑷７日前の月…オ　11日後の月…イ　⑸A　⑹梅雨　⑺ウ，オ

⑻昼…太陽の光を和らげる。　夜…地表から熱が逃げるのを防ぐ。　⑼オ

【３】A．⑴C．ア　E．オ　G．カ　⑵ウ　⑶B　⑷二酸化炭素

B．⑴塩化水素／7.4　⑵①1640　②864　⑶357　⑷0.3　⑸４

【４】A．⑴①エ　②ウ　⑵風…オ　水…エ　⑶イ　⑷イ，エ

B．⑴５　⑵２　⑶17

C．⑴①イ　②ア　③エ　④ウ　⑵⑤ａ　⑥ｃ　⑦ｂ　⑶ウ　⑷ウ

《解　説》

【１】〔A〕おもりAの重さを$\boxed{A}$，おもりBの重さを$\boxed{B}$，おもりCの重さを$\boxed{C}$とする。⑴てんびんの左右がつり合うには〔支点からの距離×かかる力〕が左右で等しければよい。したがって，図１の左図より１×($\boxed{A}$＋$\boxed{B}$＋$\boxed{B}$)＝２×($\boxed{B}$＋$\boxed{C}$＋$\boxed{C}$)…(あ)，図１の右図より３×($\boxed{A}$＋$\boxed{B}$＋$\boxed{C}$)＝４×($\boxed{A}$＋$\boxed{C}$＋$\boxed{C}$)…(い)となる。(あ)より$\boxed{A}$＋２×$\boxed{B}$＝２×$\boxed{B}$＋４×$\boxed{C}$なので，$\boxed{A}$＝４×$\boxed{C}$…(う)である。(い)と(う)より３×(４×$\boxed{C}$＋$\boxed{B}$＋$\boxed{C}$)＝４×(４×$\boxed{C}$＋$\boxed{C}$＋$\boxed{C}$)なので３×$\boxed{B}$＝９×$\boxed{C}$となり，$\boxed{B}$＝３×$\boxed{C}$…(え)である。したがって，(う)と(え)より$\boxed{A}$：$\boxed{B}$：$\boxed{C}$＝(４×$\boxed{C}$)：(３×$\boxed{C}$)：$\boxed{C}$＝４：３：１…(お)である。　⑵$\boxed{B}$：$\boxed{C}$＝３：１なのでｃ：ｄ＝１：３である。また，$\boxed{A}$：($\boxed{B}$＋$\boxed{C}$)＝４：(３＋１)＝４：４＝１：１なのでａ：ｂ＝１：１である。　⑶おもりAの数をⒶ，おもりBの数をⒷ，おもりCの数をⒸとする。$\boxed{B}$：$\boxed{C}$＝３：１なので，図３よりⒷ：Ⓒ＝１：３…(か)である。また図３よりⒶ×$\boxed{A}$＝Ⓑ×$\boxed{B}$＋Ⓒ×$\boxed{C}$でもあるので，(お)と(か)より，Ⓐ×４×$\boxed{C}$＝Ⓑ×３×$\boxed{C}$＋Ⓑ×３×$\boxed{C}$となり，Ⓐ：Ⓑ＝３：２…(き)である。したがって，(か)と(き)よりAは３個，Bは２個，Cは６個となる。　⑷①重い順に，銀＞鉄＞アルミニウムなので，銀がA，鉄がB，アルミニウムがCである。②Bは鉄であり磁石に引きつけられるため図４の左図でつりあっている。したがって，右図のてんびんの左側にはAがつるされているのと同じ重さがかかる。Cのアルミニウムは磁石に引きつけられないことから，右図の左右の重さは$\boxed{A}$：$\boxed{C}$＝４：１となり，ｅ：ｆ＝１：４である。　〔B〕⑴船Aから船Bに直接音がとどく時間は2040÷340＝６(秒)，船Aから船Bに反射板を反射した音がとどく時間は1700×２÷340＝10(秒)なので，10－６＝４(秒)である。⑵船Aから出て反射板で反射した音が船Aにもどってくる時間は４秒となるので，船Aと反射板の距離は340×４÷２＝680(m)である。

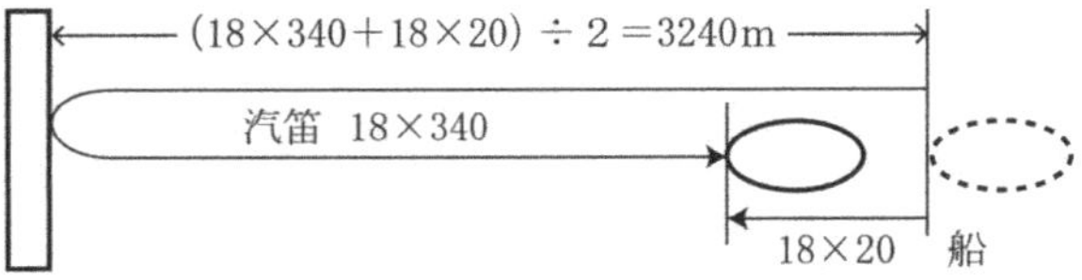

⑶①汽笛が進む距離は18×340＝6120(m)，船が進む距離は18×20＝360(m)だから，(6120＋360)÷２＝3240(m)である(右図)。②鳴らし始めから

10 秒で汽笛が終了する。そのとき汽笛の先頭は鳴らし始めの船の位置から 340×10＝3400(m)進んだ位置にあり，汽笛の最後尾は鳴らし始めの船の位置から 20×10＝200(m)進んだ位置にある。したがって汽笛の全長は 3400－200＝3200(m)である(右図)。

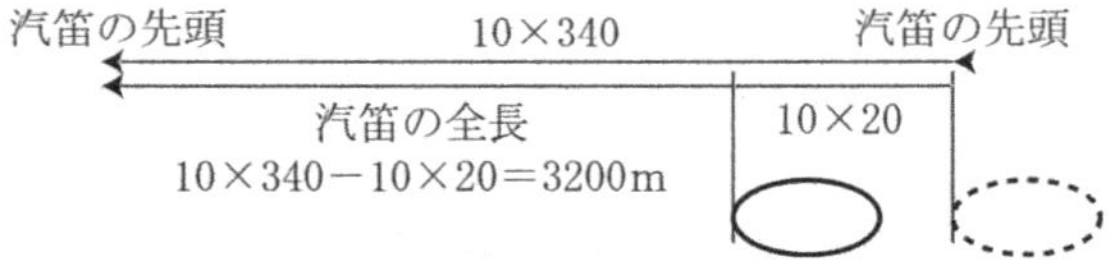

反射して船に向かってくる汽笛の速さは秒速 340m で船の速さが秒速 20m なので，船から見て汽笛は 340＋20＝(秒速)360(m)の速さで通過していくことになる。したがって，汽笛の鳴っている時間は 3200÷360＝8.88…→8.9 秒間である(右図)。

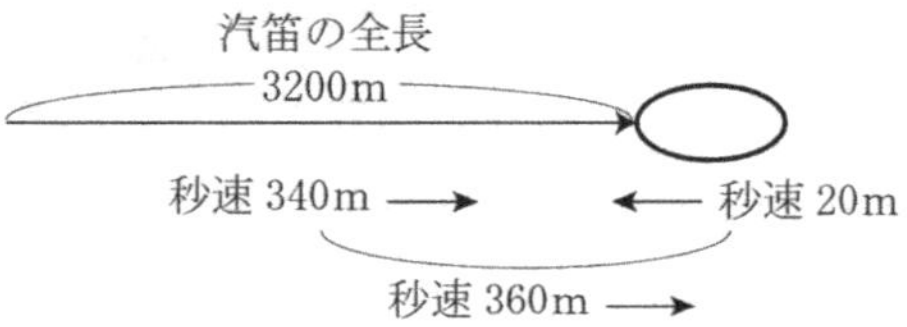

【2】(1)月の直径はおよそ 3500 ㎞である。 (3)月の公転周期も自転周期もおよそ 1 か月である。 (4)満月は地球から見て太陽と反対方向にあるときの月なので，満月がのぼるのは 18 時である。したがって，1 か月を 30 日と考えると，月の出は 1 日で 24÷30＝0.8(時間)早くなり，7 日前の月は 18－0.8×7＝12.4→12時にのぼる。また，11 日後の月がのぼるのは 18＋0.8×11＝26.8，26.8－24＝2.8 となり，およそ 3(時)である。 (5)1 月 24 日は 2 月 19 日の 26 日前なので旧暦の 12 月 5 日になる。新月から 5 日なので，Aの形である。 (9)バネばかりは，バネを引き伸ばす重力をはかる装置なので，地球での値の 6 分の 1 になる。一方，上皿てんびんは，左右にはたらく重力を比べる装置であるため，月面ではてんびんの左右とも 6 分の 1 になり，地球ではかる場合と同じ値になる。したがって，月面のばねばかりで 12 g ということは，地球では 12×6＝72(g)となり，てんびんの値も 72 g である。

【3】〔A〕①～⑦の結果をまとめたものが下表である。(1)Cは食塩，Eはよう素，Gはアルミニウムである。

	A	B	C	D	E	F	G	H
固体の色	白	有色	白	白	有色	白	白	白
塩酸を加える				気体発生		気体発生	気体発生	
合わせる	●――	――青紫色――			――●(水溶液)		○―気体―	―○(水溶液)
水溶液								アルカリ性・ぬるぬる
水に溶けるか				溶けない		溶ける		
加熱	こげる							
結論	でんぷん	二酸化マンガン	食塩	石灰石	よう素	重そう	アルミニウム	水酸化ナトリウム

(2)Fは重そうなので，水溶液は弱いアルカリ性である。 (3)オキシドールに加えると気体が発生するのはBの二酸化マンガンであり，発生する気体は酸素である。 (4)Dは石灰石であり，塩酸を加えたとき発生する気体は二酸化炭素である。 〔B〕(1)200×0.037＝7.4(g) (2)①塩酸がなくなるまでは，水素の体積は鉄の重さに比例するので，$820\times\frac{4}{2}$＝1640(g)となる。②288×3＝864(㎤) (3)200 g の塩酸と反応する鉄は $2\times\frac{2296}{820}$＝5.6(g)だから，10 g の塩酸をすべて溶かす鉄は $200\times\frac{10}{5.6}$＝357.1…→357 g となる。 (4)100 g の塩酸にマグネシウムを溶かすと，マグネシウムは $0.3\times\frac{1152}{288}$＝1.2(g)まで溶けるので，1.5 g のマグネシウムを用いると，1.5－1.2＝0.3(g)が溶け残る。 (5)10 g がすべて鉄だとすると，発生する気体は 410×10＝4100(㎤)となり，6300－4100＝2200(㎤)足りない。もし，1 g の鉄がマグネシウムにかわると発生する気体が 960－410＝550(㎤)増えるので，2200÷550＝4(g)より，鉄が 10－4＝6(g)，マグネシウムが 4 g となる。

【4】〔A〕(2)受粉には，風を利用するもの(オ)，水を利用するもの(エ)，虫を利用するもの(ア・ウ)，鳥を利用するもの(イ)などがある。 〔B〕(1)(2)$\frac{2}{5}$，$\frac{4}{5}$，$\frac{6}{5}$，$\frac{8}{5}$，$\frac{10}{5}$＝2 より，5 枚目であり 2 回転したところである。 (3)5 枚ごとに重なるので，12＋5＝17(枚目)である。 〔C〕(2)表より，a と c はそれぞれのかわりにはたらくが，b がはたらかない場合はかわりになるものがないことがわかる。

平成26年度 解答例・解説

《解答例》

【1】(1)オ　(2)ウ，オ，キ　(3)①9　②8　③5　(4)イ　(5)①72　②24　③24　(6)8　(7)カ

【2】A　(1)二酸化マンガン　(2)塩酸　(3)石灰水を加えよく振ると白くにごる。　(4)はじめは装置内の空気が出てくるから。

B　(1)①アルミニウム　②水素　(2)C，D　(3)4　(4)11　(5)100

【3】A　(1)③　(2)③　(3)④　(4)ウ　(5)エ　(6)イ

B　(1)①ウ　②ア　(2)(b)エ　(c)イ　(3)①ア　②イ　③イ

【4】(1)オ　(2)ア　(3)ウ　(4)太陽の強い光に妨げられ，見えにくいから。　(5)⑤イ　⑥ウ　⑦オ　(6)2　(7)イ

《解　説》

【1】(2)ウはミドリムシ，オはワカメ，キはクンショウモである。　(3)③グラフで，0キロルクスのときの排出量が呼吸による「二酸化炭素の排出量」となる。したがって，20－5＝15(ミリグラム)が光合成による「見かけの二酸化炭素の吸収量」となる。　(4)グラフで，4キロルクスのときにどちらも「見かけの二酸化炭素の吸収量」が3ミリグラムとなっていることがわかる。　(5)①②カタバミを6キロルクスの明るさの下に12時間おくと「実際の二酸化炭素の吸収量」は，(5＋1)×12＝72 ミリグラム である。また，1日の「二酸化炭素の排出量」は 1×24＝24 ミリグラム であり，1日あたりの「見かけの二酸化炭素の吸収量」が 72－24＝48 ミリグラム だとわかる。③トマトでも同様の計算をする。ただし，6キロルクスの明るさの下でのトマトの「実際の二酸化炭素の吸収量」が 7＋5＝12 ミリグラム であることに注意しよう。(12×12)－(5×24)＝24 ミリグラム が正答となる。　(6)光をあてる時間とあてない時間が同じであることと，0キロルクスの明るさの下での「二酸化炭素の排出量」はトマトの方が4ミリグラム多いことから，「見かけの二酸化炭素の吸収量」でトマトの方が4ミリグラム多くなるときの明るさを答えればよい。

【2】B(1)塩酸に金属を加えたときに発生する気体は水素である。塩酸と反応する金属は多くあるが，水酸化ナトリウム水溶液と反応する金属はアルミニウムなどの一部の金属だけである。　(2)Bで気体が発生しなかったのは，塩酸 100mL と水酸化ナトリウム水溶液 150mL がちょうど中和したためである。したがって，Aでは酸性，Bでは中性，CとDではアルカリ性になっていることがわかる。フェノールフタレイン液はアルカリ性の水溶液に反応して赤色になる。　(3)Bで出てきた9gの固体はすべて中和によってできた食塩だから，Dで出てきた 19gのうち9gは食塩で，10gが水酸化ナトリウムだとわかる。Dでは，400mL のうち 150mL が塩酸 100mL と中和しているので，400－150＝250mL の水酸化ナトリウム水溶液に 10gの水酸化ナトリウムが溶けていたことになる。したがって，100mL の水酸化ナトリウム水溶液には $10\,\mathrm{g}\times\frac{100\mathrm{mL}}{250\mathrm{mL}}=4\,\mathrm{g}$ の水酸化ナトリウムが溶けている。　(4) (3)解

説より，Ｃでは，９ｇの食塩と 50mL の水酸化ナトリウム水溶液に溶けている水酸化ナトリウムが固体となって出てくるので，$9\,\mathrm{g}+10\,\mathrm{g}\times\frac{5\,\mathrm{mL}}{250\,\mathrm{mL}}=11\,\mathrm{g}$ が正答となる。　⑸200mL のＡを中性にするにはあと 50mL の水酸化ナトリウム水溶液が必要である。Ｄ(500mL)には 250mL の水酸化ナトリウム水溶液が含まれているので，$500\,\mathrm{mL}\times\frac{50\,\mathrm{mL}}{250\,\mathrm{mL}}=100\,\mathrm{mL}$ 混ぜればよい。

【３】Ａ⑴重心は図３の針金１本１本の真ん中を通る線上にある。したがって，辺ＢＣの真ん中の点を通る③の線上に重心がある。　⑵ ⑴と同様に考えて，辺ＡＣの真ん中を通る③の線上に重心がある。

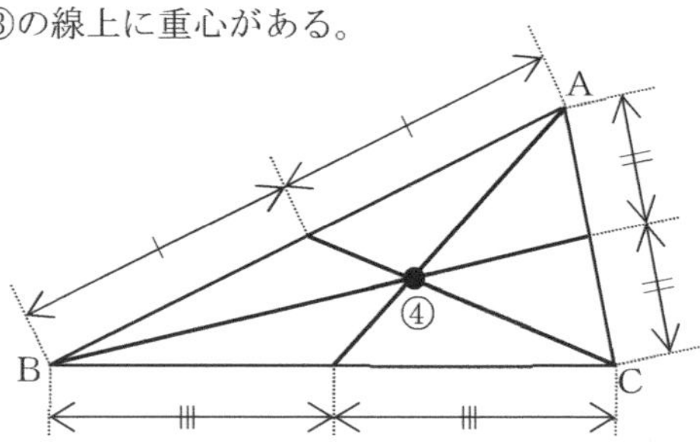

⑶右図のように，三角形の各頂点とその向かい側の辺の真ん中の点を線で結ぶと，３本の線が交わる点があり，そこが重心だとわかる(実際に作図をするときは，３本のうち２本を引けば重心がわかる)。　⑷辺ＢＣに向かって糸の延長線を引いたとき，その線が辺ＢＣの真ん中の点を通るものを選べばよい。　⑸支点の左右で針金の長さ(重さ)は等しいので，⑷と同様に考えることができる。糸の延長線が向かい側の辺の真ん中を通るエが正答となる。　⑹支点の左右で針金の長さ(重)さが異なることに注意する。このようなときは，糸の延長線が，向かい側の辺を左右の針金の長さ(重さ)の比と逆の比に分けるときにバランスが保たれる。したがって，イが正答となる。　Ｂ⑴①(ａ)～(ｃ)の方法はすべて最終的に 20℃の水 50ｇと 80℃の水 50ｇが混ざることになる。したがって，湯のみの温度にだけ着目すればよいので，混ぜたあとの温度が低い順(湯のみの温度が低い順)に(ｂ)，(ａ)，(ｃ)となる。②(ｅ)よりも(ｄ)の方が「熱の移動」が多い。　⑵イで温度が上がったのは，空気が押し縮められることによる(ｂ)。逆に，ピストンを引くと空気が引きのばされ温度が下がる。エで涼しく感じられたのは，まいた水が蒸発するときにまわりから熱を奪っていくからである(ｃ)。なお，アとウは(ａ)の方法を含むものである。

【４】⑵物質はふつう，液体から固体に変化すると体積が小さくなるが，水は例外で液体から固体に変化すると体積が少し大きくなる。１㎤当たりの重さを密度といい，〔$\text{密度(g/cm}^3\text{)}=\frac{\text{物質の質量(g)}}{\text{物質の体積(cm}^3\text{)}}$〕で求めることができる。このため氷の密度は水の密度(１g/㎤)に対して少し小さくなり，およそ 0.9g/㎤になる。ただし，これはカチンコチンの氷であり，お父さんが彗星の氷はフワッとした雪の固まりのようなものだと発言していることから，0.9g/㎤よりもさらに小さい１㎤当たり 0.3ｇになると考えることができる。　⑶太陽から放出される太陽風により，太陽と反対方向にコマができる。また，太陽に近いほど気化する量が多くなるので，ウのような様子になる。⑸金星の見え方を覚えておこう。地球と太陽を線で結んだとき，その線上に金星があるときには，地球から金星を観察することはできない。したがって，⑥は１月１日の 10 日後の１月 11 日のことである。地球から見て金星が太陽の左側にあるとき(図２の 11 月１日～１月１日)，金星は夕方西の空に見える。このとき見える金星をよいの明星《みょうじょう》という。また，地球から見て金星が太陽の右側にあるとき(図２の１月 21 日～３月１日)，金星は明け方東の空に見える。このとき見える金星を明けの明星という。　⑹お父さんの発言から，太陽からの距離が$\frac{○}{□}$になると，太陽からもらう熱が$\frac{□\times□}{○\times○}$倍になることを読み取る。太陽から金星までの距離は，太陽から地球までの距離の $\frac{70}{100}=\frac{7}{10}$ だから，金星が太陽からもらう熱は地球の $\frac{10\times10}{7\times7}=2.0\cdots\rightarrow$ ２倍である。

平成25年度 解答例・解説

《解答例》

【1】A．⑴ア，ウ，オ　⑵ウ　⑶空気が最もたくさん入るから。

B．⑴①ア　②ウ　③ア　⑵A，C，B　⑶4　⑷60　⑸B，C，A　⑹B，A＝C

【2】A．⑴①イ　②ア　③ウ　⑵C．イ　D．ウ　E．ア　⑶0.75　⑷3.5

B．⑴イ　⑵エ　⑶ア　⑷エ　⑸ウ

【3】⑴①A．き　B．み　C．ど　D．り　②E．き　F．ん　G．せ　H．い

⑵a．12，4　b．14，40　c．12，4　d．9，40　⑶e．ア，ウ　f．ア　g．エ　h．ウ

⑷③イ　④ア　⑤エ

【4】A．⑴右図　⑵イ　⑶ア　⑷イ　⑸ア．80　イ．160　⑹30

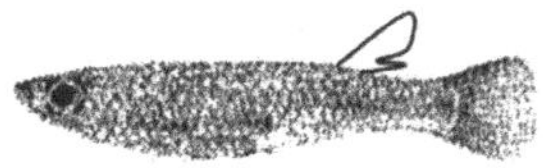

B．⑴A．ア　B．ウ　C．イ　⑵(X)　⑶②　⑷①　⑸⑦

⑹⑨

《解　説》

【1】A．⑴ろうそくのほのおにあたためられた空気は軽くなるので上昇する。このとき，ガラス管の上の口が空いていれば，あたためられた空気はガラス管の外に出ていき，新しい空気が入ってくるので，ろうそくは燃え続ける。⑵⑶アとオでは，あたためられた空気の出口と新しい空気の入り口が同じになり，ウでは，あたためられた空気は上の口から出ていき，新しい空気は下のすき間から入ってくる。

B．⑴塩酸と水酸化ナトリウム水溶液を混ぜると中和が起こり，食塩(塩化ナトリウム)ができる。同じ重さの水酸化ナトリウムを加えた水溶液を加熱して得られる白い固体の重さは，反応した水酸化ナトリウムが多いほど，重くなる。AとCでは，塩酸の濃さが違うのに得られた固体の重さが同じことから，水酸化ナトリウムはすべて反応し，塩酸が余っていて(または，ちょうどなくなった)，残った固体はすべて食塩であると考えられる(塩酸を熱しても固体は残らない)。また，Bでは，AやCと比べて得られた固体の重さが軽いので，水酸化ナトリウムがすべて反応していないと考えることができる。なお，このことから，Bの塩酸はAやCの塩酸よりも濃さがうすいことがわかる。　⑵溶かすことができる石灰石の重さは，塩酸の重さが同じとき，塩酸の濃さに比例する。したがって，CよりもAの方が濃いことがわかるので，⑴解説と合わせ，濃い方からA，C，Bの順となる。　⑶Aで10ｇの石灰石がすべて溶けると11.1ｇの個体が得られたことから，$11.1(g)-10(g)=1.1(g)$ の固体が増えることがわかる。Cでは $10.66(g)-10(g)=0.66(g)$ 増えているので，溶けた石灰石は $10(g)\times\frac{0.66(g)}{1.1(g)}=6(g)$ となり，残った石灰石は $10(g)-6(g)=4(g)$ である。　⑷．⑶と同様の計算をすると塩酸B30ｇでは石灰石2ｇを溶かすことができるとわかるので，⑶の残りの4ｇの石灰石を溶かすには $30(g)\times\frac{4(g)}{2(g)}=60(g)$ の塩酸Bが必要となる。　⑸塩酸と鉄が反応すると気体(水素)が発生して空気中に出ていくため，水素がたくさん発生したものほどビーカー全体の重さは軽い。すべてのビーカーで鉄が残っていたことから，溶かした鉄の重さが軽い順(塩酸の濃さがうすい順)にB，C，Aが正答となる。　⑹．⑸と同様だが，AとCでは鉄がすべて溶けたので，発生した水素の重さが同じであり，ビーカー全体の重さも同じになる。Bでは鉄が溶け残ったため，AやCよりも重くなるので，B，A＝Cが正答となる。

【2】 A. ⑴おもりの速さは，真下(糸が天井《てんじょう》と垂直になるとき)に近いほど速くなり，最も高い位置に近いほどおそくなる。 ⑵Cではおもりに真横に動く力と重力(下向きの力)がはたらいているのでイのように動き，Dではおもりに左上に動く力と重力がはたらいているのでウのように動き，Eでは重力のみはたらいているのでアのように動く。 ⑶図2で，Xからくぎまでは糸の長さ 100 cmの振り子の周期の$\frac{1}{4}$倍，くぎからYまでは糸の長さ 100(cm)－75(cm)＝25(cm) の振り子の周期の$\frac{1}{4}$倍の時間がかかるので，2.0(秒)×$\frac{1}{4}$(倍)＋1.0(秒)×$\frac{1}{4}$(倍)＝0.75(秒) が正答となる。 ⑷表の周期から考えて，糸の長さが100 cmの振り子が真下を通るのは，0.5，1.5，2.5，3.5…秒後，糸の長さが200 cmの振り子が真下を通るのは，0.7，2.1，3.5…秒後なので，初めて同時に通過するのは，3.5秒後となる。

B. ⑴検流計を直接電源につなげると，検流計に大きな電流が流れて検流計がこわれてしまうことがある。⑵⑷電池は直列に，モーターや豆電球は並列につなぐと，回路に流れる電流が大きくなり，豆電球は明るくなる。 ⑶電池が直列につながれた数が少なく，モーターや豆電球が直列につながれた数が多いほど，回路に流れる電流が小さくなり，豆電球は暗くなる。 ⑸ウでは，直列につながれた電池の向きが逆になるため，電流は流れない。

【3】 ⑴クロスワードの答えは右図の通り。

	2か	ん	た	い H				
	せ	■	■	■	6か	せ	き A	
1か	い	4お	う	せ G	い	■	■	11し
い	■	り D	■	■	7こ	9う	て	ん
き E	■	お	■	■	8う	ち	■	ど C
	3し	ん	5げ	ん F	■	ゅ		
			ん			10う	み B	
			ぶ					

⑵ a. 17：50－5：46＝12時間4分

b. 19：02－4：22＝14時間40分

c. 17：34－5：30＝12時間4分

d. 16：42－7：02＝9時間40分

⑷冬の日の出は，南東にあるほど早いのでイが正答となる。

④冬の日の入りは北にあるほど早いのでアが正答となる。

⑤冬の昼の時間は南にあるほど長いのでエが正答となる。

【4】 A. ⑴おすの背びれには切れこみがある。 ⑶卵の直径は約1mmである(イ)。卵は透き通っていて中のようすが見える(ウ)。メダカはあたたかくなり水温が高くなると卵をうみはじめる。水温が25℃くらいで最もよくうみ，卵がかえるまでの日数も短くなる(エ)。 ⑸④より，メダカ10匹の酸素の吸収量は 100－70＝30 だとわかる。また，④と⑤の差より，水草1本の酸素の吸収量は 70－50＝20 だとわかる。したがって，(ア)は 100－20＝80 となり，(ア)と③から，水草1本の光合成による酸素の放出量は 190－80＝110 だとわかるので，(イ)は 100－30(メダカの呼吸)－20(水草の呼吸)＋110(水草の光合成)＝160 となる。 ⑹水草1本が放出する酸素は 110－20＝90 で，メダカ1匹が吸収する酸素は 30÷10(匹)＝3 である。水草が放出した酸素をすべてメダカが吸収すればよいので 90÷3＝30(匹) が正答となる。

B. ⑴⑸小腸で吸収された栄養分が肝臓へ送られることから，Cが小腸，Bが肝臓となり，⑦の血管を流れる血液が最も栄養分を多く含む。 ⑵(W)を右心房，(X)を左心房，(Y)を右心室，(Z)を左心室という。心房は全身から血液がもどってくる血管(静脈という)とつながる部屋で，心室は血液を全身へ送り出す血管(動脈という)とつながる部屋である。心房が縮むと心室がゆるむ。 ⑶酸素は肺(A)で血液に取り入れられるので②が最も酸素を多く含む静脈である。 ⑷酸素の最も少ない血液(二酸化炭素の最も多い血液)は心臓から肺へ血液を送る血管(①)を流れる。 ⑹二酸化炭素以外の不要物はじん臓でこしとられ，体外へはい出される。したがって，じん臓から出てきた血液が流れる⑨が正答となる。

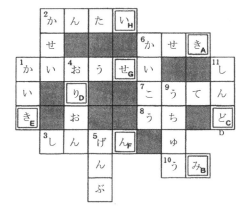

平成24年度 解答例・解説

《解答例》

【1】A．⑴①エ　②イ　③ア　④ウ　⑤ア　⑵図２…ゾウリムシ　図３…ミジンコ　図４…アオミドロ

B．⑴水　⑵ヨウ素　⑶消化液　⑷ウ　⑸肝臓　⑹12　⑺10

【2】A．⑴二酸化炭素がふくまれていないことがわかる。　⑵かん留〔別解〕むし焼き

⑶A．ア　B．ア　C．ア　⑷A，C　⑸黄

B．⑴エ　⑵X．水素　Y．二酸化炭素　⑶0.28　⑷56　⑸1350

【3】A．⑴ウ　⑵エ　⑶ア　⑷イ　⑸エ　⑹ア　⑺⑦熱　⑧光

【4】A．⑴ア．20　イ．237　ウ．207　⑵24　⑶1200　⑷1.5　⑸80　⑹①33　②39

B．①イ　②イ　③イ　④イ　⑤イ　⑥ア

《解　説》

【1】〔A〕⑴①〔顕微鏡での観察倍率＝接眼レンズの倍率×対物レンズの倍率〕である。　②倍率が低い方が視野は広範囲である。　③接眼レンズをのぞいたまま対物レンズとプレパラートを近づけると，ぶつけて破損するおそれがあるので，最初に横から見ながら対物レンズとプレパラートをできるだけ近づけておき，接眼レンズをのぞきながら遠ざけることでピントを合わせるようにする。　④顕微鏡の視野は実際の位置関係と上下左右とも逆になっているので，動かしたい方向と逆方向に動かせばよい。　⑤観察倍率とは，ものの長さで比較したときの倍率である。面積の比を４倍にするためには長さの比を２倍にすればよいので，観察倍率は　50×２＝100(倍)となる。　⑵代表的な微生物の形や名前をおぼえておく。　〔B〕⑴植物の葉にある葉緑体は，光のエネルギーを使って，二酸化炭素と水からデンプンを合成する。　⑵デンプンがあるかを確かめるためにヨウ素液を使う。ヨウ素液はデンプンがあると青紫色に変化する。　⑶食べ物を消化し，からだに必要な栄養分に分解にする液を消化液といい，それぞれの消化液が分解する栄養素が決まっている。　⑷デンプンは分解されて最終的にブドウ糖に，タンパク質はアミノ酸に，脂肪は脂肪酸とモノグリセリドになる。　⑸小腸の柔毛の毛細血管で吸収されたブドウ糖は，肝臓に運ばれてたくわえられ，必要に応じて全身に送られる。　⑹ $3 \div \frac{1}{5} - 3 = 12$(cm³)　⑺問題文の表の通り，加えただ液の濃さと，分解終了時間は反比例している。したがって，$\frac{1}{5}$倍のときは，$(\frac{1}{2} \times 4) \div \frac{1}{5} =$ 10(分)である。

	炭水化物	タンパク質	脂肪
だ液	○	×	×
胃液	×	○	×
すい液	○	○	○
胆汁	×	×	△ すい液の手伝い
腸液	○	○	×

【2】〔A〕⑴二酸化炭素がふくまれていると，石灰水に通したときに白くにごる。　⑵空気(酸素)をしゃ断して加熱すると，通常なら発火する温度になっても火がつかず，気体・液体・固体などのかたちでいくつかの成分に分かれる。このことをむし焼き(乾留《かんりゅう》)という。木をむし焼きにすると，可燃性のガスや，木酢液《もくさくえき》などの液体が分かれ出て，あとに炭素(木炭)が残る。　⑶⑷木片・鉄・木炭ともはげしく燃えるが，木片と木炭が燃えて二酸化炭素を発生するのに対し，鉄が燃えても二酸化炭素が発生しない。　⑸たまった液体は木酢液とよばれ，酸性である。

〔B〕⑴⑵実験１より，固体Aだけが水に溶けるのでミョウバンである。水酸化ナトリウムと反応して気体を発生させる固体Bはアルミニウムであり，発生する気体Xは水素である。塩酸と反応して水素を発生させる固体Cは鉄である。塩酸と反応して水素とは別の気体を発生させる固体Dは石灰石であり，発生する気体Yは二

酸化炭素である。　(3)問題文の表１と表２より，使われた固体の量を計算してまとめると以下の表１’と表２’の通りになる。

表１’　１ｇの固体Ｂに塩酸を加えたとき

加えた塩酸(cm³)	0	10	20	40	44.44…	55.55…	60
使われた固体Ｂ(ｇ)	0	0.18	0.36	0.72	0.8	1	1
出てきた気体Ｘ(cm³)	0	225	450	900	1000	1250	1250

表２’　２ｇの固体Ｃに塩酸を加えたとき

加えた塩酸(cm³)	0	10	15.55…	20	30	40	(40)
使われた固体Ｃ(ｇ)	0	0.56	0.871…	1.12	1.68	2.00	(2.24)
出てきた気体Ｘ(cm³)	0	225	350	450	675	803.571…	(900)

表１’より，①は$1-0.72=0.28$(ｇ)である。　(4)１ｇの固体Ｂがちょうど使われるときの塩酸の量は$10\times\frac{1}{0.18}=55.5\cdots\fallingdotseq 56$(cm³)である(表１’参照)。　(5)0.8ｇの固体Ｂがちょうど使われるときの塩酸の量は$10\times\frac{0.8}{0.18}=44.4\cdots$(cm³)であり，そのとき発生する気体Ｘの量は$225\times\frac{0.8}{0.18}=1000$(cm³)である(表１’参照)。また，最初に塩酸が60cm³あったのだから，残っている塩酸は$60-10\times\frac{0.8}{0.18}=15.5\cdots$(cm³)であり，それとちょうど反応する固体Ｃは，$0.56\times(60-10\times\frac{0.8}{0.18})\div 10=0.871\cdots$(ｇ)となり，そのとき発生する気体は，$225\times(60-10\times\frac{0.8}{0.18})\div 10=350$(cm³)となる(表２’参照)。したがって，発生する気体の体積の合計は，$1000+350=1350$(cm³)である。

【３】(1)土や空気よりも，金属の方が温まりやすい。　(2)地面は日なたでは温度が非常に高くなり，日かげだと低くなる。木の葉は日が当たっていると温度が高いが，日かげであれば周りの空気とほぼ同じ温度である。
(3)水は地面に比べて温まりにくく冷えにくい。　(4).(3)の通り，海よりも陸の方が温まりやすいため，海上の空気より陸上の空気の方が温まりやすい。　(5)問題文⑤のように，雲は熱をにがしにくい性質があるため，雲のない晴れた夜には熱がにげ，翌朝の気温が下がりやすい。　(6)液体が気体に変わる温度は物質によって決まっており，水では100℃である。

【４】〔Ａ〕水中での重さ＝ものの重さ－押し上げられた水の重さである。
(1)（ア）$=48-28=20$(cm³)である。ものの体積と重さは比例するので，（イ）$=79\times\frac{30}{10}=237$(ｇ)である。（ウ）$=237-30=207$(ｇ)である。　(2)$60-36=24$(cm³)である。　(3)$9\times 150-150=1200$(ｇ)である。　(4)この物体の水中での重さを３とすると，ものの重さ：水中での重さ＝３：１なので，水中での重さは１，押し上げられた水の重さは$3-1=2$である。したがって，この物体の重さは同じ体積の水の重さの$\frac{3}{2}=1.5$倍となる。水１cm³あたりの重さは１ｇなので，$1\times 1.5=1.5$(ｇ)が正答である。　(5)120ｇの合金を水中で測ったら110ｇになったので，この合金が押し上げた水の重さは$120-110=10$(ｇ)，したがって，この合金の体積は10cm³である。１cm³あたりの金の重さは20ｇ，銀の重さは10ｇなので，この合金に含まれる銀の体積を□cm³とすると，$10\times□+20\times(10-□)=120$である。したがって□＝８(cm³)となり，銀の重さは$10\times 8=80$(ｇ)である。
(6)問題文の表より，ガラス72ｇの体積は，$10\times\frac{72}{24}=30$(cm³)である。したがって，押し上げられた食塩水の重さ①は，$30\times 1.1=33$(ｇ)である。また，そのときの食塩水中でのガラスの重さは，$72-33=39$(ｇ)である。

〔Ｂ〕水飲み鳥の頭部のフェルトがぬれ，その水が蒸発するときに熱をうばうことで（気化熱という），頭部の温度が下がる。その結果，頭部内の圧力が下がり，腹部内の空気から水面が押され，水は頭部内に移動する。その重さで頭部が下がり，腹部がかたむくと，腹部内の水面からガラス管の口が出る。ガラス管の断面積は小さいので，今度は腹部から水を押す力が弱まり水は腹部に返ってくる。先ほど頭部が下がったときに頭部がぬれているため，再び頭部の温度が下がる…というように，水飲み鳥が運動をくりかえす。うちわであおいだり，水をアルコールにかえたりすることで，頭部をぬらしている液体（水やアルコール）がより蒸発しやすくなり，頭部の温度が下がりやすくなるため，水飲み鳥の運動の間隔は短くなる。

平成23年度 解答例・解説

《解答例》

【1】A．⑴①17　②5　③1　④0.3　⑵1.3　⑶①デンプン　②二酸化炭素　③ア　④ア

⑷おしべ…6　めしべ…1　⑸ア，キ

B．⑴①イ，ウ　②エ　③カ　⑵イ

【2】⑴ウ　⑵石灰岩　⑶オ　⑷イ　⑸ア　⑹ウ　⑺エ　⑻ア，イ

【3】A．⑴エ　⑵オ　⑶水素　⑷ウ

B．⑴アルミニウム…C　石灰石…A　銅…B　⑵3　⑶ウ，コ　⑷(4，5，1)(9，1，0)　⑸10

【4】⑴100　⑵①3　②4　③10　④間隔…2　最も大きな値…360　⑶①10　②左…1.2　右…2

⑷①175　②c．12　d．48

《解　説》

【1】〔A〕⑴Aが葉のおもて，うら，茎，水面，Bが葉のおもて，茎，水面，Cが葉のうら，茎，水面，Dが葉のおもて，葉のうら，水面から水が蒸発する。①A－B＝23.3－6.3＝17(g)　②A－C＝23.3－18.3＝5(g)　③A－D＝23.3－22.3＝1(g)　④D－(葉のおもて＋葉のうら)＝22.3－(17＋5)＝0.3(g)　となる。

⑵茎と水面から蒸発するので，1＋0.3＝1.3(g)　⑶①②光合成の材料は二酸化炭素と水である。

【2】⑷1cm(＝10mm)になるのに，$10\div\frac{3}{10000}=\frac{100000}{3}$(日)　かかるので，$\frac{100000}{3}\div365\fallingdotseq90$(年)　かかる。　⑹気温の高い外の空気は上にあがり，気温の低い洞内の空気は下にさがるので，ウのような空気の流れができる。

【3】〔A〕⑴石灰水を白くにごらせる気体(二酸化炭素)が発生するので，炭素をふくんでいる。　⑶線香がはげしく燃えた気体Dは酸素であり，Dとまぜて火をつけるとはげしく燃える気体Eは水素である。　⑷乾電池の底と側面は亜鉛でできている。亜鉛に塩酸と水酸化ナトリウム水よう液を加えると，どちらも水素が発生するが，オキシドールとは反応しない。

〔B〕⑴アルミニウムはどちらの水よう液とも反応し，水素が発生する。石灰石は塩酸と反応し，二酸化炭素が発生するが，水酸化ナトリウム水よう液とは反応しない。銅はどちらの水よう液とも反応しない。　⑵アルミニウム2粒から　1.25×2＝2.5(ℓ)　，石灰石2粒から　0.25×2＝0.5(ℓ)　の気体が出るので　2.5＋0.5＝3(ℓ)　⑶表3より，Cの粒は，ア2，イ0，ウ1，エ1，オ2，カ3，キ0，ク3，ケ，1，コ2である。また，表2，表3より，Aの粒は，ア1，イ3，ウ5，エ3，オ0，カ1，キ5，ク0，ケ2，コ4である。したがって，AとCを合わせて6粒のウ，コにはBが含まれていない。　⑷Cが1粒ならばAは4粒，Cが0粒ならばAは9粒であり，合わせて10粒になるようにBの数を決める。　⑸Cが2粒ならばAは12粒，Cが3粒ならばAは7粒，Cが4粒ならばAは2粒必要だから，合わせて12～15粒になるようにBの数を決める。(12，0，2)(12，1，2)(7，2，3)(7，3，3)(7，4，3)(7，5，3)(2，6，4)(2，7，4)(2，8，4)(2，9，4)の10通り。

【4】⑴てこでは〔加えられる力×支点からの距離〕が左右で等しくなるときにつり合う。棒の重さ(□gとする)は中央(右端から30cmの位置)にかかるので，□×(30－10)＝200×10　より，□＝100(g)　⑵①aの長さを□cmとすると，80×20＝200×□＋100×10　より，□＝3(cm)　②□cm動かすとすると　(80＋40)×20＝200×(3＋□)＋100×10　より，□＝4(cm)　③．②と同様に　(80＋100)×20＝200×(3＋□)＋100×10　より，□＝10(cm)　④おもりは，40gで4cm，100gで10cm動かすので，20gごとに2cm動かす。また，Aが棒の右端にくるとき，おもりはAから右に40－3＝37(cm)　動かすので，最大目盛りはAから36cmの位置の360gである。　⑶①bの長さを□cmとすると

200×□＝100×(30－□)　より，□＝10(cm)　②左右のばねに上の棒の重さが 50 g ずつかかり，下の棒(100 g)とおもりの重さ(200 g)を合わせた 300 g のうち　$300\times\frac{20}{60}=100$(g)　が左のばねに，300－100＝200(g)　が右のばねにかかる。(1)で　100＋200＝300(g)　の力でばねが2.4cmのびるので，左のばねは　$2.4\times\frac{50+100}{300}=1.2$(cm)　,右のばねは　$2.4\times\frac{50+200}{300}=2$(cm)　のびる。　(4)①図6で,底面の深さが4cmのとき，ばねののびは1.4cmだから，$300\times\frac{1.4}{2.4}=175$(g)　となる。②底面の深さが8cmのとき，下の棒の左端には　$300\times\frac{1.2}{2.4}=150$(g)　かかるので，cの長さを□cmとすると　100×(30－□)＝150×□　より，□＝12(cm)　となる。また，左のばねには　$300\times\frac{2}{2.4}=250$(g)　かかり，棒の重さの半分(50 g)がかかるので，糸を引く力の　100＋150＝250(g)　のうち 200 g かかればよい。d＝$60\times\frac{200}{250}=48$(cm)　となる。

社　会

平成29年度　解答例・解説

《解答例》

1　問１．イ　　問２．沖縄県　　問３．Ⓧ　　問４．勝海舟　　問５．ア．愛媛県　イ．**※学校当局により全員正解**

問６．エ　　問７．ウ　　問８．国名…ブラジル　記号…イ

2　問１．１．潮目　２．大陸棚　３．栽培　４．ブランド　　問２．⑴A．オ　B．イ　⑵エ　⑶銚子

問３．⑴地名…三陸海岸　地形名…リアス海岸　⑵暖流名…日本海流〔別解〕黒潮　寒流名…千島海流〔別解〕親潮

問４．各国が200海里の経済水域を設定したから。／船の燃料費が高騰したから。　　問５．カ　　問６．燃料

3　問１．オ　　問２．エ　　問３．ア　　問４．エ　　問５．ウ　　問６．イ　　問７．イ　　問８．ウ

4　問１．ウ，エ　　問２．イ，ウ　　問３．(ア)E，F　(イ)G，H　(ウ)J，K　　問４．鑑真　　問５．イ

問６．ウ　　問７．開国し，米を輸入できたから。　　問８．秩父〔別解〕埼玉　　問９．新渡戸稲造

《解　説》

1　**問１**　右表参照。

選挙権	満18歳以上
衆議院議員・都道府県の議会議員・市(区)町村長・市(区)町村の議会議員の被選挙権	満25歳以上
参議院議員・都道府県知事の被選挙権	満30歳以上

※2017年４月現在

問２　写真Ａでは自動車が右側通行，写真Ｂでは左側通行であることに気付きたい。写真Ｂの中央にある道路標識に左という文字が見える。1972年にアメリカから返還された沖縄県は，返還後もアメリカの交通規則が使われていた。そこで1978年７月30日から日本の交通規則に変更された「730(ナナサンマル)」という)。

問４　戊辰戦争は，討幕を目指す薩長軍と旧江戸幕府軍の戦いで始まった(鳥羽伏見の戦い)。その戦いのさ中に，薩長軍側に錦旗が与えられたことで，薩長軍が官軍，旧幕府軍が朝敵となった。その後，劣勢となった旧幕府軍は東に敗走し，江戸城無血開城→会津戦争→函館五稜郭の戦いと進んでいく。

問５　ア．愛媛県の宇和海周辺では，「まだい」の養殖がさかんに行われている。また，イは，くるまえびの第３位が熊本県，のりの養殖第１位が佐賀県，２位が兵庫県，３位が福岡県であることから，出題ミスとなった。

問６　フードマイレージは，(輸入量)×(輸送距離)で求められる温室効果ガスの排出量に関する指標だから，地産地消が進めばフードマイレージは小さくなる。

問７　第41代のジョージ・H・W・ブッシュ(共和党)から，クリントン(民主党)→ジョージ・W・ブッシュ(共和党)→オバマ(民主党)→トランプ(共和党)と，民主党と共和党が交互に政権を取っている。

問８　ブラジルの人口は２億人を超えているのでアは誤り。16世紀から17世紀にかけてブラジル以外の南米地域はほぼスペインに支配され，ブラジルだけがポルトガルに支配された。よって，イは正しい。面積が960万㎢ほどの国は中国やアメリカであり，ブラジルの面積は850万㎢程度であるから，ウは誤り。ブラジルからの輸出品は，コーヒー豆，肉類，鉄鉱石などだから，エは誤り。

2　**問１**　１．潮境でもよい。　３．育てた稚魚を放流して自然の中で育てる漁業を栽培漁業という。　４．ブランド化した水産物の例として，「関さば」，「関あじ」，「氷見のぶり」，「大間のまぐろ」などがある。

問２⑴　<Ａ>八戸港は青森県にあり，正の走光性(光に集まる習性)があることからオのいかを考える。

＜Ｂ＞鹿児島県枕崎漁港はかつおの水揚げが多く，かつお節の生産量が多いことで知られる。

(2) ア．底引き網漁　イ．定置網漁　ウ．刺し網漁　エ．巻き網漁　オ．はえなわ漁　(3) 水揚げ量日本一がわからなくても，大きな河川(利根川)の河口，大消費地(東京)の近くといったヒントから銚子港を導き出そう。

問３(1) リアス海岸は，土地が沈降し，山地の谷であった部分に海水が入りこんでできた海岸で，波が穏やかであるため，養殖に適している。　(2) 右図参照。

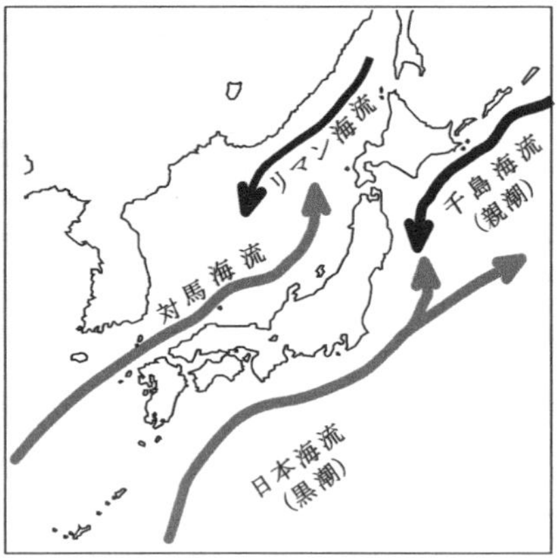

問４　1973年，第四次中東戦争をきっかけとして，アラブの産油国が石油価格の大幅な引き上げなどを実施したために，世界経済が大きく混乱して石油危機が起こった。この後，石油価格は値上がりし，各国の排他的経済水域の設定と相まって，日本の遠洋漁業は衰退していった。

問５　食べる習慣のないモーリタニア・モロッコでとれるタコのほとんどが日本に輸出されている。さけ・ますが北洋漁業でとられる寒流魚であることから判断する。ベトナムやインドネシアでマングローブの林を伐採して，えびの養殖池を作っていることは知っておきたい。

3　問１　小選挙区比例代表並立制が始まった平成８年以降，一度も投票率が 70%を超えたことはないから，オは誤り。

問２　青年海外協力隊から派遣された隊員の職種は，「教育と文化とスポーツ」への人的資源が圧倒的に多いから，エは誤り。

問３　第24回参議院議員通常選挙の投票率は，前回選挙よりも上がったが約54%であったから，アは誤り。

問４　裁判所は他のいかなる機関にも属さず，圧力もうけない(司法権の独立)からアは誤り。初の女性都知事である小池百合子氏の前職は衆議院議員であったからイは誤り。パブリックコメントはもともと電子メールやFAXでの応募を募るものであり，制度は廃止されていないからウは誤り。

問５　条約の締結は内閣が行うからウは誤り。

問６　権力の集中を防ぐため，国際連合事務総長は，安全保障理事会常任理事国からは選出されないからイは誤り。

問７　パリ協定では，目標を達成する義務ではなく，目標を達成するために国内対策を取ることを義務付けたからイは誤り。

問８　サンフランシスコ講和会議では，参加した51か国のうち，ソ連，ポーランド，チェコスロバキアを除く48か国が，日本との平和条約を結んだから，ウは誤り。

4　問１　Ｂは，中大兄皇子が指揮をした白村江の戦い後の九州についての記述である。中大兄皇子についてのできごとは，(乙巳《いっし》の変)→(改新の詔《みことのり》の発布)→(白村江の戦い)→(大津宮への遷都)→(天智天皇となる)→(庚午年籍《こうごねんじゃく》をつくる)の順になる。また，平城京は奈良時代の都だから，ウとエの間が正しい。

問２　Ｅは鎌倉時代に起きた元寇(蒙古襲来)のうち，文永の役のあとの記述である。アは平安時代について，イは鎌倉時代について，ウとエは室町時代についての記述だから，イとウの間が正しい。

問３　アは，15世紀前半に成立した琉球王国についての記述だから，Ｅの元寇とＦの応仁の乱の間が適当である。イは，島原の乱(1637 年)のころの記述だから，Ｇの太閤検地とＨの９代将軍徳川家重のころの記述の間が適当である。ウは，岩倉使節団(1871 年)についての記述だから，Ｊの薩長同盟(1866 年)とＫの初めての帝国議会議員選挙(1890年)の間が適当である。

問４　Ｃは聖武天皇についての記述である。七重の塔は東大寺にあったとされる。全国に 60 以上あった寺は国分寺をさす。イの下線部は正倉院であるが，文中の桓武天皇の部分が誤り。ウの下線部は調であるが，文中の地租の部分が誤り。エの下線部は古今和歌集であり，文は正しいが時代が異なる。

問５　Ｆのころの文化は室町文化である。ア．富岡製糸場(明治時代)　イ．天橋立図(雪舟／室町文化)　ウ．蒙古襲来絵詞(鎌倉文化)　エ．解体新書(杉田玄白・前野良沢／化政文化)

問６　ウは，歌川広重ではなく東洲斎写楽についての記述である。歌川広重は，『東海道五十三次』に代表される風景画を得意とした浮世絵師である。

問７　グラフは，1867 年の日本の輸入品の品目別割合である。1858 年に日米修好通商条約が結ばれていたこと，原料ではなく製品が品目の上位にあることから，日本への輸入に結び付けたい。

問８　1884 年に起きた激化事件は，福島事件(1882 年)ではなく秩父事件である。

問９　北里柴三郎は，ペスト菌や破傷風の治療法を発見した細菌学者である。

平成28年度 解答例・解説

《解答例》

1　問1．聖典…コーラン　都市…メッカ　問2．外様　問3．個人情報　問4．輪中　問5．ウ
　問6．エ　問7．イ　問8．ウ　問9．イ

2　問1．エ　問2．ウ　問3．カ　問4．ア　問5．イ　問6．イ　問7．ウ　問8．エ

3　問1．1．蘇我　2．厳島　3．蝦夷地　問2．(1)H，I　(2)B，C　(3)N，O
　問3．(1)D　(2)G　(3)L　問4．ウ　問5．奉公に対して御恩が少なかったから。　問6．イ
　問7．エ　問8．エ

4　問1．［記号／府県名］　A．［ア／岩手県］　B．［ウ／千葉県］
　問2．［記号／都県名］　D．［ウ／奈良県］　E．［ア／東京都］　問3．1．イ　2．オ　3．ア　4．ウ
　問4．1．エ　2．オ　3．イ　4．ア　問5．(1)携帯電話…イ　ピアノ…ウ　(2)北海道
　問6．(1)河川名…筑後川　県名…福岡県／佐賀県　(2)湖名…中海　県名…鳥取県／島根県

《解　説》

1　問1．世界三大宗教について，右表参照。

三大宗教	開祖	主な信仰地域
キリスト教	イエス	ヨーロッパ・南北アメリカなど
イスラム教	ムハンマド	インドネシアや中東・北アフリカなど
仏教	シャカ	モンゴル・インドシナ半島など

問2．親藩は徳川家一門，譜代大名は関ヶ原の戦い以前から徳川氏に従っていた大名，外様大名は関ヶ原の戦い前後に徳川氏に従った大名のこと。

問4．木曽三川に囲まれた地域では，輪中と呼ばれる堤防で周囲をめぐらせ，家屋などの重要な建物を，土を盛るなどして周囲より高いところに建てた。

問5．ア．国際オリンピック委員会　イ．国際通貨基金　エ．世界貿易機関

問6．エ．4つの団体はチュニジア国民対話カルテットと呼ばれる。アラブの春(2011年から中東や北アフリカの各国で本格化した一連の民主化運動)の後，エジプトやリビアではクーデターや内戦が起こり，民主化の動きが途絶えてしまった。一方で，チュニジアではいまだ民主化の動きが維持されており，この4団体が与えた影響は大きいと判断された。

問8．2015－18＝1997(年)となる。1997年には，ウの京都で国連気候変動枠組み条約第3回締約国会議が開かれ，京都議定書が採択された。

2　問1．エ．内閣が提案した条約案は，国会で承認するかどうか審議が行われる。なお，条約は締結前に国会の承認を得ることが原則だが，場合によっては締結後に国会の承認を得ることも認められている。

問2．ウ．「学問の自由」は，憲法第23条で保障されている。「プライバシー」の権利は，憲法に規定されていないが近年になって認められてきた新しい人権であり，このような人権にはほかに知る権利などがある。

問3．カ．日本において，内閣は法律の拒否権を持たない。

問4．ア．衆議院議員の任期は憲法で4年と定められており，必ずしも解散によって任期が終了するわけではない。

問5．ア．常会の期間は150日間と定められている。　イ．正しい。常会の会期は1度だけ延長することができる。　ウ．2015年に臨時会は召集されなかった。　エ．特別会は，衆議院議員総選挙の後に開かれる国会である。

問6．イ．予算の作成と国会への提出は内閣が行う。

問7．ウ．国務大臣には各省の主任大臣のほか，内閣府特命担当大臣(金融担当・少子化対策担当など)が含まれる。

問8．エ．第一審や第二審で控訴・上告が無ければ判決が確定する。

3　問2．⑴安土桃山時代に豊臣秀吉によって行われたから，H(戦国時代)とI(江戸時代初期)の間が適当である。⑵飛鳥時代の後半に中大兄皇子(天智天皇)らによって進められた公地公民について述べたものだから，B(飛鳥時代)とC(奈良時代)の間が適当である。　⑶太平洋戦争終結の後に行われた農地改革について述べたものだから，N(昭和時代前期)とO(昭和時代中期)の間が適当である。

問3．⑴平安時代の貴族の住まいである寝殿造の図版だから，Dともっとも関係が深い。　⑵元寇で，御家人竹崎季長が元・高麗連合軍と戦う様子を描いた『蒙古襲来絵詞』だから，Gともっとも関係が深い。　⑶日清戦争直前の東アジアの情勢を描いた風刺画だから，Lともっとも関係が深い。絵は，朝鮮(魚)をめぐって対立する日本(左)と清(右)，漁夫の利を狙うロシア(中央)が描かれている。

問4．アは縄文時代だからAの前，エは奈良時代だからBとCの間である。イについて，前方後円墳は北海道にはつくられなかった。

問5．将軍は，御恩として御家人らの以前からの領地を保護したり，新たな土地を与えたりした。御家人は，奉公として京都や幕府の警備についたり，命をかけて戦ったりした。元寇は防衛戦であったため，御家人の多くは恩賞として土地を得ることができず，鎌倉幕府への不満が高まる結果となった。

問6．イ．町衆は，有力武士ではなく有力な商工業者のことをいう。

問7．エ．さまざまな姿の富士山を描いたのは，美人画を得意とする喜多川歌麿ではなく，風景画を得意とする葛飾北斎である。　／問8．Nは1945年，アは1911年，エは1940年のできごとである。イは25才ならば正しい。ウは奉天郊外ならば正しい。

4　問1．一般に，鉄道網が発達している大都市圏の方が，地方の都市より人口千人あたり自家用乗用車数は少ない傾向にあるから，Cは大阪府である。AとBで，可住地面積100㎢あたり郵便局数がAより多いBは，より人口の多い千葉県である(千葉県は東京都や神奈川県に近いため，岩手県より鉄道網が発達している)。よって，Aは岩手県となる。アは，山地・丘陵地の割合が特に高いから，奥羽山脈がある岩手県である。イとウで，総面積にしめる耕地面積の割合が高いウは，大消費地に向けて農作物を出荷する近郊農業がさかんな千葉県である。よって，残ったイは大阪府となる。

問2．緩やかに人口が減少傾向にあるFは，過疎化が進行している秋田県である。DとEで，Dは2000年から2010年にかけて人口が減少しており，Eは同時期に人口が増加していることに着目する。奈良県は，大阪府のベッドタウンとして発展してきたが，近年は人口の減少が進んでいるから，Dが奈良県である。したがって，Eは若い世代が多く集まる東京都である。アは昼夜間人口比率が100を大きく上回り，単身世帯が多いから東京都，イは65歳以上人口の割合から秋田県，ウは昼夜間人口比率が100を大きく下回っているから奈良県である。

問3．いちご…栃木県産の「とちおとめ」が知られている。　キャベツ…愛知県の渥美半島での生産量が多い。

にんじん…冷涼な気候の北海道・青森などで生産量が多い。　もも…山梨県の甲府盆地で多く生産されている。
問４．⑴エ．パルプ・紙・紙加工品は，静岡県富士市・愛媛県四国中央市で生産量が多い。　⑵オ．愛知県が１位であることから考える。　⑶イ．千葉県に広がる京葉工業地域は，石油化学工業がさかんな地域である。
⑷首都である東京都には，さまざまな情報が集まるため，新聞社や出版社が集中し，日本で最も印刷・出版業がさかんな都道府県となっている。
問５．⑴イは，千世帯あたりの所有数量が最下位のＴ県でも 1876 台と多いから携帯電話である。ウは，千世帯あたりの所有数量が１位のＱ都道府県でも 354 台と少ないからピアノである。よって，アはルームエアコンとなる。　⑵ルームエアコンの所有台数が全国最下位であり，46 位のＳ都道府県の約４分の１になっていることに着目する。北海道は，夏は涼しいためエアコンをあまり必要とせず，逆に冬は寒すぎるため室外機が凍ってエアコンが動かなくなることがある。そのため，北海道では主に床暖房やストーブなどが用いられている。
問６．⑴解答例のほか，福岡県と大分県の県境を流れる山国川などがある。

平成27年度　解答例・解説

《解答例》

1　問１．Ａ．アメリカ合衆国　Ｂ．中国〔別解〕中華人民共和国
問２．外務省／文部科学省／総務省などから２つ　問３．燃料を外国から船で輸入しているため。
問４．ア　問５．ライフライン　問６．イ，エ　問７．共和党　問８．ウ

2　問１．ウ　問２．カ　問３．イ　問４．イ　問５．エ　問６．ア　問７．キ　問８．ウ

3　問１．Ｃ，Ｄ，Ｏ　問２．⑴ウ　⑵ア　⑶イ　問３．①イ　②ク　③オ　問４．ウ→ア→オ→イ
問５．蘭学　問６．平城京　問７．ア　問８．イ→ウ→ア→エ　問９．ａ．豊臣秀吉　ｂ．秀吉が検地を行い，土地を石高で表すようになった。　問10．ア，ウ，エ　問11．ウ　問12．伊達

4　問１．１．農地改革　２．兼業　３．減反　４．フードマイレージ　５．鳥インフルエンザ　問２．イ
問３．エ　問４．札幌市　問５．イ　問６．ＴＰＰ〔別解〕環太平洋経済連携協定
問７．⑴エ　⑵Ⅰ．オ　Ⅱ．ウ　問８．イ→エ→ア→ウ　問９．⑴地産地消　⑵トレーサビリティ

《解　説》

1　問1．A．1980年代に，日本とアメリカの間で自動車をめぐって貿易摩擦が起こったことを思い起こそう。

問2．総務省・法務省・外務省・文部科学省・厚生労働省・農林水産省・経済産業省・国土交通省・環境省・防衛省・財務省の11の省がある。

問3．火力発電の燃料として，石油・石炭・天然ガスなどの化石燃料がよく用いられる。

問4．イ．西郷隆盛は岩倉使節団に同行していない。　ウ．平塚らいてうではなく津田梅子ならば正しい。

エ．地租改正により，税は地価(土地の価格)の３％を現金で納めることになった。

問5．ライフライン(life line)は，元は「命づな」の意味である。

問6．「開業50年」とあることから，東海道新幹線の開業は，2014－50＝1964(年)である。

ア．1968年(資本主義国の中でアメリカに次ぐ第２位)　イ．1956年　ウ．1970年　エ．1954年　オ．1969年

問7．バラク・オバマ大統領の所属する民主党が共和党に敗れた。

問8．ア．赤色ではなく青色ならば正しい。　イ．山中伸弥さんが **iPS** 細胞開発の功績を評価されてノーベル医学生理学賞を受賞したのは2012年のことである。　ウ．正しい。17歳でノーベル平和賞を受賞した。

エ．マララさんより以前に，マザー・テレサやアウンサン・スーチーらがノーベル平和賞を受賞したことがある。

2　問1．ア．長官以外の最高裁判所裁判官は，内閣が任命する。　イ．すべての裁判官が弾劾裁判を受ける可能性がある。　エ．内閣総理大臣が司法に関与することは認められていない(司法権の独立)。

問2．カ．「選挙で投票する」ことは義務ではなく権利である。国民の三大義務は，「仕事について働く」，「税金を納める」ほか，「保護する子どもに普通教育を受けさせる」である。

問3．イ．右表参照。

衆議院議員・都道府県の議会議員・市(区)町村長・市(区)町村の議会議員の被選挙権	満25歳以上
参議院議員・都道府県知事の被選挙権	満30歳以上

問4．イ．2014年において，国際連合の分担金比率の高い順に6か国をあげると，アメリカ合衆国・日本・ドイツ・フランス・イギリス・中国となっていた。ロシアは10位以内に入っていない。

問5．エ．所得額に対する消費税負担額の比率は，低所得者の方が高い。たとえば，年収1000万円のＡさん，年収100万円のＢさんがともに年間10万円の消費税を負担したとすると，Ａさんの所得額に対する消費税負担額の比率は$\frac{10}{1000}$＝１％だが，Ｂさんの所得額に対する消費税負担額の比率は$\frac{10}{100}$＝10％と，Ａさんよりも高くなる。

問7．キ．両議院の議員の定数は，公職選挙法によって決められている。

問8．ウ．2014年７月末に比べて同年12月末におけるガソリンの国内販売価格は下落した。アメリカでは，輸入原油に代わるエネルギーとしてシェールガスの生産量が大きく増加しており，アメリカの原油輸入量が今後大幅に減少すると予測されている。中国の経済成長が鈍化し，世界的に原油の需要が減る中，ＯＰＥＣ(石油輸出国機構)は石油の生産量を減らさない決断をしたため，円安にもかかわらず，日本でも原油価格は下落を続けた。

3　問1．Ｃ．「森鷗外」にちなむ。　Ｄ．「福沢諭吉」にちなむ。　Ｏ．「大隈重信」にちなむ。

問2．⑴ウ．江戸時代，長崎の出島でオランダと貿易が行われていたことにちなむ。　⑵ア．野口英世は福島県出身である。　⑶イ．明治時代，北海道の開拓を行った屯田兵にちなむ。

問3．①イ．中国山地の南，広島県・岡山県・山口県南部などを合わせて山陽地方という。

③オ．中山道(東京―埼玉―群馬―長野―岐阜―滋賀(東海道と合流)―京都)

問4．エが誤りを含む文である。古墳のまわりには土偶ではなく埴輪がおかれた。

ア．縄文時代晩期～弥生時代前期　イ．古墳時代　ウ．縄文時代前期　オ．弥生時代後期

問5．イの「国学」が誤っている。蘭学は，オランダ語でヨーロッパの文化を学ぶ学問である。

国学は，仏教や儒学が伝わる以前の日本人の考え方を探る学問で，本居宣長が大成した。

問6．奈良県にあった都であることから考える。平城京は，710～784年まで日本の政治の中心地だった。
問7．イ．調や庸が税として取られたのは，日本の政治体制として律令制がとられていた頃のことである。
ウ．東大寺を建てたのは聖武天皇である。　エ．遣唐使ではなく遣隋使ならば正しい。
問8．ア．大正時代(ある戦争とは第一次世界大戦のこと)　イ．江戸時代末期　ウ．明治時代　エ．昭和時代(アジアでの戦争とは朝鮮戦争のこと)
問9．(b)検地(太閤検地)により，場所・等級・面積・石高・耕作者などが検地帳に記され，農民は勝手に土地を離れられなくなった。「石高」は，その土地の生産高を米の体積で表したもの。
問10．ア．太平洋戦争の講和条約は，ポーツマスではなくサンフランシスコで開かれた。　ウ．世界恐慌により，日本は不況となった。　エ．関税自主権の完全回復に成功したときの外務大臣は小村寿太郎である。
問11．ア．金閣ではなく銀閣ならば正しい。　イ．歌舞伎や人形浄瑠璃が発展したのは江戸時代のこと。
エ．堺は大阪の都市であり，祇園祭は京都で行われる祭りである。

4　問1．4．フードマイレージとは，食料輸送量に輸送距離をかけて出した数字のこと。この値が大きいほど，遠距離から食料を運んでいる(＝二酸化炭素を多く排出している)ということになる。
※問2．イ．日本の国土は，森林(66.3%)・農地(12.1%)・宅地(5.0%)の順に利用されている(2010年)。
※問3．ア．約329万㎢　イ．約10万㎢　ウ．約851万㎢　エ．約36万㎢　オ．約770万㎢
問4．ア．新潟県　イ．北海道　ウ．秋田県
問5．イ．夏に東北地方の太平洋側に吹く冷たい風をやませという。やませが長期間にわたって吹くと，気温が十分に上がらず，濃霧により日照時間が短くなることから，冷害が引きおこされる。
問6．ＴＰＰの主な目的は，関税をなくして貿易を活発にしていくことにある。
問7．(1)アは青森県，イは千葉県，ウは和歌山県，オは山形県が1位である。　(2)ウ．きゅうりは，近郊農業(大消費地の近くで野菜の出荷を行う農業)がさかんな千葉県・埼玉県の生産量が多い。
※問8．ア．79%　イ．7%　ウ．96%　エ．11%　(2011年)
問9．(1)地産地消の目的には「地域活性化」，「二酸化炭素の排出量削減」もある。

※出典…**4**問2・問3・問8．『日本国勢図会2014/15』

平成26年度 解答例・解説

《解答例》

1　問1．イ　問2．ア　問3．大名…今川義元《よしもと》　合戦…桶狭間《おけはざま》の戦い　問4．メッカ　問5．エ

問6．バリアフリー　問7．イ　問8．ウ　問9．マンデラ

2　問1．イ　問2．エ　問3．ウ　問4．博多　問5．ウ　問6．エ

問7．琉球は，中国と日本の両方の支配をうけた。　問8．イ　問9．右表

問10．エ　問11．四日市ぜんそく

順番	文章	地図の記号
1	イ	A
2	ア	B
3	ウ	C

3　問1．イ　問2．カ　問3．イ　問4．エ　問5．ア　問6．ウ　問7．エ　問8．ウ

4　問1．①利根《とね》川　②霞ヶ浦《かすみがうら》　③室戸岬《むろとみさき》　④奥羽《おうう》山脈　⑤北上《きたかみ》高地　⑥隠岐諸島《おきしょとう》　⑦天草《あまくさ》諸島

問2．ウ．E　エ．A　オ．B　問3．カ．A　キ．D　問4．サ．松江市　シ．盛岡市　ス．徳島市

《解　説》

1　問1．イ．フランシスコは，アルゼンチン出身の人物である。

問2．ア．南アメリカ大陸に位置する国々の多くは，かつてスペインの植民地だったが，ブラジルはポルトガルの植民地だったため，現在でもポルトガル語が主要な言語として用いられている。

問3．駿河《するが》国を治《おさ》めていた今川義元《よしもと》は，桶狭間《おけはざま》の戦いで，織田信長の奇襲《きしゅう》にあい，敗れた。

問4．メッカは，サウジアラビアにある都市である。

問6．バリアフリーは，できるだけ障害《しょうがい》となるものを取りのぞこうとする考え方である。ノーマライゼーション(障害の有無《うむ》に関わらず，全ての人が普通に生活できる社会を築こうとする考え方)とのちがいを押さえよう。

問7．ア．アジア太平洋経済協力会議　ウ　非政府組織　エ　世界食糧計画

問8.国連の安全保障理事会は，アメリカ・中国・イギリス・フランス・ロシアの五か国である。よって,ウが正答。

問9．ネルソン・マンデラは，黒人に対する差別政策アパルトヘイトを廃止《はいし》した，南アフリカ共和国初の黒人大《だい》統領《とうりょう》である。

2　問1．イ．三内丸山遺跡《さんないまるやまいせき》(青森県)は，縄文時代の遺跡である。縄文時代には身分差がなかったと考えられているため，「首長の身分をもつ人の住まい」の部分が誤っている。

問2．エ．多賀城《たがじょう》ではなく大宰府《だざいふ》。多賀城は，東北地方につくられた。

問3．ア．室町時代(書院造《しょいんづくり》の特徴《とくちょう》を持つ東求堂同仁斎《とうぐどうどうじんさい》)　イ．安土桃山時代(姫路城《ひめじじょう》)　ウ．平安時代(平等《びょうどう》院鳳凰堂《いんほうおうどう》)　エ．奈良時代(正倉院《しょうそういん》)

問4．「この絵巻物」とは，『蒙古襲来絵詞《もうこしゅうらいえことば》』のことである。文永《ぶんえい》の役《えき》(1274年)では，元《げん》・高麗《こうらい》の連合軍が博多湾沿岸《はかたわんえんがん》に上陸し，御家人《ごけにん》らと戦った。この戦いの後，博多湾沿岸に石塁《せきるい》が築かれたため，弘安《こうあん》の役(1281年)で元軍は上陸できなかった。

問5．ア．ポルトガル人ではなくスペイン人。　イ．鉄砲《てっぽう》の生産方法は各地に広まり，堺《さかい》(大阪)や国友《くにとも》(滋賀)などでも作られた。　エ．鹿児島の大名である島津《しまづ》氏は，関ヶ原《せきがはら》の戦い(1600年)で豊臣方《とよとみがた》についたものの，江戸時代も存続しており，滅ぼされてはいない。

問6．エ．十返舎一九《じっぺんしゃいっく》の著《あらわ》した『東海道中膝栗毛《とうかいどうちゅうひざくりげ》』は，江戸から京都・大阪に至るまでの２人の旅道中を描いた滑稽本《こっけいぼん》で，参勤交代とは関連しない。

問７．琉球王国は，17 世紀初頭に薩摩藩《さつまはん》に攻《せ》められて服属してからも中国との朝貢《ちょうこう》貿易を続け，対外的には独立国として振《ふ》る舞《ま》っていた。

問８．薩長同盟《さっちょうどうめい》は，大政奉還(1867 年)の前年に結ばれたから，イが正答。

問９．ア/B．日中戦争のきっかけとなった北京郊外《こうがい》の盧溝橋《ろこうきょう》事件(1937 年)

イ/A．満州事変のきっかけとなった奉天《ほうてん》郊外の柳条湖《りゅうじょうこ》事件(1931 年)

ウ/C．日中戦争初期に起こった，南京《なんきん》を占領《せんりょう》した日本軍による南京大虐殺《ぎゃくさつ》(1937 年)

よって，イ→ア→ウの順となる。

問 10．エ．25 歳以上のすべての男女→25 歳以上のすべての男子(普通選挙法)

問 11．三重県四日市《よっかいち》市で発生した四日市ぜんそくは，硫黄酸化物《いおうさんかぶつ》を原因とする大気汚染により発生した。

3　問１．イ．2013 年現在，国会議員を選挙する権利は日本国民だけが持ち，日本に居住する外国人には与えられていない。

問２．カ．全ての法律は例外なく天皇が公布する(憲法第７条参照)。

問４．エ．2013 年の参議院議員通常選挙における，自由民主党の当選人数は 65 人であり，80 人は超えていない。

問５．ア．内閣は，内閣総理大臣・国務大臣によって構成され，副大臣は含まない(憲法第 66 条参照)。

問６．ウ．「商務産業省」は日本に存在しない省庁である(経済産業省ならばある)。また，金融庁は内閣府に置かれている庁である。

問７．エ．刑事裁判については，正しい。民事裁判については，簡易裁判所が第一審であった場合，地方裁判所が第二審を行う。そのため，第二審が常に高等裁判所になるとは限らない。

問８．ウ．裁判員は，訴えられた人(被告人)が有罪か無罪かの判断を行い，有罪の場合にどのような刑罰を科するかの判断も裁判官とともに行う。

4　A．茨城県・千葉県　B．徳島県・高知県　C．秋田県・岩手県　D．島根県・広島県　E．熊本県・宮崎県

問１．①利根川は日本一流域面積の大きい河川である。　②霞ヶ浦《かすみがうら》は茨城県にある湖である。　③ｂ１岬は，足摺岬《あしずりみさき》である。　④奥羽《おうう》山脈は，東北地方を南北に分ける山脈である。　⑤北上高地《きたかみこうち》は岩手県にある高地である。　⑥隠岐《おき》諸島は，承久《じょうきゅう》の乱に敗れた後鳥羽《ごとば》上皇の流刑《るけい》地として歴史に登場する。　⑦天草諸島は熊本県・鹿児島県に属する。

問２．ア．Ａ～Ｅ中，面積が最大であり，農業産出額に占める米の割合が最も高いからＣ。　イ．Ａ～Ｅ中，人口が２番目に多く，農業産出額が最小であり，農業産出額に占める野菜の割合も低いことからＤ。　ウ．Ａ～Ｅ中，農業産出額に占める畜産の割合が最も高いことからＥ。　エ．Ａ～Ｅ中，人口が最も多く，農業産出額に占める野菜の割合も高いことからＡ。　オ．Ａ～Ｅ中，人口が最も少なく，農業産出額に占める野菜の割合が最も高いことからＢ。

問３．カ．Ａ～Ｅ中，最も製造品出荷額等が多く，化学工業の割合も高いことから，京葉《けいよう》工業地域を含《ふく》むＡ。

キ．Ａに次《つ》いで製造品出荷額等が多く，輸送用機械器具(自動車や船舶《せんぱく》など)の割合が高いことから，瀬戸内工業地域を含むＤ。

問４．サ．(左)瀬戸内の気候　(右)日本海側の気候　よって，サはＤであり，左は広島市，右は松江市である。

シ．(左)日本海側の気候　(右)太平洋側の気候　よって，シはＣであり，左は秋田市，右は盛岡市である。

ス～ソのうち，セはどちらの雨温図も平均的な太平洋側の気候の特徴を示しているから，Ａである(左は水戸《みと》市，右は千葉市)。スとソで，特に６月に梅雨《つゆ》の影響を強く受けているソがＥである(左は熊本市，右は宮崎市)。

よって，スはＢであり，左は夏～秋にかけて際立《きわだ》って降水量の多い高知市だから，右は徳島市である。

平成25年度 解答例・解説

《解答例》

1　問1．平治　問2．エ　問3．イ→ウ→ア→エ　問4．ア　問5．个…裁判所　⊕…保健所
問6．イ　問7．イ　問8．ア

2　問1．日本は太平洋戦争中で多くの兵士を必要としたため，成人男性の運転士が不足したから。
問2．関東大震災　問3．イ→ア→エ　問4．(あ)カ→ア→ウ→エ　(い)生糸
問5．記号…ア　語句…版画〔別解〕木版　問6．(う)参勤交代　(え)エ　問7．ウ
問8．北条時宗　問9．ウ，エ

3　問1．ク　問2．エ　問3．ウ　問4．エ　問5．ウ　問6．ア　問7．イ　問8．カ

4　問1．(1)季節風　(2)土石流　(3)普賢岳〔別解〕雲仙岳／平成新山　(4)新潟　問2．ア
問3．(1)ア　(2)エ　問4．ウ　問5．(1)ウ　(2)ラムサール　問6．ハザードマップ
問7．(1)イ　(2)二酸化炭素　(3)京都市　問8．リオデジャネイロ

《解　説》

1　問1．源義朝《よしとも》と平清盛は，保元の乱(1156年)では後白河《ごしらかわ》天皇側につき，ともに戦ったが，その3年後には平氏・源氏に分かれて争った(平治の乱)。

問2．ア．習近平《シュウキンペイ》ではなく温家宝《オンカホウ》。イ．オランドがサルコジを破り，当選した。ウ．李明博《イミョンバク》ではなく，朴槿恵《パククネ》。

問3．2012－60＝1952。
ア．1968年，イ．1956年，ウ．1965年，エ．1973年，オ．1947年。

問4．ウ．日本の面積は約38万㎢。イギリス約24万㎢，ギリシャ約12万㎢，中国約960万㎢。

問6．ア．ノーベル物理学賞，ウ．ノーベル文学賞，エ．ノーベル物理学賞。

問7．イ．自民党は294議席を獲得《かくとく》し，民主党は230議席から57議席に減らし，野党に転落した。なお，衆議院の過半数は240。

問8．ア．たとえば，1ドル77円のときに10000円をドルに交換すると約130ドル。これを1ドル87円のときに円に交換すると，約11310円になる。なお，1ドル87円より1ドル77円の方が円の価値が高いから円高である。

2　問1．太平洋戦争は1941年に始まり，1945年に終戦をむかえた。

問3．ア．20世紀初頭(1902～1905年)，イ．19世紀末，エ．20世紀初頭(1905～1910年)。　ウ．横浜ではなく下田。なお，後半の「関税を～する」は，関税自主権がないことの説明として正しい。　オ．関税自主権がないことではなく領事裁判権(治外法権)を認めていたこと。

問4．(あ)ア．奈良時代，ウ．室町時代末期～安土・桃山時代(南蛮貿易)，エ．明治時代，カ．弥生時代。
イ．日明貿易，オ．現代。

問5．ア．訂正箇所は「活字」。浮世絵は，鈴木春信《すずきはるのぶ》が多色刷《ず》りの版画(錦絵《にしきえ》)を始めてから大きく発展した。

問6．(え)ア．奈良時代に一里塚《いちりづか》はおかれていない。　イ．原則として，租《そ》(稲)は地方，それ以外の税は都に運ばれた。　ウ．「御恩《ごおん》」と「奉公《ほうこう》」が逆。

問8．ア．鎌倉時代，イ．古墳時代，ウ．平安時代。　エ．上杉謙信《うえすぎけんしん》ではなく徳川家康。
イ．江田船山《えたふなやま》古墳，ウ．太政大臣，エ．刀狩。

問9．ア．弥生時代/「漢委奴国王《かんのわのなのこくおう》」ではなく「親魏倭王《しんぎわおう》」。　イ．内容は正しいが，平安時代であるため不適。ウ．飛鳥時代，エ．奈良時代。

3　問1．ク．最高裁判所の長官をのぞく裁判官の任命は内閣の権限。

問2．エ．奄美《あまみ》諸島(1953年)，小笠原《おがさわら》諸島(1968年)，沖縄(1972年)。

問4．エ．2012年現在，北朝鮮との間に正式な国交は開かれていない。

問5．ウ．下院は共和党が多数を占めているため，いわゆる「ねじれ」が生じている。

問6．ア．25歳以上ではなく30歳以上。

問7．イ．2010～2012年12.530%，2013～2015年10.833%。分担金比率は3年ごとに見直されるが，いずれもアメリカに次ぐ第2位の数字である。

問8．カ．「持続可能な開発」ではなく「かけがえのない地球」。

4　問1．(3)普賢岳《ふげんだけ》(雲仙岳《うんぜんだけ》)は，長崎県の島原半島にある火山。

問3．(2)日本の最北端：択捉《えとろふ》島(北海道)，最東端：南鳥《みなみとり》島(東京都)，最西端：与那国《よなぐに》島(沖縄県)。　ウ．魚釣《うおつり》島は，尖閣《せんかく》諸島にある島の1つ。

問5．(1)ウ．紀伊《きい》山地にある吉野熊野《くまの》国立公園。

問7．(1)イ．地球温暖化ではなくオゾン層の破壊により発生する被害。　エ．たとえば，マラリアを媒介《ばいかい》する蚊《か》の一種は，熱帯地域の一部にのみ生息しているが，地球温暖化によりその生息域が広がる可能性は高い。

問8．この会議を国連環境開発会議(地球サミット)という。

平成24年度 解答例・解説

《解答例》

1　問1．ウ　　問2．ア　　問3．壇ノ浦《だんのうら》　　問4．(第1次)オイルショック　　問5．イ

問6．I…消防署　Σ…病院　　問7．マータイ　　問8．ユニセフ

2　問1．3番目…B　6番目…E　　問2．エ　　問3．記号…イ　語句…御成敗式目《ごせいばいしきもく》〔別解〕貞永《じょうえい》式目

問4．(1)大久保利通　(2)軍事面や産業面で欧米と同じくらい強い国。　　問5．ア

問6．(1)歌川広重〔別解〕安藤広重　(2)船／鉄道　　問7．今川義元　　問8．イ

問9．イ→ア→カ→エ→オ→ウ　　問10．ア，ウ

3　問1．条例　　問2．エ　　問3．ウ　　問4．ア　　問5．イ　　問6．オ　　問7．カ　　問8．イ

4　問1．熊本／福岡／佐賀　　問2．5　　問3．カ．北九州　キ．京都　ク．仙台　　問4．3

問5．(1)6　(2)6　　問6．1

《解　説》

1　問1．ベン＝アリー：元チュニジア大統領，サーレハ：元イエメン大統領。

問2．ア．1956年，イ．1968年，ウ．1950年代後半(「三種《さんしゅ》の神器《じんぎ》」は白黒テレビ・電気冷蔵庫・電気洗濯機)，エ．1964年(「札幌」ではなく「東京」)。

問3．ア．720年(［　］は日本書紀)，イ．1467年～1477年(［　］は応仁《おうにん》)，ウ．1185年，エ．1274年・1281年(［　］は元《げん》)。

問4．1973年の第四次中東戦争の影響で，アラブの産油国が原油の減産と価格の引き上げを打ち出したため，原油消費国は深刻な打撃を受けた。

問５．イ. 2010 年時点での各国の人口は，日本:約１億 3000 万人，ドイツ:約 8200 万人，スウェーデン:約 900 万人，アメリカ:約３億 900 万人。

2　問１．A. 平安時代，B. 室町時代(南北朝時代)，C. 明治時代，D. 室町時代(足利義満《あしかがよしみつ》の時代)，E. 江戸時代，F. 戦国時代，G. 昭和時代，H. 飛鳥《あすか》時代。したがって，H→A→B→D→F→E→C→Gの順。

問２．1867 年，王政復古《おうせいふっこ》の大号令《だいごうれい》で摂政《せっしょう》・関白《かんぱく》が廃止《はいし》された。1869 年，江戸から改称された東京に天皇が入り，首都機能が東京に移転された。

問３．イ. 武家諸法度《ぶけしょはっと》は，江戸幕府が大名を統制するために定めた法律。

問５．ア. 能《のう》，イ. 茶道《さどう》，ウ. 華道《かどう》，エ. 歌舞伎《かぶき》。

問７．４人を領地の位置で並べると，東から「北条《ほうじょう》氏(相模《さがみ》国・武蔵《むさし》国)→今川氏(駿河《するが》国・遠江《とおとうみ》国)→織田《おだ》氏(尾張《おわり》国)→毛利《もうり》氏(安芸《あき》国など)」の順。今川義元《よしもと》は，1560 年の桶狭間《おけはざま》の戦いで織田信長《のぶなが》に敗れた。

問８．ア.「イギリス」ではなく「フランス」。　ウ.「国際連合」ではなく「国際連盟」。　エ. 日中共同声明(1972 年)，日中平和友好条約(1978 年)。

問９．ア. 鎌倉時代，イ. 飛鳥時代，ウ. 昭和時代，エ. 江戸時代，オ. 明治時代，カ. 戦国時代。

問 10．ア. 福岡県，イ. 青森県，ウ. 佐賀県，エ. 静岡県，オ. 福井県，カ. 長野県。

3　問２．エ. 集会の自由も自由権の１つとして保障されている。

問３．立候補できる年齢は，衆議院議員・市町村長・地方議会議員は満 25 歳以上で，参議院議員・都道府県知事は満 30 歳以上である。

問４．ア. 法律案はどちらの院から提案されてもよい。

問５．イ. 内閣不信任決議案を議決できるのは衆議院のみ。

問６．オ. 国務大臣は 14 人以内(特別な必要がある場合には 17 人以内)。

問７．カ. 行政処分も裁判所の違憲立法審査権《いけんりっぽうしんさけん》による審査を受ける対象。

4　ア. 大阪市，イ. 名古屋市，ウ. 横浜市，カ. 北九州市，キ. 京都市，ク. 仙台市，サ. 倉敷《くらしき》市，シ. 姫路《ひめじ》市，ス. 宇都宮《うつのみや》市

A. 鹿児島市，B. 山口市，C. 広島市，D. 盛岡市，E. 長野市，F. 新潟市，X. 福山市(広島県)，Y. 静岡市，Z. 佐久《さく》市(長野県)

問２．2010 年の市町村人口から，P. 横浜市，Q. 大阪市，R. 名古屋市。

問４．S.「世界遺産の城」は兵庫県姫路市にある姫路城。　T.「水島臨海工業地帯」は岡山県倉敷市にある工業地帯。　U.「県庁」より宇都宮市。

問５．⑴タ. 機械の出荷額が多いので，自動車の生産がさかんな広島県。　チ. 化学の出荷額が多いので，石油化学コンビナートがある山口県。　ツ. 食料品の出荷額が多いので，養豚《ようとん》業がさかんな鹿児島県。

⑵ニ. 果実の産出額が多い長野県。　ナ. 米の産出額が多い新潟県(コシヒカリで有名)。　ヌ. 畜産の産出額が多い岩手県(前沢牛で有名)。

問６．ハ. 瀬戸内の気候，ヒ. 太平洋側の気候，フ. 内陸性の気候。

平成23年度 解答例・解説

《解答例》

1　問1．ウ　問2．エ　問3．カナダ　問4．ウ　問5．X．北海道　Y．鹿児島県　問6．ウ
　問7．イ　問8．電気モーター　問9．イ

2　問1．⑴鎌倉　⑵佐世保　⑶島原　⑷石見　⑸奥羽　問2．あ．イ　い．エ　問3．X．松江　Y．盛岡
　問4．川崎市／横浜市／相模原市　問5．北海道　問6．ビキニ環礁
　問7．高速道路のインターチェンジ付近　問8．ア　問9．ウ

3　問1．イ　問2．ア　問3．オ　問4．エ　問5．ア　問6．イ　問7．エ　問8．ウ

4　問1．⑴A，B　⑵F，G　⑶K，L　⑷Q，R　⑸Q，R　⑹L，M　問2．a．動物　b．人
　問3．元／高麗〔別解〕朝鮮　問4．K　問5．20才以上の男子を徴兵した。　問6．ウ
　問7．2番目…C　5番目…H　7番目…N

《解　説》

1　問1．ウ．平城京は，710年に元明《げんめい》天皇が藤原京から遷都《せんと》してから，784年に桓武《かんむ》天皇が長岡京に遷都するまで74年間都であった。

問2．エ．ハイチ地震の被害は，死者22万2570人，負傷者31万928人，行方不明者869人，被害総額は77億5000万ドルあまりである。

問3．バンクーバーオリンピックは，82の国と地域が参加して行われた。

問4．ウ．クルド人は，独自の国家をもたない世界最大の民族集団といわれ，人口は約3000万人。現在，イラク北部に約600万人が住んでいる。

問5．乳用牛は，牛の乳からおもにバターやチーズなどの乳製品をつくる。

問6．ウ．法隆寺は，世界最古《さいこ》の木造建築物《もくぞうけんちくぶつ》として世界遺産《いさん》に登録《とうろく》された。

問8．ウ．エコカーは，二酸化炭素の排出量が少なく，燃費もよい自動車をいう。エコロジー(環境)とエコノミー(節約)の性格を合わせ持つため，エコカーとよばれる。

問9．日本は，ロシアとの間で北方領土問題が解決していないので，平和条約を結んでいない。

2　A．神奈川県，B．長崎県，C．島根県，D．岩手県，E．静岡県

問2．≪あ≫日本海側では冬に北西の季節風が吹く。

≪い≫竹島は，現在韓国が「独島《ドクト》」とよんで実効支配をしている。

問3．松江市は，宍道湖《しんじこ》と中海《なかうみ》の間，盛岡市は北上川の上流に位置する。

問5．海岸線の長さは，北海道4377㎞，長崎県4137㎞，鹿児島県2722㎞。

問6．1954年，ビキニ環礁《かんしょう》付近で行われたアメリカの水爆実験で焼津の漁船第五福竜丸《ふくりゅうまる》が被爆した。放射線をあびた船員1名が被爆死をとげた。

問7．ICは軽量・小型で単価が高いので，輸送費が高い高速道路や航空機を使用しても採算《さいさん》がとれる。東北自動車道周辺はIC工場が多く進出しているのでシリコンロードとよばれる。(九州はシリコンアイランド)

3　問1．イ．1925年には，25歳以上の男子のみに選挙権が与えられた。

問3．オ．与党《よとう》は過半数に達せず，国会は衆議院では与党が過半数を占め，参議院では野党《やとう》が過半数を占める「ねじれ国会」となった。

問４．エ. 内閣は，衆議院で不信任の決議案が可決されたときは，10 日以内に衆議院が解散されない限り，総辞職をしなければならい。

問５．ア. 消費者省ではなく消費者庁《しょうひしゃちょう》である。

問６．イ. 天皇が任命するのは最高裁判所長官《さいこうさいばんしょちょうかん》のみ，他は内閣が任命する。

問７．エ. 跳躍上告《ちょうやくじょうこく》できる。第二審を飛び越すことの利点は，迅速《じんそく》な解決による経済的負担の軽減《けいげん》という面が大きい。

問８．ウ. 日本の国際連合加盟は，1956 年。

4　正しい文章は，⑴ア，⑵イ，⑶イ，⑷ウ，⑸ウ，⑹ア

問４．H. この人は，キリスト教を伝えた，フランシスコ=ザビエル。Kは島原《しまばら》・天草一揆《あまくさいっき》。天草四郎《あまくさしろう》を指導者として原城《はらじょう》にたてこもった。

問６．ウ. 領事裁判権《りょうじさいばんけん》は撤廃《てっぱい》されたが，関税自主権《かんぜいじしゅけん》が回復されていなかった。

問７．イ. 石包丁《いしぼうちょう》，ウ. 正倉院の宝物《ほうもつ》(奈良時代)，キ. 東大寺南大門金剛力士像《こんごうりきしぞう》，ク. 慈照寺東求堂同仁斎《じしょうじとうぐどうどうじんさい》，ア. 火縄銃《ひなわじゅう》(室町時代)，カ. 千歯《せんば》こき，エ. 蒸気機関車《じょうききかんしゃ》(江戸時代)，オ. 太平洋戦争。

■ ご使用にあたってのお願い・ご注意

（１）問題文等の非掲載

著作権上の都合により，問題文や図表などの一部を掲載できない場合があります。

誠に申し訳ございませんが，ご了承くださいますようお願いいたします。

（２）過去問における時事性

過去問題集は，学習指導要領の改訂や社会状況の変化，新たな発見などにより，現在とは異なる表記や解説になっている場合があります。過去問の特性上，出題当時のままで出版していますので，あらかじめご了承ください。

（３）配点

学校等から配点が公表されている場合は，記載しています。公表されていない場合は，記載していません。

独自の予想配点は，出題者の意図と異なる場合があり，お客様が学習するうえで誤った判断をしてしまう恐れがあるため記載していません。

（４）無断複製等の禁止

購入された個人のお客様が，ご家庭でご自身またはご家族の学習のためにコピーをすることは可能ですが，それ以外の目的でコピー，スキャン，転載（ブログ，ＳＮＳなどでの公開を含みます）などをすることは法律により禁止されています。学校や学習塾などで，児童生徒のためにコピーをして使用することも法律により禁止されています。

ご不明な点や，違法な疑いのある行為を確認された場合は，弊社までご連絡ください。

（５）けがに注意

この問題集は針を外して使用します。針を外すときは，けがをしないように注意してください。また，表紙カバーや問題用紙の端で手指を傷つけないように十分注意してください。

（６）正誤

制作には万全を期しておりますが，万が一誤りなどがございましたら，弊社までご連絡ください。

なお，誤りが判明した場合は，弊社ウェブサイトの「ご購入者様のページ」に掲載しておりますので，そちらもご確認ください。

■ お問い合わせ

解答例，解説，印刷，製本など，問題集発行におけるすべての責任は弊社にあります。

ご不明な点がございましたら，弊社ウェブサイトの「お問い合わせ」フォームよりご連絡ください。迅速に対応いたしますが，営業日の都合で回答に数日を要する場合があります。

ご入力いただいたメールアドレス宛に自動返信メールをお送りしています。自動返信メールが届かない場合は，「よくある質問」の「メールの問い合わせに対し返信がありません。」の項目をご確認ください。

また弊社営業日（平日）は，午前９時から午後５時まで，電話でのお問い合わせも受け付けています。

2025 春

株式会社教英出版

〒422-8054　静岡県静岡市駿河区南安倍３丁目 12-28

TEL　054-288-2131　　FAX　054-288-2133

URL　https://kyoei-syuppan.net/

MAIL siteform@kyoei-syuppan.net

2017年度　ラ・サール中学校　入学試験問題　算数　（60分・100点）　その1

1．次の □ にあてはまる数を求めなさい。（１２点）

(1) $\frac{1}{3}+(\frac{2}{3}\times 5-1.5\div 1.8)\div 0.6=$ □

(2) $63\times 19+62\times 54-37\times 21-16\times 93=$ □

(3) $2\frac{3}{4}-2\div\{$ □ $-2\div(\frac{5}{6}-\frac{1}{4})\}=\frac{5}{12}$

2．次の各問に答えなさい。（３２点）

(1) 分数 $\frac{123\times 456-333}{366\times 456+369}$ を簡単にしなさい。

(2) ある小学校の６年生は，男子１人，女子６人が休んだので，男子が女子より８人多くなり，その人数比は 13：11 となりました。欠席者がいないとき，男子，女子はそれぞれ何人ですか。

(3)

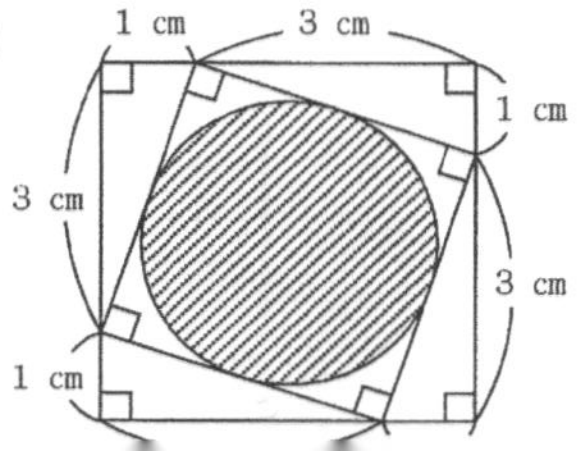

左図の斜線部の面積を求めなさい。
ただし円周率は 3.14 とします。

2017年度　ラ・サール中学校　入学試験問題　算数　(60分・10[illegible])　その2

4．

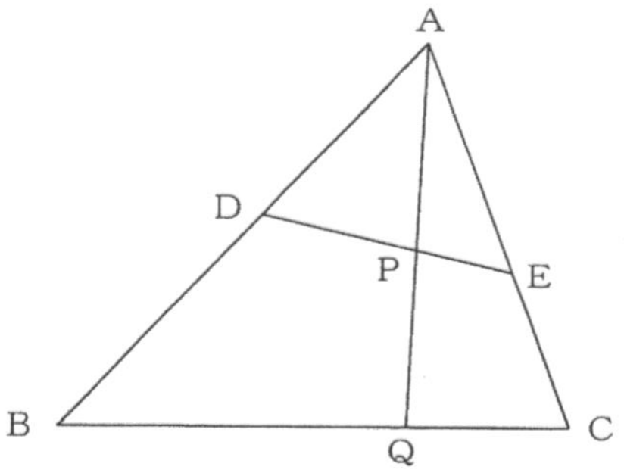

三角形ＡＢＣの辺ＡＢ，ＡＣ上にそれぞれ点Ｄ，Ｅがあり，ＡＤ：ＤＢ＝３：４，ＡＥ：ＥＣ＝２：１です。また，ＤＥ上にＤＰ：ＰＥ＝３：２となるように点Ｐをとり，ＡＰの延長と辺ＢＣの交点をＱとします。このとき，次の比を求めなさい。（１４点）

(1)三角形ＰＥＣと三角形ＡＢＣの面積の比

(2)ＡＰとＰＱの長さの比

(3)ＢＱとＱＣの長さの比

5．

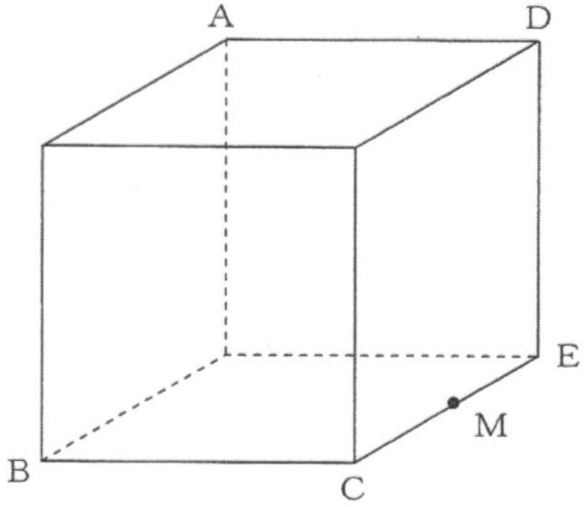

（図１）

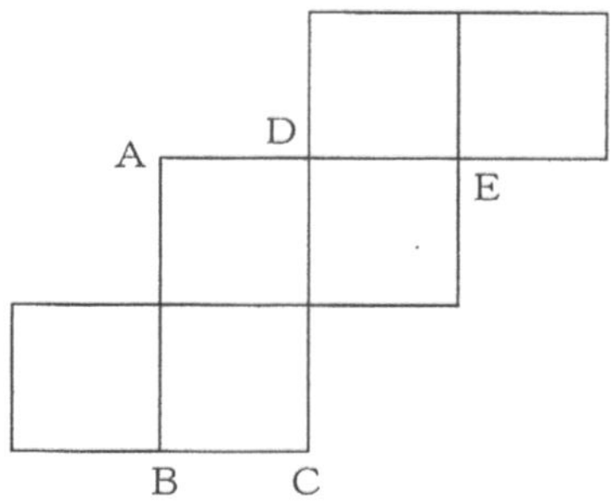

（図２）

（図２）は（図１）の立方体の展開図です。点Ｍは辺ＣＥの真ん中の点です。（図１）の立方体を３点Ａ，Ｂ，Ｍ

	昼の長さ（時間）	夜の長さ（時間）	ダイコン	コスモス
実験⑤	14	10	○	×
実験⑥	13	11	○	×
実験⑦	12	12	×	×
実験⑧	11	13	×	○
実験⑨	10	14	×	○

表２

（２）表２から，夜の長さと，花を咲かせるかどうかの関係について，（　）に最も適するものを選びなさい。

春頃に花を咲かせるダイコンは，夜の長さが（ あ ）時間以下になると花を咲かせるので，（ あ ）時間は，花を咲かせるのに必要な（ い ）の夜の長さと考えられます。秋頃に花を咲かせるコスモスは，夜の長さが（ う ）時間以上になると，花を咲かせるので，（ う ）時間は，花を咲かせるのに必要な（ え ）の夜の長さと考えられます。

ア．10　　イ．11　　ウ．12　　エ．13　　オ．14　　カ．最長　　キ．最短

ある地点における日付と昼の長さと夜の長さを表３に示します。

日付	昼の長さ	夜の長さ
3月21日（春分の日）	12時間　9分	11時間51分
6月21日（夏至の日）	14時間35分	9時間25分
9月23日（秋分の日）	12時間　8分	11時間52分
12月22日（冬至の日）	9時間45分	14時間15分

表３

キクは，夜の長さが11時間以上になると花を咲かせます。表３を参考にすると，最初に花を咲かせる時期を予測できます。なお，キクの苗は育て始めた時から季節の変化を感じて花を咲かせることができます。

（３）園芸農家は，年間を通してキクを出荷《しゅっか》するために，人工照明により花を咲かせる時期を調整しています。キクの苗《なえ》をある年の6月18日に育て始めました。このキクを，同じ年の12月1日に花を咲かせた状態で出荷するための調整の仕方として正しいものを選びなさい。

ア．　夜の長さを11時間より短くして，花を咲かせる時期を遅くする。
イ．　夜の長さを11時間より長くして，花を咲かせる時期を遅くする。
ウ．　夜の長さを11時間より短くして，花を咲かせる時期を早くする。
エ．　夜の長さを11時間より長くして，花を咲かせる時期を早くする。

〔B〕図は人の消化器官を示します。図および文の（　）に最も適する語または，数値を答えなさい。

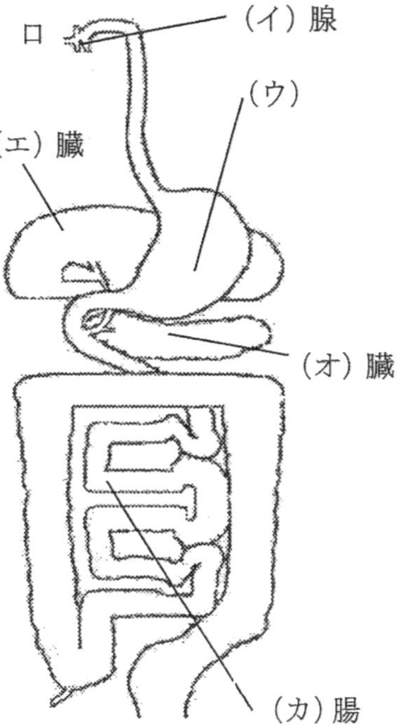

食品に含《ふく》まれる炭水化物，（ ア ），脂肪《しぼう》は，生きていくために必要な栄養の３要素です。３要素はそのまま体内に吸収できないので，消化器官で消化後，消化物として吸収されます。

図の（ イ ）腺《せん》から（ イ ），（ ウ ）から（ ウ ）液，（ エ ）臓から胆汁《たんじゅう》，（ オ ）臓から（ オ ）液，（ カ ）腸から腸液が分泌《ぶんぴつ》され，これらが炭水化物，（ ア ），脂肪を消化します。消化物は，（ カ ）腸の柔毛《じゅうもう》から吸収され，リンパ管を流れるリンパ液や細い網《あみ》状の（ キ ）血管を流れる血液に入り，体内全体に運ばれ，人が生きていくためのエネルギーなどに利用されます。

表４は，食品に含まれる各要素の質量〔g〕をまとめたものです。表５は，３要素の各１gあたりのエネルギー量をまとめたものです。昼食にラーメン１杯《ぱい》とおにぎり１個を食べた時，これらのもつエネルギー量の合計は，（ ク ）キロカロリーとなります。

	ラーメン１杯	おにぎり１個
炭水化物〔g〕	70	50
（ア）〔g〕	20	5
脂 肪〔g〕	30	1

表４

	エネルギー（キロカロリー）
炭水化物	4
（ア）	4
脂 肪	9

表５　３要素の各１gあたりのエネルギー量

［Ⅱ］自転車に乗る際には，変速機を適切に用いることで，① 脚《あし》の負担を軽減しながら坂道を登れたり，② 平地では車と併走《へいそう》できるほどのスピードを出すこともできます。

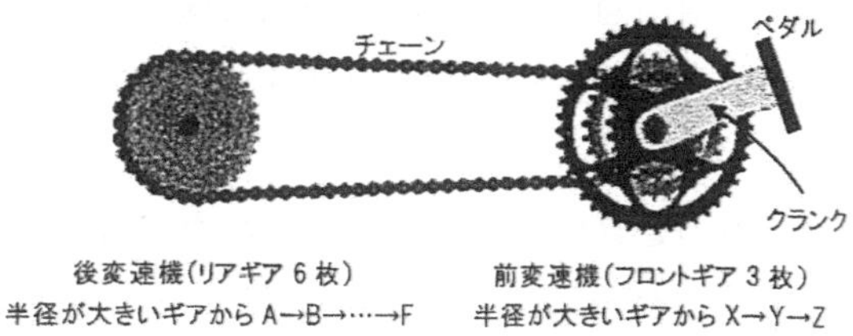

図２

この仕組みを，図２のような複数のギア（歯車）から構成される前変速機と後変速機をもつ図３のような自転車を用いて考えてみましょう。なお，ペダル側のフロントギアと後輪側のリアギアはチェーンでつながれており，チェーンを介してフロントギアとリアギアとにかかる力はどこでも同じです。

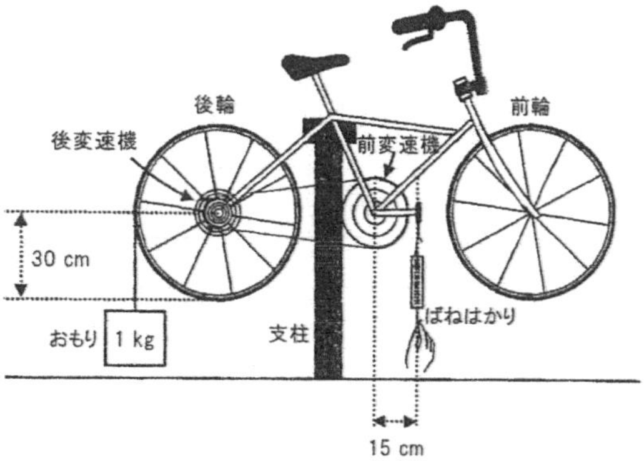

図３

フロントギアは３枚あり，それぞれの半径は大きいほうから

X（12 cm），Y（10 cm），Z（8 cm）

です。フロントギアの回転のじくからペダルまで（クランクといいます）の長さは 15 cm です。

また，リアギアは６枚あり，それぞれの半径は大きいほうから

A（9 cm），B（8 cm），C（7 cm），D（6 cm），E（5 cm），F（4 cm）

で，後輪の半径は 30 cm です。

ここで，図３のように 1 kg のおもりを後輪に取り付け，何 kg の重さをペダルに加えるとおもりをつりあわせることができるか，ばねはかりを用いて測る実験を行います。ただし，クランクは水平を保ち，ばねはかりはクランクに対して垂直を保つものとします。

（４）実験において，リアギアはB（8 cm）に固定し，フロントギアをZ（8 cm）に変えたとき，ばねはかりは何 kg でつりあいますか。

（５）実験において，フロントギアをY（10 cm）に固定し，リアギアをE（5 cm）に変えたとき，ばねはかりは何 kg でつりあいますか。

以下では，実際に図３のような自転車に乗るときのことを考えてみましょう。実験を参考にして，まずは下線部①に関して変速機の使い方を考えてみます。

（６）坂道を登るときは，ペダルを大きな力で漕《こ》ぐ必要がありますが，その力をできるだけ少なくするためには，フロントギア，リアギアはそれぞれより大きめ，より小さめのどちらがよいですか。組み合わせとして最も適当なものを，表のア～エから選びなさい。

	フロントギア	リアギア
ア	大	大
イ	大	小
ウ	小	大
エ	小	小

（７）フロントギアをＹ（10 cm），リアギアをＤ（6 cm）にして登ることができるゆるやかな坂道Ｌがあります。また，同じギアで，坂道Ｌのときの $\frac{5}{3}$ 倍の力で登ることができる急な坂道Ｈがあります。フロントギアをＺ（8 cm）に変えて，坂道Ｌのときと同じ力で漕いで坂道Ｈを登るためには，リアギアはどれにすればよいですか。Ａ～Ｆの記号で答えなさい。

次に，下線部②に関して変速機の使い方を考えてみます。

（８）フロントギアをＸ（12 cm）にして，ペダルを休まずに 100 回だけ漕ぎ続けると自転車は 360 m 進みました。このときのリアギアはどれですか。Ａ～Ｆの記号で答えなさい。ただし，ギアは円と考え，円周率は３とします。

（９）平地において，漕ぐペースは変えずにスピードを上げるためには，フロントギア，リアギアはそれぞれより大きめ，より小さめのどちらがよいですか。組み合わせとして最も適当なものを，（８）を参考にして，（６）の表のア～エから選びなさい。

（4）下線部④の（c），（d）に入る言葉の組み合わせとして，正しいものはどれですか。

ア．c：高く　d：短い　　　イ．c：高く　d：長い
ウ．c：低く　d：短い　　　エ．c：低く　d：長い

（5）（⑤）にあてはまる月として，正しいものはどれですか。

ア．2月　　イ．5月　　ウ．8月　　エ．11月

（6）下線部⑥に関連して，リオデジャネイロでのさそり座，夏の大三角，天の川の見え方として，適当なものはどれですか。

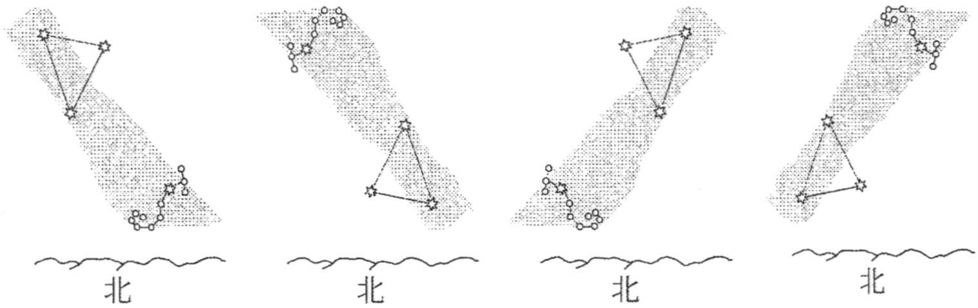

ア　　　　イ　　　　ウ　　　　エ

（7）下線部⑦に関連して，アマゾン川の流域に，たくさんの動物が生息している理由として，間違《まちが》っているものはどれですか。

ア．雨が多く，水が豊富にあるから。
イ．一年中，温暖であるから。
ウ．たくさんの木がはえていて，隠《かく》れる場所が多いから。
エ．植物の放出する酸素が，豊富にあるから。

（8）下線部⑧に関連して，ジャングルの木を大量に伐採することによる環境への影響として，間違っているものはどれですか。

ア．周辺海域の海水温が上がり，降水量が増加する。
イ．土の中に蓄《たくわ》える水が減り，乾燥化《かんそうか》が進む。
ウ．温室効果ガスが増加して，地球の平均気温が高くなる。
エ．大雨時に川に流れ込《こ》む水量が増え，周辺地域で洪水《こうずい》が起こりやすくなる。

【4】

〔A〕次の文を読んで問いに答えなさい。

水溶《よう》液A，B，C，D，Eと固体X，Y，Zを使って実験をしました。水溶液A～Eは過酸化水素水，石灰《かい》水，アンモニア水，炭酸水，塩酸のいずれかで，固体X～Zは二酸化マンガン，石灰石，アルミニウムのいずれかです。

実験１　水溶液A～Eのそれぞれに赤色リトマス紙をつけたとき，色が変わったのは水溶液BとCだけであった。

実験２　水溶液A～Eをそれぞれ熱したとき，水溶液Cだけ固体が残り，そのほかはすべてなくなった。

実験３　固体Xを水溶液Aに加えたとき発生した気体は，ものを燃やす働きがあった。

実験４　固体Yを水溶液Dに加えたとき発生した気体と，実験２で水溶液Eを熱することで発生した気体は同じ気体であった。

実験５　固体Zは水には溶《と》けないが，水溶液Dには溶け，そのとき気体も発生した。

（１）水溶液A，D，固体Zはそれぞれ何ですか。

（２）①<u>実験４で発生した気体</u>，②<u>実験５で発生した気体</u> の性質として正しいものをそれぞれ２つずつ選びなさい。

ア．空気より軽い。　　　　　　イ．水に溶けにくい。

ウ．酸性雨の原因となる。　　　エ．地球温暖化の原因と考えられている。

オ．固体として存在しているものは，保冷剤《ざい》として利用されている。

（３）水溶液Cと少量の水溶液Eを混ぜたら，どのような変化が見られますか。
10字以内で書きなさい。

〔B〕次の文を読んで問いに答えなさい。

一般に，炭素と水素だけからなる物質は，「炭化水素」と呼ばれています。例えば，メタンガスやプロパンガスのような炭化水素があり，燃料として使われています。炭化水素を燃やすと，次のような反応で，二酸化炭素と水になります。

炭化水素　＋　酸素　⟶　二酸化炭素　＋　水

いま，４種類の炭化水素ア～エがあります。これらをそれぞれ１gずつとってすべて燃やしたところ，生じた二酸化炭素と水の重さは表１のようになりました。

平成29年度　入学試験問題　社　会（40分）　ラ・サール中学校

注意：解答はすべて解答用紙に記入しなさい。

1　のび助さんは2016年３月に行われた鹿児島マラソンに参加しました。以下の文を読んで、問いに答えなさい。

◆　**いよいよ鹿児島マラソンの日がやってきました！　午前８時30分に鹿児島市長の号砲《ほう》でスタートしました。フルマラソンのゴール地点は鹿児島市役所前です。市役所西別館の一部のフロアは鹿児島市議会の議場になっています。**

問１　市長、市議会議員、衆議院議員、参議院議員の被《ひ》選挙権について述べた次のア～エのうち、正しいものを１つ選び、記号で答えなさい。

ア．市長、市議会議員の被選挙権はともに25歳《さい》以上であり、衆議院議員の被選挙権は30歳以上である。

イ．市長、市議会議員の被選挙権はともに25歳以上であり、参議院議員の被選挙権は30歳以上である。

ウ．市議会議員の被選挙権は25歳以上であり、市長、参議院議員の被選挙権はともに30歳以上である。

エ．市議会議員の被選挙権は25歳以上であり、市長、衆議院議員の被選挙権はともに30歳以上である。

◆　**第１関門の「鴨池《かもいけ》陸上競技場南門」を通過しました。ここからコースは北に向かいます。**

問２　鴨池陸上競技場は、1970年代に開催《さい》された第27回国民体育大会の会場になったところです。下の２枚の写真は、1970年代にある都市で撮影《さつえい》されたものです。写真Ａの数年後に写真Ｂが撮影されました。この都市がある都道府県名を答えなさい。**ただし、鹿児島県ではありません。**

その２

◆　ようやくゴールしました！　ゴール地点では地産地消の食材を使った豚汁《とんじる》をいただきました。また、今回のコース上の補給ポイントでは、「ふるさと給食」と称《しょう》してさつまいもやたんかんなど、鹿児島県の特産品が配られていました。

問６　地産地消について述べた次のア～エのうち、明らかな誤りが含《ふく》まれるものを１つ選び、記号で答えなさい。

ア．地産地消とは、地元で生産された農産物や水産物を、その地域で消費しようとすることをいう。

イ．地産地消の試みとして、地元で生産された食材を積極的に学校給食に取り入れている地方公共団体もある。

ウ．消費者にとって、生産者との距離《きょり》が近く、新鮮《せん》な食材を手に入れやすい地産地消は、食の安心を得やすい。

エ．全国で地産地消が進むと、日本のフード・マイレージが大きくなることが予想される。

◆　さすがに疲《つか》れたので、家に帰ってゆっくりしました。テレビをつけるとアメリカ合衆国大統領選挙の、各党候補者指名選挙の途《と》中経過についてのニュースを放送していました。

問７　2016 年に行われた、アメリカ合衆国大統領の各党候補者指名選挙について述べた以下の文中の空欄《らん》(　A　)～(　C　)に当てはまる組み合わせとして正しいものを次のア～カのうちから１つ選び、記号で答えなさい。

共和党の候補者指名選挙では(　A　)氏がクルーズ氏などを、民主党では(　B　)氏が最低賃金引き上げや大学授業料無料化を訴えていた(　C　)氏らをそれぞれ破って大統領候補に指名された。

	A	B	C
ア	クリントン	トランプ	サンダース
イ	クリントン	サンダース	トランプ
ウ	トランプ	クリントン	サンダース
エ	トランプ	サンダース	クリントン
オ	サンダース	クリントン	トランプ
カ	サンダース	トランプ	クリントン

問２　下線部①について、次のⅠ～Ⅲの文章は日本の漁港について述べたものです。Ⅰ～Ⅲの文章を読んであとの(1)～(3)の問いに答えなさい。

Ⅰ．八戸《はちのへ》港では、＜Ａ＞、さば、いわしなどが主に水あげされます。＜Ａ＞は光に集まる習性があるので、夜に光をあてて集め、魚ににせたつり針でつりあげています。

Ⅱ．枕崎《まくらざき》港では、＜Ｂ＞の水あげ量が多いです。＜Ｂ＞漁には巻き網《あみ》漁と一本釣《づ》りがあり、巻き網漁では、魚の群れを見つけて、一度に大量に、効率よく魚をとっています。

Ⅲ．[　　　]港は水あげ量が日本一(2015年)の漁港で、さまざまな種類の魚が水あげされます。また、大きな河川の河口にあり、大消費地の近くに位置しています。

(1)　文中の空欄＜Ａ＞・＜Ｂ＞にあてはまる魚介類を下のア～オから１つずつ選び、記号で答えなさい。

ア．たら　　イ．かつお　　ウ．ふぐ　　エ．かに　　オ．いか

(2)　Ⅱの文中の巻き網漁にあたるものを下のア～オの図から１つ選び、記号で答えなさい。

ア．
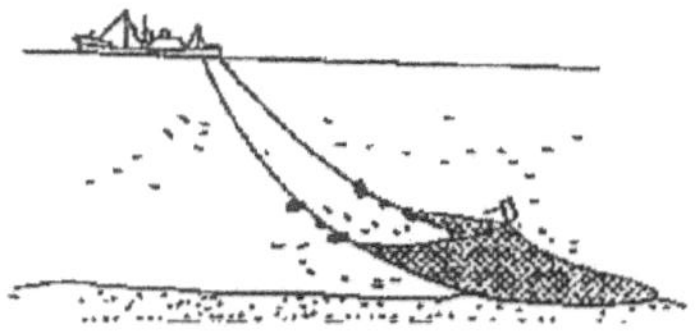

イ．
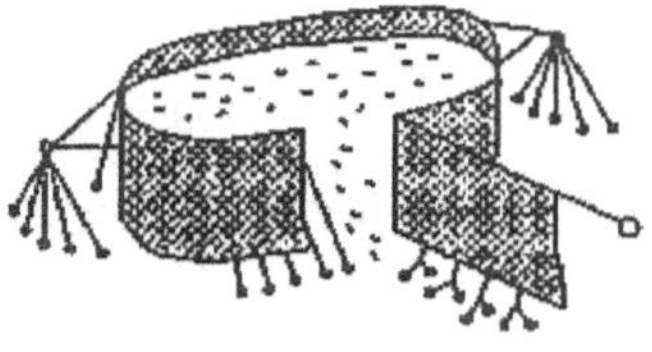

ウ．
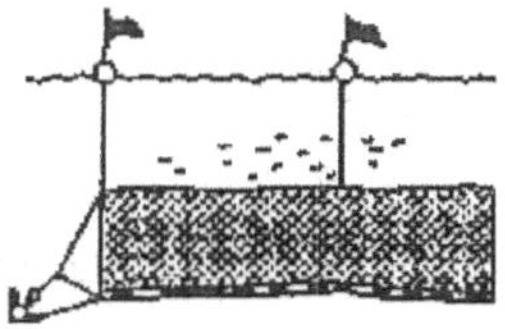

エ．
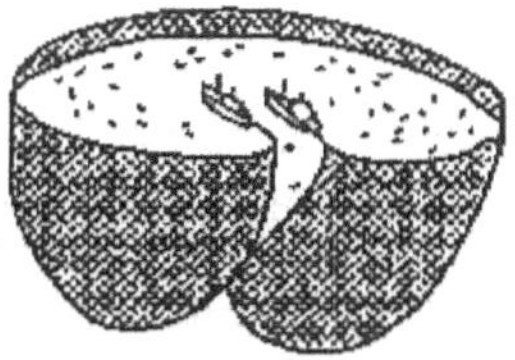

オ．
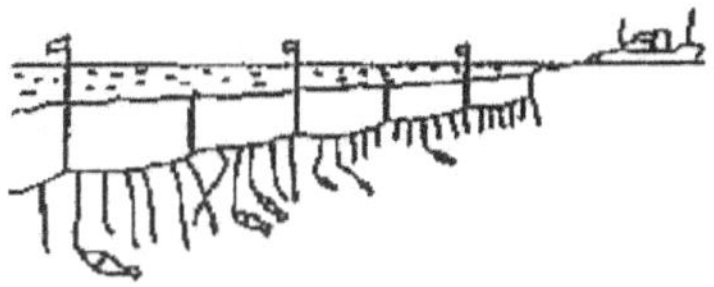

(3)　Ⅲの文中の空欄[　　　]にあてはまる地名を答えなさい。

問３　下線部②について、岩手県の海岸の沖合が代表的な例です。

3　2016年におこったことに関して、次の問いに答えなさい。

◆　６月、改正公職選挙法が施《し》行されました。

問１　選挙に関連する説明として明らかに誤っているものを、次のア～カから１つ選び、記号で答えなさい。

ア．1925年には、法律の改正で25歳《さい》以上の男子に選挙権が与《あた》えられることになったが、政治や社会のしくみを変えようとする動きを厳しく取り締まる法律も成立した。

イ．第二次世界大戦後に初めて行われた衆議院議員選挙では、20歳以上の男女に選挙権が与えられ、39人の女性衆議院議員が誕生した。

ウ．有権者がさまざまな事情で選挙の投票日に決められた投票所に行けない場合、事前に投票する制度として、不在者投票制度や期日前投票制度がある。

エ．2016年に施行された改正公職選挙法では、選挙権年齢《れい》が「20歳以上」から「18歳以上」に引き下げられた。

オ．2000年以降の衆議院議員選挙において、小選挙区の投票率が70%を上回ったことがある。

カ．衆議院議員選挙に関して、選挙区間の投票価値の格差が大きく、憲法の求める平等がそこなわれているとの訴《うった》えが起こされてきたが、最高裁判所が選挙結果を無効とする判決を出したことはこれまでなかった。

◆　７月、バングラデシュで、日本のJICA（国際協力機構）の事業に関わっていた日本人がテロに巻《ま》き込まれました。

問２　JICAに関連する説明として明らかに誤っているものを、次のア～エから１つ選び、記号で答えなさい。

ア．JICAは、日本のODA（政府開発援助）の実施機関で、青年海外協力隊は、JICAの事業の一つである。

イ．青年海外協力隊の隊員は、発展途《と》上国に出向き、自分の知識や技術をいかして、その国の社会の発展や福祉《し》の向上に貢献《こうけん》している。

ウ．青年海外協力隊から派遣《けん》された隊員の数が多い順に、地域を５つあげると、2013年12月時点では、アフリカ、アジア、中南米、オセアニア、中東、の順となっていた。

エ．青年海外協力隊から派遣された隊員の職種を多い順に４つあげると、2013年12月時点では、「保健と医療《りょう》」、「農林水産」、「

◆　８月、天皇が、国民に向けたビデオメッセージで、自分の思いを発表しました。

問５　天皇に関する日本国憲法の規定として明らかに誤っているものを、次のア～エから１つ選び、記号で答えなさい。

ア．主権者である国民の総意にもとづいて、天皇は、日本国および日本国民の統合の象徴《ちょう》という地位にある。

イ．天皇は、内閣の助言と承認にもとづいて、憲法に定められた国事に関する行為《い》を行う。

ウ．天皇が行う国事に関する行為として、国会議員の選挙を行うことを国民に知らせる、衆議院を解散する、条約を結ぶ、などがある。

エ．天皇は、国会の指名にもとづいて内閣総理大臣を任命したり、内閣の指名にもとづいて最高裁判所長官を任命したりする。

◆　１０月、次の国際連合事務総長が選出されました。

問６　国際連合に関連する説明として明らかに誤っているものを、次のア～カから１つ選び、記号で答えなさい。

ア．国際連合は、第二次世界大戦における連合国を中心として、1945 年に 51 か国で発足した。その後、加盟国数は増加して現在 193 か国に至っているが、現時点で、最も遅《おそ》く加盟したのは南スーダンである。

イ．国際連合事務総長は、任期を５年として、安全保障理事会の常任理事国出身者から選出されることになっている。

ウ．経済、社会、文化、環《かん》境、人権などの広い分野にわたる国際連合の活動にかかる費用を負担する割合の多い順に加盟国を６か国あげると、2014 年時点では、アメリカ合衆国、日本、ドイツ、フランス、イギリス、中国、となっていた。

エ．日本は、国際連合の安全保障理事会の常任理事国であるソ連（現在のロシア）との間で国交が回復された後に、国際連合への加盟が認められた。

オ．現在、日本は国際連合の安全保障理事会の非常任理事国を務めており、加盟国中最多の 11 回目の選出となった。

カ．日本政府は、南スーダンで行われている国際連合 PKO（平和維《い》持活動）に派遣される日本の自衛隊に対して、「駆《か》けつけ警護」という任務を与えることを決めた。

◆　１１月、パリ協定が発効しました。

その６

4　次の文章は、現在の鹿児島県の地域にかつて住んでいた人々が、見たり経験したりした風景やできごとを時代順に記したものです。

A　私が住んでいる村は、古墳《ふん》の近くにあります。近畿《き》地方で造られた焼き物や大きな勾玉《まがたま》を持った人が、この村を治めています。
B　九州の北部に山城がいくつも造られつつあります。大部分は唐《とう》（中国）や新羅《しらぎ》に備えたものですが、私たちに備えて造られたものも含《ふく》まれているということです。
C　最近、国の役所の近くに七重の塔《とう》をもったりっぱなお寺が建てられました。全国で同じようなお寺が60以上造られているそうです。
D　私たちの島でとれた貝が遠くまで運ばれ、平泉の中尊寺金色堂では螺鈿《らでん》に加工されて、黄金とともに堂内を飾《かざ》っているということです。
E　博多の方で、外国の軍と激しい戦いが起こりました。外国の軍を防ぐために博多湾《はかたわん》の砂浜《はま》に石塁《るい》を造ることになり、私の住む所にも、そのための費用が割り当てられました。
F　長門《ながと》（山口県）出身の僧《そう》が、明《みん》にわたって勉強しました。しかし、帰ってくると都は将軍のあとつぎ争いなどを原因としておこった戦争の最中であったため、私の主人のもとにやって来て、儒学《じゅがく》の本を出版しました。
G　関白の命令で、私の主人である大名の領地でも、石田三成《みつなり》という人が責任者となって、土地の調査を行いました。これに反対すると、厳しく罰《ばつ》せられるということです。
H　江戸幕府９代将軍が私の主人に命令して、濃尾《のうび》平野を流れる川の改修工事を行わせました。工事に参加した人々の中に多くの死者が出ました。また、ばくだいな費用がかかったため、藩《はん》の財政は苦しくなりました。
I　城下町に住む学者が天皇家の祖先の墓が南九州にあるということを書物に著《あらわ》しました。その翌年、この書物を読んだ本居宣長《もとおりのりなが》が、それにもとづく内容を『古事記伝』にのせました。
J　世の中には秘密になっていますが、土佐《とさ》出身の坂本龍馬《りょうま》の仲介《ちゅうかい》で、幕府に反対する私の藩と長州藩が同盟を結んだということです。
K　初めての帝《てい》国議会議員の選挙が行われ、私の父も選挙に行きました。鹿児島県では、７人の議員が選出され、全員自由民権運動の流れをくむ人でした。

[redacted]

問４　Ｃと同じ時代を説明する文章として、正しいものを次のア～エから１つ選び、その文章の下線部が何かを考え、答えなさい。
ただし、記号を答える必要はありません。

ア．日本にやってきた僧が、日本の寺や僧の制度を整え、唐招提寺《とうしょうだいじ》を開きました。

イ．東大寺につくられた倉庫に、大仏開眼に使われた品々や桓武《かんむ》天皇が愛用した品々が納められました。

ウ．律令《りょう》にもとづいて、人々は田の収穫《かく》の一部を地租《そ》として納め、また織物や地方の特産物を納めました。

エ．天皇の命令でつくられたこの歌集には、ひらがなで書かれた和歌が数多くおさめられています。

問５　Ｆのころの文化に関係のある写真を次のア～エから１つ選び、記号で答えなさい。

ア．

イ．

ウ．
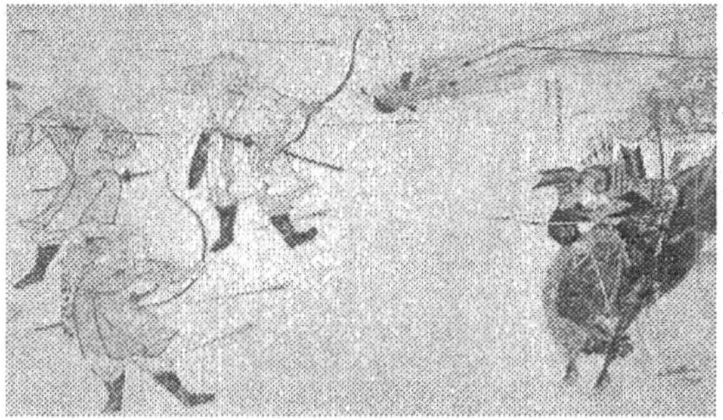

エ．
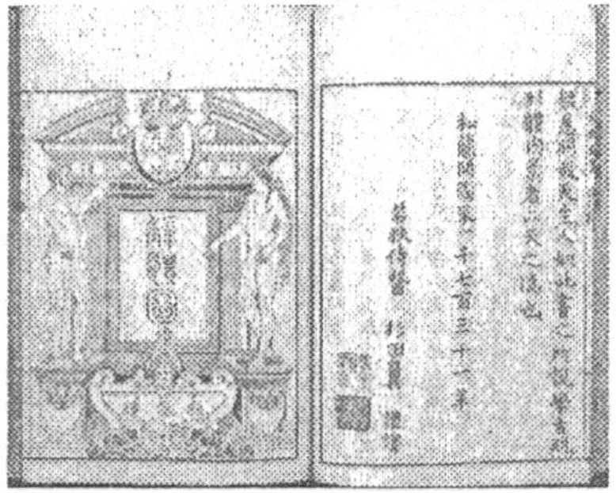

問６　Ｉの本居宣長が『古事記伝』を完成させたころの様子を説明する文章として、誤っているものを次のア～エから１つ選び、そ

2017年度　ラ・サール中学校　入学試験　算数　解答用紙

1

(1)		(2)		(3)	

1の小計
12

2

(1)		(2)	男子　　人，女子　　人		
(3)	cm²	(4)	個	(5)	時間　　分

2の小計
32

3

(1)	g	(2)	%

3の小計
12

4

(1)	：	(2)	：	(3)	：

4の小計
14

5

平成29年度　入学試験問題　理　科　解答用紙　ラ・サール中学校

【１】（１５点）

	(1)		(2)				(3)
	あ	い	あ	い	う	え	
A							

	ア	イ	ウ	エ	オ
B					

	カ	キ	ク
B			

【２】（１５点）

	(1)				(2)
	あ	い	う	え	
A					

	(1)	(2)	(3)	(4)	(5)	(6)	(7)	(8)	(9)
B				kg	kg				

平成 29 年度　入学試験問題　社

1

問 1	問 2	問 3	問 4
問 6	問 7	問 8 国名	記号

2

問 1　1	2	3	
問 2 (1) A	B	(2)	(3)
問 3 (1) 地名	地形名	(2)暖流名	
問 4			
問 5	問 6		

3

問 1	問 2	問 3	問 4	問 5

4

問 1　と　の間	問 2　と　の間	
問 3 (ア)　と　の間	(イ)　と　の間	(ウ)
問 4	問 5	問 6
問 7 →		
問 8	問 9	

解答用紙　　ラ・サール中学校

問5　ア

イ

点

4

寒流名

点

問7

問8

点

の間

点

受験番号

得点

※50点満点
（配点非公表）

【３】（１０点）

(1)	(2)	(3)	(4)	(5)	(6)	(7)	(8)

【４】（１０点）

A	(1)	A	D	Z
	(2)	①	②	
	(3)			

	(1)	(2)	(3)	(4)		(5)
B			g	g	℃	g

受験番号	得点
	※50点満点

(1)	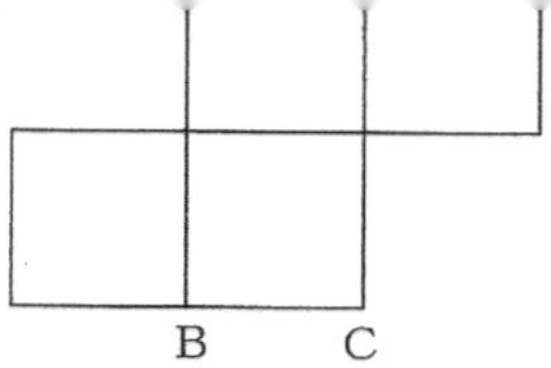	(2)	：

5の小計

14

6

(1)	ア	(2)	イ cm 分 秒後 / イ ＋ ウ cm 分 秒後
(3)	イ	ウ	エ

6の小計

16

受験番号	得　点
	※100点満点

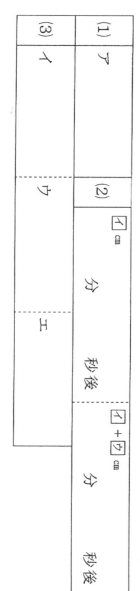

写真 A

写真 B

◆　鹿児島中央警察署を横目に見ながら、路面電車の軌《き》道が通る道路を北に向かって走って行きました。

問３　警察署の地図記号(地形図記号)をかきなさい。

◆　第２関門の「西郷隆盛《たかもり》像」の横を通過しました。

問４　1868 年に西郷隆盛と会談し、江戸城の明けわたしを実現した江戸幕府の代表は誰《だれ》ですか。

◆　折り返し地点から海岸線を南下していくと、第６関門の「竜ケ水《りゅうがみず》駅」が見えてきました。また、左手の鹿児島湾《わん》内にいくつものいけすが浮かんでいるのが見えました。鹿児島県では、かんぱちやはまちなどの養殖《しょく》が盛んに行われています。

問５　下の表は、日本のいくつかの養殖業について、３つの都道府県を生産量の多い順に並べたものです。表中のア・イに当てはまる都道府県名を答えなさい。

	かんぱち	まだい	くるまえび	のり
1位	鹿児島	ア	沖縄	イ
2位	ア	イ	鹿児島	長崎
3位	大分	高知	イ	大分

（平成 24 年　農林水産省「漁業・養殖業生産統計」）

※ **1**　問５　イ　熊本(県)・佐賀(県)

まだいの２位、くるまえびの３位は熊本県。のりの１位は佐賀県。

出題ミスのため、全員正解とします

そこでマラソンを観戦するのがますます楽しみになってきました。

問８　2016年にオリンピックが開催《さい》された国名を答え、さらにこの国について説明した文として正しいものを、次のア～エのうちから１つ選び、記号で答えなさい。

ア．この国の人口は、2014年の時点で１億人より少ない。

イ．この国では、主な言語としてポルトガル語が使われている。

ウ．この国の面積は、約960万㎢である。

エ．この国から日本への主な輸出品は、2014年の時点で、機械類や航空機類である。

2　次の文章を読んで、以下の問いに答えなさい。

水産業の発達は、進んだ技術の漁業施《し》設と市場を備えた①漁港の発展や、魚介《かい》類を食べる人がたくさんいるという社会的な条件に加え、地形や海流など自然的な条件と密接な関わりがあります。日本のまわりの海には、暖流と寒流が流れており、②暖流と寒流がぶつかる（　１　）には魚のえさであるプランクトンが多く、たくさんの魚が集まってきます。また、水深200mくらいまでの（　２　）という海底が広がっており、プランクトンが多いため、魚介類の育ちやすい良い漁場となっています。しかし、水産業を取り巻く自然・経済・社会環《かん》境の変化は大きく、日本の漁獲《かく》量にも大きな変化が認められます。

日本の漁獲量は、1960年代以降の遠洋漁業の発展により、急速に増加しました。しかし、③1970年代に入ると遠洋漁業の漁獲量が激減しました。その一方で、1970～1980年代にかけて沖《おき》合漁業の漁獲量が急増しましたが、その後は魚介類の減少や、魚種によっては漁獲量規制、そして④外国からの安い魚介類の輸入の影響《えいきょう》を受け、漁獲量は急減しました。こうした中、水産資源の保護に向けて、卵から成魚まで人間が育てる養殖《しょく》業や、育てた稚《ち》魚を放流して自然の中で育った成魚をとる（　３　）漁業に力が注がれています。漁業にたずさわる人たちが、⑤魚つき保安林を守る活動をしたり、山に植林をしたりしています。また、外国から輸入された魚介類に負けないように、安全でおいしい魚介類を出荷したり、地元でとれる商品を（　４　）化して、特別な名前をつけ商品価値を高める努力もしています。

問１　文中の空欄《らん》（　１　）～（　４　）にあてはまる語句を答えなさい。ただし、（　４　）に入る語句はカタカナ４字です。

問４　下線部③について、遠洋漁業が衰《すい》退した主な理由を２つあげ、簡潔に説明しなさい。

問５　下線部④について、下の表はえび、さけ・ます、たこの日本の輸入相手の上位３か国（2015 年）を表したものです。Ｘ～Ｚの魚介類名の正しい組み合わせをあとのア～カから１つ選び、記号で答えなさい。

	X	Y	Z
１位	モーリタニア	チ　リ	ベトナム
２位	モロッコ	ノルウェー	インドネシア
３位	中　国	ロシア	インド

	X	Y	Z
ア	えび	さけ・ます	たこ
イ	えび	たこ	さけ・ます
ウ	さけ・ます	えび	たこ
エ	さけ・ます	たこ	えび
オ	たこ	えび	さけ・ます
カ	たこ	さけ・ます	えび

問６　下線部⑤について、森林は、保安林をはじめ多くの役割を果たしており、木材の生産も行われています。木材は建築資材や木製の製品（紙なども含む）の原料として使いますが、原料以外の木材の使い方を答えなさい。

◆ 7月、第24回参議院議員選挙が行われました。

問3　第24回参議院議員選挙に関する説明として明らかに誤っているものを、次のア～エから１つ選び、記号で答えなさい。

ア．第24回選挙における選挙区選出議員選挙の投票率は、第23回選挙よりも上がって、60%を上回った。

イ．選挙区選出議員は、第23回選挙まではすべて都道府県単位の選挙区で選出されたが、第24回選挙では隣《とな》り合う２県を合わせて１選挙区とする「合区」を一部の県で初めて導入して選出された。

ウ．2016年に施行された改正公職選挙法で新たに有権者となった年齢層の投票率は、全体の投票率を下回った。

エ．議員１人当たりの有権者数を比べると、最少の選挙区に対して最多の選挙区は３倍を超《こ》えていたため、選挙区間の投票価値の格差が大きく、憲法の求める平等がそこなわれているとの訴えが、各地で起こされた。

◆ 7月、東京都知事選挙が行われました。

問4　地方公共団体に関連する説明として正しいものを、次のア～エから１つ選び、記号で答えなさい。

ア．都道府県が行使する行政権と立法権と司法権を担当するのは、それぞれ知事と都道府県議会と地方裁判所である。

イ．2016年に行われた東京都知事選挙では、前知事のもとで副知事を務めていた女性が当選し、初めて女性の都知事が誕生した。

ウ．国や地方公共団体では、パブリックコメント制度（意見公募《ぼ》手続）が実施された時期もあったが、インターネットの普及《ふきゅう》によって寄せられる意見が増加して行政機関が処理できなくなり、廃《はい》止された。

エ．条例にもとづく住民投票として、原子力発電所の建設や産業廃棄《き》物処理施設の設置などについて賛否を問う住民投票が行われてきたが、特に2000年代（2000～2009年）は市町村合併《ぺい》について賛否を問う住民投票が多かった。

イ．パリ協定は、温室効果ガス排《はい》出削《さく》減量などの具体的目標を報告する義務とともに目標を達成する義務を各加盟国に課している。

ウ．2020 年以降の地球温暖化対策を定めたパリ協定は、1997 年に結ばれた京都議定書に続く温暖化対策の国際合意であり、先進国に加えて中国やインドなど発展途上国が温室効果ガス排出削減などに取り組むことに合意した初めての取り決めとなった。

エ．日本は、国内の手続きが間に合わず、2016 年に開催されたパリ協定参加国の第 1 回の会議に正式メンバーとして参加できなかった。

◆　12月、安倍晋三《しんぞう》首相が、アメリカ合衆国のハワイの真珠湾《しんじゅわん》を訪問しました。

問8　日本とアメリカ合衆国との関係に関連する説明として明らかに誤っているものを、次のア～エから 1 つ選び、記号で答えなさい。

ア．日本軍がハワイのアメリカ軍基地を攻撃《こうげき》し、太平洋戦争が始まった。太平洋戦争の当初は、日本軍が優位に戦ったが、その後、反撃に転じたアメリカ軍は、太平洋の島々を占《せん》領してそこから日本本土に空襲《しゅう》を行った。

イ．太平洋戦争後、アメリカ合衆国を中心とする連合国軍に国土を占領された日本では、東京に置かれた GHQ（連合国軍最高司令官総司令部）が日本政府に指令を出し、日本政府がそれを受けて政治を行うしくみがつくられた。

ウ．1951 年にアメリカ合衆国のサンフランシスコで講和会議が開かれ、日本は、アメリカ合衆国など、この講和会議に出席したすべての国と平和条約を結んで独立を回復した。この平和条約を結んだ時に、日本はアメリカ合衆国と安全保障条約を結んだので、独立後もアメリカ軍が日本の基地にとどまることになった。

エ．日本は、アメリカ合衆国による広島と長崎《ながさき》への原子爆弾《ばくだん》投下により多数の人命を奪われただけでなく、太平洋戦争後に日本の漁船の乗組員が太平洋におけるアメリカ合衆国の水素爆弾実験によって被《ひ》爆したので、国民が原子爆弾と水素爆弾のいずれからも被害を受けた国となった。

景気が続いています。

M　南の島が戦場になる可能性が高いため、多くの国民学校の児童（今の小学生）が、私の住む町にも疎開《そかい》してきました。しかし、その途《と》中乗った船が沈《しず》められて亡《な》くなった人もいるということです。

N　日本で最初の人工衛星が打ち上げられる様子を見ました。来月から、大阪で開かれる万《ばん》国博覧会では、アポロ **11** 号が持ち帰った「月の石」が展示されるということです。

問１　Ｂは、年代順にことがらを並べた次の文章ア～エのどこに位置づけるのがよいですか。〇と〇の間という形で答えなさい。

ア．聖徳《しょうとく》太子が、憲法十七条を出し、豪《ごう》族たちの心構えとしました。

イ．小野妹子が、遣隋《ずい》使として中国に派遣されました。

ウ．中大兄《なかのおおえ》皇子らが、中臣鎌足《なかとみのかまたり》らとはかって、蘇我蝦夷《そがのえみし》・入鹿父子を殺し、新しい政府をつくりました。

エ．中国の都にならって、道路で碁盤《ごばん》の目のように区切られた平城京が造営されました。

問２　Ｅは、年代順にことがらを並べた次の文章ア～エのどこに位置づけるのがよいですか。〇と〇の間という形で答えなさい。

ア．平清盛を中心とした平氏が、政治を思うままに動かしました。

イ．鎌倉にできた政権が、北条政子《ほうじょうまさこ》を中心に、京都の朝廷《ちょうてい》と戦い、勝利を収めました。

ウ．足利尊氏《たかうじ》は、新しい天皇をたて、京都に新しい政権を開きました。

エ．足利義満《よしみつ》は、明に使いを送り、正式に貿易を始めました。

問３　次の文章ア～ウは、文章Ａ～Ｎのどこに位置づけるのがよいですか。それぞれ〇と〇の間という形で答えなさい。

ア．今から20年程《ほど》前に南の島にできた王国は、日本・中国・東南アジアとの貿易で栄えています。私の住む島も、ついにこの王国の兵に攻《せ》め落とされ、王国の領土の一部になりました。

イ．ヨーロッパ船や中国の船が、私の主の治める領地に来ることを禁止されました。また、キリスト教徒が島原で起こした乱を鎮《しず》めるために、武士を派遣することになりました。

ウ．私の郷里の出身である大久保利通《としみち》が、近代的な政治制度や工業などについて調べるため、使節団の一員として約１年半にわたって欧《おう》米の国々の視察を行いました。

ア．杉田玄白が、『蘭学事始』を著し、初めて人体解剖を見たときの感動や『解体新書』翻訳の苦心を記しました。
イ．伊能忠敬《いのうただたか》は、幕府に願い出て、東北や北海道の測量を行い、地図づくりを始めました。
ウ．歌川広重という浮世絵《うきよえ》師が、わずか10か月の間だけ活動し、歌舞伎《かぶき》の役者の絵などをたくさん描《えが》きました。
エ．百姓や町人の子どもが通う寺子屋が増え、全国各地の藩では藩校がつくられ、武士の教育も盛んになりました。

問７　Ｊの同盟が結ばれた年に関東・東北地方で大きなききんが起こりましたが、1830年代のききんと比べて被《ひ》害は少なかったということです。その理由を、幕府の政治方針の大きな変化を含《ふく》め、次のグラフを参考にして、15字以内で説明しなさい。

	綿織物	毛織物	軍需品・武器	米	艦船	砂糖	綿糸	その他
1867年（慶応3）	21.4%	19.7	13.3	10.6	7.8	7.8	6.2	13.2

問８　Ｋの自由民権運動に関する次の文章の下線の中に誤っている部分が１つあります。どこを訂《てい》正すれば正しい文章になりますか。訂正したあとの正しい語句を記しなさい。

板垣《いたがき》退助は、1874年に国会の開設を求める意見書を政府に提出しました。自由民権運動のもりあがりをうけて、1881年に政府が、９年後に国会を開くことを約束すると、板垣退助や大隈《おおくま》重信はそれぞれ政党をつくりました。1884年には、福島地方の人々が、「自由自治元年」を唱えて、役所や高利貸しを襲《おそ》いました。

問９　Ｌと同じ時代に関する文章ア～エの中に１か所だけ誤っている文章があります。その文章のどこを訂正すれば正しい文章になりますか。訂正したあとの正しい語句を記しなさい。ただし、記号を答える必要はありません。
ア．様々な差別に苦しんでいた人々が、全国水平社をつくり、自分たちの力で差別をなくす運動を始めました。
イ．政府は治安維《い》持法をつくって、政治や社会のしくみを変えようとする動きを取り締まりました。
ウ．関東地方で激しい地震《しん》が起こり、その後の混乱の中で、誤ったうわさにより、多くの朝鮮人が殺されました。
エ．国際的な平和をめざして発《ほっ》足した国際連盟の事務局次長に北里柴三郎《しばさぶろう》が就任しました。

（以上で問題は終わり）

表1

炭化水素	二酸化炭素	水
ア	3.07 g	1.47 g
イ	2.93 g	1.8 g
ウ	3 g	1.64 g
エ	2.75 g	2.25 g

また，炭化水素を燃やすと，熱も発生します。1 g の炭化水素を燃やし，10 ℃の水200 g をそれぞれ温めたところ，水の温度は表2のような温度になりました。

表2

炭化水素	温度
ア	68 ℃
イ	72 ℃
ウ	70 ℃
エ	76 ℃

(1) 同じ重さの炭化水素を燃やすとき，最も多くの酸素が必要なものは，ア～エのどれですか。

(2) 同じ重さの炭化水素を燃やすとき，最も多くの熱が発生するのは，ア～エのどれですか。

(3) 10 ℃の水 1000 g を 34 ℃にするためには，炭化水素アを何 g 燃やせばよいですか。答えは，小数第1位を四捨五入して整数値で求めなさい。

(4) 4 g の炭化水素エと酸素 8 g を混ぜて燃やすとき，生じた水は何 g ですか。また，このとき発生した熱を使って，10 ℃の水 1000 g を温めると，何℃になりますか。

(5) 炭化水素イとウを合計 5.5 g を混ぜて，酸素を十分に加えて燃やしました。そのとき発生した熱で 10 ℃の水 1000 g を温めたら，77 ℃になりました。炭化水素イは何 g 含まれていましたか。

［終わり］

ダイ吉「地図でみたけど，ブラジルって大きな国だよね。」
お父さん「ブラジルの国土面積は南アメリカ最大で，さらに世界最大のアマゾン川が流れているよ。」
ダイ吉「アマゾン川の流域には，広大なジャングルが広がり，⑦たくさんの動物が暮らしているんだよね。」
お父さん「だけど近年，ジャングルの木を大量に伐採《ばっさい》することでの，⑧環境《かんきょう》への影響《えいきょう》が指摘《してき》されているんだよ。」
ダイ吉「経済発展も大切だけど，自然も守っていかなければいけないね。」

（1）（①）に入る説明として正しいものはどれですか。地球の線は赤道を表しています。

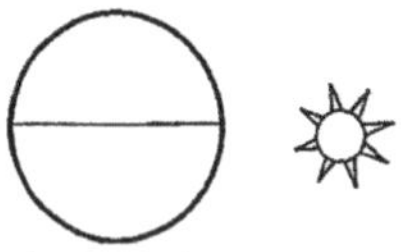
ア．地球が太陽に近づく

イ．地球が太陽から遠ざかる

ウ．北半球が太陽の方を向く

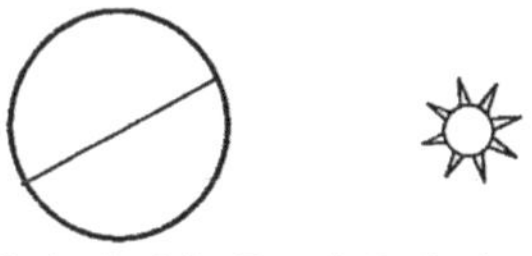
エ．南半球が太陽の方を向く

（2）下線部②の（ａ），（ｂ）に入る言葉の組み合わせとして，正しいものはどれですか。

ア．ａ：北　ｂ：南　　イ．ａ：北　ｂ：北　　ウ．ａ：南　ｂ：北
エ．ａ：南　ｂ：南

（3）下線部③に関連して，６月下旬，鹿児島と札幌のかげの先端を結んだ線として，適当なものはどれですか。ただし，●は棒の位置，実線が鹿児島，点線は札幌を表しています。

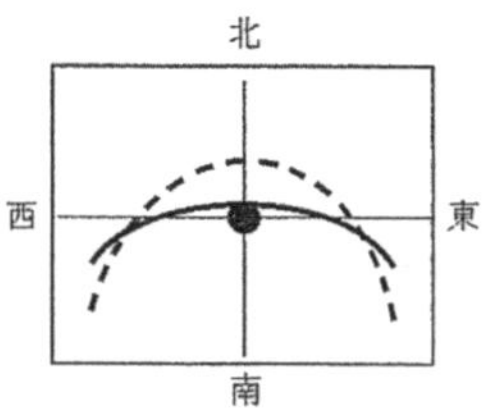

ア

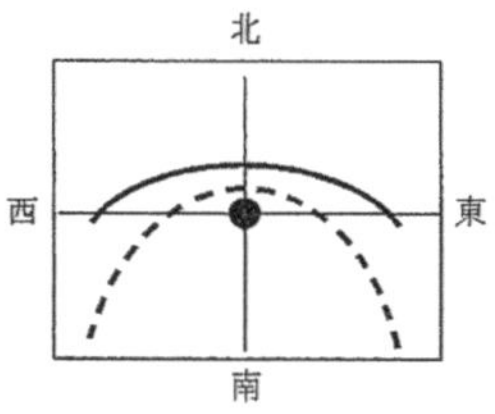

イ

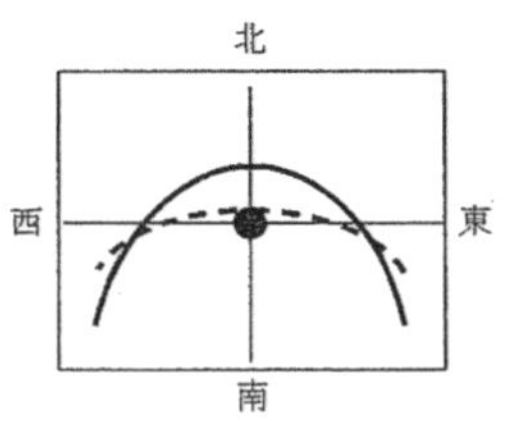

ウ

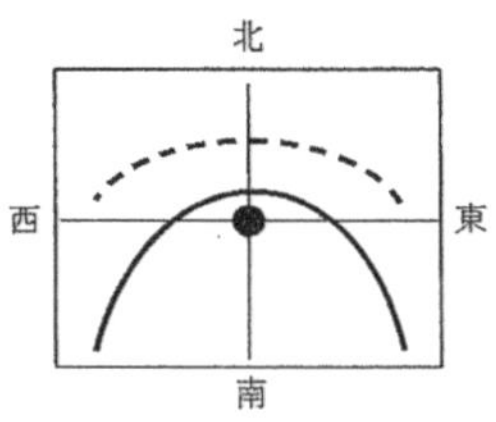

エ

【３】

２０１６年８月，ブラジルのリオデジャネイロでオリンピックが開催《かいさい》され，日本選手の活躍《かつやく》で，日本全国が盛り上がっています。

ダイ吉「お父さん，今日も日本選手がメダルを取ったよ！この暑さなのに，みんなすごく頑張《がんば》っているよね。」

お父さん「そうだね。だけど，日本は今，夏だけど，リオデジャネイロは冬だよ。」

ダイ吉「そうだったね。８月は（ ① ）からだよね。太陽の動きも日本とブラジルでは違うんでしょ。」

お父さん「地面に立てた棒のかげの動きから，太陽の動きを調べる方法があるだろう？」

といって，お父さんは下のような図（図１）を描《えが》きました。

ダイ吉「うん，聞いたことがあるよ。」

お父さん「例えば６月下旬《げじゅん》，リオデジャネイロで棒のかげの先端《せんたん》を結んだ線は，こんなふうになるんだよ。」

といって，下のような図（図２）を描きました。

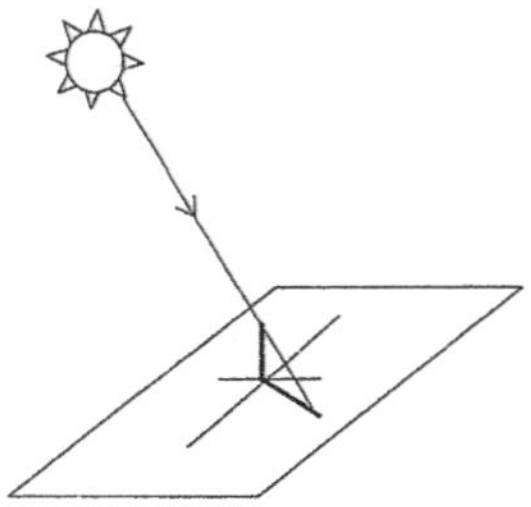

図１

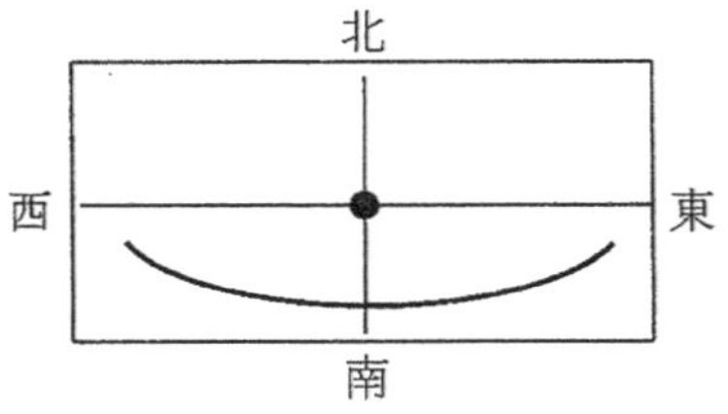

図２

ダイ吉「これって，リオデジャネイロでは，②太陽が真東よりも（ a ）寄りの方角から昇《のぼ》って，正午には頭の真上より（ b ）にあるってことだよね。」

お父さん「６月下旬，鹿児島と札幌ではどんな線になるか，描いてごらん。」

ダイ吉「③鹿児島を実線，札幌を点線で描くとこんな感じかな？④夏の札幌では，鹿児島に比べて，太陽の南中高度が（ c ），昼の時間が（ d ）ことに注意して描いたよ。ところで，リオデジャネイロでの星の見え方って，どうなんだろう？」

お父さん「日本では８月の夜８時ごろ南の空に見えるさそり座や夏の大三角が，リオデジャネイロでは，（ ⑤ ）の夜８時ごろ北の空に見ることができるよ。⑥見え方はこのようになるぞ。」

〔B〕以下の問いに答えなさい。

［Ⅰ］半径の異なる２つの円盤《ばん》を回転のじくが同じとなるようにはり合わせ，それぞれの円盤にひもを巻いた定滑《かっ》車を輪じくといい，てこのはたらきを利用した道具です。

いま，図１のように輪じくを用いて，おもりの重さと，ばねはかりを介《かい》して引っ張る力とがつりあっています。

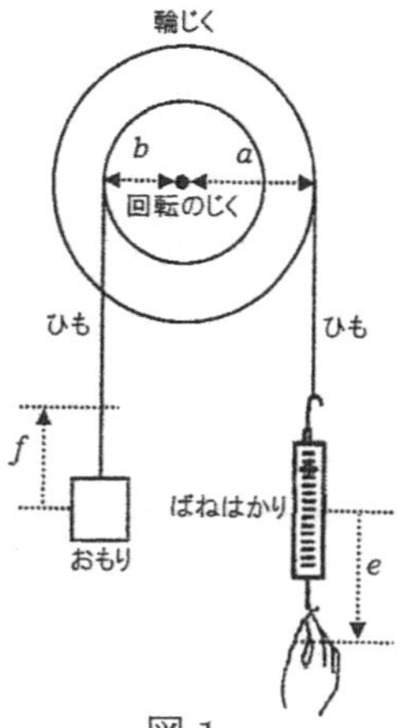

図１

（１）大きな円盤の半径をa〔cm〕，小さな円盤の半径をb〔cm〕，ばねはかりで引く力をc〔g〕，おもりの重さをd〔g〕と表すときa，b，c，dの関係はどのようになりますか。

ア．$a\times b=c\times d$　　イ．$a\times c=b\times d$　　ウ．$a\times d=b\times c$

エ．$a\times b\times c=d$　　オ．$a\times c\times d=b$　　カ．$b\times c\times d=a$

（２）力がつりあっている状態で，ゆっくりとばねはかりを動かした距離をe〔cm〕，おもりの動いた距離をf〔cm〕と表すときa，b，e，fの関係はどのようになりますか。

ア．$a\times b=e\times f$　　イ．$a\times e=b\times f$　　ウ．$a\times f=b\times e$

エ．$a\times b\times e=f$　　オ．$a\times e\times f=b$　　カ．$b\times e\times f=a$

（３）（１），（２）よりc，d，e，fの関係はどのようになりますか。

ア．$c\times d=e\times f$　　イ．$c\times e=d\times f$　　ウ．$c\times f=d\times e$

エ．$c\times d\times e=f$　　オ．$c\times e\times f=d$　　カ．$d\times e\times f=c$

【２】

〔A〕次の文を読んで，以下の問いに答えなさい。

陸上競技の男子 100 m 競走の日本記録は 10.00 秒です。この速さは，
分速（　あ　）m，時速（　い　）km です。

昨年 8 月のリオデジャネイロオリンピック陸上競技の男子 400 m リレーで，日本は 37.27 秒で銀メダルを獲得《かくとく》しました。下の表は，出場した 4 選手の 100 m 競走の記録です。4 選手の記録の合計（秒）と 37.27 秒との差は（　う　）秒です。

一般《いっぱん》に，400 m リレーの記録は 100 m 競走の記録の合計よりも短いです。その最も大きな理由は，100 m 競走のスタートでは選手は静止していますが，リレーでは 2，3，4 番目の走者は，バトンをもらったときの（　え　）が 0 ではないことです。

第１走者	A選手	10.05秒	リオ五輪準決勝
第２走者	B選手	10.37秒	平成27年の記録
第３走者	C選手	10.23秒	リオ五輪予選
第４走者	D選手	10.13秒	リオ五輪予選

（1）文中の（　あ　）～（　え　）にあてはまる数値・語句を書きなさい。

（2）リオデジャネイロオリンピック陸上競技の男子 100 m 決勝には準決勝の上位 8 選手が出場できました。8 位の X 選手の記録は 10.01 秒でした。日本選手最上位（A 選手）は 10.05 秒の 10 位で，残念ながら日本人として 84 年ぶりの決勝進出者とはなれませんでした。X 選手がゴールしたときに A 選手はゴールの手前何 cm を走っていましたか。最も適当なものを選びなさい。ただし，どちらの選手もゴール付近では時速 40 km で走るものとします。

ア．0.44 cm　　イ．0.88 cm　　ウ．4.4 cm　　エ．8.8 cm
オ．44 cm　　カ．88 cm　　キ．440 cm　　ク．880 cm

平成29年度　入学試験問題　理　科（40分）　ラ・サール中学校

注意：　1．解答はすべて解答用紙の答のらんに書きなさい。
　　　　2．いくつかの中から選ぶ場合は，記号で答えなさい。特に指示のない場合は1つ答えなさい。

【1】

〔A〕植物の中には，季節の変化を感じて，春頃《ころ》に花を咲かせるもの，秋頃に花を咲かせるものがあります。これらは，昼と夜の長さの変化を，季節の変化として感じて花を咲かせます。

春頃に花を咲かせるダイコンと秋頃に花を咲かせるコスモスでは，「昼の長さ」，「夜の長さ」，「昼の長さと夜の長さの比」の3つのうち，どれを季節の変化を感じる手がかりとしているかを調べるために，次のような実験を行いました。

ダイコンとコスモスを窓のない部屋に入れ，照明によって昼の長さ（照明をあてる時間）と夜の長さ（照明を消している時間）を人工的に変化させて花を咲かせるかどうかを調べる実験をおこないました。その結果を表1に示します。例えば，実験④では，まず，照明を4時間あてました。その後，照明を消して，8時間後に再び照明をあてることをくり返しました。表の「○」は花を咲かせたこと，「×」は花を咲かせなかったことを示します。

	昼の長さ（時間）	夜の長さ（時間）	ダイコン	コスモス
実験①	8	16	×	○
実験②	16	8	○	×
実験③	8	8	○	×
実験④	4	8	○	×

表1

（1）表1の結果の違《ちが》いから，ダイコンとコスモスが季節の変化を感じる手がかりについて，（　）にあてはまる実験の番号を②～④から選びなさい。

実験①と実験（ あ ）を比較《ひかく》して，季節の変化を感じる手がかりは「昼の長さと夜の長さの比」ではないと考えました。さらに，実験①と実験（ い ）を比較して，季節の変化を感じる手がかりは「昼の長さ」ではないと考えました。これらのことから，季節の変化を感じる手がかりは，「夜の長さ」であると考えました。

次に，実験①～④と同様に昼の長さと夜の長さを変化させて花を咲かせるかどうかを調べる実験をおこないました。その結果を表2に示します。

(2)立方体はどのような体積比に切り分けられましたか。ただし，角すいの体積は(底面積)×(高さ)÷３です。

６．

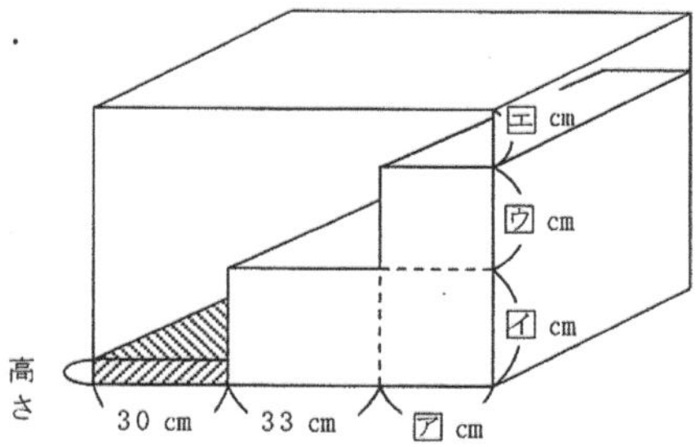

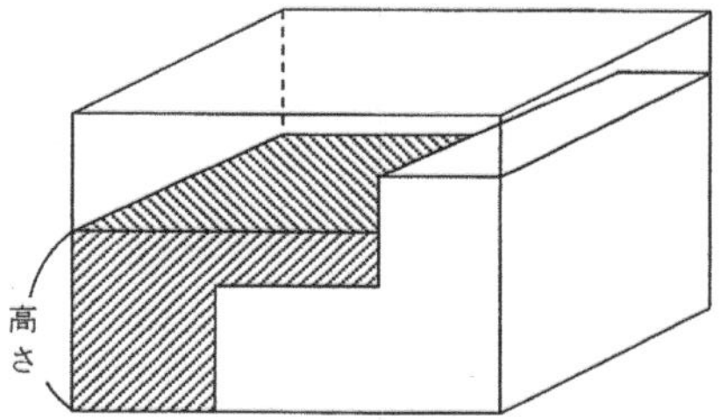

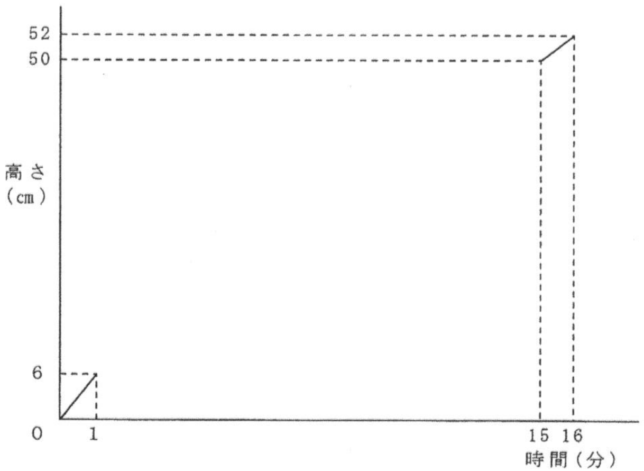

上のような内側に階段のついた水そうがあり，一定の割合で水を入れました。水を入れ始めてからの時間(分)と，水そうの底からはかった水面までの高さ(cm)の関係をグラフで表したら一部が右のようになりました。また，水を入れ始めてから８分 45 秒後の高さは 36 cmであり，16 分でこの水そうは満水になりました。このとき，次の問に答えなさい。（１６点）

(1)[ア]に入る数を求めなさい。

(2)高さが[イ]cm，および[イ]＋[ウ]cmとなるのはそれぞれ水を入れ始めてから何分何秒後ですか。

(3)[イ]，[ウ]，[エ]に入る数を求めなさい。

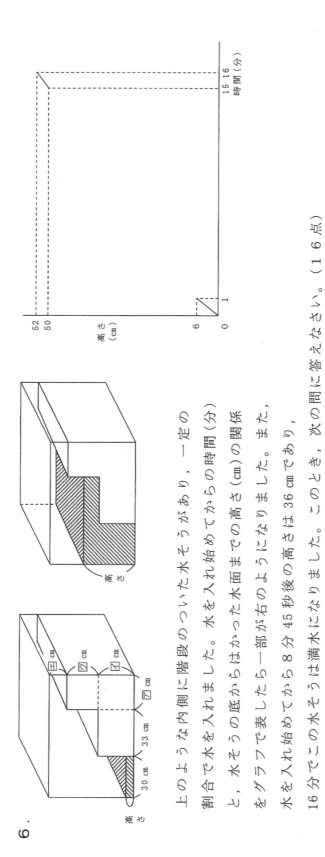

(4)右図は同じ正方形を並べたものです。この正方形の各辺と平行な辺をもつ長方形（正方形を含める）は図の中にいくつありますか。

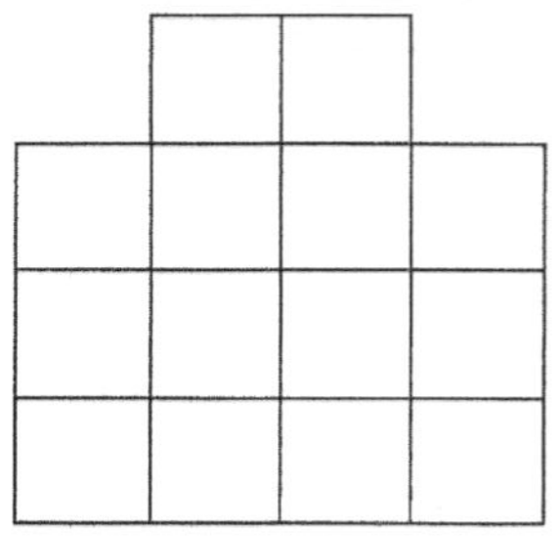

(5)自転車でA町からB町へ行くのに 30 分走っては5分休んで行ったところ，3時間かかりました。帰りは行きの$\frac{5}{6}$の速さにして，40 分走っては8分休みました。帰りは何時間何分かかりましたか。

3．6％の食塩水 360ｇに水を入れて4％の食塩水にしようとしたところ多く入れすぎてうすくなったので，食塩水Aを 200ｇ入れたら4％の食塩水が 900ｇできました。
このとき，次の問に答えなさい。（１２点）

(1)初めに何ｇの水を入れると，4％の食塩水ができましたか。

(2)あとで入れた食塩水Aは何％ですか。

2016年度　ラ・サール中学校　入学試験問題　算数　（60分・100点）　その1

1．次の $\square$ にあてはまる数を求めなさい。（１２点）

(1)　$2\frac{1}{3} \times 2\frac{5}{14} - \{5 - \frac{2}{3} \div (1 - \frac{3}{5})\} = \square$

(2)　$291 \times 1.7 - 67.9 \times 4 + 19.4 \times 8.5 = \square$

(3)　$1 \div \{1 + 1 \div (3 + 1 \div \square)\} = \frac{2015}{2016}$

2．次の各問に答えなさい。（３２点）

(1) 4けたの整数9□□9は，23でも47でも割り切れます。□□にあてはまる数字は何ですか。

(2) P地点からQ地点へ，A君とB君が同じ時刻に出発し，それぞれ一定の速さで進むものとします。A君が毎分70mの速さだとB君より3分遅く到着し，A君が毎分84mの速さだとB君より5分早く到着します。P地点からQ地点までの距離は何mですか。

(3)

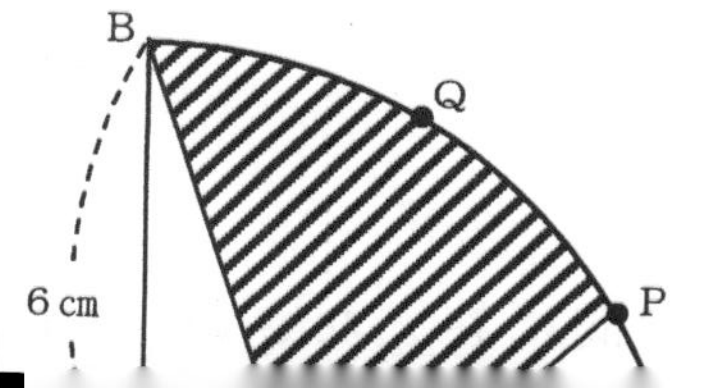

図で，P，QはOを中心とする円の弧ABを3等分する点で，RはOR：RA＝1：2となる点です。斜線部の面積は何cm²ですか。ただし，円周率は3.14とします。

2016年度　ラ・サール中学校　入学試験問題　算数　（60分・100点）　その2

4．

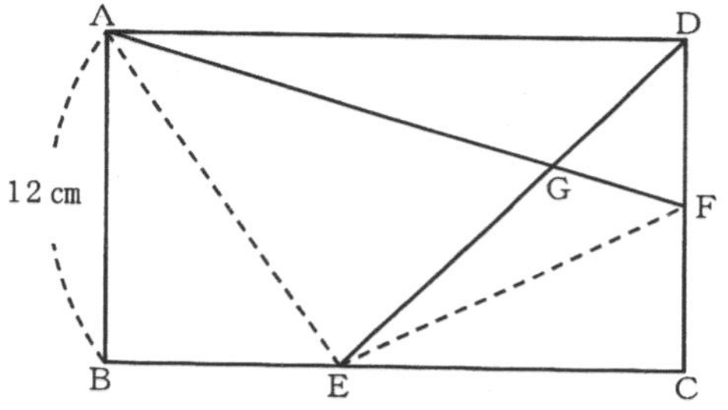

ＡＢ＝12 cmの長方形ＡＢＣＤがあります。図のように，辺ＢＣ，ＣＤ上にそれぞれ点Ｅ，Ｆがあり，ＢＥ：ＥＣ＝２：３，ＣＦ：ＦＤ＝１：１です。このとき，次の問に答えなさい。（１５点）

⑴ 三角形ＡＥＤと三角形ＤＥＦの面積比を最も簡単な整数の比で求めなさい。

⑵ 三角形ＡＥＧの面積が60 cm²のとき，三角形ＡＥＦの面積は何cm²ですか。

⑶ ⑵のとき，辺ＡＤは何cmですか。

5．整数のうち，５の倍数を除いて，左から小さい順に並べます。

　１，２，３，４，６，７，８，９，11，12，13，14，16，……

これらをつなげて，ひとつの長い数字の列を作りました。

　１２３４６７８９１１１２１３１４１６……

すると，左から９番目も10番目も11番目も１になります。このとき，次の問に答えなさい。（１５点）

（4）表1と式をもとに，成長が止まる温度　(①)（℃）を求めなさい。

（5）表1の（②)，(③）に数値を入れなさい。

自然の中に産みつけられたモンシロチョウの1000個の卵について，成長段階（卵～さなぎまで），各成長段階の所要期間（日），期間初めの生存数（匹《ひき》），期間内の死亡数（匹）を観察し，1日あたりの死亡数（匹/日），期間内の生存率（%）を計算した結果を表2にまとめました。

表2

成長段階	所要期間（日）	期間初めの生存数（匹）	期間内の死亡数（匹）	1日あたりの死亡数（匹/日）	期間内の生存率（%）
卵	3.35	1000	120	35.8	88.0
1齢《れい》幼虫	3.2	880	(①)	128.1	53.4
2齢幼虫	3.2	470	80	(②)	83.0
3齢幼虫	3.2	390	30	9.4	92.3
4齢幼虫	4.38	(③)	60	13.7	83.3
5齢幼虫	6.25	300	250	40.0	16.7
さなぎ	6.42	50	30	4.7	(④)

（6）表2の（①)，(②)，(③)，(④）に数値を入れなさい。

（7）表2に従うとした場合，3000個の卵が産みつけられたとすると，5齢幼虫になるのは何匹ですか。

（8）表2をもとに，正しいものを2つ選びなさい。

ア．期間初めの生存数と期間内の死亡数の比は，全ての成長段階において同じである。
イ．所要期間が同じであっても，期間内の死亡数は異なる。
ウ．1日あたりの死亡数は，1齢幼虫で最大になる。
エ．1日あたりの死亡数は，期間内の生存率が高くなるほど多くなる。
オ．期間内の生存率は，成長段階があがるほど高くなる。

（9）表2をもとに，幼虫が死亡しやすい成長段階を2つ選びなさい。

ア．1齢幼虫　イ．2齢幼虫　ウ．3齢幼虫　エ．4齢幼虫　オ．5齢幼虫

【２】 ある日の夕方，ダイ吉君がお父さんと，近くにあるケンタ山を散歩していると，何かの作業をしている人たちがいました。

ダイ吉　「お父さん，何をやっているんだろう。」

お父さん「ボーリングといって，穴を掘《ほ》って，地層の様子を調べているのさ。」

ダイ吉　「おもしろそうだね。あれ，①南東の空に月が出ているよ。あっ，飛行機のうしろに飛行機雲ができている。」

お父さん「飛行機雲が空に長い時間残るときは，②天気が悪くなると言われているよ。」

ダイ吉　「へえ，そうなんだ。」

数日後，うれしそうな顔をしてお父さんが帰ってきました。

お父さん「ダイ吉，ケンタ山の資料をもらってきたぞ。」

といって，ケンタ山の地図とボーリング資料（柱状図）を見せました。

お父さん「Ｓ地点の資料は，まだできていないそうだ。」

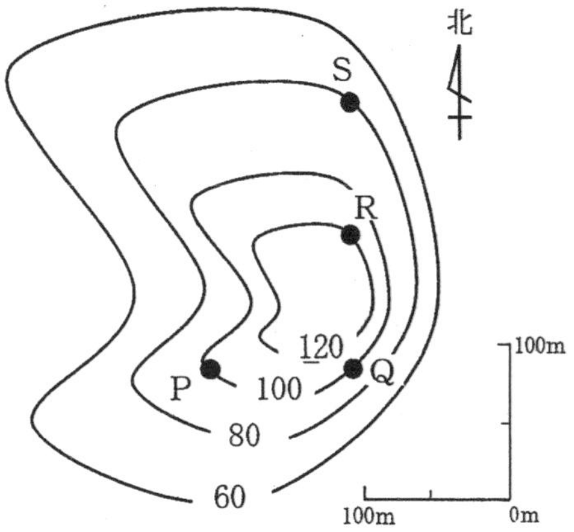

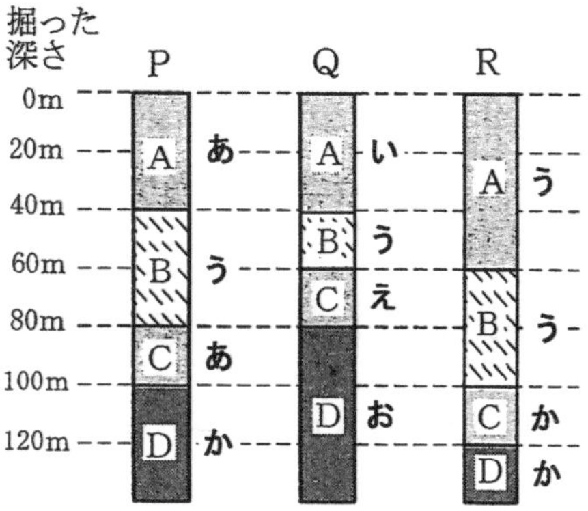

あ〜か：出てくる貝化石の種類

ダイ吉君は，図をしばらくながめていました。

ダイ吉　「あれれ，地層Ａと地層Ｂ，Ｃ，Ｄは分布の様子が違《ちが》っているよ。」

お父さん「そう。地層Ｂ，Ｃ，Ｄは一様にそろって，（③）に傾《かたむ》いているんだ。」

ダイ吉　「（③）に向かって下がっているということだね。ということは，Ｓ地点でボーリングすると（④）ｍ掘ったところで，地層Ｃに達するはずだね。」

お父さん「そのとおり。Ｓ地点での柱状図を予想して描《えが》けるかい？」

ダイ吉君はしばらく考えて，⑤Ｓ地点での柱状図を描いてみました。

お父さん「よくできたね。ケンタ山では６種類の貝の化石が出てくるそうだけど，これらの貝が生息していた時代をまとめたのがこの表だよ。柱状図の**あ〜か**は，それぞれの貝の化石が出てきたことを意味するんだよ。」

といって，お父さんは右の様な表を見せました。

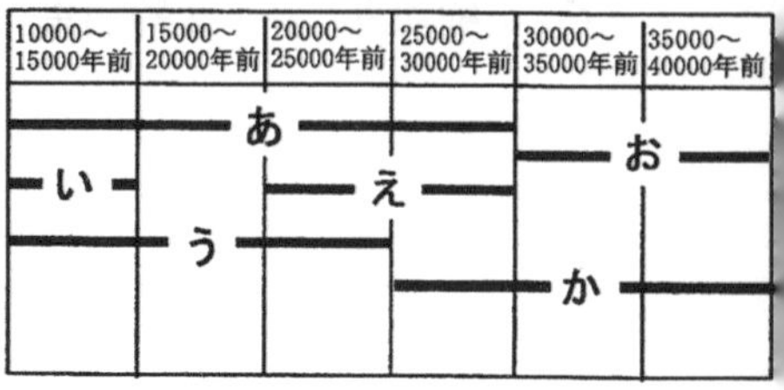

（3）右図のような容器に，気体 A，B，C から 2 つを別々に組み合わせて，100mL ずつ入れました。コックを開いて水を 1 滴落としたとき，ふたが最も下まで下がるのは，どの気体の組み合わせですか。ただし，漏斗にははじめ同じ量の水を入れておきました。

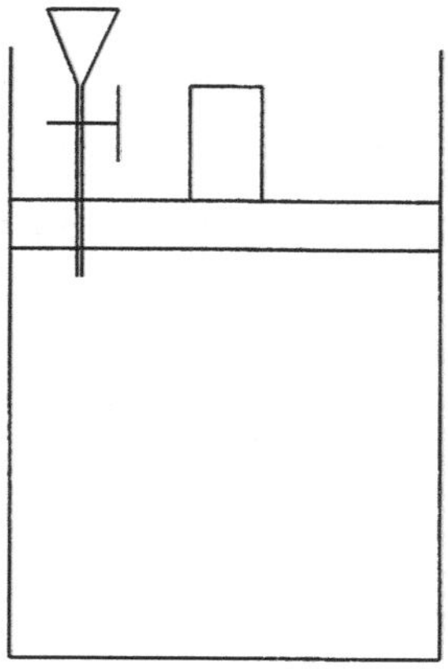

ア．A と B　　イ．A と C　　ウ．B と C

（4）フラスコ A には二酸化炭素が，フラスコ B には水素が入れてあります。それを右図のように上下に連結してコックを開き，長い時間放置しました。その時フラスコの中の気体の様子はどうなっていますか。

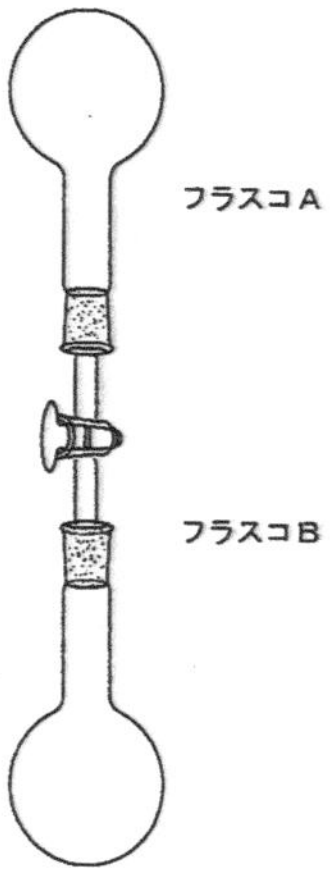

ア．フラスコ A には水素が，フラスコ B には二酸化炭素が移動し，最初と全く逆の状態になっている。
イ．気体は全部フラスコ A の方へ移動してフラスコ B は真空になっている。
ウ．気体は全部フラスコ B の方へ移動してフラスコ A は真空になっている。
エ．フラスコ A とフラスコ B はどこも水素と二酸化炭素が同じように混ざった状態になっている。
オ．水素と二酸化炭素は混じることなく，最初の状態と全く変わっていない。

（5）フラスコ C には食塩水が，フラスコ D には水がいっぱいに入れてあります。それを右図のように，上下に連結してコックを開き，長い時間放置しました。その時フラスコの中の様子はどうなっていますか。なお，水 100 mL は 100 g で，食塩水 100 mL は 110 g です。

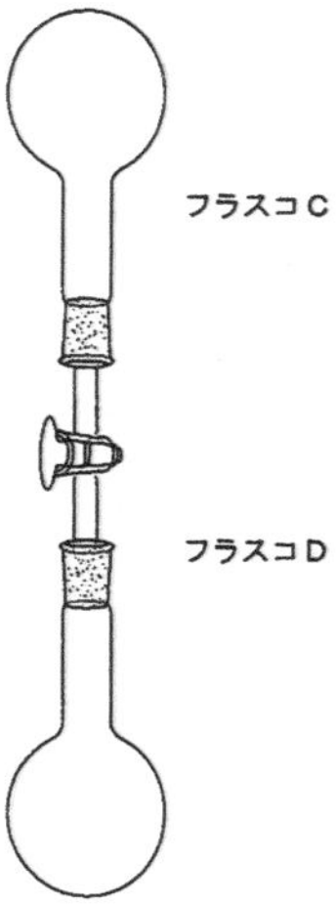

ア．フラスコ C には水が，フラスコ D には食塩水が移動して最初と全く逆の状態になっている。
イ．フラスコ D の底に，重い食塩の粒が底にしずむ。
ウ．フラスコ C，D に，食塩が均一に広がって溶けている。
エ．フラスコ C はうすい食塩水がたまり，フラスコ D には濃い食塩水がたまる。
オ．フラスコ C は濃い食塩水がたまり，フラスコ D には薄い食塩水がたまる。
カ．水と食塩水は混じることなく，最初の状態と全く変わっていない。

〔B〕

右の図1は10 g の水を冷やし，熱をうばった時の温度と時間の関係を表しています。ただし，実験では熱は常に同じようにうばわれたものとします。

図1

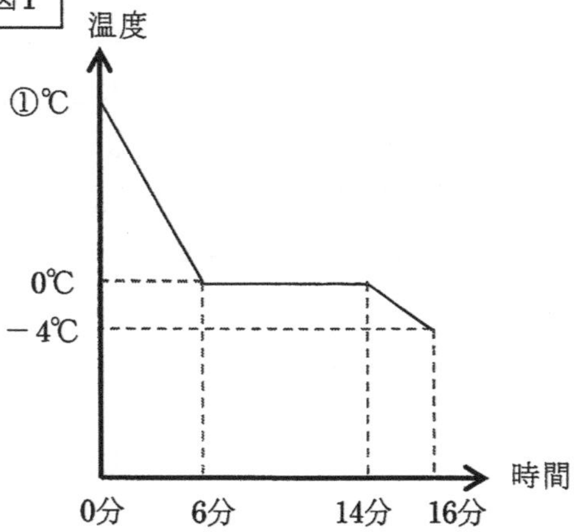

（1）水の温度の下がり方は氷の2倍です。図1の①℃は何℃ですか。

次に水の重さを 15 g に変えて冷やしました。その時の温度と時間の関係を図2で表しています。

図2

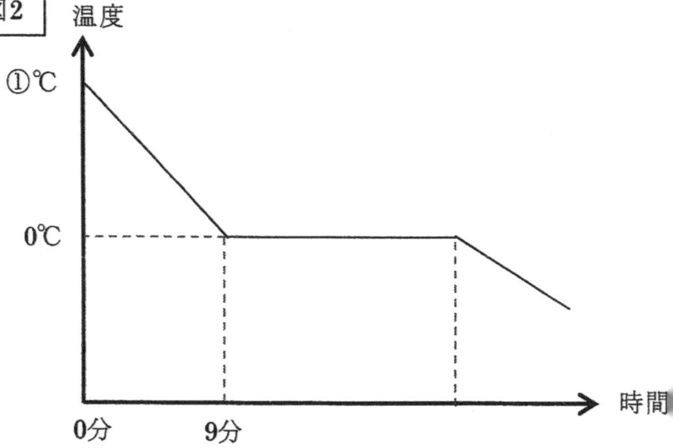

（2）16分後は，何 g が氷になっていますか。

（3）−6℃の氷になるのは，冷やし始めてから何分何秒後ですか。

（4）10 mL の水と氷の重さはそれぞれ 10 g，9.2 g です。水と氷の混ざった状態のものが 200 mL で 196 g だったとすると，氷の重さは全体の重さの何％ですか。小数第2位を四捨五入して小数第1位まで答えなさい。

（5）水に関する次の文について正しいものを3つ選びなさい。

ア．氷に食塩をふり混ぜると温度が上がる。

イ．水が水蒸気になる現象を蒸発という。

ウ．水蒸気は白く見える。

エ．水蒸気をあたためると，水蒸気の体積は増える。

オ．冬季に，湖が氷結するとき，湖底からこおりはじめ，湖面からこおることはない。

カ．スイカに水でぬれたタオルをかけ，風通しがよい日かげの場所に置くと，スイカが冷やせる。

〔B〕

電車の車輪は車軸《しゃじく》に固定されているため，左右の車輪の回転数は等しく，車輪は車軸に対して向きを変えることができません。それにもかかわらず，電車はカーブを曲がることができます。ここでは，その理由について考えてみましょう。

いま，図1のように，車輪と車軸で作ったものを「**車**」と呼ぶことにします。車輪の半径が小さいものと大きいものの2種類を準備し，車輪を変えた4種類の**車**を転がしたときの動きを調べたところ，次の表のようになりました。ただし，左右は**車**の進む向きに対して後方から見たもので，以下の問いについても後方から見るものとします。

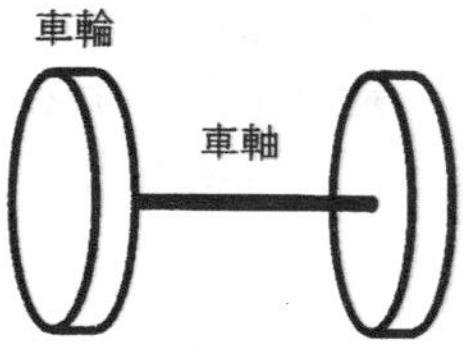

図1

左車輪	右車輪	車の動き
小	小	まっすぐ進んだ
小	大	左に曲がって進んだ
大	小	右に曲がって進んだ
大	大	まっすぐ進んだ

（1）上の表を参考にして，次の文章の（　　）に適する語を選びなさい。

「**車**が直進するときは車軸が水平である。また，曲がるときは車軸が傾いており，それは曲がる側の方が（　高　，　低　）くなっている。」

図2のような4種類の**車**を準備しました。

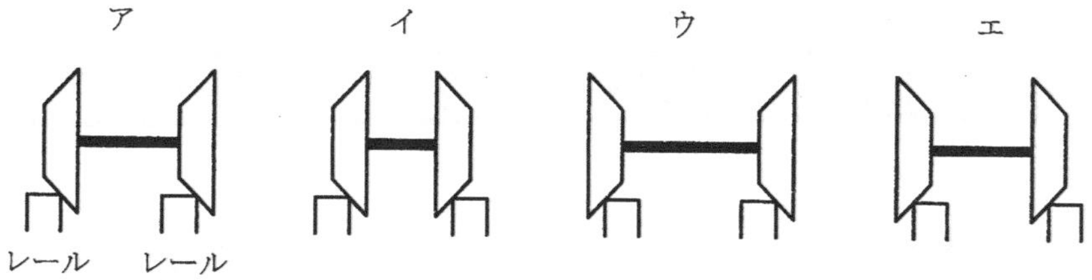

図2〔後ろから見た図〕

また，図3のように，平らなところに2本のレールを敷《し》きました。2本のレールは同じ高さで，間隔は等しいです。図3のレールのAの位置に，図2の4種類の**車**を置いたところ，すべての車がレールからずれ落ちることなく，車軸が水平になって静止しました。そこで，**車**を転がしたところ，ある1つの**車K**だけは脱線《だっせん》することなく，A→B→C→Dと動きました。

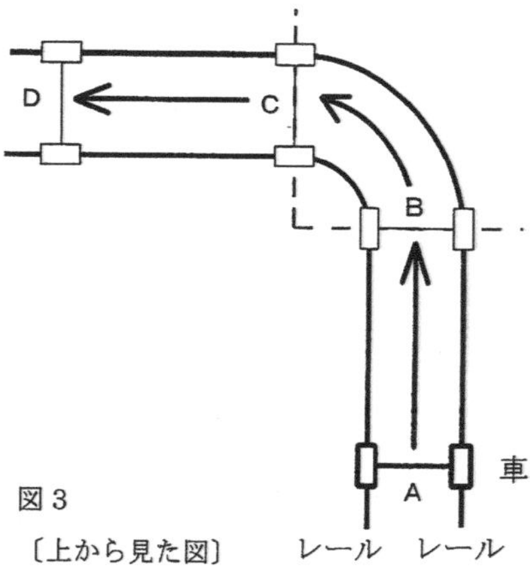

図3
〔上から見た図〕

（2）**車K**に関する次の文章を読み，あとの問いに答えなさい。

A→B のように直線区間を進んでいるとき車軸は水平である。**B**で左カーブ区間に入るとき，車軸は水平で**車K**は直進し続けようとするため，**車K**から見るとレールは（　①　）に移動して見える。ここで，**車K**は左に曲がるので，車軸は（　②　）が低くなるように傾く。また，**C**で左カーブ区間から直線区間に入るとき，**車K**は曲がり続けようとするため，**車K**から見るとレールは（　③　）に移動して見える。その結果，車軸は水平にもどり，**車K**は直進し**D**まで進む。

（a）（①）～（③）には　右　または　左　が入ります。適する語をそれぞれ書きなさい。

（b）**車K**を図2のア～エから選びなさい。

（3）図3とは逆向きの右に曲がるレールを作ったときに，**車**が右に曲がることができるものとして正しいものを図2のア～エから選びなさい。

（4）次に，実際の線路について考えてみましょう。

（a）踏切《ふみきり》では，自動車や人などが移動しやすくするために，レールの使われていない側面を硬《かた》いゴムなどでうめて段差をなくしています。また，市街地を走る路面電車では，線路に芝生《しばふ》を植えて線路付近の気温上昇《じょうしょう》を防いだり，騒音《そうおん》をおさえたりすることもあります。芝生を植えた線路の断面図として正しいものを選びなさい。

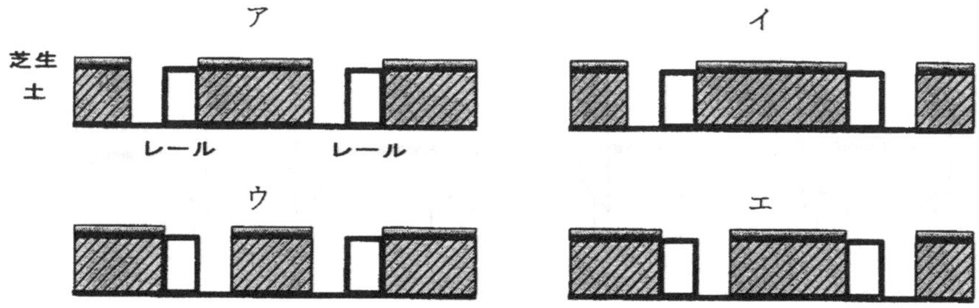

平成28年度　入学試験問題　社　会　（40分）　ラ・サール中学校

注意：解答はすべて解答用紙に記入しなさい。

1　2015年の世界や日本で起きたできごとについて、以下の問いに答えなさい。

◆１月、サウジアラビアで、アブドラ国王が亡くなり、サルマン新国王が即《そく》位しました。

問１　サウジアラビアは、イスラム教の国です。国の法律は、イスラム教の聖典にもとづいて定められています。またイスラム教の聖地として、礼拝や巡《じゅん》礼の対象となる都市もあります。その聖典と都市の名前をそれぞれ答えなさい。

◆３月、北陸新幹線の長野－金沢間が開業しました。

問２　金沢は石川県にあります。石川県は、江戸時代には前田家がおさめていました。前田家のような、関ヶ原の戦いのころ徳川家に従った大名を何大名といいますか。漢字２字で答えなさい。

◆６月、日本年金機構がサイバー攻撃《こうげき》をうけ、たくさんの人の氏名、生年月日、住所などが流出し、大きな問題となりました。

問３　下線部を一般《ぱん》に何といいますか。漢字４字で答えなさい。

◆６月、2016年の主要国首脳会議（サミット）が、三重県の志摩《しま》市で開催《さい》されることが決まりました。

問４　三重県や岐阜県、愛知県には、揖斐《いび》川、長良《ながら》川、木曽《きそ》川が集まって流れているところがあります。そこでは水害からくらしを守るため、周囲を堤《てい》防で囲み、人びとがふだんから協力しあう独特な集落が発達しました。こうした集落を何といいますか。漢字２字で答えなさい。

◆６月、韓国で、中東呼吸器症《しょう》候群（ＭＥＲＳ）とよばれる病気が流行し、社会に不安が高まりました。そのため韓国政府は、世界保健機関と協同で対処しました。

その２

2　次の文章を読み、下の問いに答えなさい。

日本国憲法は、前文および 103 か条から成り立っています。

前文では、a 日本国民が正当に選挙された国会における代表者を通じて行動すること、主権を国民がもつことなどが記されています。

第１条以降の条文は、大きく基本的人権の保障と統治機構に分けることができます。

第３章は、「国民の権利及《およ》び義務」という題名で、国民の b 基本的人権や義務について定めています。基本的人権の尊重は、国民主権・平和主義と並んで、日本国憲法の３つの基本原則の１つです。

日本の統治機構のなかで、主権をもつ国民の意見がもっともよく反映される機関が c 国会です。国会は、d 衆議院と参議院とから成る二院制を採用しています。両議院から成る国会は、いつも活動しているわけではなく、一定の期間だけ活動し、その期間を会期といいます。e 期間を区切って活動する国会は、常会(通常国会)、臨時会(臨時国会)、特別会(特別国会)の３つに区別されます。

国会が制定した法律などにしたがって実際に政治を行うことを行政といいます。国の最高の行政機関が f 内閣です。憲法は、内閣について、「g 首長たる内閣総理大臣及びその他の国務大臣でこれを組織する」と定めています(第 66 条第 1 項《こう》)。内閣の下には 1 府 11 省が置かれ、行政を分担して行っています。

争いを解決したり、犯罪が行われたかどうかを判断したりするのが h 裁判所の仕事で、裁判所の仕事は司法と呼ばれます。憲法は、「すべて司法権は、最高裁判所及び法律の定めるところにより設置する下級裁判所に属する」と定めています(第 76 条第１項)。

国会・内閣・裁判所は、国の権力を分割して担《にな》っており、このしくみを三権分立といいます。

問１　下線部 a に関連して、憲法は国民が選挙された代表者を通じて行動する代表民主制を原則としていますが、例外的に、国民が政治に直接参加することを認める場合があります。憲法や法律が、国民または地方公共団体の住民に政治への直接参加を認めるしくみに関する記述として誤っているものを、次のア～エのうちから１つ選び、記号で答えなさい。

ア．地方公共団体において、住民は、条例の改正を請《せい》求することができる。

イ．国の政治において、国会が提案した憲法改正案については国民投票が行われる。

ウ．地方公共団体において、住民は、議会の議員を辞めさせることを請求することができる

問４　下線部ｄに関する記述として誤っているものを、次のア～エのうちから１つ選び、記号で答えなさい。

ア．衆議院議員の任期は解散によって終了《りょう》するので、憲法や法律に任期の定めはない。

イ．憲法は、予算案について、先に衆議院に提出しなければならないと定めている。

ウ．衆議院および参議院それぞれに設けられる委員会の１つとして、予算委員会がある。

エ．憲法は、１人の人が同時に衆議院議員と参議院議員の両方を兼《か》ねることを禁止している。

問５　下線部ｅに関連して、昨年(2015年)１月に常会として召《しょう》集された国会は、同年９月に会期が終了しました。この国会の会期に関する記述として正しいものを、次のア～エのうちから１つ選び、記号で答えなさい。

ア．常会は会期の日数が決まっていないので、常会が開始された１月において会期を９月までとする議決を行った。

イ．常会の会期が終了する前に、常会の会期を延長する議決を行った。

ウ．常会の会期終了後、直ちに臨時会が召集され、臨時会が９月に終了した。

エ．常会の会期終了後、直ちに特別会が召集され、特別会が９月に終了した。

問６　下線部ｆに関する記述として誤っているものを、次のア～エのうちから１つ選び、記号で答えなさい。

ア．憲法は、内閣の仕事の１つとして、「外交関係を処理すること」を挙げており、外国と外交交渉《しょう》を行うことなどは内閣の権限に属する。

イ．予算案の作成と国会への提出は会計検査院が行い、成立した予算の実施《し》は内閣および各省などの行政機関が行う。

ウ．内閣の構成員からなる会議を閣議といい、閣議決定は、多数決を採用せず、全員一致《ち》によって行われる。

エ．内閣は、法律の規定を実施するために必要がある場合などにおいて、政令を制定することができる。

問７　下線部ｇに関する記述として誤っているものを、次のア～エのうちから１つ選び、記号で答えなさい。

ア．憲法は、内閣総理大臣およびその他の国務大臣について、議院に議席をもっているかいないかにかかわらず、議案について発言するため、いつでも衆議院および参議院に出席することができると定めている。

イ．内閣提出の法律案については、内閣総理大臣が内閣を代表して国会に提出する。

その４

3 次のＡ～Ｏは、各地の歴史について述べた文を年代の古い順に並べたものです。これに関する下の問いに答えなさい。

Ａ 吉野ヶ里遺跡は、弥生時代の巨《きょ》大な集落の跡《あと》で、まわりを二重の濠《ほり》で囲まれ、大きな墓には、朝鮮半島でつくられた青銅製の剣《けん》やガラス製品がおさめられていた。

Ｂ 飛鳥寺《あすかでら》は、聖徳太子とともに政治を動かした（ １ ）氏が建てた日本で最初とされる寺院で、そこにある大仏は、渡来人《とらいじん》の子孫がつくったものである。

Ｃ 大阪府堺《さかい》市の大野寺土塔《どとう》は、聖武天皇の大仏造りにも協力した行基が造ったもので、それには地元の多くの人々がたずさわった。

Ｄ ３番目の娘《むすめ》を天皇に嫁《とつ》がせた藤原道長は、京都の屋敷《やしき》で「この世をば 我《わ》が世とぞ思う 望月の 欠けたることも 無しと思えば」という歌をよんで、力の大きさを誇《ほこ》った。

Ｅ （ ２ ）神社は、瀬戸内海の航海の安全に関《かか》わった神社で、平清盛ら平家の一族は、豪華《ごうか》に装飾《しょく》した経《きょう》典（お経）を奉《ほう》納して、この神社を深く信仰《こう》した。

Ｆ 源頼朝は、平家に対して挙兵すると、三方を山に囲まれた守りのかたい鎌倉を本拠《きょ》地とし、平家を滅《めつ》亡させたあと、征夷大将軍に任命され、ここに正式に幕府が成立した。

Ｇ 博多湾《わん》沿岸に防塁《ぼうるい》や石塁《せきるい》とよばれる施《し》設が造られた。また近年、長崎県の鷹島沖《たかしまおき》では、このころ海底に沈《しず》んだモンゴル船が確認されている。

Ｈ 中国船に乗っていたポルトガル人が、種子島に流れ着き鉄砲《ぽう》を伝えた。その後間もなくザビエルが、キリスト教を伝えるために鹿児島に来た。

Ｉ 島原・天草の一揆《き》を鎮《しず》めたあと、幕府はポルトガル人の来航を禁止し、さらにオランダ人を長崎の出島に移して、鎖《さ》国を完成させた。

Ｊ 松阪《まつさか》に生まれた三井高利《みついたかとし》は、1673 年江戸で越後《えちご》屋呉《ご》服店を、その後江戸・京都・大阪に両替店《りょうがえてん》を開いて、三井家の繁《はん》栄の基礎《そ》を築いた。

Ｋ 明治政府は、（ ３ ）を北海道と名づけ、屯田兵《とんでんへい》を置いて、原野の開拓《たく》と北方の警備に当たらせた。そのためアイヌ民族は、平

その５

問４　ＡとＢの間の時期の政治や社会、文化の様子を説明する文として正しいものを、次のア～エのうちから１つ選び、記号で答えなさい。

ア．人々は、主に木の実を採ったり、魚をとったり、シカやイノシシの狩りをしたりして暮らしていた。

イ．沖縄県を除くすべての都道府県に前方後円墳《ふん》があることから、当時の大和朝廷《てい》の勢力範《はん》囲を知ることができる。

ウ．大陸から伝えられた技術によって、新しい土器や鉄製のよろい・かぶとなどが造られるようになった。

エ．政府は、『古事記』『日本書紀』をつくり、天皇やその先祖が日本を支配してきた歴史を記した。

問５　Ｇに関して、このあと御家人たちの中には、幕府に不満をもつものが増えました。その理由を、句読点をふくめ 20 字以内で答えなさい。その際、幕府（将軍）と御家人の結びつきを示す語（漢字２字）を２つ使いなさい。

問６　ＧとＨの間の時期の政治や社会、文化の様子を説明する文として誤っているものを、次のア～エのうちから１つ選び、記号で答えなさい。

ア．足利学校には、全国から僧《そう》が集まり、漢学（儒《じゅ》学などの中国の学問）を学んだ。

イ．応仁《おうにん》の乱後、町衆とよばれる有力武士たちは、京都の復興につとめ、祇園祭《ぎおんまつり》を復活させた。

ウ．龍安寺《りょうあんじ》の石庭に代表される、石や砂を用いた枯山水《かれさんすい》とよばれる様式の庭園が数多く造られた。

エ．山城国（京都府）の南部で、村に住む武士が農民と力を合わせて、きまりをつくり、８年間にわたって自治を行った。

問７　Ｊに関連して、三井高利と同じく松阪生まれの人物に本居宣長がいます。本居宣長および宣長と同じころに活躍《やく》した人物を説明する文として誤っているものを、次のア～エのうちから１つ選び、記号で答えなさい。

ア．本居宣長は、『古事記』を深く研究し、国学という学問を完成させた。

イ．伊能忠敬《いのうただたか》は、日本全国をまわり、正確な地図をつくった。

ウ．杉田玄白《すぎたげんぱく》らが、オランダの医学書を翻《ほん》訳し『解体新書』として出版した。

エ．浮世絵《うきよえ》の作者喜多川歌麿《うたまろ》は、さまざまな姿の富士山を描《えが》いた版画で人気を得た。

4　日本の都道府県に関する以下の問いに答えなさい。

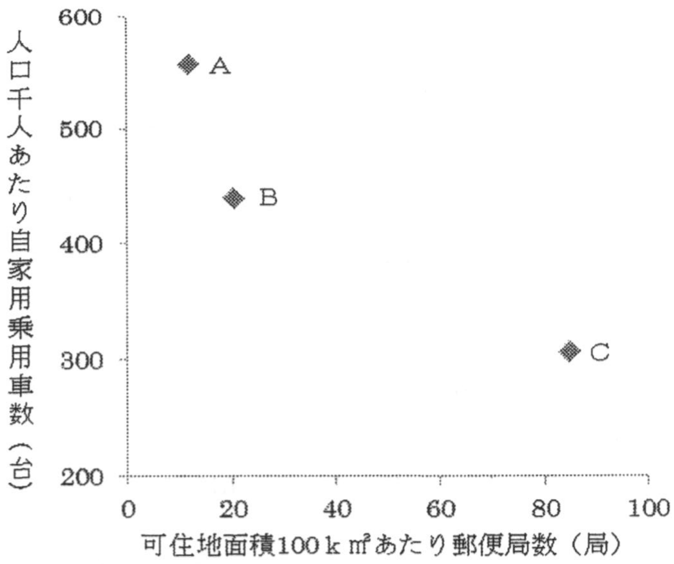

2013年。総務省統計局のホームページによる。

問１　左図中のＡ～Ｃは、岩手県、千葉県、大阪府のいずれかについて、人口千人あたり自家用乗用車数と、可住地面積100km²あたり郵便局数を示したものです。また下の表中のア～ウは、同じ３府県のいずれかについて、地形別面積割合と、総面積にしめる森林面積と耕地面積の割合を示したものです。図中のＡとＢにあてはまるものを、表中のア～ウのうちから１つずつ選び、記号で答えなさい。また、それぞれの府県名を答えなさい。

単位：%

	地形別面積割合（1982年）		総面積にしめる森林面積の割合（2009年）	総面積にしめる耕地面積の割合（2013年）
	山地・丘陵《きゅうりょう》地	台地・低地・その他		
ア	85.9	14.1	75.1	9.9
イ	49.2	50.8	30.5	7.2

問３　次の表は、いくつかの農産物の生産量について、上位４都道府県と全国にしめる割合を示したものです。空らんにあてはまる都道府県を、下のア～カのうちから１つずつ選び、記号で答えなさい。（　１　）～（　４　）はすべて異なる都道府県です。

単位：%

	いちご		キャベツ		にんじん		もも	
１位	（　１　）	15.7	（　２　）	18.2	（　３　）	28.7	（　４　）	31.4
２位	福岡	10.6	群馬	17.4	千葉	18.3	福島	23.5
３位	熊本	7.2	千葉	9.0	徳島	8.7	長野	12.3
４位	静岡	6.9	茨城	6.9	青森	6.7	和歌山	7.7

2013年。日本国勢図会による。

ア．北海道　　イ．栃木　　ウ．山梨　　エ．福井　　オ．愛知　　カ．香川

問４　次の表は、いくつかの産業別製造品出荷額等について、上位４都道府県と全国にしめる割合を示したものです。空らんにあてはまる産業を、下のア～オのうちから１つずつ選び、記号で答えなさい。

単位：%

	（　１　）		（　２　）		（　３　）		（　４　）	
１位	静岡	10.8	愛知	39.6	千葉	17.3	東京	18.9
２位	愛媛	7.8	静岡	7.6	神奈川	16.2	埼玉	13.4
３位	埼玉	6.1	神奈川	6.2	山口	11.1	大阪	8.7
４位	愛知	5.9	群馬	5.0	大阪	9.4	愛知	6.7

2013年。日本国勢図会による。

ア．印刷・印刷関連業　　イ．石油・石炭製品　　ウ．食料品　　エ．パルプ・紙・紙加工品　　オ．輸送用機械器具

2016年度　ラ・サール中学校　入学試験　算数　解答用紙

1．

(1)		(2)		(3)	

1．小計
12

2．

(1)	9□□9	(2)	m	(3)	cm^2
(4)	通り	(5)	2gの玉は　　，3gの玉は		

2．小計
32

3．

(1)	%	(2)	g

3．小計
12

4．

(1)	：	(2)	cm^2	(3)	cm

4．小計

平成28年度　入学試験問題　理　科　解答用紙　ラ・サール中学校

【１】（１５点）

(1)		(2)		(3)		(4)	℃	
(5)	②	③	(6)	①	②	③	④	
(7)	匹	(8)			(9)			

【２】（１０点）

(1)		(2)		(5)
(3)		(4)		
(6)	地層A	地層C		
(7)				

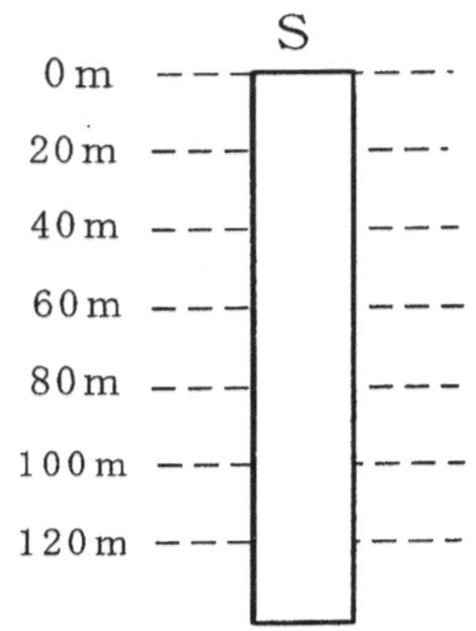

解答用紙　　　ラ・サール中学校

大名　問3

8　問9

点

6　問7　問8

点

の間　問3 (1)　(2)　(3)

点

点

2　3　4

受験番号

得点

※50点満点
（配点非公表）

平成28年度　入学試験問題　社

1

問1 聖典	都市	問2

問4	問5	問6	問7

2

問1	問2	問3	問4	問5

3

問1　1	2	3
問2 (1)　と　の間	(2)　と　の間	(3)

問4	問5 →									

問6	問7	問8

4

問1　A　記号　府県名	B　記号　府県名
問2　D　記号　都県名	E　記号　都県名

問3　1	2	3	4	問4　1

問5 (1) 携帯電話	ピアノ	(2)

問6 (1) 河川名	県名	県名
(2) 湖名	県名	県名

【３】（１０点）

	(1)			(2)	(3)	(4)	(5)
A	①　と	②　と	③　と				

	(1)	(2)	(3)	(4)	(5)		
B	℃	g	分　秒後	%			

【４】（１５点）

	(1)	(2)	(3)	(4)			
				①	②	③	④
A							

	(1)	(2)				(3)	(4)	
		(a)			(b)		(a)	(b)
		①	②	③				
B								

受験番号	得点
	※50点満点

5.

(1)		(2)	番目	(3)	番目と　　番目

5．小計
15

6.

(1)	cm^2
(2)	(ア)

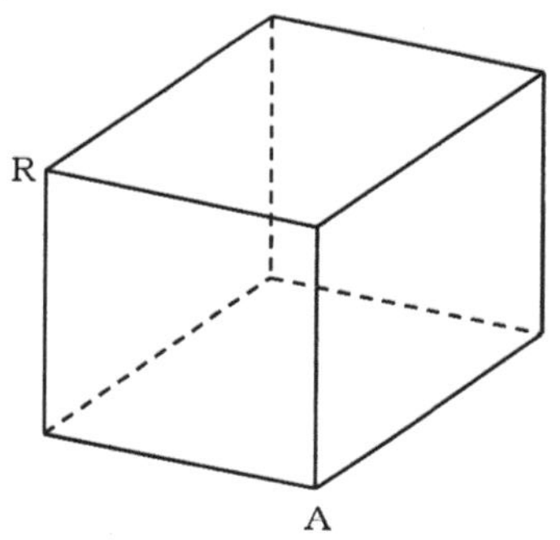

(イ)　　cm^3

6．小計
14

受験番号	得点
	※100点満点

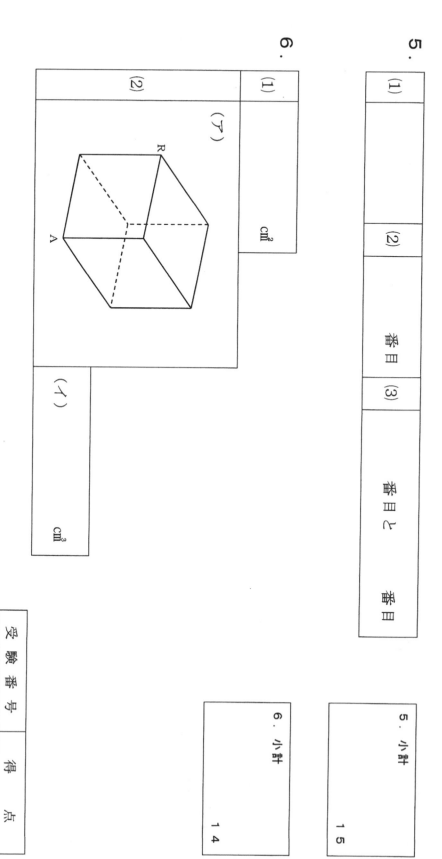

＊２人以上の世帯。

単位：台

都道府県	ア	イ	ウ
P	3,438 (1)	2,385 (1)	323 (8)
Q	2,585 (28)	2,129 (24)	354 (1)
R	1,857 (40)	1,900 (45)	139 (47)
S	710 (46)	1,979 (39)	218 (42)
T	181 (47)	1,876 (47)	193 (45)

かっこ内の数字は全国順位。2009年。総務省統計局のホームページによる。

(1) 携帯電話とピアノにあてはまるものを表中のア～ウのうちから１つずつ選び、記号で答えなさい。
(2) Ｔの都道府県名を答えなさい。

問６　日本の国土は山がちのため、都府県の境界はおもに山の尾《お》根になっていますが、場所によっては河川や湖が都府県の境界になっています。
(1) 九州地方において、河口付近が２つの県の境界になっている河川の例を１つあげ、河川名と、両側の２つの県名を答えなさい。
(2) 中国地方において、２つの県の境界になっている湖の例を１つあげ、湖名と、両側の２つの県名を答えなさい。

（以上で問題は終わり）

問2　左図中のD～Fは、秋田県、東京都、奈良県のいずれかについて、それぞれの人口の変化を、1960年の人口を100として10年ごとに示したものです。また、下の表中のア～ウは、同じ3都県のいずれかについて、人口に関する統計を示したものです。図中のDとEにあてはまるものを、表中のア～ウのうちから1つずつ選び、記号で答えなさい。また、それぞれの都県名を答えなさい。

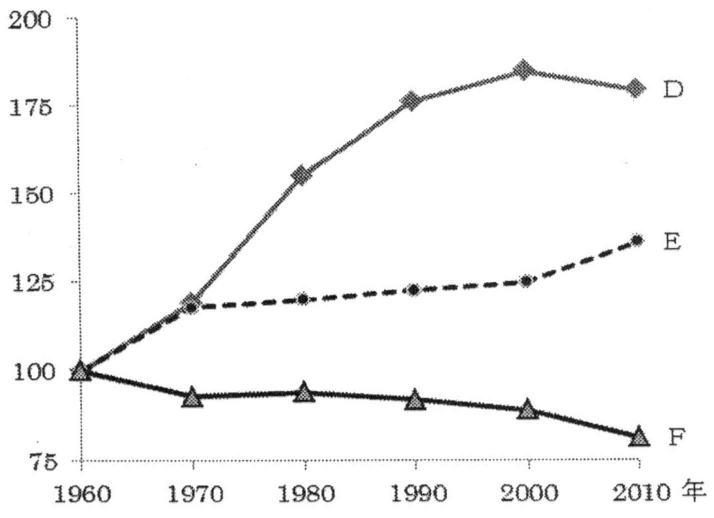

日本国勢図会《え》による。

	昼夜間人口比率* (2010年)	65歳《さい》以上人口の割合 (2014年)	1世帯あたり平均構成人員 (2014年)
ア	118.4	22.5%	1.97人
イ	99.9	32.6	2.52
ウ	89.9	27.8	2.43

*常住人口100に対する昼間人口。100より多い場合は、他の都道府県からの通勤・通学の流入のほうが流出より多く、100を下回る場合は、流出のほうが流入より多いことを示す。

日本国勢図会による。

イ. 普通選挙法が成立し、20才以上の男子に選挙権が与《あた》えられた。

ウ. 日本軍が北京郊《こう》外の南満州鉄道の線路を爆破した事件をきっかけに満州事変が始まり、満州国がつくられた。

エ. 日本は、ドイツ・イタリアと軍事同盟を結ぶとともに、石油・ゴムなどの資源を求めて、東南アジアに兵を進めた。

日本は台湾と遼東《リアオトン》半島を得た。

M　1914 年に完成した東京駅では、1921 年に現職の首相が暗殺され、1930 年にも現職の首相が襲撃《しゅうげき》され、その首相はその傷がもとで翌年亡くなった。

N　広島・長崎への原子爆弾《ばくだん》の投下によって、多くの人々が亡くなった。その後間もなく、日本はポツダム宣言を受諾《だく》して、連合国に無条件降伏《ふく》した。

O　四日市市では石油コンビナートによる大気汚《お》染で、多くの患《かん》者がでた。このころ全国の家庭に「三種の神器」とよばれる電化製品が普及《ふきゅう》した。

問１　上の文章の空らん（　１　）～（　３　）に適当な語を入れなさい。

問２　次の(1)～(3)の文は、上のＡ～Ｏの中でどこに置くのが適当ですか。「○と○の間」というかたちで答えなさい。

(1) 各地で検地や刀狩《が》りが行われて、百姓身分が定められ、百姓を農業などに専念させることになった。

(2) 中国から帰国した留学生らの協力を得て、天皇がすべての土地と人民を治める政治のしくみを目指す改革が始まった。

(3) 政府が地主の土地を買い上げ、小作人に安く譲《ゆず》り渡《わた》す政策が実施された。

問３　次の図版(1)～(3)は、それぞれＡ～Ｏのどれともっとも関係が深いですか。１つずつ選び、記号で答えなさい。

(1)

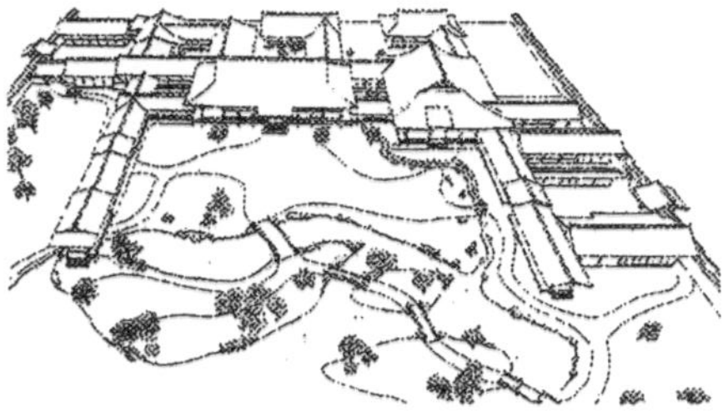

(2)

(3)

エ．内閣総理大臣は、自由な判断によって国務大臣を辞めさせることができ、辞めさせることについて閣議決定は要らない。

問８　下線部ｈに関する記述として誤っているものを、次のア～カのうちから１つ選び、記号で答えなさい。

ア．最高裁判所の裁判は、大法廷《てい》または小法廷で行われ、大法廷は裁判官全員によって、また小法廷は５人の裁判官によって構成される。

イ．裁判官が受ける報酬《しゅう》について、憲法は、定期的に相当額の報酬を受けることを定め、さらに「この報酬は、在任中、これを減額することができない」と規定している。

ウ．簡易裁判所における事件は、１人の裁判官によって裁判が行われる。

エ．裁判を受ける人が判決に不服があるかどうかにかかわらず、１つの事件については３回の裁判を受けなければならない。

オ．地方裁判所は、全国に 50 か所設けられている（ただし、支部は除く）。

カ．憲法は、最高裁判所が、訴訟《そしょう》に関する手続きなどについて規則を定める権限をもつとしている。

問２　下線部ｂに関する記述として誤っているものを、次のア～エのうちから１つ選び、記号で答えなさい。

ア．健康で文化的な生活を営む権利は生存権とも呼ばれ、大日本帝《てい》国憲法では定められていなかった権利である。

イ．憲法は、「すべて選挙における投票の秘密は、これを侵《おか》してはならない」と定めて、選挙人の自由な意見による投票を保障し、このしくみを実現するために、法律は国会議員の選挙などについて、「投票用紙には、選挙人の氏名を記載《さい》してはならない」と規定している。

ウ．プライバシーの権利や学問の自由は、裁判で認められることはあるが、「プライバシー」や「学問の自由」という言葉自体は憲法にはない。

エ．憲法は、「何人《なんぴと》も、裁判所において裁判を受ける権利を奪《うば》われない」と定めて、人が裁判所に対して権利や自由の救済を求めることを保障している。

問３　下線部ｃ「国会」に関連して、国会の主要な権限である法律の制定に関する記述として誤っているものを、次のア～カのうちから１つ選び、記号で答えなさい。

ア．議員から法律案を提出する場合は、その所属する議院の議長に提出することになっている。

イ．委員会は、重要な法律案について、公聴《ちょう》会を開いて、専門家などから意見を聴《き》くことができる。

ウ．内閣提出の法律案は、先に衆議院に提出しても参議院に提出してもかまわない。

エ．衆議院または参議院の議長は、法律案の提出を受けたとき、原則として、その法律案を委員会の審《しん》議にかける。

オ．法律案について、衆議院で可決し、参議院で否決した場合、衆議院は両議院の意見を調整するため、両院協議会の開催《さい》を求めることができる。

カ．両議院で可決した法律案であっても、内閣が同意を拒《きょ》否した場合には法律は成立しない。

◆10月、ノーベル平和賞が、アフリカの国で活動していた民主化運動4団体に与《あた》えられることが決まりました。この4つの団体は、イスラム教にもとづく政治をめざす勢力と、それに対立する勢力の対話をうながし、男女平等や人権尊重を認める新憲法の制定へと導きました。

問6　これらの4つの団体が活動していた国名を、次のア～エのうちから1つ選び、記号で答えなさい。

ア．モロッコ　　イ．アルジェリア　　ウ．リビア　　エ．チュニジア

◆11月、東南アジアの国で、2011年の民政への移行から、初めての総選挙が行われ、アウン・サン・スー・チー氏が率いる国民民主連盟（ＮＬＤ）が勝利し、今年の3月には新政権が発《ほっ》足する見通しとなりました。

問7　この国名を、次のア～エのうちから1つ選び、記号で答えなさい。

ア．タイ　　イ．ミャンマー　　ウ．マレーシア　　エ．インドネシア

◆12月、パリで開かれた国連気候変動枠《わく》組み条約第21回締《てい》約国会議（ＣＯＰ21）で、「パリ協定」が採択《たく》されました。これは地球温暖化対策の「国際的な枠組み」としては、18年ぶりのものです。

問8　18年前にこうした「国際的な枠組み」が採択された都市を、次のア～エのうちから1つ選び、記号で答えなさい。

ア．リオデジャネイロ　　イ．オスロ　　ウ．京都　　エ．北京《ペキン》

◆12月、スウェーデンで、日本人研究者2人をふくむ受賞者に、ノーベル賞が授与《よ》されました。2人の日本人は、生理学・医学賞の大村智《おおむらさとし》さんと物理学賞の梶《かじ》田《た》隆章《たかあき》さんです。

問9　日本の学者による研究が国際的に認められるようになるのは、明治の中ごろからです。医学の分野で、志《し》賀《が》潔《きよし》が発見した病原菌《きん》を、次のア～エのうちから1つ選び、記号で答えなさい。

ア．コレラ菌　　イ．赤痢《り》菌　　ウ．ペスト菌　　エ．結核《かく》菌

（b）電車のカーブが急なところでは脱線防止レールを敷くことがあります。そのレールの位置は下図の破線ア～エのいずれかです。その位置として正しいものを選びなさい。

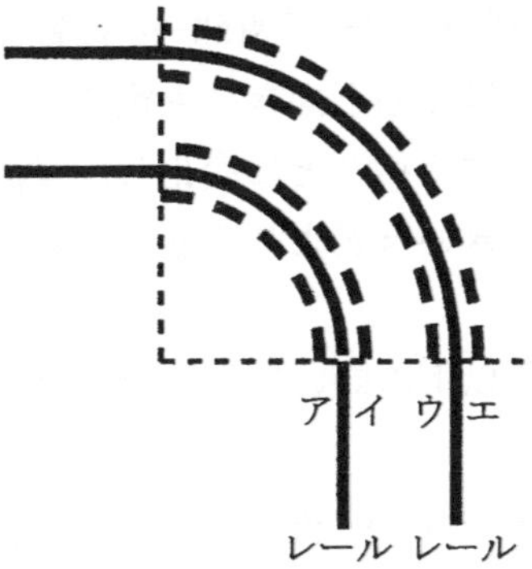

〔上から見た図〕

〔断面図〕

［終わり］

いま，4つの同じダイオード，豆電球，スイッチS_1，S_2，S_3，同じ電池E_1，E_2，電源装置E_3を用いて，図3のような回路をつくりました。

ただし，電源装置 E_3は，図 4 のように豆電球のみをつないだとき、豆電球に流れる電流の大きさや向きを一定の時間間隔《かんかく》で図5のように変化させることができる装置です。図5において，実線は e→豆電球→f に，破線は f→豆電球→e に電流が流れていることを示し，また，電流の大きさが0のときはどちら向きにも電流が流れていないことを示します。なお，ここでは，電流の向きは5秒ごとに変化し，電流が流れているときにだけ豆電球は光り，電流の大きさが大きいほどより明るく光るものとします。

以上のことを参考にして，図3の回路に関する以下の問いに答えなさい。

（1）スイッチS_1のみを入れたとき，豆電球は光りますか。光る場合には，豆電球に流れる電流の向きを，図3の矢印ア，イのどちらかで答えなさい。また，光らない場合には，×と答えなさい。

（2）スイッチS_2のみを入れたとき，豆電球は光りますか。（1）と同様に答えなさい。

（3）スイッチS_3のみを入れたとき，豆電球の光り方について述べたものとして最も適当なものを選びなさい。

ア.5 秒間光って一瞬《いっしゅん》消えることをくり返し，光っているときの明るさは同じである。

イ.5秒間光って一瞬消えることをくり返し，光っているときの明るさは変化する。

ウ.5秒間光って5秒間光らないことをくり返し，光っているときの明るさは同じである。

エ.5秒間光って5秒間光らないことをくり返し，光っているときの明るさは変化する。

オ.5秒間光って 10 秒間光らないことをくり返し，光っているときの明るさは同じである。

カ.5秒間光って 10 秒間光らないことをくり返し，光っているときの明るさは変化する。

キ.まったく光らない。

（4）次の①～④の各場合において，スイッチS_3のみを入れたとき，豆電球の光り方はどのようになりますか。最も適当なものを（3）の選択肢《せんたくし》の中からそれぞれ選びなさい。ただし，必要があれば，同じ記号を何度用いても構いません。

① ab 間のダイオードのみを外した場合

② ad 間，cd 間のダイオードの向きをどちらも変えた場合

③ 4つのダイオードすべての向きを変えた場合

④ bd 間に導線をつないだ場合

【4】

〔A〕

図1のようにダイオードを電池につなぐと豆電球はつきますが，図2のように電池につなぐと豆電球はつきません。このように，ダイオードは次のような特徴《とくちょう》をもっています。

・ある方向に電流を流そうとすると，その方向に電流を流すことができ，閉じたスイッチと同じはたらきをする（図1）。

・それとは逆方向に電流を流そうとすると，電流を流すことはできずに，開いたスイッチと同じはたらきをする（図2）。

ダイオードを閉じたスイッチとみなせる場合

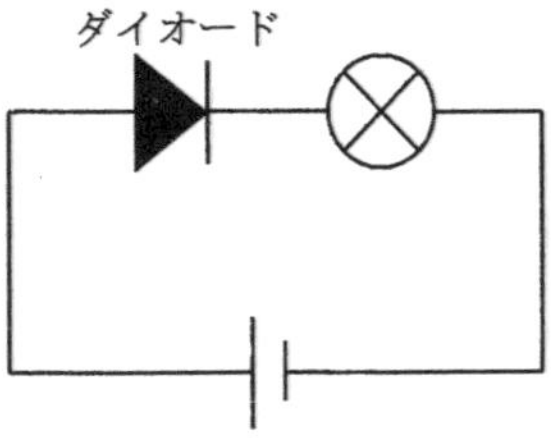

図1

ダイオードを開いたスイッチとみなせる場合

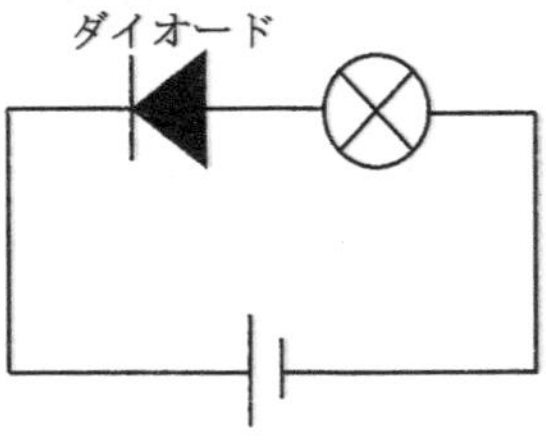

図2

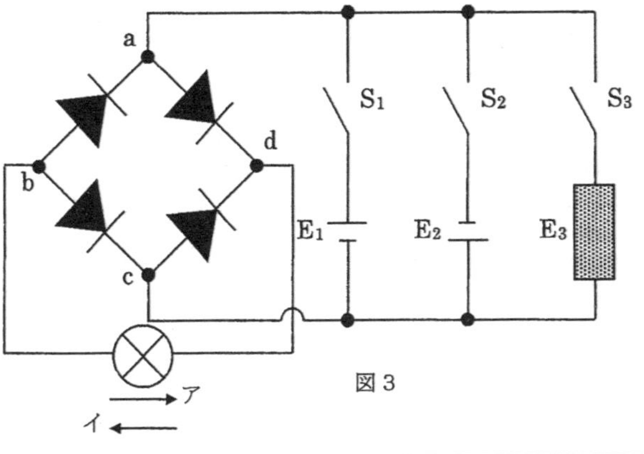

図3

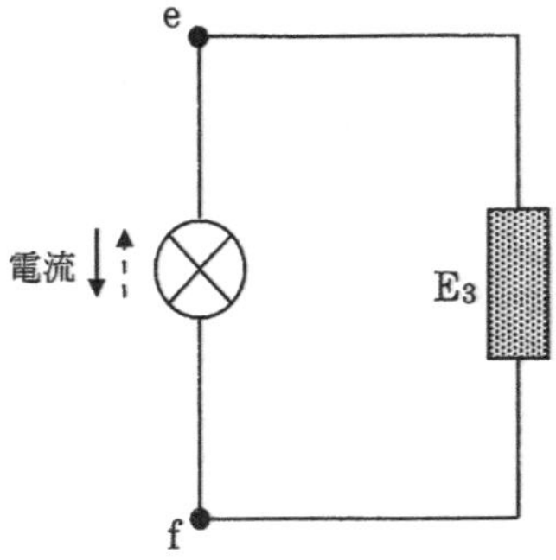

図4

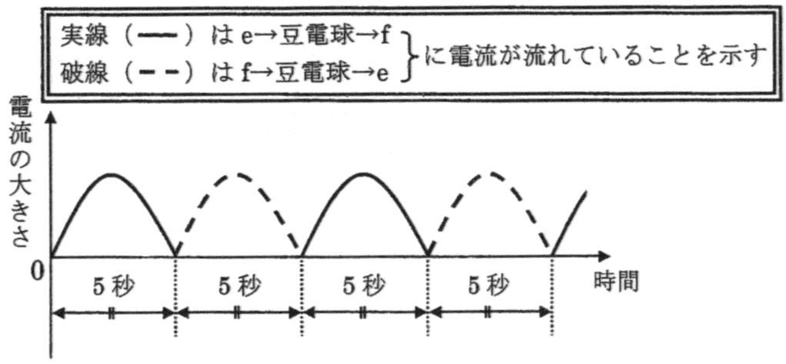

図5

【３】

〔A〕

（１）①水素，②酸素，③二酸化炭素を作るための薬品を次の中からそれぞれについて２つずつ選びなさい。ただし，同じ記号を二度使ってはいけません。

薬品	ア．銅	イ．アルミニウム	ウ．二酸化マンガン
	エ．鉄	オ．石灰《かい》石	カ．塩酸
	キ．過酸化水素水	ク．石ケン水	ケ．アンモニア水
	コ．水酸化ナトリウム水溶液		

気体 A，B，C があります。これらは，酸素，二酸化炭素，アンモニアのいずれかです。それぞれの気体の性質を調べました。

気体 A　石灰水に吹き込んだら白くにごった。

気体 B　線香の火を近づけたら，激しく燃えた。

気体 C　刺《し》激臭があり，その水溶液はアルカリ性を示した。

下図のような同じ容器に，気体 A，B，C をそれぞれ 100mL ずつ別々に入れ，ふたをしました。おもりをのせたところ，すべて同じ高さになりました。ただし，ふた，おもり，漏斗《ろうと》はすべて同じものを用いました。ふたは滑《なめ》らかに動くことができるものとします。また，漏斗には，はじめ同じ量の水を入れておきました。

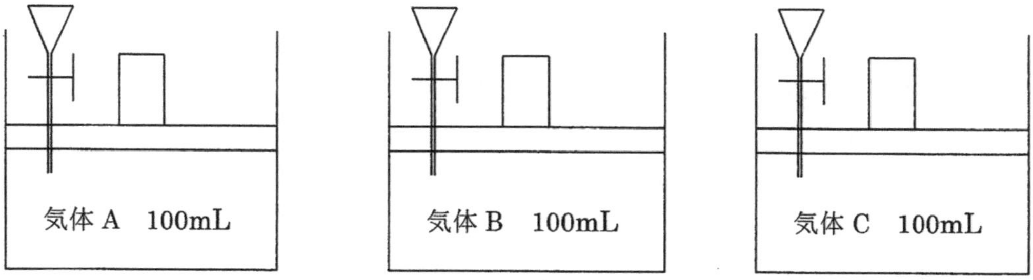

（２）気体 A，B，C のそれぞれに，コックを開いて水を１滴《てき》落としたとき，ふたが最も下まで下がるのは A，B，C のどれですか。

ダイ吉　「なるほど。出てきた化石から，⑥それぞれの地層のできた年代が推定できるんだね。」

お父さん「これらの地層ができた時代，地球は氷河期といって，各地の気温が今より１０℃以上下がって，地球の広い範囲《はんい》が雪と氷でおおわれていたんだ。」

ダイ吉　「ぼく，寒いのいやだよ。」

お父さん「寒いだけではなく，⑦海水面が１００ｍも下がって，日本がユーラシア大陸と陸続きになっていたんだよ。日本で発掘《はっくつ》されるマンモスの化石は，この時代に大陸からわたって来たものだよ。」

（１）下線部①の月の形として正しいものはどれですか。

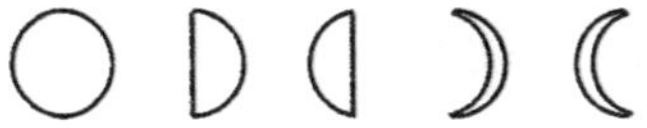

ア　イ　ウ　エ　オ

（２）天気が悪くなることにつながる現象は次のどれですか。すべて選びなさい。

ア．太陽や月の周りにカサ（白い光の環《わ》）が見えるとき

イ．夕焼けがきれいに見えるとき

ウ．うろこ雲が空に広がって見えるとき

エ．朝つゆが降りているとき

（３）③にあてはまる方向を８方位で答えなさい。ただし，Ｐ地点はＱ地点の西１００ｍ，Ｒ地点，Ｓ地点はそれぞれＱ地点の北１００ｍ，北２００ｍの位置にあるものとして考えなさい。地図の線は等高線で，数字の単位はｍです。

（４）④にあてはまる数字を入れなさい。

（５）Ｓ地点での柱状図を描《えが》きなさい。なお，答えはＡＢＣＤの記号と，地層の境界を示す線だけでよく，斜線《しゃせん》やもようをつける必要はありません。

（６）地層Ａと地層Ｃ，それぞれのできた年代として適当なものを次から選びなさい。

ア．１００００～１５０００年前　　イ．１５０００～２００００年前

ウ．２００００～２５０００年前　　エ．２５０００～３００００年前

オ．３００００～３５０００年前　　カ．３５０００～４００００年前

（７）氷河期になると海水面が下がる理由を２０字程度で説明しなさい。

平成28年度　入学試験問題　理科（40分）　ラ・サール中学校

注意：　1．解答はすべて解答用紙の答のらんに書きなさい。
　　　　2．いくつかの中から選ぶ場合は，記号で答えなさい。特に指示のない場合は1つ答えなさい。

【1】　モンシロチョウに関して，次の各問いに答えなさい。

（1）モンシロチョウの成虫は，どれですか。

ア　　イ　　ウ　　エ　　オ

（2）モンシロチョウに関して，誤っているものを2つ選びなさい。

ア．卵は，キャベツの葉のうらに産みつけられる。
イ．幼虫は，前の方に6本，後の方に10本のあしをもつ。
ウ．幼虫は，さなぎを固定するための糸を肛《こう》門から出す。
エ．普通，さなぎで寒い冬を越《こ》す。
オ．成虫は，花のみつを先が平たい口でなめとる。

（3）モンシロチョウと異なり，さなぎにならない昆《こん》虫を2つ選びなさい。

ア．タイコウチ　イ．ゲンゴロウ　ウ．キョクトウサソリ　エ．クロゴキブリ
オ．タマムシ　カ．オカダンゴムシ　キ．アオズムカデ　ク．カイコ
ケ．コガネグモ　コ．ニキビダニ

モンシロチョウのふ化直後の幼虫をいろいろな飼育温度に保って飼育し，ふ化直後からさなぎになるまでの日数（日）を観察し，結果を表1にまとめました。

幼虫の成長は，表1の（①）℃以下になると止まりました。(①)℃を成長が止まる温度（℃）としました。

このとき，飼育温度（℃），さなぎになるまでの日数(日)，成長が止まる温度(①)(℃)の関係は，次の式で表すことができました。

表1

飼育温度（℃）	さなぎになるまでの日数（日）
28	10
18	20
(②)	25
13	(③)
12	50
(①)	成長が止まる
6	成長が止まる

$$\text{飼育温度} - \text{成長が止まる温度（①）} = \frac{200}{\text{さなぎになるまでの日数}}$$

(2)はじめて0が出てくるのは，左から何番目ですか。

(3)はじめて0が隣《とな》り合うのは，左から何番目と何番目ですか。

6．

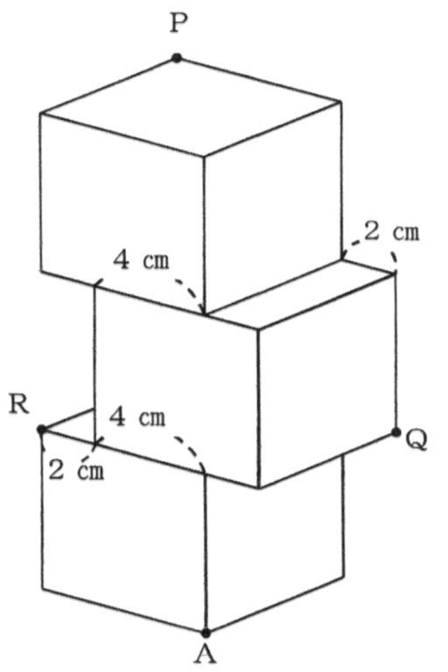

図は，１辺が６cmの立方体を真横に２cmずつずらして３個積み上げてできた立体です。このとき，次の問に答えなさい。（１４点）

(1)この立体の表面積は何cm²ですか。

(2)図の３点Ｐ，Ｑ，Ｒを通る平面でこの立体を切ったとき，１番下にあった立方体は２つの立体に分けられます。

（ア）切り口を解答欄《らん》にかきなさい。

（イ）そのうちの，点Ａを含む方の立体の体積は何cm³ですか。ただし，角錐《すい》の体積は，（底面積）×（高さ）×$\frac{1}{3}$　です。

(4) [1], [1], [1], [2], [2], [3] の６枚のカードがあります。このうち，３枚を並べて３けたの整数を作るとしたら，全部で何通りの整数ができますか。

(5) ６個の玉Ａ，Ｂ，Ｃ，Ｄ，Ｅ，Ｆのうち，４個が１ｇ，１個が２ｇ，１個が３ｇです。Ｂ，Ｃ，Ｄの重さの和とＥ，Ｆの重さの和が等しく，Ａ，Ｃ，Ｄ，Ｅの重さの和よりもＢ，Ｆの重さの和が大きいとしたら，２ｇの玉と３ｇの玉はそれぞれＡからＦのうちどれですか。

3．Ａ，Ｂ２種類の食塩水があります。Ａを２，Ｂを１の割合で混ぜると８％の食塩水ができ，Ａを４，Ｂを５の割合で混ぜると12％の食塩水ができます。このとき，次の問に答えなさい。（１２点）

(1) ＡとＢを同じ量だけ混ぜると，何％の食塩水ができますか。

(2) ＡとＢを混ぜて17％の食塩水300ｇを作るとき，Ａは何ｇ使いますか。

2015年度　ラ・サール中学校　入学試験問題　算数　（60分・100点）　その2

4．右図の三角形ＡＢＣにおいて，ＡＤ：ＤＣ＝１：３，
三角形ＢＣＥと三角形ＡＢＣの面積の比は２：５です。
次の問に答えなさい。（１２点）

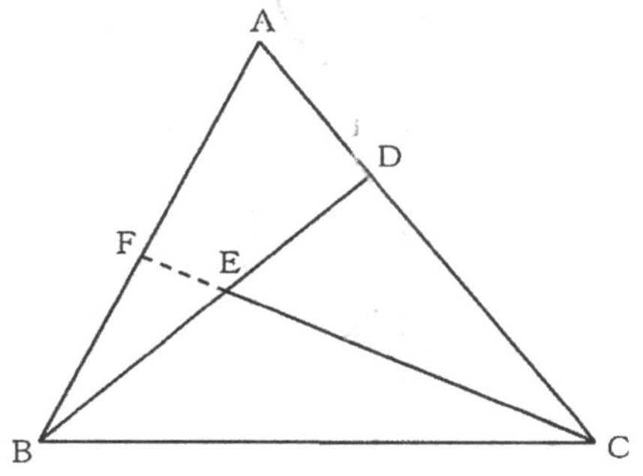

⑴三角形ＣＤＥと三角形ＡＢＣの面積の比を最も簡単な整数の比で表しなさい。

⑵ＣＥの延長と辺ＡＢとの交点をＦとします。
ＡＦ：ＦＢを最も簡単な整数の比で表しなさい。

5．右図のように，平らな地面の上に１辺10㎝の立方体のレンガが置いてあります。３点Ａ，Ｄ，Ｅは一直線に並んでいて，ＤＥ＝10㎝です。また，点Ｄ，Ｅの真上30㎝のところにそれぞれ電球Ｐ，Ｑを置きます。電球の大きさは考えないものとして，次の問に答えなさい。
（１６点）

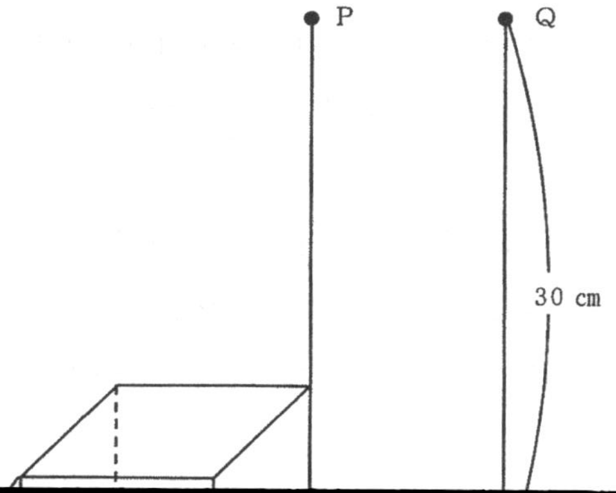

⑴電球Ｐだけをつけたとき　地面にできるレンガの影を

2015年度　ラ・サール中学校　入学試験問題　算数　（60分・100点）　その1

1．次の $\square$ にあてはまる数をそれぞれ求めなさい。（１２点）

(1) $370 \times 4 - 111 \times 12 + 18.5 \times 6 = \square$

(2) $5 - 3 \times \left\{ 1\frac{11}{21} - \left(\frac{6}{7} - \frac{4}{5} \right) \right\} = \square$

(3) $2 \div \left\{ 6 \times \left(\frac{11}{18} - \square \right) - \frac{2}{3} \right\} = 1\frac{1}{3}$

2．次の各問に答えなさい。（３０点）

(1) $\frac{7}{9}$，$2\frac{1}{10}$，$5\frac{5}{6}$ のどれにかけても整数となる分数で最小のものを答えなさい。

(2) Ａ中学校，Ｂ中学校の生徒数の比は15：16で，野球部の人数の比は３：４です。
Ａ中学校では全体の $\frac{1}{10}$ が野球部員です。Ｂ中学校における野球部員の割合を分数で答えなさい。

(3) Ａ，Ｂ，Ｃ３人の体重の和は164 kgです。また，ＡとＢの体重の和はＣの体重の４倍より２kg少なく，
Ａの体重はＣの体重の２倍より5.8 kg多いです。
Ａ，Ｂ，Ｃの体重はそれぞれ何kgですか。

（3）図３で示したそれぞれの場所に，同じ種類のおもりをつるしてつりあわせます。
おもりＡ，Ｂ，Ｃはそれぞれ何個必要ですか。ただし，おもりＡ，Ｂ，Ｃの総数が最小となるように答えなさい。

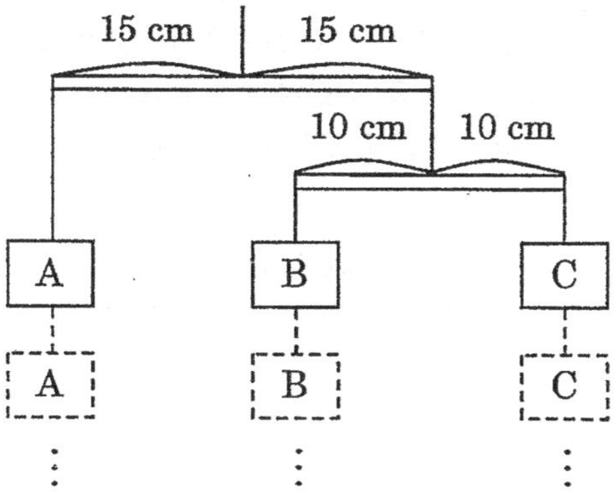

図３

（4）磁石を用いて図４のようにつりあわせました。ただし，磁石はすべて同じものを使い，磁石とおもりまでの距《きょ》離はすべて同じでした。
①Ｂは何ですか。正しいものを次から選びなさい。
ア．鉄　　イ．銀　　ウ．アルミニウム
②長さの比ｅ：ｆを求めなさい。

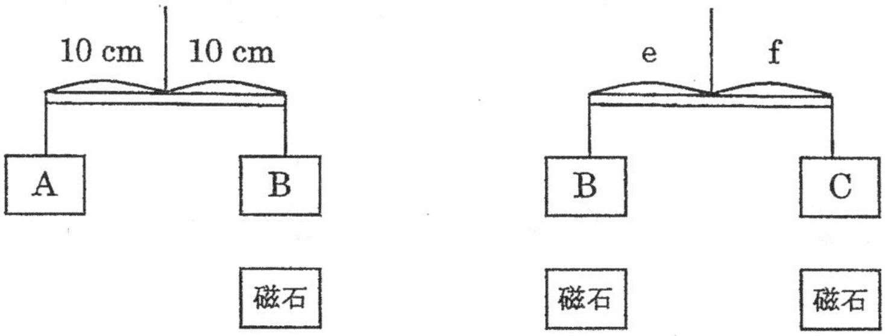

図４

〔B〕音に関する以下の問いに答えなさい。ただし，音が伝わる速さはいつも秒速 340mで，船の速さに影響されることはありません。

（1）図１のように，船Aと船Bがとまっています。船Aが汽笛を短い時間で一度だけ鳴らしたとき，船Bに乗っている人は汽笛を二度聞きました。一度目に聞こえた汽笛は直接届いた音（直接音）でA→Bの直線の経路を進みます。二度目に聞こえた汽笛は反射板で反射して届いた音（反射音）でA→反射板→Bの折れ線の経路を進みます。一度目の汽笛を聞いてから二度目の汽笛を聞くまでの時間は何秒ですか。

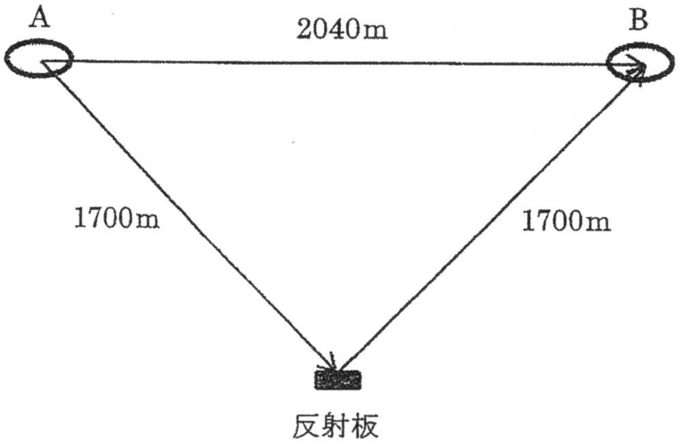

図１

（2）図２のように，船Aと船Bがとまっています。船Aが汽笛を短い時間で一度だけ鳴らしたとき，船Bに乗っている人は一度目の汽笛を聞いてから４秒後に二度目の汽笛を聞きました。このとき船Aから反射板までの距離は何mですか。

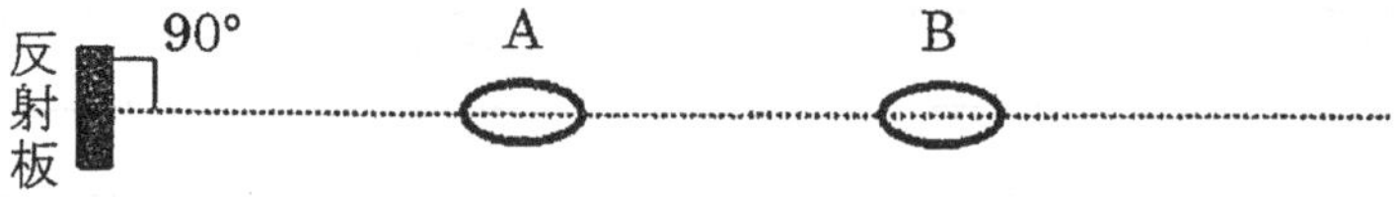

図２

（2）月が真南にあるときの、月の模様として正しいものはどれですか。

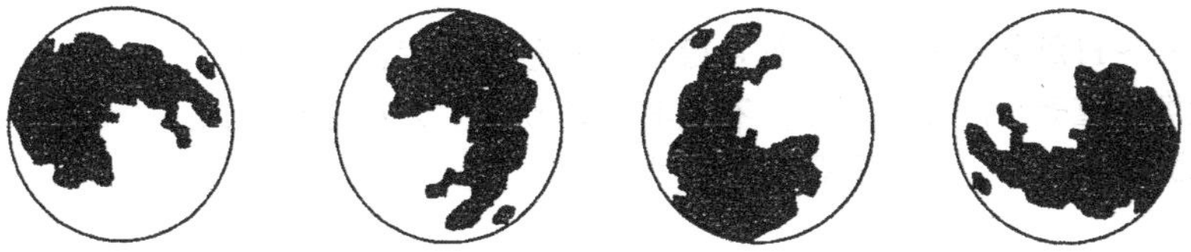

ア　　　イ　　　ウ　　　エ

（3）③に当てはまるものは，次のどれですか。なお，自転とは天体自身が回ることを指し，公転とは他の天体のまわりを回ることを指します。

ア．地球の自転の周期　　イ．地球の公転の周期　　ウ．月の公転の周期
エ．太陽の自転の周期

（4）満月の７日前の月，満月から１１日後の月がのぼってくるおよその時刻を次から選びなさい。なお，太陽は６時にのぼり，１８時にしずむものとします。

ア．０時　　イ．３時　　ウ．６時　　エ．９時　　オ．１２時
カ．１５時　　キ．１８時　　ク．２１時

（5）下線部④の月の形として，適当なものを次から選びなさい。

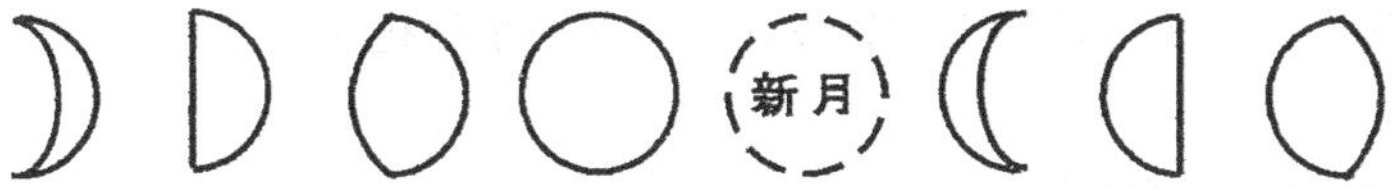

A　B　C　D　E　F　G　H

（6）⑤に当てはまる，気象現象を答えなさい。

（7）下線部⑥に関連して，空気のない月では調べることのできない実験はどれですか。すべて選びなさい。

ア．電池を直列と並列につないで，豆電球の明るさの違い《ちがい》を調べる実験
イ．物をこすり合わせ，こすり合わす回数と温度の上がり方の関係を調べる実験
ウ．木と紙と布で，燃えやすさの違いを調べる実験
エ．鉄球と鳥のはねを同じ高さから落として、落ちる速さを調べる実験
オ．笛《ふえ》をふいて，距離と音の伝わる時間の関係を調べる実験

（8）下線部⑦に関連して，地球での昼夜の温度の変化が月に比べて小さいのは，昼夜の時間が違うことに加え，空気がある役割を果たしているからです。空気が果たしている役割を昼と夜に分けて説明しなさい。

（9）下線部⑧に関連して，月である石の重さをバネばかりで測ると１２ｇを指していました。この石を上皿天びんを使って測ると何ｇになりますか。正しいものを次から選びなさい。

ア．２ｇ　　イ．６ｇ　　ウ．１２ｇ　　エ．３６ｇ　　オ．７２ｇ

【３】

〔A〕固体A～Hがあります。それらは次のうちのいずれかです。
食塩，重そう，でんぷん，石灰石，よう素，アルミニウム，
二酸化マンガン，水酸化ナトリウム

次の文を参考にして以下の問いに答えなさい。

① 色の付いていたのはBとEで，ほかは白色または銀白色でした。
② D，F，Gのそれぞれに塩酸を加えると気体が発生しました。
③ Eをとかした溶液にAを加えると青紫色になりました。
④ Hは水によく溶け，水溶液はアルカリ性を示しました。水溶液を指につけてみるとぬるぬるしました。
⑤ Hの水溶液にGを加えると気体が発生しました。
⑥ Dは水にとけませんでしたが，Fは水にとけました。
⑦ Aを蒸発皿に入れ，バーナーで熱するとこげて黒くなりました。

（1）C，E，Gは何ですか。次のア～クから選びなさい。
ア．食塩　イ．重そう　ウ．でんぷん　エ．石灰石　オ．よう素
カ．アルミニウム　キ．二酸化マンガン　ク．水酸化ナトリウム

（2）Fの水溶液は何性を示しますか。
ア．酸性　イ．中性　ウ．アルカリ性

（3）オキシドールに加えると気体が発生するのはA～Hのうちどれですか。A～Hの記号で答えなさい。

（4）Dに塩酸を加えたとき発生する気体は何ですか。

〔C〕植物が成長すると，花芽ができ，花芽は花になります。花芽は４つの区域に分かれています。図は，上から見たアブラナの花芽の各区域が，花のどの部分になるかを示します。花芽の各区域が花のどの部分になるかは，花芽で働く３種類のタンパク質ａ，ｂ，ｃによって決まります。正常な花と比べると，これらのタンパク質が働かない場合，異常な花になります。例えば，タンパク質ａが働かない場合，がくがめしべに，花びらがおしべに変わります。表は，正常な花と異常な花について，花芽の区域，働くタンパク質，花のどの部分になるかの関係をまとめたものです。

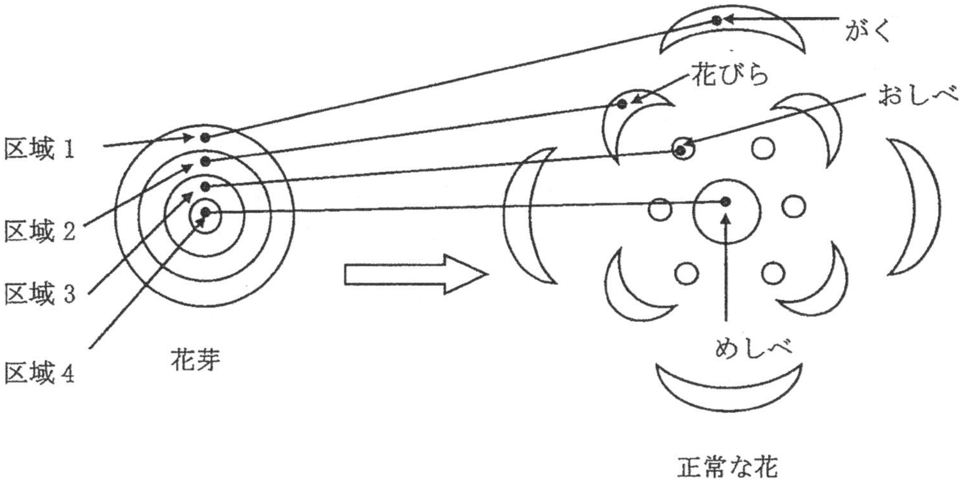

図

正常な花

花芽の区域	1	2	3	4
働くタンパク質	ａ	ａ，ｂ	ｂ，ｃ	ｃ
花のどの部分になるか	がく	花びら	おしべ	めしべ

異常な花（タンパク質ａが働かない）

花芽の区域	1	2	3	4
働くタンパク質	ｃ	ｂ，ｃ	ｂ，ｃ	ｃ
花のどの部分になるか	めしべ	おしべ	おしべ	めしべ

異常な花（タンパク質ｂが働かない）

花芽の区域	1	2	3	4
働くタンパク質	ａ	ａ	ｃ	ｃ
花のどの部分になるか	がく	がく	めしべ	めしべ

異常な花（タンパク質ｃが働かない）

花芽の区域	1	2	3	4
働くタンパク質	ａ	ａ，ｂ	ａ，ｂ	ａ
花のどの部分になるか	がく	花びら	花びら	がく

表

図と表から，花芽の各区域は，３種類のタンパク質のうち，ａだけが働くことにより（　①　）に，ａとｂが働くことにより（　②　）に，ｂとｃが働くことにより（　③　）に，ｃだけが働くことにより（　④　）になると考えられます。また，花芽で働く３種類のタンパク質のうち，（　⑤　）が働かないと代わりに（　⑥　）が働き，（　⑥　）が働かないと代わりに（　⑤　）が働き，（　⑦　）にはこのような関係はないと考えられます。

（１）　文の（①）～（④）に最も適する語を選びなさい。
　ア．花びら　　イ．がく　　ウ．めしべ　　エ．おしべ

（２）　文の（⑤）～（⑦）にａ，ｂ，ｃのいずれかを答えなさい。

（３）アブラナの花と同じように，４枚の花びらをもつものを選びなさい。
　ア．ウメ　イ．サツマイモ　ウ．ダイコン　エ．モモ　オ．アサガオ

（４）アブラナの花と同じように，１つの花に，花びら，がく，めしべ，おしべをすべてもつものを選びなさい。
　ア．スイカ　　イ．メロン　　ウ．ツツジ　　エ．ドクダミ　　オ．ヘチマ

［終わり］

平成27年度　入学試験問題　社　会 (40分)　ラ・サール中学校

注意：解答はすべて解答用紙に記入しなさい。

1　次は、のび太くんが書いた2014年の日記の一部を抜《ぬ》き出したものです。これを読んで、以下の問いに答えなさい。

◆ (1月1日)お母さんが今年は新しい車が欲《ほ》しいと言い出しました。「おしゃれな外国車もいいわねえ。」なんて言っています。

問1　下の表は、日本の自動車の主な輸出先上位5か国(2013 年)を表したものです。A・Bにあてはまる国名を答えなさい。国名は通称《しょう》でよい。

国名	割合(%)
A	36.0
オーストラリア	7.2
ロシア	5.6
B	5.0
アラブ首長国連邦《れんぽう》	4.0

(『日本国勢図会《ずえ》 2014/15』より作成)

◆ (2月9日) 東京都知事選挙が行われ、舛添《ますぞえ》要一・元厚生労働大臣が当選しました。

問2　厚生労働大臣は、厚生労働省の主任の大臣です。現在日本には、厚生労働省を除いて10の省があります。その中から2つの省の正式な名称を漢字で答えなさい。

◆ (3月15日) 今日は家族でドライブに出かけました。海沿いの道路を走っていると、煙突《えんとつ》から煙が出ている大きな施《し》設が見えました。お父さんに聞くと、「あれは火力発電所だよ。火力発電所は海沿いによく造られるんだ。」と教えてくれました。

問3　なぜ火力発電所は海沿いに造られることが多いのですか。以下の語を使い、句読点を含《ふく》めて20字以内で答えなさい。

燃料

その2

◆ **(11 月 4 日) アメリカ合衆国で中間選挙が行われました。結果はオバマ大統領の支持率が低かったことなどの影響《えいきょう》で、大統領の所属する政党が敗れたそうです。**

問 7 今回の選挙で大統領の所属する政党を破って上下両院で過半数の議席を獲《かく》得した、アメリカ合衆国の政党の名称を漢字で答えなさい。

◆ **(12 月 11 日) 赤崎勇さんたちが受賞したノーベル賞の授賞式をニュース番組の特集で見ました。今年のノーベル賞にはパキスタンのマララさんも選ばれ、話題になりました。**

問 8 2014 年のノーベル賞受賞者について述べた次のア～エのうち、正しいものを 1 つ選び、記号で答えなさい。

ア．赤崎さんたちは赤色 LED 発明の功績を評価されて、ノーベル物理学賞を受賞した。

イ．赤崎さんたちは iPS 細胞《ぼう》開発の功績を評価されて、ノーベル医学生理学賞を受賞した。

ウ．マララさんは史上はじめて 20 歳《さい》未満でノーベル平和賞を受賞した。

エ．マララさんは史上はじめて女性でノーベル平和賞を受賞した。

2

2014 年におこったことに関して、次の問いに答えなさい。

◆ **4 月、新しい最高裁判所長官が就任しました。**

問 1 裁判官に関する説明として、正しいものを次のア～エから 1 つ選び、記号で答えなさい。

ア．最高裁判所長官は、内閣の指名にもとづいて天皇から任命され、長官以外の最高裁判所裁判官は、長官から任命される。

イ．裁判官を辞めさせるかどうかの裁判を行う弾劾《だんがい》裁判所は国会に設置されるが、弾劾裁判を受ける裁判官は最高裁判所長官とその他《た》の最高裁判所裁判官に限られる。

ウ．国民審査を受ける裁判官は最高裁判所長官とその他の最高裁判所裁判官に限られるが、2014 年に実施《し》された国民審《しん》査において、辞めさせられた裁判官は 1 人もいなかった。

エ．下級裁判所裁判官は、内閣から任命されるので、内閣総理大臣から指示があれば、その指示に従って裁判をしなければならない。

その3

◆９月、安倍晋三《しんぞう》首相が、国際連合の総会で一般《ぱん》討論演説を行いました。

問４　国際連合に関連する説明として、明らかに誤っているものを次のア～エから１つ選び、記号で答えなさい。

ア．国際連合の加盟国数は、発足当時は 51 であり、その後植民地の独立などで増加し、国際連合創設 70 周年にあたる 2015 年初めにおいては、193 であった。

イ．2014 年において、国際連合の分担金比率（国際連合の活動に必要な費用を加盟国で負担する割合）の高い順に６か国をあげると、アメリカ合衆国・日本・ドイツ・ロシア・イギリス・フランスとなっていた。

ウ．国際連合憲章では、国家間の戦争や国内の紛《ふん》争が起こると、安全保障理事会が中心となって、停戦を働きかけたり、戦争の広がりを防いだりすると定めてある。

エ．日本は、2015 年に行われる国際連合の安全保障理事会非常任理事国の選挙に立候補することを表明している。当選すれば、11 回目の選出となる。

◆11 月、安倍晋三首相は、2015 年 10 月に予定されていた消費税率の 10%への引き上げを 18 か月延期する方針を正式に表明しました。

問５　日本の消費税に関する説明として、明らかに誤っているものを次のア～エから１つ選び、記号で答えなさい。

ア．消費税は、商品やサービスを買った時にかかる税である。

イ．少子高齢《こうれい》社会への対策の一つとして、消費税が導入された。

ウ．戦後初めて消費税が導入された時の税率は３％で、その後５％に引き上げられ、さらに 2014 年４月には８％に引き上げられた。

エ．高所得者と低所得者が同じ商品を買った場合、所得額に対する消費税負担額の比率は高所得者の方が高い。

◆12 月、第 47 回衆議院議員選挙が行われ、戦後最低の投票率を記録しました。

問６　衆議院議員選挙の投票率を上げるために採用されている制度として、明らかに誤っているものを次のア～エから１つ選び、記号で答えなさい。

ア．事前に手続きをすませた有権者は、決められた場所以外の投票所で投票日当日に投票できる。

3　日本では昔から今にいたるまで多くの道が造られ、使われてきました。道には長いものも短いものもありますが、いずれも必要に応じて名前がつけられることがあります。以下の地図には、昔から今までの間に造られた、起点と終点の距離《きょり》が長い道と、それぞれの地方の歴史や人物にちなんだ通りの名前をいくつか載《の》せています（Bを除く）。これを見て、あとの問いに答えなさい。

その5

問５　Ｆの桃太郎《ももたろう》はおとぎ話の主人公であり、「桃太郎」の物語は江戸時代頃《ごろ》までに今のような形になったと考えられています。日本の文芸や学問の歴史に関する次のア～エの中に１つだけ誤りを含むものがあり、その誤りを訂正《ていせい》すると文が正しい内容になります。その**訂正した後の語句**を答えなさい。

ア．紫式部の『源氏物語』と清少納言の『枕草子』は、仮名《かな》が誕生した頃、平仮名《ひらがな》と漢字を使って書かれた古典文学である。

イ．前野良沢や杉田玄白は、ヨーロッパの医学書を日本語に訳して『解体新書』を出版し、国学が発達するきっかけをつくった。

ウ．樋口一葉は江戸時代の小説に学んで『たけくらべ』を、夏目漱石はイギリスに留学し、帰国後『坊《ぼ》っちゃん』などを著した。

エ．与謝野晶子は日露戦争に参加した弟を心配して「君死にたまふ《(う)》こと勿《なか》れ」を発表し、石川啄木は韓《かん》国併《へい》合に疑問を投げかける歌を作った。

問６　Ｉはこの地方に都があったときの街路にちなんで名付けられました。この都は何と呼ばれますか。

問７　Ｊは聖徳太子がその住まいから勤め先まで馬に乗って通《かよ》ったとされる道です（ただし現在はほんの一部しか残っていません）。次のア～エを読み、聖徳太子がかかわったことがらについて正しく述べたものを１つ選び、記号で答えなさい。

ア．冠《かん》位十二階という、能力のある豪《ごう》族を役人に取り立てるしくみをつくった。

イ．十七条の憲法をつくって、税として調や庸《よう》を取り、都まで運ばせることにした。

ウ．法隆寺や東大寺を建て、仏教をさかんにすることに力を入れた。

エ．遣唐使として小野妹子を派遣《けん》し、中国の進んだ政治や文化を取り入れようとした。

問８　Ｋは真珠《じゅ》の養殖《しょく》に成功した御木本幸吉《みきもとこうきち》が私財を投じて造った道路です。その真珠はさかんに輸出されましたが、江戸時代の終わり頃から太平洋戦争後までの日本と外国の貿易に関する次のア～エを、時代の古い順に並べかえて記号で答えなさい。

ア．日本はある戦争の際にヨーロッパやアジアへの輸出を大きく伸《の》ばし、今までにない好景気になった。

4 次の文章を読んで、以下の問いに答えなさい。

①日本の国土面積はおよそ 38 万㎢で、そのうち耕地面積は国土の≪　A　≫ほどです。第二次世界大戦後、政府が地主から土地を買い取り小作人に売りわたす（　1　）を行うことで、自作農が多く生まれましたが、その農家の多くは家族経営が中心で、規模の小さい農家でした。しだいに、農業以外の仕事についている家族がいる（　2　）農家が多くなってきました。日本の農業は②稲作を中心としてさまざまな地形条件や③北部が冷帯気候に属するという気候条件の克《こく》服をめざして発展してきました。

米は日本人の主食である農作物であるため、国が高い値段で米を買い入れてきました。そのため、農家にとって稲作は最も安定した農業部門でした。また、生産技術の向上、用水路の改良や耕地整理などが進んだこともあり、米は増産が続きました。しかし、食生活が変化して米の消費量が減り、米が余るようになると、政府は米の作付面積を制限する（　3　）政策を実施するようになりました。1990 年代に入ると、④それまで制限されていた米の輸入を部分的に開放し、米の流通の自由化をはかるなど、日本の米に関する政策も大きく変化しました。

稲作に適さない地域では、農家はその自然条件や社会条件に適応しながら⑤畑作、果樹栽培および畜《ちく》産・酪《らく》農を行いました。それぞれ特有の産地が形成されており、近年は、四国地方や九州地方で大都市へ出荷するために野菜を栽培《さいばい》する農業も発展しています。

しかし、その一方で農産物の輸入は増大しており、⑥食料の自給率は低下しています。こういったなか、農産物が運ばれてきた距離をもとに、環境にあたえる影響をはかるための指標である（　4　）の視点から、輸入農産物を見直す必要が説かれています。

2010 年に宮崎県で流行した口蹄疫《こうていえき》や、昨年末に宮崎県や山口県で感染が確認された（　5　）など、家畜や鳥の伝染病によって、多くの家畜や鳥が殺処分されました。また、残留農薬問題や遺伝子組み換《か》え作物など⑦食の安全性に関する問題も多く存在しています。

問１　文中の空欄（　1　）～（　5　）にあてはまる語句を答えなさい。

問２　文中の空欄≪　A　≫にあてはまる数値を、次のア～オから１つ選び、記号で答えなさい。

ア　5%　　イ　12%　　ウ　27%　　エ　53%　　オ　75%

問７　下線部⑤について、次の表は農産物の収穫量および豚《ぶた》の飼育頭数上位都道府県を示したものです。表を見て、以下の(1)・(2)の問いに答えなさい。

	ばれいしょ(2012年)		きゅうり(2012年)		茶(2013年)		X(2012年)		豚(2013年)	
順位	都道府県	(%)	都道府県	(%)	都道府県	(%)	都道府県	(%)	都道府県	(%)
1	北海道	77.5	宮崎	10.4	静岡	38.0	山梨	24.6	Ⅰ	14.2
2	長崎	4.6	群馬	9.7	Ⅰ	30.2	長野	15.3	宮崎	8.7
3	Ⅰ	3.6	埼玉	8.3	三重	8.4	山形	10.2	Ⅱ	6.9
4	茨城	1.8	福島	7.9	宮崎	4.8	岡山	8.2	群馬	6.3
5	Ⅱ	1.3	Ⅱ	5.5	京都	3.6	福岡	4.6	北海道	6.3

（『日本国勢図会 2014/15』より作成）

(1)　表中のXには、ある果実名が入ります。その果実名を、次のア～オから１つ選び、記号で答えなさい。

ア．りんご　　イ．日本なし　　ウ．みかん　　エ．ぶどう　　オ．おうとう(さくらんぼ)

(2)　表中のⅠ・Ⅱにあてはまる県名を、次のア～オから１つずつ選び、それぞれ記号で答えなさい。

ア．青森　　イ．富山　　ウ．千葉　　エ．愛媛　　オ．鹿児島

問８　下線部⑥について、次のア～エを自給率の低い順に並べかえて記号で答えなさい。

ア．野菜類　　イ．大豆　　ウ．米　　エ．小麦

問９　下線部⑦について、以下の(1)・(2)の問いに答えなさい。

(1)　より安全で新鮮《せん》な農産物を食べるために、遠い所から運んでくるよりも、自分の地域で生産された農産物を消費しようという動きを何といいますか。

2015年度　ラ・サール中学校　入学試験　算数　解答用紙

1．

(1)		(2)		(3)	

1．小計
１２

2．

(1)		(2)	
(3)	Ａ：　　kg，Ｂ：　　kg，Ｃ：　　kg		
(4)	x＝	(5)	ＡＰ：ＰＢ＝　　：

2．小計
３０

3．

(1)	午前　　時　　分	(2)	午前　　時　　分	(3)	回

3．小計
１５

4．

(1)	三角形ＣＤＥ：三角形ＡＢＣ＝　　：	(2)	ＡＦ：ＦＢ＝　　：

4．小計
１２

5．

平成27年度　入学試験問題　理　科　解答用紙

【１】（１５点）

A	(1)			(2)	
	A:B:C = ： ：			a : b = ：	c : d = ：
	(3)			(4)	
	A	B	C	①	②
	個	個	個		e : f = ：

B	(1)	(2)	(3)	
	秒	m	① m	② 秒間

【２】（１０点）

(1)		(2)		(3)		(4)	７日前の月 / １１日後の月
(5)		(6)				(7)	
(8)	昼						
	夜						
(9)							

平成27年度　入学試験問題

1

問1 A	B	問2

問3 →											

問4	問5 →						問6

2

問1	問2	問3	問4	問5

3

問1			問2 (1)	(2)

問4 → → →	問5
問8 → → →	問9 a

問9 b

問10	問11	問12

4

問1 1	2	3

5	問2	問3	問4

問6	問7 (1)

問8 → → →	問9 (1)

会　解答用紙

点

問7

問8

問7

問8

点

問3 ①

②

③

問7

点

4

点

問5

I

II

受験番号

得点

※50点満点
（配点非公表）

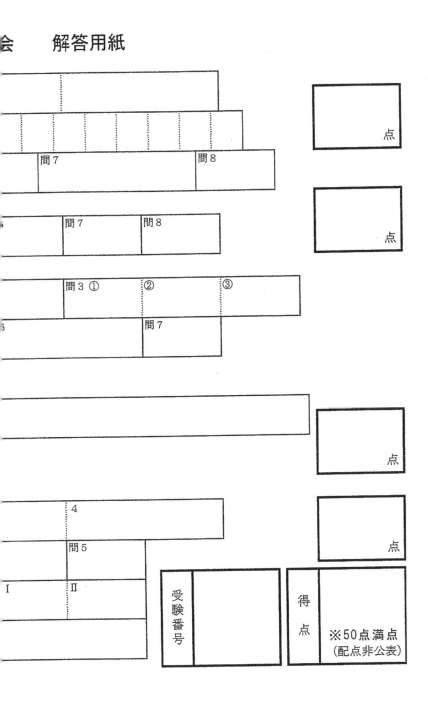

【 3 】（10点）

	(1)			(2)	(3)	(4)
A	C	E	G			

	(1)		(2)	
B		g	①	②

	(3)	(4)	(5)
B	g	g	g

【 4 】（15点）

	(1)		(2)		(3)	(4)
A	①	②	風	水		

	(1)	(2)	(3)
B	枚目	回転	枚目

	(1)				(2)			(3)	(4)
C	①	②	③	④	⑤	⑥	⑦		

受験番号	得点
	※50点満点

H27. ラ・サール中

(1)

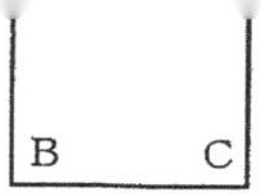

影の面積 cm²

(2)

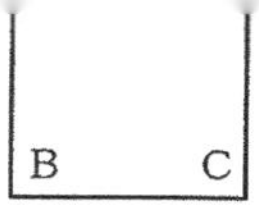

影の面積 cm²

5．小計
16

6．小計
15

6．

(1)	分	m	(2)	km以下

受験番号	得点
	※100点満点

（以上で問題は終わり）

問３　下線部①について、日本とほぼ同じ面積の国を、次のア～オから１つ選び、記号で答えなさい。

ア．インド　　イ．韓国　　ウ．ブラジル　　エ．ドイツ　　オ．オーストラリア

問４　下線部②について、次の表は都道府県別の米の収穫《かく》量上位５位(2013年)を示したものです。表中のア～ウにあてはまる都道府県のうち、都道府県名と都道府県庁所在地名が異なるものが１つあります。その都道府県の都道府県庁所在地名を答えなさい。

順位	都道府県	収穫量　(千ｔ)	全収穫量に占《し》める割合(%)
1	ア	664	7.7
2	イ	629	7.3
3	ウ	529	6.1
4	山形	415	4.8
5	茨城	414	4.8

(『日本国勢図会 2014/15』より作成)

問５　下線部③に関連して、冷害についての正しい説明を、次のア～エから１つ選び、記号で答えなさい。

ア．太平洋側に比べ日本海側にその被害が多い傾《けい》向が見られる。

イ．その原因は夏に吹《ふ》く冷たい北東風によるものである。

ウ．その被害にはフェーン現象が大きく関わっている。

エ．寒さに強い米の品種が開発されたため、1980年以降はその被害はみられない。

問６　下線部④に関連して、近年、世界的に貿易の自由化を求める風潮が強いため、日本政府も外国と自由貿易の協定を結ぼうとしていますが、農林水産業への影響が心配されるために思うように進んでいません。現在、日本と、アメリカ合衆国やオーストラリアなどアジア・太平洋地域の国々との間で交渉《しょう》中である貿易の自由化などについての協定の名称を答えなさい。略称で答えてもかまいません。

エ．日本はアジアでの戦争に際し、戦争に必要なものを生産してある国に買ってもらうことで、日本の産業を復興させた。

問９　ＭとＮについて。（ａ）Ｍの名前の中にある「太閤《たいこう》」とは関白もつとめた天下人のことですが、それが誰《だれ》を指すかを答えなさい。（ｂ）（ａ）の人物がＮの名前の中にある「石」とどのようなかかわりをもつかを説明しなさい。

問10　Ｐはペリーがここに上陸したことを記念して命名されました。次のア～オはアメリカ合衆国（以下「アメリカ」と表記します）と日本の関係について述べたものですが、そのうち誤りを含むものを**すべて**選び、記号で答えなさい。順番は問いません。

ア．アメリカのポーツマスで講和会議が開かれ、日本は48か国と平和条約を結び、翌年独立を回復した。
イ．日本とアメリカは通商条約を結び、その結果、函館《はこだて》（箱館）、横浜、長崎などが貿易のために開かれることになった。
ウ．アメリカで始まった世界大恐慌《きょうこう》が日本にもおよんだので、日本では景気がよくなった。
エ．陸奥《むつ》宗光外務大臣のとき、日本はアメリカとの条約の改正に成功し、関税自主権を完全に回復した。
オ．アメリカ軍を中心とする連合国軍が日本を占《せん》領し、その中で女性の地位向上や教育制度の改革が行われた。

問11　Ｓはこの場所（足利市）が足利氏の本拠《きょ》地であることにちなんで名付けられました。次のア～エを読み、尊氏がたてた幕府が活動していた時代について正しく述べたものを１つ選び、記号で答えなさい。

ア．足利義政によって京都の東山に金閣や東求堂《とうぐどう》が造られ、そこには書院造を取り入れた部屋がある。
イ．生け花や茶の湯が庶《しょ》民にも広がり、盆踊《ぼんおど》りがさかんになり、歌舞伎《かぶき》や人形浄瑠璃《じょうるり》も発展した。
ウ．村では共同で用水路をつくったり、生活上のおきてを定めたりして団結を強め、一揆《き》を起こして領主に抵抗《ていこう》することもあった。
エ．堺《さかい》では町の人々が祇園祭《ぎおんまつり》を復活させ、貿易で栄えた京都では町の人々が武士の勢力をおさえて自治を行った。

問12　Ｔは江戸時代の初めにヨーロッパに渡《わた》った支倉常長《はせくらつねなが》にちなんで名付けられました。この人の主君にあたる、東北でもっとも有力だった大名は何氏ですか。

問１　Ａ～Ｕのうち、明治時代に活躍《やく》した人物にちなんで名付けられた通りがＫのほかに３つあります。それらを記号で答えなさい。順番は問いません。

問２　（１）～（３）には、次の３つの通りのどれかが入ります。それぞれどの通りが入るか記号で答えなさい。

ア．野口英世青春通り　　イ．屯田《とんでん》１番通り　　ウ．オランダ坂

問３　①は奈良～平安時代の主要な道（ここでは下関～京都）、②（-------　という線であらわしています）は昭和時代にできた高速道路（西宮～小牧）、③は江戸時代の主要な街道の一つ（江戸～京都）です。その名前を下の選択肢《たくし》から１つずつ選び、それぞれ記号で答えなさい。なお、実際はこれらの道が重なっているところもありますが、ここではその部分をわかりやすくなるように少し離して描いています。

ア．西海道　　イ．山陽道　　ウ．山陰道　　エ．東海道　　オ．中山道　　カ．甲州道中

キ．東名高速道路　　ク．名神高速道路　　ケ．山陽自動車道

問４　Ｂについて。ここでは発掘《くつ》調査で縄文時代の道が発見されたことでも話題になりました。次のア～オの中から、縄文・弥生・古墳時代の説明として明らかな誤りを含《ふく》むものを１つ選んでそれを除き、残ったものを時代の古い順に並《なら》べかえて記号で答えなさい。

ア．稲作《いなさく》が始まり、人々は定住するようになった。人々は田げたや石包丁を使い、また新しい特徴をもった土器を使うようになった。

イ．ヤマト政権の中心人物は大王と呼ばれ、稲荷山《いなりやま》古墳に葬《ほうむ》られた人物は「ワカタケル大王に仕えた」という内容を刻んだ鉄剣《けん》を残した。

ウ．人々はものをにたきしたり蓄《たくわ》えたりするため土器を作り始め、動物の骨や角を使って道具を作り、狩《か》りや漁でくらしを支えた。

エ．近畿から瀬戸内海沿岸の地域で、古墳が造られ、そのまわりには土偶が並べられ、鏡や玉などが納められた。

オ．人々が土地や水をめぐって争い、勝った指導者はほかのむらも支配し、くにをつくった。卑弥呼がそのような30ほどのくにをまとめた。

エ．選挙管理委員会から指定された病院に入院している有権者は、その病院で投票日の前に投票できる。

◆12 月、第三次安倍晋三内閣が発足しました。

問７　内閣に関連する説明として、明らかに誤っているものを次のア～キから１つ選び、記号で答えなさい。

ア．内閣の最高責任者である内閣総理大臣は、国会議員の中から国会で指名され、天皇によって任命される。

イ．国務大臣は、内閣総理大臣によって任命され、その過半数は国会議員でなくてはならない。

ウ．国務大臣の中には、厚生労働大臣などのようにいずれかの省の主任の大臣として任命された国務大臣のほか、少子化担当大臣などのように特別な仕事の責任者として任命された国務大臣もいる。

エ．内閣総理大臣と国務大臣が参加して開かれる閣議において、国の政治や経済について内閣の方針が決定されたり、内閣から国会へ提出される法律案や予算案が決定されたりする。

オ．内閣は、憲法で定められた天皇の国事行為《い》について、助言と承認を行う。

カ．内閣は、外国と条約を結んだり、法律の規定を実施するために政令を制定したりする。

キ．内閣は、両議院の議員の定数を決めたり、衆議院の解散を決めたりする。

◆2014 年の後半は、アメリカドルに対して、日本の円の価値が下がる円安傾《けい》向がみられました。

問８　円安に関連する説明として、明らかに誤っているものを次のア～エから１つ選び、記号で答えなさい。

ア．円安が進み、2014 年 12 月には、アメリカドルに対する円の交換《かん》比率は、１ドル＝120 円台を記録した。

イ．2014 年の１年間に日本を訪れた外国人観光客の数は今までで最高となったが、その理由の一つに円安の進行があげられている。

ウ．円安が進んだために、日本では輸入原材料やその製品の国内販《はん》売価格が上昇《しょう》する事例が増えており、2014 年７月末に比べて同年 12 月末におけるガソリンの国内販売価格も上昇した。

エ．円安が進んだ場合、かつて生産する場所を国外に移した日本企《き》業の中には、生産する場所を再び国内にもどす企業もあらわれる、と予想される。

問２　日本国憲法に関連する説明として、明らかに誤っているものを次のア～キから１つ選び、記号で答えなさい。

ア．明治時代に制定された大日本帝《てい》国憲法では、主権は天皇にあった。戦後に制定された日本国憲法では、主権は国民にあり、天皇は日本の国と国民のまとまりの象徴《ちょう》であると定められている。

イ．日本国憲法は、立法権が国会に、行政権が内閣に、司法権が裁判所に属する三権分立制度を採用している。

ウ．日本国憲法は、法のもとで平等にあつかわれる権利、自由に意見を述べたり職業を選んだりする権利、健康で文化的な生活を営む権利、裁判を受ける権利を保障している。

エ．日本国憲法には、「プライバシーの権利」や「環《かん》境権」といった語句を用いた条文はない。

オ．日本国憲法は、基本的人権を無制限に保障しているわけではなく、国民は権利をみだりに用いることなくみんなの幸福のために利用する責任を負うとしている。

カ．日本国憲法では、国民として果たさなければならない義務として、選挙で投票する、仕事について働く、税金を納める、という三つの義務が定められている。

キ．日本国憲法は、制定以来、改正されたことはない。

◆９月、2015 年の春に予定されている地方公共団体の議会の議員および首長の選挙の日程について、政府が方針を決めました。

問３　都道府県や市町村で行われる選挙の被選挙権に関する説明として、正しいものを次のア～エから１つ選び、記号で答えなさい。

ア．都道府県議会議員と市町村議会議員の被選挙権は、ともに 30 歳以上である。また、都道府県知事の被選挙権は 30 歳以上で、市町村長の被選挙権は 25 歳以上である。

イ．都道府県議会議員と市町村議会議員の被選挙権は、ともに 25 歳以上である。また、都道府県知事の被選挙権は 30 歳以上で、市町村長の被選挙権は 25 歳以上である。

ウ．都道府県議会議員の被選挙権は 30 歳以上で、市町村議会議員の被選挙権は 25 歳以上である。また、都道府県知事と市町村長の被選挙権は、ともに 25 歳以上である。

エ．都道府県議会議員の被選挙権は 30 歳以上で、市町村議会議員の被選挙権は 25 歳以上である。また、都道府県知事と市町村長の被選挙権は、ともに 30 歳以上である。

◆ (6月21日) 「富岡製糸場と絹産業遺産群」が世界文化遺産に登録されることになりました。

問４　富岡製糸場が完成したのは 1872 年です。このころの日本について述べた次のア～エのうち、正しいものを１つ選び、記号で答えなさい。

ア．藩《はん》が廃《はい》止されて県が置かれ、県は政府が任命した役人によって治められた。

イ．西郷隆盛ら使節団が欧《おう》米の国々の視察から帰国し、近代的な工業をはじめようと官営工場を設立した。

ウ．後に女性の教育に活躍《やく》する平塚らいてうがアメリカ合衆国に留学した。

エ．国の収入を安定させるため、税は収穫《かく》高の３％を現金で納めることになった。

◆ **(8 月 22 日) 今朝読んだ新聞の社説は、水道の老朽《きゅう》化に関する内容でした。**

問５　のび太くんが読んだ社説に下のような文章がありました。文中の空欄《らん》に適する、「水道や電気、ガス、電話、インターネットなど、人が生活するうえで必要な設備」という意味の言葉をカタカナ６字で答えなさい。

古くなった水道設備の更《こう》新を着実に進め、生活に不可欠な(　　　)を守らねばならない。 水道の老朽化対策は、自治体にとって逃《に》げることのできない課題と言える。……

◆ **(10 月 1 日) 東海道新幹線が開業 50 年を迎《むか》えました。これまでの乗客数はのべ 56 億人だそうです。**

問６　次のア～オのうちから、東海道新幹線の開業以前におこったできごとを２つ選び、記号で答えなさい。順番は問いません。

ア．日本の国民総生産額がはじめてアメリカ合衆国に次いで世界２位になった。

イ．日本は国際連合への加盟が認められ、国際社会に復帰した。

ウ．日本ではじめての国際博覧会である日本万《ばん》国博覧会が大阪で開催《さい》された。

エ．アメリカ合衆国が行った水爆《ばく》実験によって、日本の漁船第五福竜《りゅう》丸が被《ひ》ばくした。

オ．アポロ 11 号の月面着陸の様子が日本でも衛星中継《けい》された。

【4】

〔A〕受粉とは，(①) の先にできた花粉が (②) の先につくことです。受粉すると，やがて，(②) のもとの部分が大きくなり，その中に種子ができます。種子に含まれている養分は，発芽に利用されます。

(1) 文の (①)，(②) に最も適する語を選びなさい。
ア．花びら　イ．がく　ウ．めしべ　エ．おしべ

(2) 受粉の仕方が，主に風によるものと水によるものをそれぞれ選びなさい。
ア．カボチャ　イ．ツバキ　ウ．ユリ　エ．クロモ　オ．トウモロコシ

(3) 種子に含まれる油の割合が，最も多いものを選びなさい。
ア．イネ　イ．ゴマ　ウ．ソラマメ　エ．アズキ　オ．エンドウ

(4) 発芽に必要な条件を水以外に２つ選びなさい。
ア．土　イ．空気　ウ．肥料　エ．適温

〔B〕発芽した芽から茎《くき》と葉ができます。葉の茎への付き方には規則があります。この規則により葉どうしが重ならないように葉をずらして付けることで光合成の効率を高めています。例えば，サクラの葉の付き方を下から見た時，基準となる葉から茎のまわりをらせん状に上に $\frac{2}{5}$ 回転したところに１枚目の葉が付き，基準となる葉から $\frac{4}{5}$ 回転したところに２枚目の葉が付き，基準となる葉から $\frac{6}{5}$ 回転したところに３枚目の葉が付きます。

(1) 基準となる葉の真上に，基準となる葉から何枚目の葉が初めて重なりますか。

(2) 基準となる葉の真上に初めて葉が重なるまでに，何回転したことになりますか。

(3) 基準となる葉から１２枚目の葉の真上には，基準となる葉から何枚目の葉が初めて重なりますか。

〔B〕次の実験１，２を読み，後の問いに答えなさい。ただし，実験で用いる塩酸はすべて３．７％の塩酸です。実験はすべて同じ温度で行われたものとします。

〔実験１〕

塩酸２００g に鉄を加えると，水素が発生した。加えた鉄の重さと出てきた水素の体積をそれぞれ調べたら，表１のようになった。

表１　200g の塩酸に鉄を加えた場合

鉄の重さ〔g〕	2g	4g	6g	8g
水素の体積〔cm^3〕	820 cm^3	〔 ① 〕cm^3	2296 cm^3	2296 cm^3

〔実験２〕

塩酸１００gにマグネシウムを加えたところ，水素が発生した。加えたマグネシウムの重さと出てきた水素の体積をそれぞれ調べたら，表２のようになった。

表２　100g の塩酸にマグネシウムを加えた場合

マグネシウムの重さ〔g〕	0.3g	0.6g	0.9g	1.5g
水素の体積〔cm^3〕	288 cm^3	576 cm^3	〔 ② 〕cm^3	1152 cm^3

（1）塩酸２００gには，何という気体が何g溶けていますか。

（2）表の空らん①，②に当てはまる数をそれぞれ答えなさい。

（3）１０gの鉄をすべて溶かすには、少なくとも何gの塩酸が必要ですか。割り切れない場合は，小数第１位を四捨五入して整数で答えなさい。

（4）〔実験２〕で１．５gのマグネシウムを用いたとき，溶けずに残ったマグネシウムは何gですか。

（5）鉄とマグネシウムの混ざった物が１０gあります。これに塩酸を十分に加えたところ，すべて溶けました。また，このとき水素が６３００cm^3だけ発生しました。最初の１０g中に含まれていたマグネシウムは何gですか。

【２】

ダイ吉君の家族が月見をしています。今日は中秋の満月です。

ダイ吉「お父さん，スーパームーンという言葉を聞いたけど，スーパームーンて何？」

お父さん「月と地球の距離は一定ではないので，月が地球に近づいた時の大きな満月をスーパームーンというんだよ。①月の直径は一定だけど，見かけの直径は，月が地球に最も近づいたときと最も遠ざかったときでは１２％もちがうんだよ。」

モモ「月ではウサギさんがおもちをついてるって，友達が言ってたよ。」

お母さん「②月の模様がウサギのように見えるから，そう言われているのよね。国によっては，この模様をカニやライオンに例えているところもあるそうよ。」

ダイ吉「月の模様は三日月や半月の時も同じだけど，何でだろう？」

お父さん「月の自転の周期と（③）が一致《いっち》していて，月が地球に常に同じ面を見せているからだよ。」

ダイ吉「ところでお母さん，昔の日本では，月の形にあわせて日付を決める暦《こよみ》を使っていたと聞いたことがあるけど…」

お母さん「そう，旧暦《きゅうれき》と言って，立春（２月４日前後）に最も近い新月の日を１月１日とし，新月のたびに月を改め１日として，１ヶ月が２９日の小の月と３０日の大の月を交互《こうご》にした暦よ。」

お父さん「２０１５年は2月１９日が旧暦の１月１日，１２月は旧暦では大の月なので，ラ・サール中学校の入試のある１月２４日は，旧暦の１２月○日になるね。すると，ラ・サール中学校入試の日の月は，どんな形の月になるかな？」

ダイ吉「わかった。④こんな形だね。」

といって，ダイ吉君は地面に月の形を書きました。

ダイ吉「でも，現在，旧暦は全く使われていないんでしょう？」

お父さん「いやいや，そうでもないぞ。例えば7月７日の七夕は，旧暦の７月７日にちなんで…今年の場合は８月２日になるが，８月に行う地域もあるよ。七夕を８月に行うことで，沖縄では５月から６月，九州，本州，四国では６月から７月にかけてみられる，（⑤）をさけることができるんだ。」

モモ「わたし，七夕で，『月に行けますように』ってお願いしたんだ。」

ダイ吉「でも，月には⑥空気もない，⑦温度変化も大きい，しかも，⑧重力が小さくて，物の重さが６分の１になるんだって。とても地球のようには暮らせないよ。でも，ぼくが宇宙飛行士になって，モモを月面基地に連れて行ってあげるからね。」

（１）月の直径は次のどの距離に近いですか。最も近いものを選びなさい。

ア．鹿児島～博多（３００ｋｍ）　イ．東京～ソウル（１０００ｋｍ）

ウ．鹿児島～ペキン（２０００ｋｍ）　エ．沖縄～稚内（３０００ｋｍ）

オ．東京～ニューデリー（６０００ｋｍ）

（３）図３のように，秒速 20mの一定の速さで反射板に向かって進む船があり，この船が汽笛を10秒間鳴らし続けました。汽笛を鳴らし終えてから８秒後に，この船に乗っている人には反射板からの反射音が聞こえ始めました。

① 船が汽笛を鳴らし始めたときの船から反射板までの距離は何mですか。

② 船上では反射音が何秒間聞こえますか。小数第２位を四捨五入して小数第１位まで求めなさい。

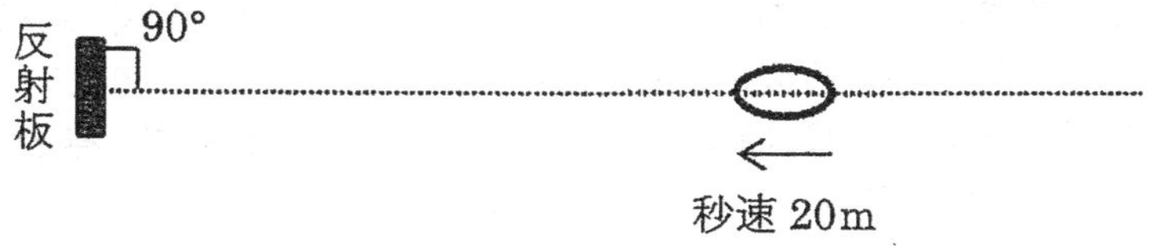

図３

平成27年度　　入学試験問題　　理　科 (40分)　ラ・サール中学校

注意：　1．解答はすべて解答用紙の答のらんに書きなさい。
　　　　2．いくつかの中から選ぶ場合は，記号で答えなさい。特に指示のない場合は１つ答えなさい。

【１】

〔A〕同じ大きさで重さの違う三種類のおもりA，B，Cがそれぞれいくつかあります。それらのおもりや，何本かの棒とひもを用いて，以下のようなつりあいの実験をしました。ただし，A，B，Cは鉄，銀，アルミニウムのどれかで，棒とひもの重さは考えなくてよいとします。以下の問いに答えなさい。

（１）図１のように，おもりをつるすとつりあいました。A，B，Cの重さの比を求めなさい。

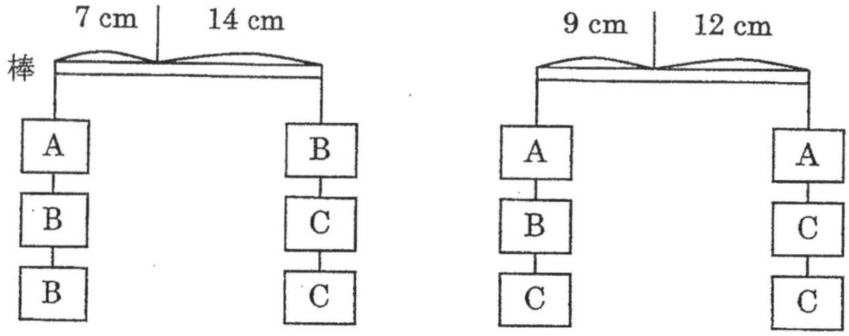

図１

（２）図２のように，おもりA，B，Cを１個ずつつるしてつりあわせます。長さの比 a：b，c：dをそれぞれ求めなさい。

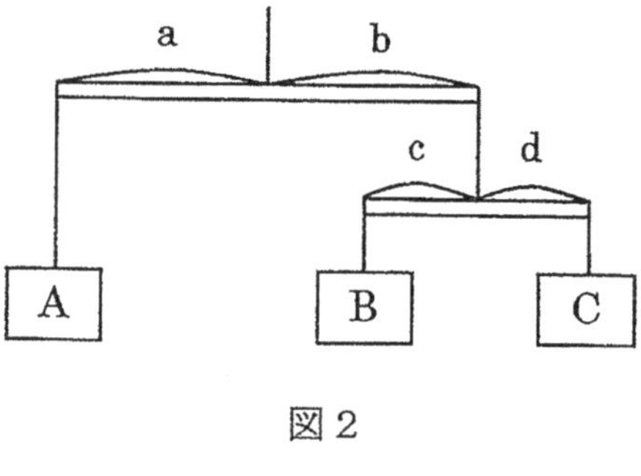

図２

(2)電球Qだけをつけたとき，地面にできるレンガの影を解答欄《らん》の図に斜線で示しなさい。また，影の面積を求めなさい。

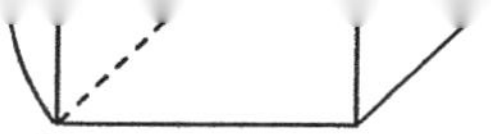

6．花子さんはA地点を毎時 16 kmの自転車で，太郎くんはB地点を毎時4kmの徒歩で同時に出発して，途《と》中のC地点で会う予定でした。ところが，花子さんだけ出発が6分おくれたので，C地点よりA地点に近いところで会いました。次の問に答えなさい。（１５点）

(1)会ったのは予定より何分おそかったですか。また，それはC地点より何mA地点に近いところですか。

(2)もし太郎くんがC地点に着いてすぐに引き返していたら，追いかけてくる花子さんとはB地点に戻るまでに会えないところでした。AB間の道のりは何km以下ですか。

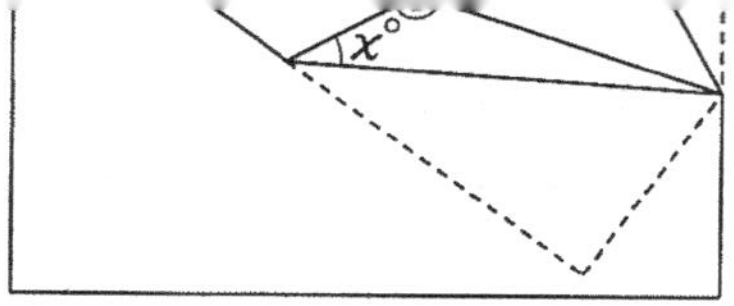

(5)

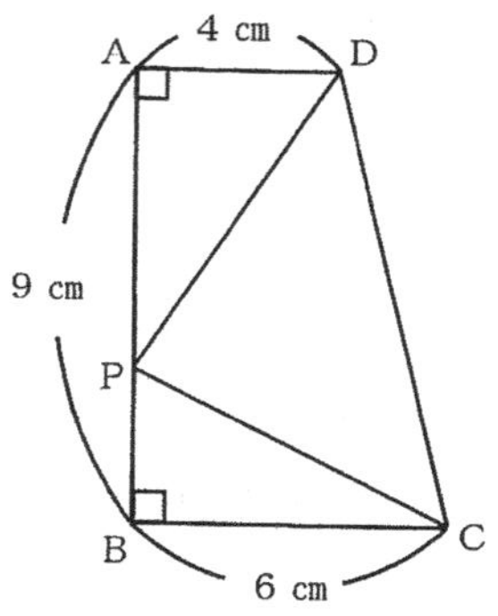

左図において，三角形ＰＣＤの面積は 24.3 cm² です。

ＡＰ：ＰＢを最も簡単な整数の比で答えなさい。

３．ある日の午前０時ちょうどから時計の長針と短針の間が 90° となるときを考えました。次の問に答えなさい。（１５点）

⑴ ２回目に長針と短針の間が 90° となるのは午前何時何分ですか。

⑵ ８回目に長針と短針の間が 90° となるのは午前何時何分ですか。

⑶ この日の午後２時 30 分までに長針と短針の間が 90° となることは何回ありますか。

2014年度　ラ・サール中学校　入学試験問題　算数　（60分・100点）　その1

1．次の □ にあてはまる数をそれぞれ求めなさい。（１２点）

(1)　$21 \times 14.8 - 42 \times 2.4 + 90 \times 3.5 = \square$

(2)　$\left(3\frac{1}{6} - \frac{7}{8}\right) \div 1.375 + \frac{7}{12} = \square$

(3)　$\frac{5}{14} \div \left(1\frac{1}{20} - \square\right) \times 1.3 = 2\frac{1}{7}$

2．次の各問に答えなさい。（３０点）

(1)　A，B２人がゲームをします。1回のゲームでは，勝者に4点敗者に0点が与えられ，引き分けのときは，両者に1点ずつ与えられます。10回のゲームが終わったとき，２人の得点の合計は34点でした。考えられるAの得点は，最低何点，最高何点ですか。

(2)　対角線の長さ10㎝の正方形Aがあります。その一辺を半径とする扇《おうぎ》形Bと，対角線を半径とする扇形Cを右の図のように作ります。

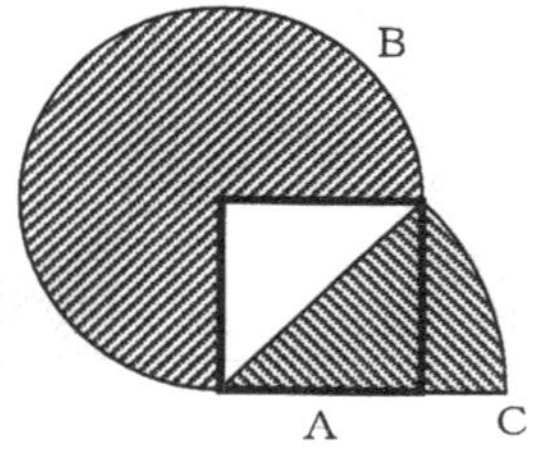

（ア）　２つの扇形の面積の比を求めなさい。

（イ）　２つの扇形の面積の差を求めなさい。円周率は3.14とします。

2014年度　ラ・サール中学校　入学試験問題　算数　（60分・100点）　その２

４． 整数Ａの一の位の数を〈Ａ〉で表し，一番高い位の数を［Ａ］で表します。たとえば，17×17＝289なので，〈17〉＝７，〈17×17〉＝９，［17］＝１，［17×17］＝２です。このとき，次の問に答えなさい。（１８点）

(1)　10個の和〈１×１〉＋〈２×２〉＋〈３×３〉＋…＋〈10×10〉を求めなさい。

(2)　2014個の和〈１×１〉＋〈２×２〉＋〈３×３〉＋…＋〈2014×2014〉を求めなさい。

(3)　［Ａ］×〈Ａ×Ａ〉＝８となる２けたの整数Ａをすべて求めなさい。解答らんには答だけでもよいですが，途《と》中の考え方を書けばそれも採点します。

５．

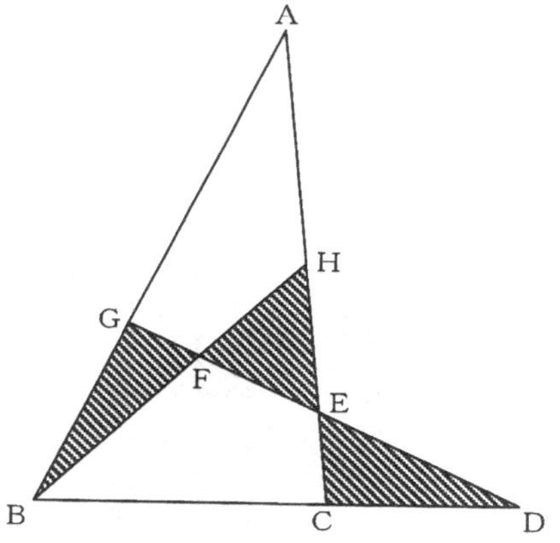

左の図において，斜線をつけた３つの三角形ＢＦＧ，三角形ＦＥＨ，三角形ＣＤＥの面積は等しく，ＢＣ：ＣＤ＝３：２です。三角形ＡＢＣの面積は72㎠であるとして，次の問に答えなさい。（１３点）

(1)　ＣＥ：ＥＨを求めなさい。

(2)　三角形ＢＦＧの面積を求めなさい。

(3)　三角形ＢＤＧの面積を求めなさい。

（1）光合成で作られたデンプンはヨウ素溶液で何色に染まりますか。

ア．黄　イ．緑　ウ．黄緑　エ．桃　オ．青紫

（2）光合成を行う生物を３つ選びなさい。

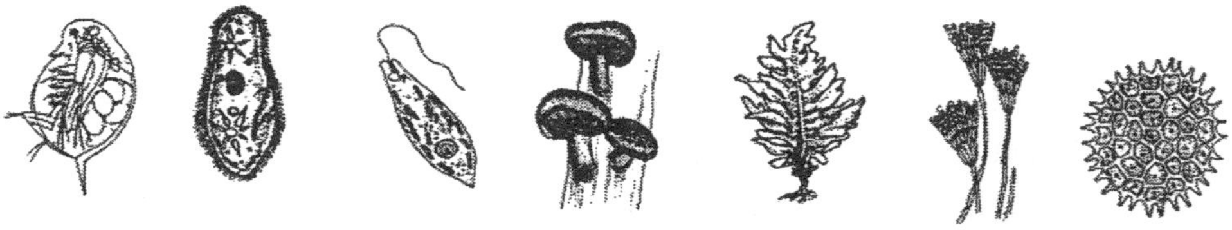

（3）グラフを参考にして，次の文の（ ① ）～（ ③ ）にあてはまる数値を答えなさい。

カタバミを１５キロルクスの明るさの下に１時間おいた場合，光合成による「実際の二酸化炭素の吸収量」は（ ① ）ミリグラムとなりますが，明暗に関係なく常に同じだけ行われる呼吸による「二酸化炭素の排出量」が１ミリグラムなので，光合成による「見かけの二酸化炭素の吸収量」は（ ② ）ミリグラムになります。

また，トマトを１０キロルクスの明るさの下に１時間おいた場合，光合成による「実際の二酸化炭素の吸収量」は２０ミリグラムとなりますが，明暗に関係なく常に同じだけ行われる呼吸による「二酸化炭素の排出量」が（ ③ ）ミリグラムなので，光合成による「見かけの二酸化炭素の吸収量」は１５ミリグラムになります。

（4）カタバミとトマトをある明るさの下に１時間おいた場合，カタバミとトマトの見かけの二酸化炭素の吸収量が等しくなりました。その明るさは何キロルクスですか。

ア．３キロルクス　イ．４キロルクス　ウ．５キロルクス
エ．６キロルクス　オ．７キロルクス

（5）次の文の（ ① ）～（ ③ ）にあてはまる数値を答えなさい。

カタバミを１日（２４時間）のうち，６キロルクスの明るさの下に１２時間，0キロルクスの下に残り１２時間おいた場合，１日あたりの実際の二酸化炭素の吸収量が（ ① ）ミリグラム，１日あたりの二酸化炭素の排出量が（ ② ）ミリグラムなので，１日あたりの見かけの二酸化炭素の吸収量は（ ① ）ミリグラムから（ ② ）ミリグラムを引くことにより求めることができます。また，トマトを１日（２４時間）のうち，６キロルクスの明るさの下に１２時間，０キロルクスの下に残り１２時間おいた場合，１日あたりの見かけの二酸化炭素の吸収量は（ ③ ）ミリグラムになります。

（6）カタバミとトマトを１日（２４時間）のうち，ある明るさの下に１２時間，０キロルクスの下に残り１２時間おいた場合，カタバミとトマトの１日あたりの見かけの二酸化炭素の吸収量が等しくなりました。その明るさは何キロルクスですか。

（7）次の文の（ ① ）～（ ③ ）に最も適する語の組み合わせとして正しいものを選びなさい。

カタバミとトマトの１日あたりの（ ① ）は１日あたりのデンプンを貯蔵する量に比例するので，（6）の明るさより明るい環境では（ ② ）が，（6）の明るさより暗い環境では（ ③ ）がデンプンを貯蔵しやすいと考えられます。

ア．①実際の二酸化炭素の吸収量　②カタバミ　③トマト
イ．①実際の二酸化炭素の吸収量　②トマト　③カタバミ
ウ．①二酸化炭素の排出量　②カタバミ　③トマト
エ．①二酸化炭素の排出量　②トマト　③カタバミ
オ．①見かけの二酸化炭素の吸収量　②カタバミ　③トマト
カ．①見かけの二酸化炭素の吸収量　②トマト　③カタバミ

【２】

〔A〕固体と水溶液を表の①～③のように組み合わせて，気体を発生させました。下の図は気体を発生させるための装置です。

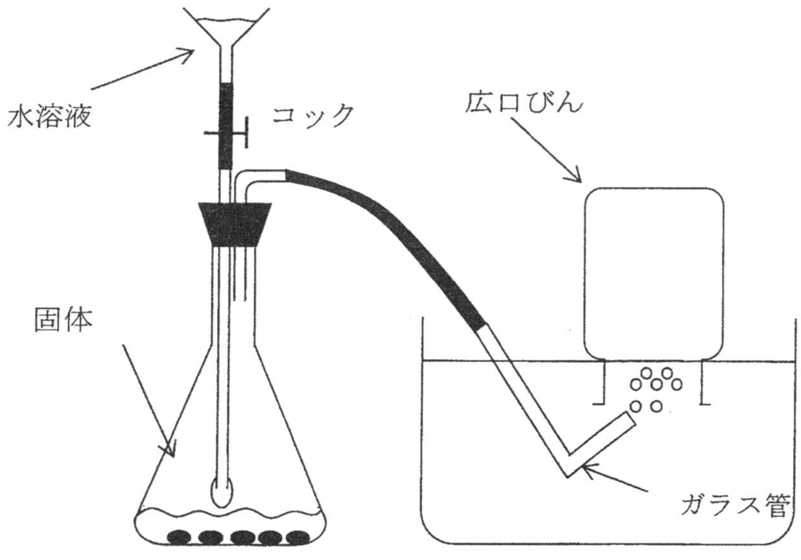

	固体	水溶液	発生した気体を確認する方法とその結果
①	ア	オキシドール	火のついた線香を近づけると激しく燃えた。
②	石灰石	イ	ウ
③	鉄	イ	マッチの火を近づけるとポンと音がした。

以下の問い（4）～（6）では，ものに糸をつけてつるすことを考えます。この場合にも，ものを支える糸の延長線上に「重心」がきて，もののバランスは保たれます。

（4）図2の三角形板ABCを，頂点Aでつるすとどのようになりますか。次の中から正しいものを選びなさい。

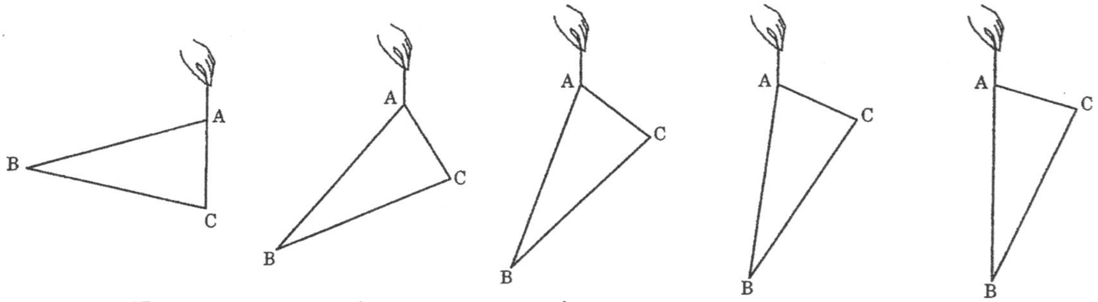

ア　　イ　　ウ　　エ　　オ

（5）図1の針金を長さが1：1となるような点で直角に折り曲げてL字型にしました。この針金を，折り曲げた点でつるすとどのようになりますか。てこのはたらきを参考にして，次の中から正しいものを選びなさい。

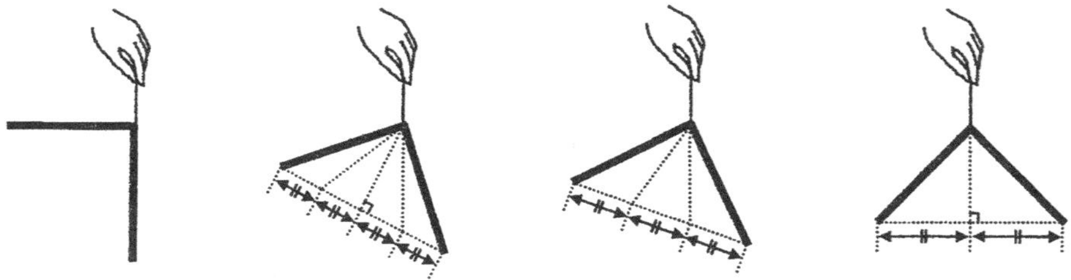

ア　　イ　　ウ　　エ

（6）次に，図1の針金を長さが1：2となるような点で直角に折り曲げてL字型にしました。この針金を，折り曲げた点でつるすとどのようになりますか。てこのはたらきを参考にして，次の中から正しいものを選びなさい。

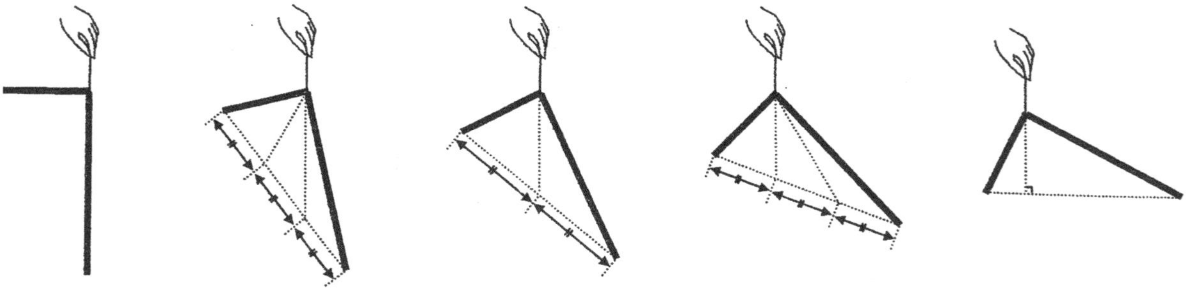

ア　　イ　　ウ　　エ　　オ

〔B〕次の（1）～（3）に答えなさい。

（1）温度に違《ちが》いがあるものを混ぜたり，ふれさせると，高温のものの温度は下がり，低温のものの温度は上がります。このとき，高温のものから低温のものに「熱が移動した」といいます。さて，湯飲みに入れた水を他の湯飲みに移すことで，水の温度を変えることができます。このことについて考えてみましょう。あとの（a）～（e）の方法では，熱は湯飲みと水の間だけで移動し，水と湯飲みはすぐに同じ温度になるものとします。

① 同じ湯飲みが３つあります。図１のように，Aは５０℃の湯飲みで，中には何も入っていません。Bは２０℃の湯飲みの中に２０℃の水が５０ｇ入っています。Cは８０℃の湯飲みの中に８０℃の水が５０ｇ入っています。

図１

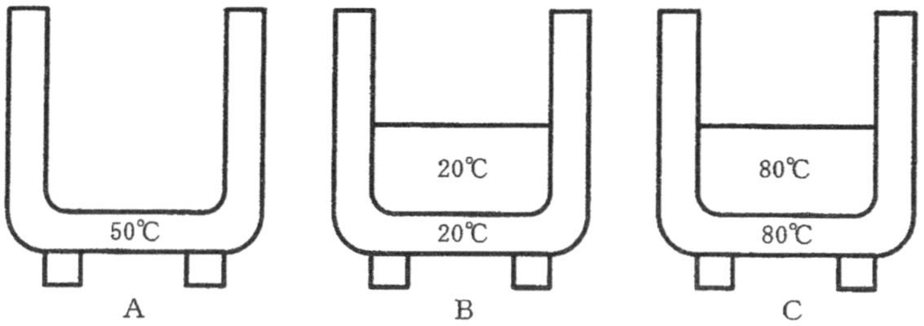

BとCの水を（a）～（c）の３種類のそれぞれの方法で混ぜ，混ぜたあとの水の温度を測定しました。

（a）図１の状態から，BとCの水をすべてAに移す。
（b）図１の状態から，Cの水をすべてBに移す。
（c）図１の状態から，Bの水をすべてCに移す。

［問い］ 測定した水の温度を低い順に並べたものとして，正しいものを選びなさい。

ア．（a），（b），（c）　イ．（a），（c），（b）　ウ．（b），（a），（c）
エ．（b），（c），（a）　オ．（c），（a），（b）　カ．（c），（b），（a）

② 同じ湯飲みが２つあります。図２のように，Xは２０℃の湯飲みで，中には何も入っていません。また，Yは８０℃の湯飲みの中に８０℃の水が１００ｇ入っています。

図２

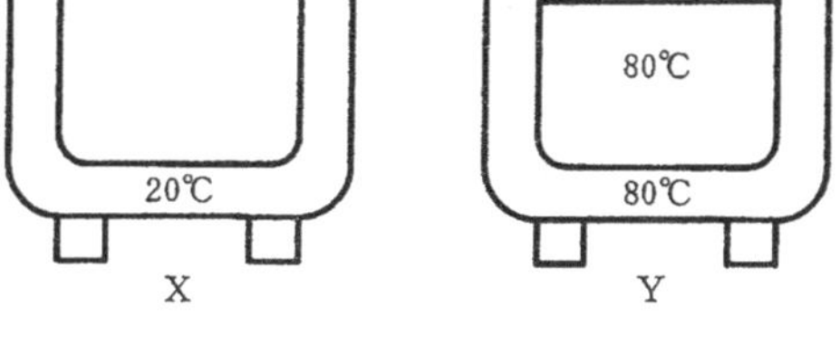

Yの水をXの湯飲みを使って，（d），（e）のそれぞれの方法で冷ましました。

（d）図２の状態から，すべての水をXに移したあと，再びその水をYにもどす。
（e）図２の状態から，半分の水をXに移したあと，再びその水をYにもどす。

お父さん「この図は２０１３年１１月から２０１４年３月にかけての，地球と金星の位置を１０日ごとに示したものなんだ。今頃（２０１３年１１月），金星は（⑤）に見えているけど，（⑥）頃は全く見ることができなくなって，来年の３月には（⑦）に見えるようになるんだ。」
ダイ吉「金星って，地球より太陽に近いから暑いんだよね。」
お父さん「太陽から金星までの距離《きょり》は，地球までの距離の７０％しかないんだ。太陽からの距離が２分の１になると，太陽からもらう熱は４倍。距離が３分の１になると，太陽からもらう熱は９倍にもなるからね。」
ダイ吉「ということは…。同じ面積で考えると，太陽から金星がもらう熱は，地球がもらう熱の約（⑧）倍だ。暑いわけだね。」
モモ「わたし，暑いの大好き。」
お父さん「喜んではいられないよ。金星の大気の中には（⑨）がとてもたくさん含まれていて，その温室効果の影響《えいきょう》で，気温は４５０℃以上にもなるそうだよ。」
ダイ吉「それは，熱すぎだよね。」

１１月２９日，ダイ吉君はニュースで，アイソン彗星が消滅《めつ》してしまったことを知り，ショックを受けました。ガッカリしたダイ吉君は，夜，お父さんにそのことを話しました。

ダイ吉「お父さん…アイソン彗星がなくなったんだって…。なんで…？」
お父さん「そのわけは…　ラ・サール中学校に入ると教えてくれるみたいだぞ！」

（１）①にあてはまる言葉を次から選びなさい。
ア．遊(ぶ)　イ．流(れる)　ウ．はたき　エ．明(るい)　オ．ほうき

（２）②にあてはまる数字を次から選びなさい。
ア．0.2　イ．0.9　ウ．1.3　エ．1.8　オ．2.5

（３）下線部③で，彗星の尾の様子を正しく表している図を次から選びなさい。

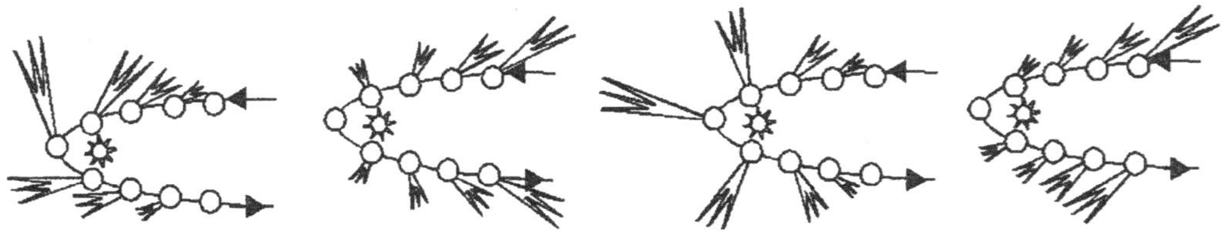

ア　イ　ウ　エ

（４）下線部④にあるように，彗星が太陽に近すぎるとなぜ観察しにくいのか。その理由を答えなさい。

（５）⑤⑥⑦にあてはまる語句を次から選びなさい。
⑤⑦の選択肢《し》
ア．真夜中の南の空　イ．夕方の西の空　ウ．夕方の東の空
エ．明け方の西の空　オ．明け方の東の空
⑥の選択肢
ア．１２月１日　イ．１２月２１日　ウ．１月１１日
エ．１月２１日　オ．２月１日

（６）⑧にあてはまる数字を，小数第一位を四捨五入して整数で答えなさい。

（７）⑨にあてはまる気体を次から選びなさい。
ア．酸素　イ．二酸化炭素　ウ．ちっ素　エ．水素

［終わり］

その1

平成26年度　入学試験問題　社　会 (40分)　ラ・サール中学校

注意：解答はすべて解答用紙に記入しなさい。

1　2013年の世界や日本で起きたできごとについて、以下の問いに答えなさい。

問1　2月、ローマ法王ベネディクト16世が退位し、3月に新たな法王フランシスコが選ばれました。このフランシスコの出身地域を、次のア～エから一つ選び、記号で答えなさい。

ア．アジア　イ．中南米　ウ．ヨーロッパ　エ．オセアニア

問2　6月、サッカーの日本代表チームがアジア最終予選でオーストラリアと戦い、2014年のワールドカップ大会の出場を決めました。大会は、ブラジルで開催《さい》されます。このブラジルで使用される主要な言語を、次のア～エから一つ選び、記号で答えなさい。

ア．ポルトガル語　イ．スペイン語　ウ．オランダ語　エ．フランス語

問3　6月、「富士山」を世界文化遺産にすることが決まりました。「富士山」は、山梨県と静岡県にまたがっています。この静岡県にあたる地域を治めていた大名が1560年の合戦で滅《ほろ》ぼされましたが、その大名の名前と、その合戦の名前をそれぞれ答えなさい。

問4　7月、エジプトのモルシ大統領が軍により解任され、暫《ざん》定政権が発足しました。モルシ氏の支持組織である「ムスリム同胞《ほう》団」はこれに強く反発し、大規模なデモを起こすなど、暫定政権との対立が続いています。「ムスリム」とはイスラム教徒のことですが、イスラム教徒は聖地とされる都市に向かい、1日に5回の礼拝をします。その都市の名前を答えなさい。

問5　7月、イギリスの王子夫妻に男の子が生まれ、ジョージという名前がつけられました。これは先代のイギリス国王と同

2　昨年も、鹿児島県内のいくつかの博物館で、歴史に関する特別展示や企《き》画展示が行われました。また、歴史に関するニュースも多い一年でした。塩屋君は、これまでに博物館で見たものや新聞で読んだニュースの中で、関心を持ったものについて写真・表や文章などでカードを作りました。次の①～⑫は、その一部のカードの文章を<u>年代順</u>に抜《ぬ》き出したものです。これに関して、下の問いに答えなさい。

①巻物に本物そっくりに描《えが》かれたよろい・かぶと・鏡。これらの品々は日向《ひゅうが》国（今の宮崎県）の古墳《ふん》から発掘《はっくつ》されたものだそうだ。

②福岡県で出土した木簡。奈良時代に奄美《あまみ》大島から九州を治める役所に送られた品物に付けられた荷札だそうだ。

③大隅《おおすみ》国の役所跡《あと》で見つかった土器。平安時代の中ごろのものでひらがなで和歌の一部が記されている。

④南九州で最大の神社である大隅正八幡宮《しょうはちまんぐう》（霧島《きりしま》市にある現在の鹿児島神宮）に附《ふ》属する寺院跡で出土した元（中国）の時代の焼き物。全国的にもめずらしい。

⑤16 世紀半ばに、当時の島津《しまづ》氏の当主が大隅正八幡宮に奉《ほう》納したよろい。

⑥伊能忠敬が地図作りの時に使った距離《きょり》を測る道具。

⑦那覇《なは》の港のようすが描かれた屏風《びょうぶ》。薩摩藩《さつまはん》の船も描かれている。

⑧京都にあった薩摩藩の屋敷《しき》の絵図。この屋敷で薩摩藩と長州藩の同盟が結ばれた。今は同志社大学の敷地になっている。

⑨日露戦争に従軍した人が書いた記録。戦いで負ったけがや、たてたてがらが書いてある。

⑩南さつま市万世《ばんせい》の竹やぶの中で、特攻《こう》基地として用いられた飛行場の門柱が見つかった。

⑪国際的な火山科学者の集まりが開かれた。

⑫水俣《みなまた》病研究で知られたお医者さんが亡《な》くなって１年たったので回顧《こ》展が開かれた。

問１　文章①のよろい・かぶと・鏡がつくられた時代より前の時代に関する文章として誤っているものを、次のア～エから一つ選び、記号で答えなさい。

ア．貝塚《かいづか》の位置によって、その時代の海岸線を想定することができる。

イ．三内丸山遺跡《いせき》ではひときわ大きな建物跡が見つかっており、このむらの首長の身分をもつ人の住まいであったことがわかる。

ウ．佐賀県ではほりや柵《さく》に囲まれ、物見やぐらなどの遺跡が見つかっているので、むらどうしの戦いが起こっていたことがわ

問４　文章④の焼き物が作られた時代の日本のようすを説明する次の文章の〔　　　〕に漢字で適語を入れなさい。

肥後（熊本県）の御家人竹崎季長《すえなが》が勇ましく戦う姿を描いた絵巻物がつくられた。この絵巻物には、元軍の上陸を防ぐため〔　　　〕湾沿岸に九州の武士に命じて造らせた防塁《るい》（石塁）も描かれている。

問５　文章⑤の世紀の鹿児島のようすを説明する文章として正しいものを、次のア～エから一つ選び、記号で答えなさい。

ア．ポルトガル人の宣教師フランシスコ＝ザビエルがやって来て、キリスト教を伝えた。

イ．種子島の人々は、ポルトガル人によって伝えられた鉄砲《ぽう》の生産をながく独占《せん》し、全国に売って巨《きょ》大な利益をあげた。

ウ．朝鮮《ちょうせん》半島から連れてこられた人々が、焼き物をつくりはじめた。

エ．鹿児島の大名は、関ヶ原の戦いで豊臣方について戦い、滅《ほろ》ぼされた。

問６　文章⑥のころの学問や文化を説明する文章として誤っているものを、次のア～エから一つ選び、記号で答えなさい。

ア．本居宣長が、『古事記伝』をあらわし、国学という学問を完成させた。

イ．『ハルマ和解』という日本で最初のオランダ語の辞典がつくられた。

ウ．葛飾北斎《かつしかほくさい》が、「富嶽《ふがく》三十六景」をはじめとする多くの浮世絵《うきよえ》をえがいた。

エ．参勤交代の旅行を題材とする『東海道中膝栗毛《ひざくりげ》』が出版された。

問７　文章⑦に関連して、アは琉球《りゅうきゅう》国王を任命するためにやって来た中国（清《しん》）皇帝の使いを迎《むか》える儀《ぎ》式のようすを再現した模型、イは琉球国王の使いが国王就任のお礼のため江戸へ向かうようすを描いた絵です。これらから、この時代の琉球は、中国と日本とどのような関係を結んでいたと考えられますか。句読点を含《ふく》めて20字以内で答えなさい。

ア

イ

問10　文章⑪の会議は、大正３年（1914年）の桜島の大噴《ふん》火から間もなく100年たつので開かれました。これに関連して、大正時代の日本のようすを説明する文章として誤っているものを、次のア～エから一つ選び、記号で答えなさい。

ア．全国各地で米騒《そう》動がおこり、政府は軍隊を出動させて、ようやくしずめた。

イ．差別に苦しんでいた人々が、全国水平社をつくり、差別をなくす運動を進めた。

ウ．東京で直下型の大地震《しん》が起こり、混乱の中で、数千人の朝鮮の人々が殺された。

エ．25歳《さい》以上のすべての男女に、税金の額に関係なく選挙権を与《あた》える法律が成立した。

問11　文章⑫の水俣病は、四大公害病の一つです。四大公害病のうち、三重県で発生したものを何といいますか。漢字かなまじりで７字で答えなさい。

3　次の文章を読み、以下の問いに答えなさい。

憲法の主要な目的は人権の保障にあります。人権の保障という目的を達成するには、権力を制限する必要があります。一人の人または一つの組織だけに権力が集中すると、権力が乱用され、人権が侵《しん》害されるおそれがあるからです。

日本国憲法は、第３章「国民の権利及《およ》び義務」において、国民のａ基本的人権を保障しています。

また、憲法は、第４章「国会」、第５章「内閣」、第６章「司法」などの章で、統治のしくみについて規定しています。

国会について、憲法は、「国の唯一《ゆいいつ》のｂ立法機関」としています（第41条）。また、法律案の議決について、ｃ憲法第59条は、次のように定めています（第３項《こう》は省略）。

「第59条第１項　法律案は、この憲法に特別の定めのある場合を除いては、両議院で可決したとき法律となる。

第２項　衆議院で可決し、参議院でこれと異なった議決をした法律案は、衆議院で出席議員の３分の２以上の多数で再び可決したときは、法律となる。

第４項　参議院が、衆議院の可決した法律案を受け取った後、国会休会中の期間を除いて60日以内に、議決しないときは、衆議院は、参議院がその法律案を否決したものとみなすことができる。」

国会を構成する両議院議員については、「両議院は、全国民を代表するｄ選挙された議員でこれを組織する」（第43条第１項）

その5

問3　下線部c「憲法第59条」は法律案の議決に関する規定である。2013年に国会に提出された法律案の一つとして特定秘密保護法案（特定秘密の保護に関する法律案）がある。憲法第59条に照らし合わせたとき、この法律案の議決に関する記述として正しいものを、次のア～エから一つ選び、記号で答えなさい。

ア．衆議院で可決し、参議院で否決したため、法律は成立しなかった。

イ．衆議院で可決し、参議院でも可決したため、法律は成立した。

ウ．衆議院で可決し、参議院で否決した後、衆議院で出席議員の3分の2以上の多数で再び可決し、法律は成立した。

エ．衆議院で可決し、参議院では議決しないまま法律案を受け取ってから60日を経過したので、衆議院で出席議員の3分の2以上の多数で再び可決し、法律は成立した。

問4　下線部dに関する記述として誤っているものを、次のア～エから一つ選び、記号で答えなさい。

ア．2013年の参議院議員通常選挙で、選挙時点における民主党の当選人数は、選挙区・比例代表選出議員あわせて、20人未満であった。

イ．参議院選挙区選出議員は、都道府県単位の選挙区で選出される。

ウ．参議院比例代表選出議員は、全国を一つの選挙区として選出される。

エ．2013年の参議院議員通常選挙で、選挙時点における自由民主党の当選人数は、選挙区・比例代表選出議員あわせて、80人を超《こ》えた。

問5　下線部e「内閣」について、内閣または内閣総理大臣などに関する記述として誤っているものを、次のア～エから一つ選び、記号で答えなさい。

ア．内閣は、内閣総理大臣・国務大臣・副大臣によって構成されている。

イ．内閣総理大臣は、国会が、国会議員の中から指名する。

ウ．衆議院議員総選挙の後に初めて国会の召《しょう》集があったとき、内閣は総辞職をしなければならない。

エ．内閣総理大臣が死亡などによって欠けたとき、内閣は総辞職をしなければならない。

4　次の図A～Eは、それぞれ日本の２つの県で構成された地域を示しています。縮尺はそれぞれ異なりますが、上が北です。A～Eの地域に関する下の問いに答えなさい。

A

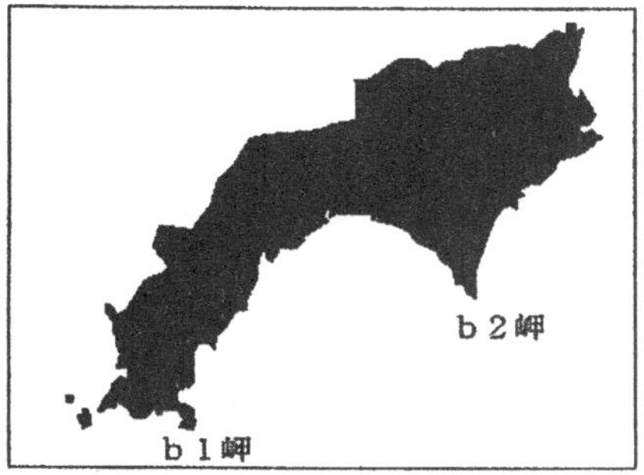

B

C

D

E

問１　次の文章は、A～Eについて述べたものです。文章中の下線部①～⑦にあてはまる地名を答えなさい。

Aは一部をのぞいて低地や台地が広がっており、標高の低い地域が多いです。①中央部を東へ流れる川が２つの県の境となっており、太平洋に注いでいます。この川の近くにはいくつもの湖があり、②そのうち最も大きい湖は、日本で２番目の大きさです。

Bはけわしい山地が多い地域で、南部は太平洋に面しています。台風の被《ひ》害を受けやすく、③図中のb２岬《みさき》は、b１岬とともに強風を観測する地点として知られています。

Cはいくつかの山地が南北方向に走ります。④中央部の山脈が２つの県の境となっており、この山脈と⑤東部の高地との間を南へ流れる川にそって盆《ぼん》地が形成され、人口が集まっています。西部の日本海ぞいは平野が比較《かく》的広いです。

Dは日本海に面しており、図中の⑥d諸島や竹島もふくまれます。南部は瀬戸内海に面しており、人口は瀬戸内海に面した地域に集まっています。

Eは海ぞいには平野が広がっていますが、内陸部はけわしい山地が多く、火山もみられます。東部は太平洋に面し、西部の図中の⑦e諸島の西側は東シナ海です。

問4　次の図サ～ソは、A～Eのいずれかについて、県庁所在都市2つの雨温図を示したものです。サ・シ・スの右側の雨温図（四角のわくをつけたもの）にあてはまる県庁所在都市名を、それぞれ答えなさい。

サ

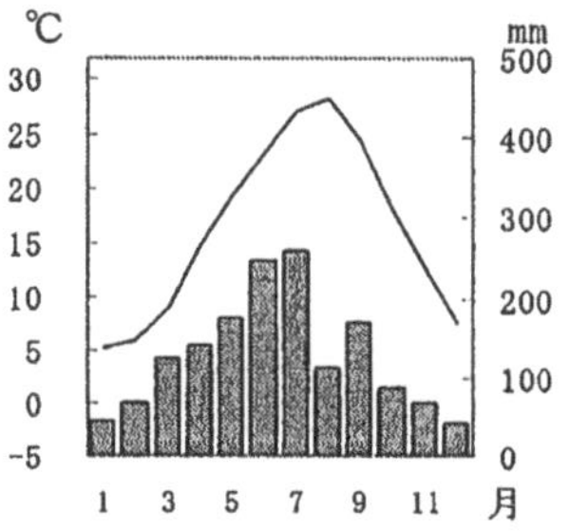

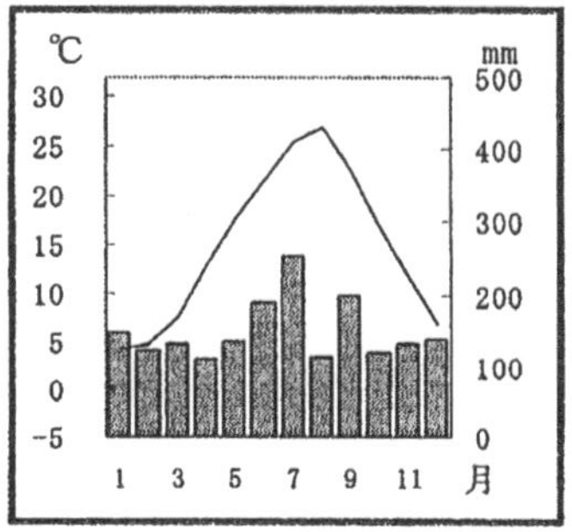

シ

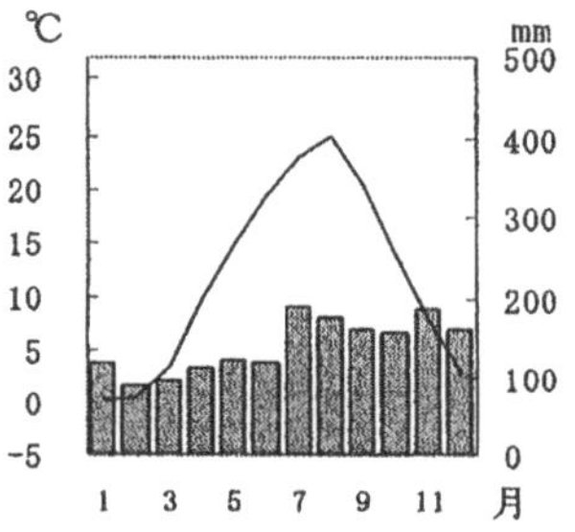

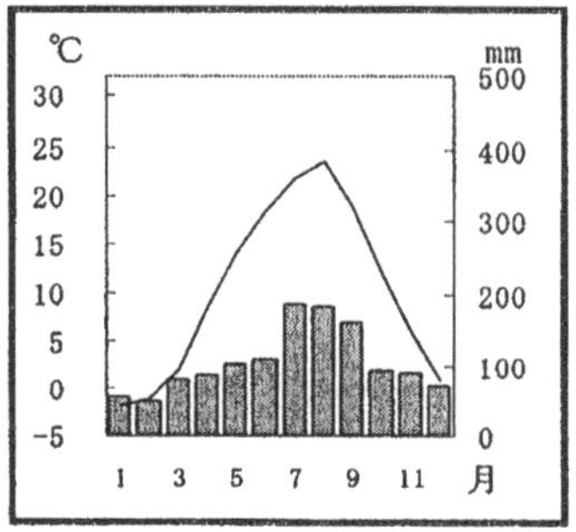

ス

2014年度　ラ・サール中学校　入学試験　算数　解答用紙

1．

(1)		(2)		(3)	

1の小計
12

2．

(1)	最低　　点，最高　　点		
(2)	(ア)扇形B：扇形C＝　　：　　(イ)　　cm^2		
(3)	円	(4)	(ア)　　°(イ)　　°

2の小計
30

3．

(1)	分　　秒後	(2)	秒	(3)	m

3の小計
17

4．

(1)		(2)	

4の小計

平成26年度　入学試験問題　理　科　解答用紙

【 1 】（１５点）

(1)	(2)			(3)			(4)
				①	②	③	

(5)			(6)	(7)
①	②	③	キロルクス	

【 2 】（１０点）

A	(1)		(2)	
	(3)			
	(4)			
B	(1)			
	①		②	
	(2)	(3)	(4)	(5)
		g		mL

平成26年度　入学試験問題

1

問1	問2	問3大名	合戦
問5	問6	問7	問8

2

問1	問2	問3	問4

問7 →

問8	問9	順番	文章	地図の記号	問10	問11 →
		1				
		2				
		3				

3

問1	問2	問3	問4	問5

4

問1①	②	③		
⑤	⑥	⑦		
問2ウ	エ	オ	問3カ	キ
問4サ	シ	ス		

社　会　　解答用紙

問4

点

問6

点

問7　問8

点

④

点

受験番号

得点

※50点満点
(配点非公表)

【３】（１５点）

	(1)	(2)	(3)	(4)	(5)	(6)	
A							
B	(1) ①	(1) ②	(2) (b)	(2) (c)	(3) ①	(3) ②	(3) ③

【４】（１０点）

(1)	(2)	(3)

(4)

(5) ⑤	(5) ⑥	(5) ⑦	(6)	(7)

受験番号	得　点
	※50点満点

(3)	答

5．

(1)	ＣＥ：ＥＨ＝　：	(2)	㎠	(3)	㎠

５の小計
１３

6．

(1)	㎤	(2)	㎤

６の小計
１０

受験番号	得　点
	※100点満点

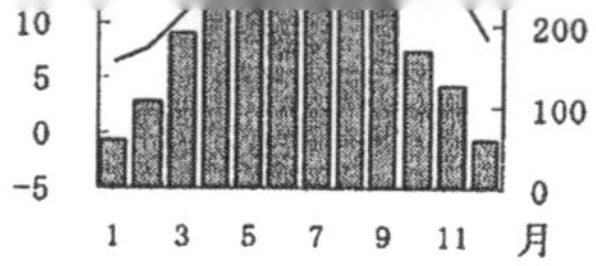

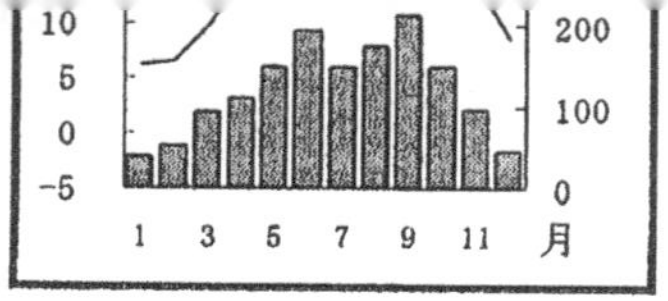

セ

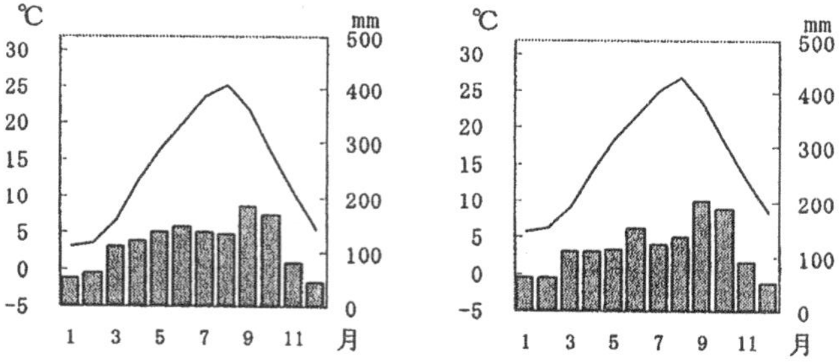

ソ

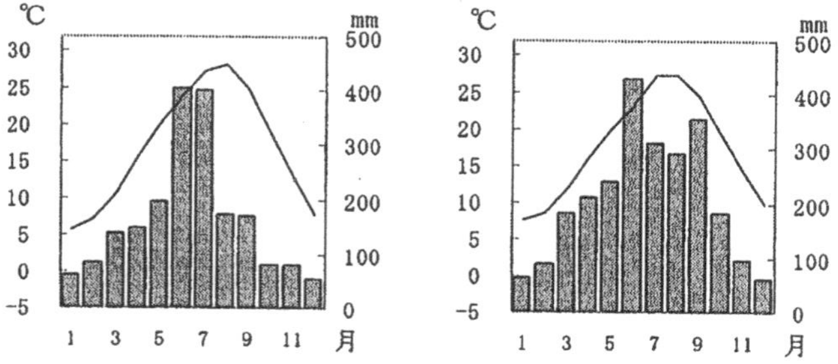

（以上で問題は終わり）

問２　次の表中のア～オは、Ａ～Ｅのいずれかについて、面積、人口、農業産出額と各農産物の割合を示したものです。ウ・エ・オにあてはまる地域をＡ～Ｅから一つずつ選び、記号で答えなさい。

	面積 (km^2)	人口 (万人)	農業産出額 (億円)	米 (%)	野菜 (%)	畜産 (%)
ア	26,915	237	4,353	42.8	11.0	37.6
イ	15,188	355	1,758	33.3	15.6	34.7
ウ	15,141	293	6,281	10.9	30.5	41.6
エ	11,253	914	8,434	21.6	38.9	25.1
オ	11,252	153	2,023	14.2	46.1	16.8

統計年次は 2012 年。

問３　次の表中のカ～コは、Ａ～Ｅのいずれかについて、工業の統計を示したものです。カ・キにあてはまる地域をＡ～Ｅから一つずつ選び、記号で答えなさい。

	製造品出荷額等 (億円)	出荷額の多い業種と割合 (%)
カ	232,914	化学工業 17.4　石油製品・石炭製品 12.2　鉄鋼業 10.9
キ	97,589	輸送用機械器具 26.9　鉄鋼業 16.7　生産用機械器具 7.0
ク	38,520	食料品 14.6　電子部品・デバイス・電子回路*14.2　輸送用機械器具 12.1
ケ	34,371	電子部品・デバイス・電子回路 20.7　輸送用機械器具 13.2　食料品 12.6
コ	21,594	化学工業 24.4　電子部品・デバイス・電子回路 13.4　食料品 9.5

統計年次は 2010 年。　*電子部品・デバイス・電子回路……電気機器や情報通信機器の部品

ア．財務省に国税庁が置かれている。

イ．内閣府に公正取引委員会が置かれている。

ウ．商務産業省に金融《ゆう》庁が置かれている。

エ．厚生《こうせい》労働省に中央労働委員会が置かれている。

問７　下線部ｇ「裁判所」について、裁判所または裁判官に関する記述として誤っているものを、次のア～カから一つ選び、記号で答えなさい。

ア．最高裁判所は、一人の最高裁判所長官と、14 人の長官以外の最高裁判所裁判官によって構成されている。

イ．最高裁判所は、全国でただ一か所、東京都に設置されている。

ウ．下級裁判所の裁判官について、憲法は、「任期を 10 年とし、再任されることができる」と定めている。

エ．三審制において、第一審が簡易裁判所・地方裁判所・家庭裁判所のいずれであるかを問わず、第二審は常に高等裁判所になる。

オ．最高裁判所の裁判官について、憲法は、「法律の定める年齢《れい》に達した時に退官する」と定め、法律はその年齢を 70歳《さい》としている。

カ．高等裁判所は、全国で８か所に設置されている（ただし、支部は除く）。

問８　下線部ｈに関する記述として誤っているものを、次のア～エから一つ選び、記号で答えなさい。

ア．法律は、裁判員を、衆議院議員の選挙権を有する者の中から選任するとしている。

イ．裁判員制度が適用されるのは、刑《けい》事事件のうち、原則として、殺人罪など、一定の重大な犯罪についての事件の裁判である。

ウ．訴《うった》えられた人が有罪か無罪かの判断は裁判員のみで行い、有罪の場合にどのような刑罰《ばつ》を科するかの判断は裁判官のみで行う。

エ．法律は、国会議員・裁判官・検察官・弁護士など一定の地位にある者については、裁判員の職務に就《つ》くことができないとしている。

内閣について、憲法は、「行政権は、e 内閣に属する」（第 65 条）と定めています。内閣の下で、f 一つの府と 11 省が行政の仕事を分担して進めています。

司法権を担《にな》う g 裁判所について、憲法は、「すべて司法権は、最高裁判所及び法律の定めるところにより設置する下級裁判所に属する」（第 76 条第 1 項）としています。現在、司法の分野では、国民が参加する裁判の実現を目指して、h 裁判員制度が実施《し》されています。

問 1　下線部 a に関する記述として誤っているものを、次のア～エから一つ選び、記号で答えなさい。

ア．憲法は、労働者が労働条件を維《い》持・改善するために労働組合を結成し、または、それに加入する権利を団結権として保障しており、この権利を実現するために労働組合法などの法律が制定されている。

イ．憲法では、法の下の平等の実現が求められているので、憲法および法律は、国会議員を選挙する権利を、日本国籍《せき》をもつ国民に限らず、日本に居住する外国人にも保障している。

ウ．憲法は、教育を受ける権利を保障すると同時に、親は子どもに教育を受けさせる義務を負うとしている。

エ．憲法は、信教の自由を保障すると同時に、国が特定の宗教と結びつくことを制限するために、「国及びその機関は、宗教教育その他いかなる宗教的活動もしてはならない」と定めている。

問 2　下線部 b「立法機関」について、国会の立法に関する記述として誤っているものを、次のア～カから一つ選び、記号で答えなさい。

ア．参議院議員が行う法律案の提出などを補佐《さ》する機関として、参議院に参議院法制局が設置されている。

イ．議員が法律案を提出する場合、一人の議員で提出することはできず、その議員以外に、法律が定める一定数の賛成者が必要である。

ウ．衆議院議員が行う法律案の提出などを補佐する機関として、衆議院に衆議院法制局が設置されている。

エ．法律案の提出を受けた衆議院または参議院の議長は、原則として、その法律案を委員会の審《しん》議に掛《か》ける。

オ．内閣提出の法律案については、内閣総理大臣が内閣を代表して国会に提出する。

カ．天皇の国事行為《い》に「助言と承認」を与《あた》える権限をもつ内閣が提出して成立した法律については、天皇の公布は行われない。

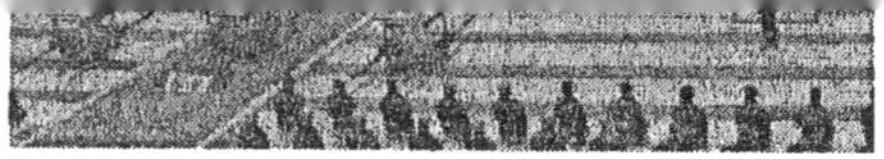
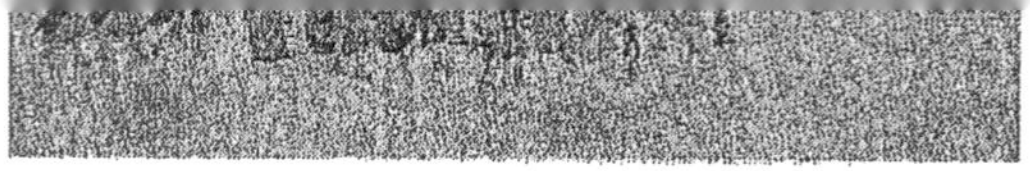

問８　文章⑧に関連して、薩摩藩と長州藩が同盟を結んだ時点は、次の年表のア～ウのどこに入れるのが正しいですか。一つ選び、記号で答えなさい。

1860年	勝海舟《かつかいしゅう》を艦《かん》長とする咸臨丸《かんりんまる》が、太平洋をわたった。
	ア
1863年	イギリスの艦隊が、鹿児島城下に砲撃《ほうげき》を加えた。
	イ
1868年	西郷隆盛と勝海舟が、江戸城のあつかいをめぐって会談した。
	ウ
1871年	岩倉具視《ともみ》を中心とする使節団が欧米《おうべい》に向けて出発した。

問９　次のア～ウは、文章⑨と⑩の間に入るできごとです。ア～ウを年代の早い順番に並《なら》べ替《か》え、各文章中の「ここ」の場所を右の地図で探して、解答らんの表を完成させなさい。

ア．ここの郊外《こうがい》で日本軍と中国軍の衝突《しょうとつ》が起こり、日中の全面戦争が始まった。

イ．日本軍は、ここで起こした鉄道線路の爆破《ばくは》事件をきっかけに、中国軍への攻撃を始め、翌年新しい国をつくった。

ウ．日本軍は、中国の首都であったここで、武器を捨てた兵士や女性、子どもを含む多数の市民の命をうばった。

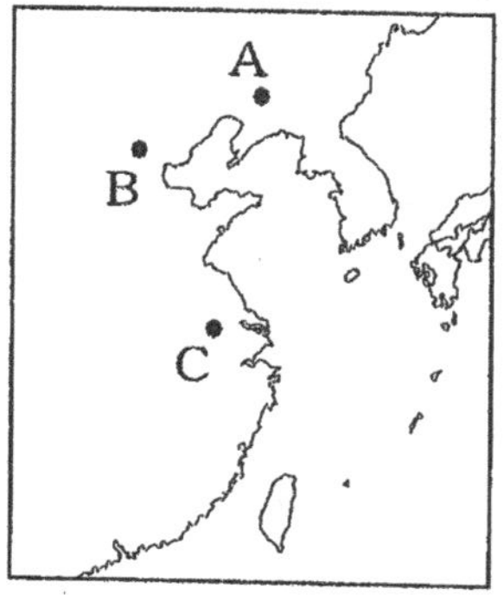

エ．出雲（島根県）から大量の銅鐸《どうたく》・銅矛《どうほこ》などが見つかっているので、この地方に有力な豪族《ごうぞく》がいたことがわかる。

問２　文章②の木簡が使われたころの九州のようすを説明する文章として誤っているものを、次のア～エから一つ選び、記号で答えなさい。

ア．防人《さきもり》と呼ばれる兵士が、九州の沿岸を警備していた。
イ．遣唐使《けんとうし》の船が、往路や復路に九州の沿岸を航行した。
ウ．九州の各国にも、聖武天皇の命令でお寺が造られた。
エ．九州の政治の中心として多賀城が造られた。

問３　文章③に関連して、平安時代の文化ともっとも関係の深いものを、次のア～エから一つ選び、記号で答えなさい。

ア

イ

ウ

エ
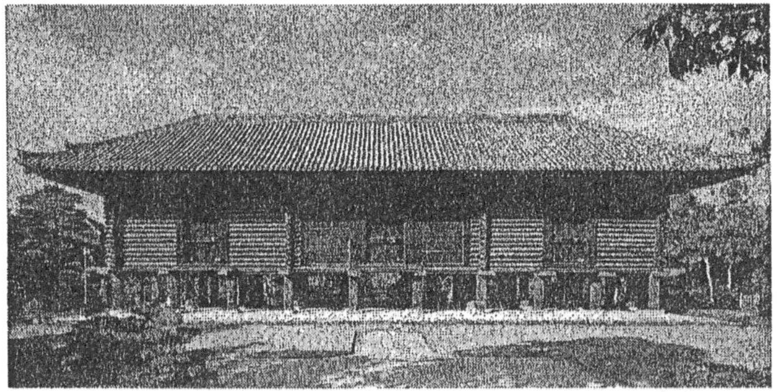

ア．ウィリアム　　イ．キャサリン　　ウ．チャールズ　　エ．エリザベス

問６　９月、東京が、2020年の夏季五輪・パラリンピックの開催都市に決まりました。パラリンピックは体にハンディキャップのある人が、各国・各地域の代表として競技を行うスポーツの祭典です。ハンディキャップのある人やお年寄りが不自由を感じないように工夫された施《し》設や社会のありかたを何といいますか。カタカナで答えなさい。

問７　10月、ノーベル平和賞が「化学兵器禁止機関」に与《あた》えられることが決まりました。内戦が続くシリアなどで、化学兵器を廃棄《はいき》することに努力したことが評価されたためです。この「化学兵器禁止機関」の略称《しょう》を次のア～エから一つ選び、記号で答えなさい。

ア．ＡＰＥＣ　　イ．ＯＰＣＷ　　ウ．ＮＧＯ　　エ．ＷＦＰ

問８　11月、イランの新たな大統領となったロハニ師が、欧米《おうべい》との対話をめざしたことにより、６か国との間でイランの核開発問題をめぐる交渉《しょう》がなされました。その６か国とは、国連の安全保障理事会の常任理事国に、もう１か国が加わったものです。加わったこの国を、次のア～エから一つ選び、記号で答えなさい。

ア．イギリス　　イ．フランス　　ウ．ドイツ　　エ．ロシア

問９　12月、南アフリカ共和国の元大統領が亡くなりました。元大統領は、1993年にノーベル平和賞を受賞しています。南アフリカ共和国で行われていた人種差別の政策を、廃止に導いたことが評価されたためです。この元大統領の名前を答えなさい。

【４】

次の文は，２０１３年１１月のある日の，ダイ吉，お父さん，妹のモモちゃんの会話です。

ダイ吉「お父さん，アイソン彗《すい》星っていうのが来ているみたいだよ。とても，きれいな彗星らしいよ。」
モモ「わたし，見てみたーい。初めてだもの。」
ダイ吉「そりゃ，モモは小さいんだから当然だよ。僕《ぼく》だって彗星を見るの初めてなんだぞ。」
お父さん「１０月から１２月にかけてのアイソン彗星の位置を表したものが，ここにあるよ。特に，１２月上旬が見頃《ごろ》だそうだ。」

といって，お父さんはその図（図１）を見せてくれました。

お父さん「ところで，彗星の『彗』という字は（①）という意味だよ。」
ダイ吉「なるほど。だから，彗星のことを別名（①）星と呼ぶんだね。だけど，なぜ彗星には尾ができるのだろう？」
お父さん「彗星はそのほとんどが氷でできているんだ。氷とはいっても，冷凍《とう》庫でできるカチンコチンの氷ではなく，フワッとした雪の固まりと言った方が近いかもしれない。だから，彗星の重さは，１ｃｍ^{3}当たり（②）ｇほどしかないんだよ。」
モモ「かき氷みたい。私，彗星を食べてみたい」
ダイ吉「ということは，彗星が太陽に近づくと溶けていくんだね。」
お父さん「氷が気化して，周りを雲のようにおおい，コマができるんだ。」
ダイ吉「コマ？あの，回して遊ぶやつ？」
お父さん「いやいや，英語でタンポポなどの綿毛の意味だよ。太陽からは光以外にも，目に見えない細かい粒がたくさん放出されていて，これを太陽風と呼ぶんだ。彗星の尾はコマが，太陽風に吹き飛ばされることでできるんだよ。だから，彗星の尾はこのようになるんだ。」

と言いながら，お父さんは③彗星の尾の様子を紙に描きました。

ダイ吉「１１月２９日に，アイソン彗星は太陽に最も接近するんでしょ。この頃が，一番見頃なのかな？」
お父さん「いや，この頃は④太陽に近すぎるため，観察しにくいんだ。」
ダイ吉「へえ，そうなの。あっ。そういえば，きのう金星を見たよ。」
お父さん「それは，良かったね。金星は地球より内側の軌道を回る惑《わく》星で，このような惑星を内惑星と言うんだよ。ちょっと，待っててごらん。」

といって，お父さんはインターネットを調べて，２０１３年から２０１４年にかけての，地球の北極側から見た，金星と地球の位置を示す図（図２）を見せてくれました。

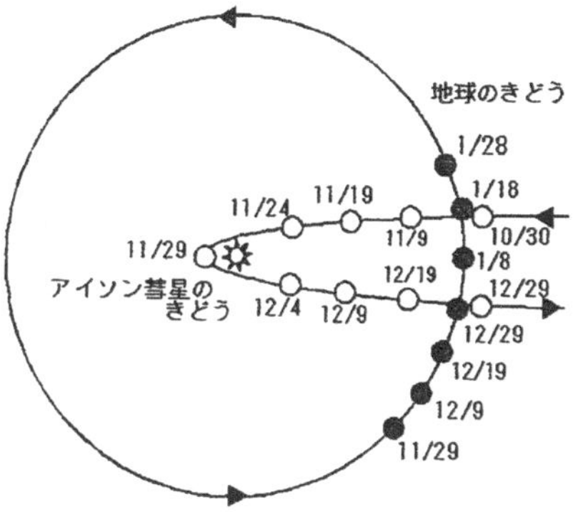

図１

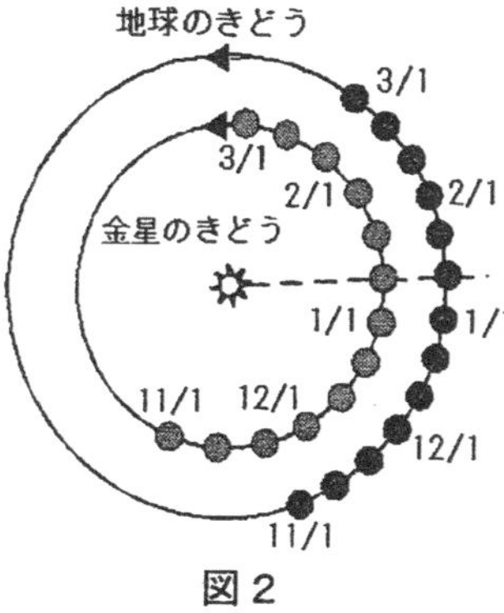

図２

[問い]　冷ましたあとの水の温度について正しいものを選びなさい。

ア．（e）よりも（d）の方が低い。
イ．（d）よりも（e）の方が低い。
ウ．（d）と（e）は同じ温度。

（2）**もの**の温度を変化させるにはいろいろな方法があります。たとえば，

（a）温度が違うものと接触させることにより，**もの**に熱を与えたり，**もの**から熱を奪《うば》ったりする方法

（b）状態（固体，液体，気体）が変わることにより，**もの**に熱を与えたり，**もの**から熱を奪ったりする方法

（c）閉じ込められた**気体**を，熱を与えなくても押し縮めることにより温度を上げたり，逆に熱を奪わなくてもふくらませることにより温度を下げる方法

などがあります。

[問い]　次の現象のうち，（b），（c）の方法を含むものをそれぞれ選びなさい。

ア．ニクロム線を電池につないだところ，ニクロム線が熱くなった。
イ．先を閉じた注射器に空気を閉じ込めピストンを押すと，内部の空気の温度が上がっていた。
ウ．手のひらをこすると，手のひらが暖かく感じられた。
エ．夏の日に打ち水をしたら涼しく感じられた。

（3）ふくらませた風船を標高が低いところから高いところに移動させることについて述べた，次の文章の（　　　）に当てはまるものを選びなさい。

風船を標高が低いところから高いところに移動させると，風船の体積は（　①　）。これは，周囲の空気が風船を押す力が（　②　）ことを表している。いま，風船のゴムが熱のやりとりができないようなものでできているとすると，風船内の温度は（　③　）ことになる。

①の選択肢《し》：　ア．大きくなる　　イ．小さくなる　　ウ．変わらない
②の選択肢：　ア．大きくなる　　イ．小さくなる　　ウ．変わらない
③の選択肢：　ア．上がる　　イ．下がる　　ウ．変わらない

【３】

〔A〕図１のように，材質が均一で細い針金を水平に支えるには，針金の真ん中を支えればよいです。このように，もののバランスを保つことができる位置を「重心」といいます。また，「重心」はものが地球から真下に引っ張られる代表点と考えることもできます。

図１

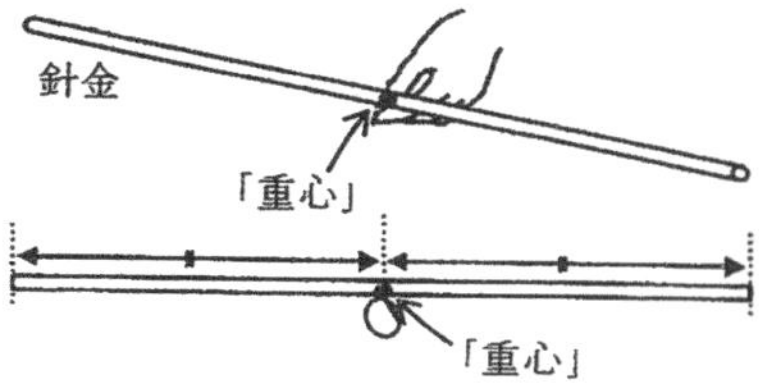

［真横から見た図］

ここで，図２のような，材質，厚さが均一な三角形板 ABC を水平に支えることができる「重心」の位置を探してみましょう。

図２

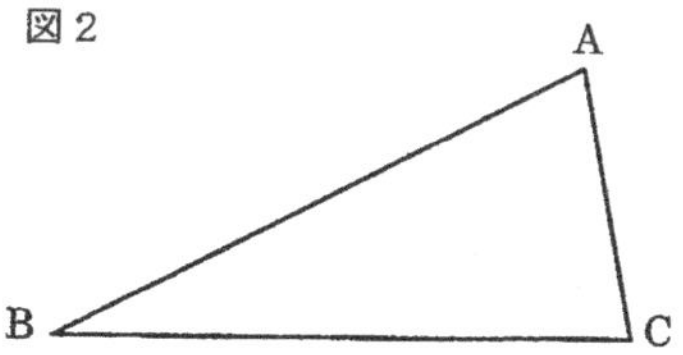

［真上から見た図］

図３

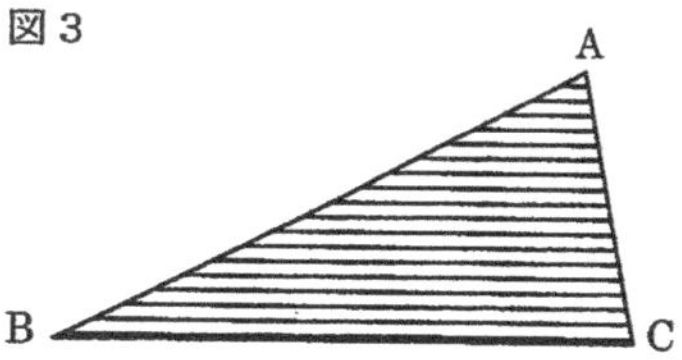

図４

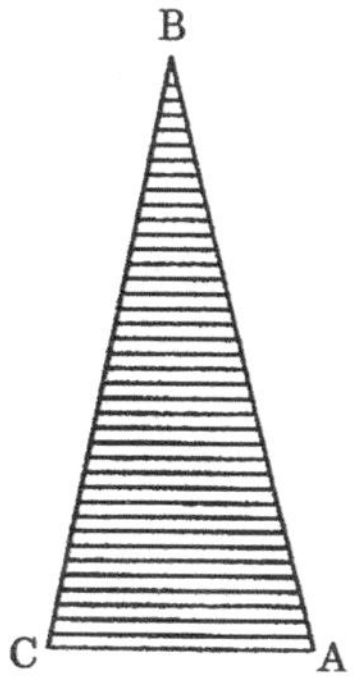

まず，三角形板 ABC を図３のように細かく分割して考えてみます。すると，図１で考えたような針金が辺 BC と平行にたくさん並んでいると考えることができます。

（１）このことを参考にし，三角形板 ABC の「重心」が図５の①～⑤のどの線上にあるか選びなさい。

図５

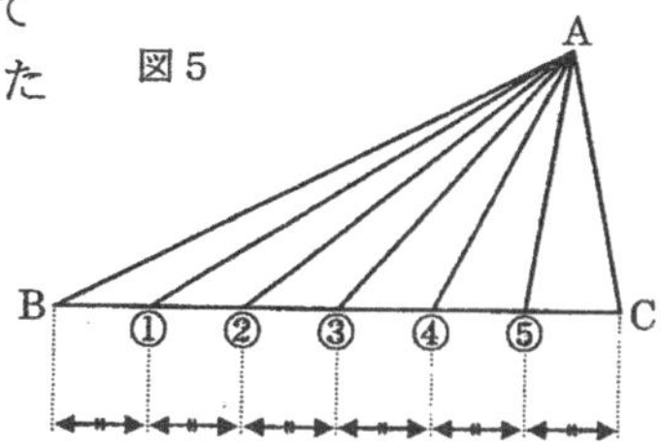

次に，三角形板 ABC を図４のように細かく分割して考えてみます。すると，図１で考えたような針金が辺 AC と平行にたくさん並んでいると考えることができます。

（２）このことを参考にし，三角形板 ABC の「重心」が図６の①～⑤のどの線上にあるか選びなさい。

図６

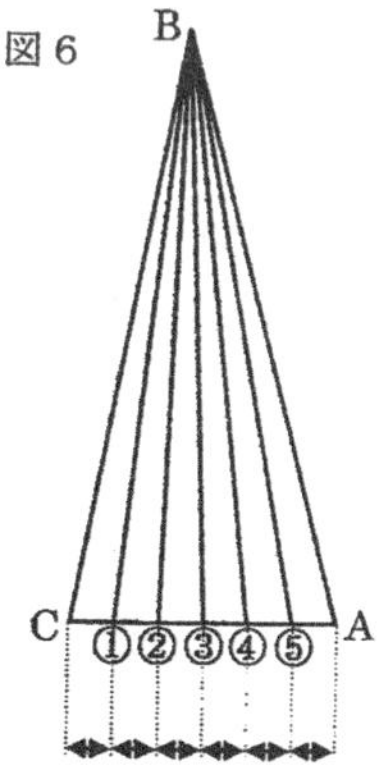

（３）三角形板 ABC の「重心」は図７の点①～⑨のうちどれですか。正しいものを選びなさい。

図７

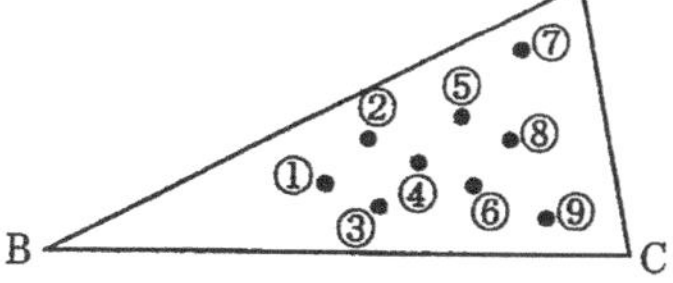

（1）表のアに当てはまる固体の名前を書きなさい。

（2）表のイに当てはまる水溶液の名前を書きなさい。

（3）表のウに当てはまる気体を確認する方法とその結果を２０字以内で書きなさい。

（4）水上置換《かん》で純粋《すい》な気体を集める時は，下のA→B→C→D→E→Fの順に操作します。Dの下線部「しばらく待つ」理由を２０字以内で書きなさい。

A　広口びんを水で満たし，ふたをする。
B　広口びんを水そうに入れて逆さにしてから，広口びんのふたをはずす。
C　装置のコックを開けて気体を発生させる。
D　ガラス管の先から気体が出たら，しばらく待つ。
E　ガラス管の先を広口びんの真下に合わせる。
F　広口びんにふたをして，水の中から出す。

〔B〕塩酸と水酸化ナトリウム水溶液を混ぜ合わせて，下の４つの水溶液A～Dを作り，実験１，２を行いました。

A　塩酸１００ mLと水酸化ナトリウム水溶液１００ mLを混ぜた水溶液
B　塩酸１００ mLと水酸化ナトリウム水溶液１５０ mLを混ぜた水溶液
C　塩酸１００ mLと水酸化ナトリウム水溶液２００ mLを混ぜた水溶液
D　塩酸１００ mLと水酸化ナトリウム水溶液４００ mLを混ぜた水溶液

〔実験１〕水溶液A～Dに，ある①金属を加えたところA，C，Dからは②気体が発生したが，Bだけは気体が発生しなかった。

〔実験２〕新たに用意した水溶液A～Dを加熱して蒸発させたところ，Aでは６ｇ，Bでは９ｇ，Cでは（　③　）ｇ，Dでは１９ｇの固体が出てきた。

（1）下線部①の金属と②の気体の名前を書きなさい。

（2）水溶液A～Dにフェノールフタレイン液を加えたとき赤色に変化するものをA～Dよりすべて選びなさい。

（3）水酸化ナトリウム水溶液１００mLに溶けている水酸化ナトリウムは何ｇですか。

（4）③に当てはまる数値を書きなさい。

（5）水溶液A２００mLを中性にするためには，水溶液Dを何mL混ぜればよいですか。

平成26年度　入学試験問題　理 科 (40分)　　ラ・サール中学校

注意：　1．解答はすべて解答用紙の答のらんに書きなさい。
　　　　2．いくつかの中から選ぶ場合は，記号で答えなさい。特に指示のない場合は1つ答えなさい。

【1】

次の文を読んで，（1）～（7）の問いに答えなさい。

植物は，光を利用して二酸化炭素と水から酸素と養分のデンプンを作ります。このはたらきを光合成といいます。光合成で作られた酸素と養分のデンプンは，植物の呼吸に利用され，二酸化炭素と水になります。呼吸に利用されず，余ったデンプンは貯蔵されます。植物は，明るいところでは光合成と呼吸を同時に行います。ただし，呼吸は，明暗に関係なく常に同じだけ行われます。

トマトとカタバミの同じ大きさの葉を0～25キロルクスの明るさの下に1時間おいた場合の二酸化炭素の吸収量または排《はい》出量をグラフにまとめました。ただし，キロルクスは明るさの単位で，数字が大きいほど明るいことを示します。

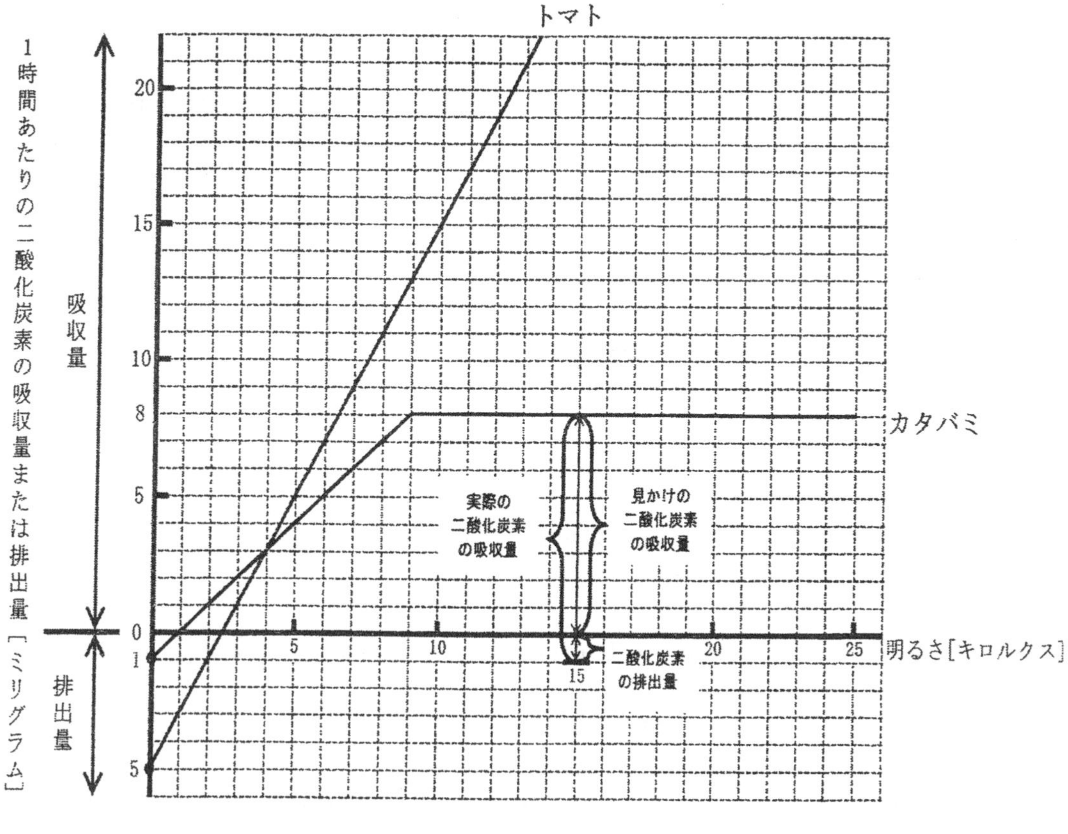

とする三角すいがあります。図の点Ｅ，Ｆはそれぞれ辺ＤＢ，辺ＤＣのまん中の点です。また，点Ｇ，Ｈはそれぞれ辺ＤＢ，辺ＡＢ上で，ＤＧ：ＧＢ＝ＡＨ：ＨＢ＝１：２となる点です。この三角すいを，次のそれぞれの平面で切るとき，辺ＡＤを含む方の立体の体積を求めなさい。ただし，角すいの体積は，(底面積)×(高さ)÷３です。（１０点）

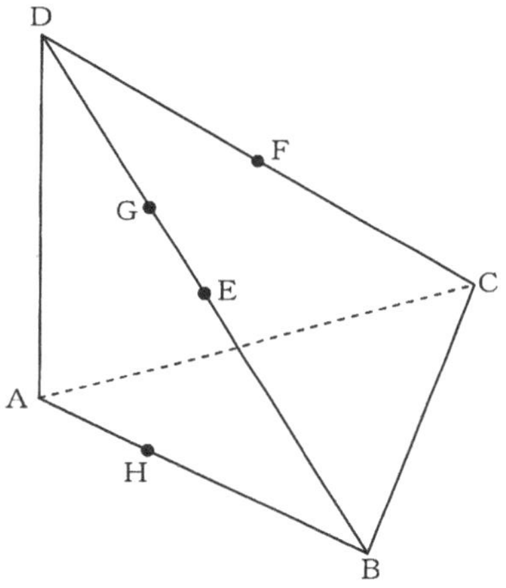

(1)　３点Ａ，Ｅ，Ｆを通る平面で切るとき。

(2)　３点Ｆ，Ｇ，Ｈを通る平面で切るとき。

兄，弟の持っているお金の比が16：11になりました。兄ははじめいくら持っていましたか。

(4)

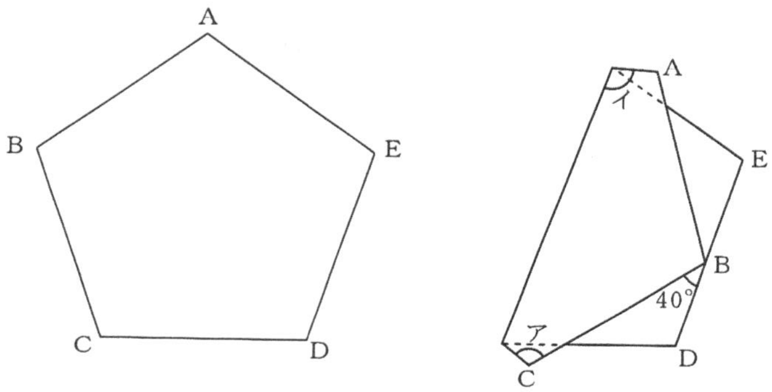

正五角形ＡＢＣＤＥを頂点Ｂが辺ＤＥ上にくるように折ったら，左の図のようになりました。ア，イの角度をそれぞれ求めなさい。

3．スタート地点からしばらく平地が続き，その後登り坂となり，さらにそのあと最初の平地の２倍の長さの平地がゴール地点まで続くコースがあります。このコースをＡは平地を毎分 300m，登り坂を毎分 200mの速さで走り，Ｂは平地も登り坂も毎分 250mの速さで走ったら，どちらもゴールするのに12分30秒かかりました。次の問に答えなさい。（１７点）

(1)　ＡとＢが同時に走り出すとしたら，２人が途《と》中で並ぶのは走り出してから何分何秒後ですか。

(2)　Ａが，登り坂 100mを走るときは，平地 100mを走るときよりも，何秒多くかかりますか。

(3)　このコースの登り坂の長さは何ｍですか。

2013年度　ラ・サール中学校　入学試験問題　算数　（60分・100点）　その1

１．次の $\square$ にあてはまる数を求めなさい。（１２点）

(1)　$24\times12.5+40\times1.25+48\times37.5=\square$

(2)　$\frac{7}{12}\times3\frac{1}{5}-2\frac{1}{3}\div1\frac{3}{4}\div\square=1\frac{1}{3}$

(3)　$0.34\times1.25-(0.171\div0.45-\square\times1.46)=0.41$

２．次の各問に答えなさい。（３０点）

(1)　$\frac{15}{56}$と$\frac{33}{98}$のどちらで割っても整数となるような分数のうち，最も小さいものを求めなさい。

(2)　ある仕事をするのに，Aグループａ人の生徒が60分働いて全体の$\frac{1}{2}$を終え，続いてBグループｂ人の生徒が24分働いて全体の$\frac{1}{7}$を終え，残りをA，Bグループ全員の48人で働いたので，残りはｃ分で仕上げられました。生徒１人あたりの１分間の仕事の量は等しいものとして，次の問に答えなさい。

①　ａ：ｂの比を最もかんたんな整数の比で表しなさい。

②　ｃの値を求めなさい。

(1)　出発して３秒後のＣＱの長さを求めなさい。

(2)　出発して何秒後にＡＤとＰＱは平行になりますか。

６．右図のような直方体があります。点Ｍは辺ＡＥのまん中の点です。この直方体を，まず３点Ａ，Ｃ，Ｆを通る平面で切り，切ってできる２つの立体のうち点Ｂを含む方を取り除きます。次に，残った立体を，点Ｍを通り底面ＥＦＧＨに平行な平面で切ります。このとき，次の問に答えなさい。ただし，角すいの体積は，(底面積)×(高さ)÷３です。(１５点)

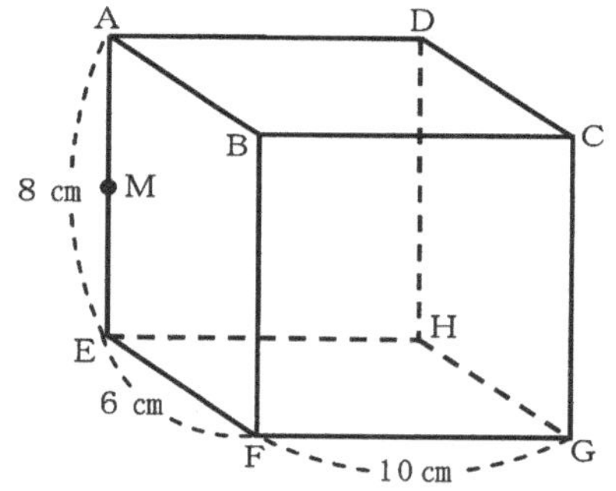

(1)　点Ｅを含む方の立体の体積を求めなさい。

(2)　点Ｄを含む方の立体について，

①　辺の数と面の数は，それぞれいくつですか。

②　体積はいくらですか。

（1）下線部の固体①～③はそれぞれ何ですか。次の中から選びなさい。ただし同じものを何回選んでもかまいません。

ア．食塩

イ．水酸化ナトリウム

ウ．食塩と水酸化ナトリウムが混ざったもの

〔実験2〕塩酸A，B，Cを３０ｇずつビーカーに取り，それぞれに石灰石１０ｇを加えるといずれも気体が発生しました。気体が発生し終わったとき，Aでは石灰石はすべて溶《と》けてなくなりましたが，B，Cには石灰石のかたまりがまだ残っていました。

その後，ビーカーを加熱して水をすべて蒸発させるとAでは１１.１ｇの固体が，Bでは１０.２２ｇの固体が，④<u>Cでは１０.６６ｇの固体</u>が得られました。

（2）塩酸A，B，Cを濃い方から順に並べなさい。

（3）下線部④では何ｇの石灰石が残っていますか。

（4）（3）の残った石灰石を完全に溶かすには塩酸Bが何ｇ以上あればよいですか。

〔実験3〕重さの等しいビーカーに塩酸A，B，Cを３０ｇずつ取り，それぞれに鉄１０ｇを加えるといずれも気体が発生しました。気体が発生し終わったとき，A，B，Cには鉄がまだ残っていました。

（5）気体が発生し終わったとき，ビーカー全体の重さはどうなっていますか。
ビーカーに入れた塩酸A，B，Cの記号を重い方から順に並べて答えなさい。ただし，重さが等しいものがあるときはそれらを＝で結びなさい。
（例：Aが一番重くて，BとCが同じ重さのとき，［A，B＝C］のように書きなさい。）

〔実験4〕重さの等しいビーカーにこれらの塩酸A，B，Cを３０ｇずつ取り，それぞれに鉄３ｇを加えました。気体が発生し終わったとき，鉄が残っているビーカーが１つだけありました。

（6）気体が発生し終わったとき，ビーカー全体の重さはどうなっていますか。
ビーカーに入れた塩酸A，B，Cの記号を重い方から順に並べて答えなさい。ただし，重さが等しいものがあるときはそれらを＝で結びなさい。

【2】

〔A〕軽い糸におもりをつけて天じょうにつるし，振《ふ》り子を作りました。

図１のＡの場所でおもりを静かに放したところ，おもりはＡ→Ｂ→Ｃ→Ｄ→Ｅと移動し，Ａと同じ高さのＥでいったん止まり，その後Ｅ→Ｄ→Ｃ→Ｂ→Ａ→Ｂ→Ｃ→Ｄ→Ｅ→……と動きました。

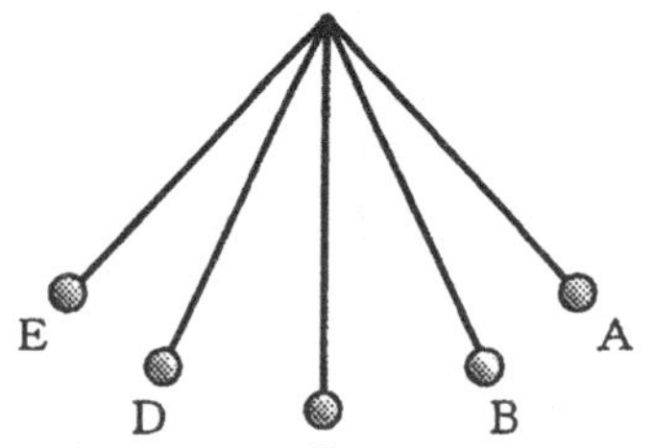

図１

（１）この振り子のおもりの動きが最も速いのはどこでしょうか。ブランコの動き方を参考にして考えてみましょう。次の文章にあてはまるものを｛　｝の中から選びなさい。

ブランコでは，高くなるときに速さがだんだん①｛ア．速く　イ．おそく｝なり，低くなるときにだんだん②｛ア．速く　イ．おそく｝なります。このことから，高さと速さには関係があることがわかります。おもりの動きでも同じようになることが予想できます。

よって，振り子のおもりの動きは③｛ア．Ａ　イ．Ｂ　ウ．Ｃ　エ．Ｄ　オ．Ｅ｝で最も速いことがわかります。

（２）Ａでおもりを静かに放し，おもりがＣ，Ｄ，Ｅの場所に初めてついたときに糸を切りました。その後のおもりの動きを正しく描《えが》いたものをそれぞれ選びなさい。

ア　　　イ　　　ウ

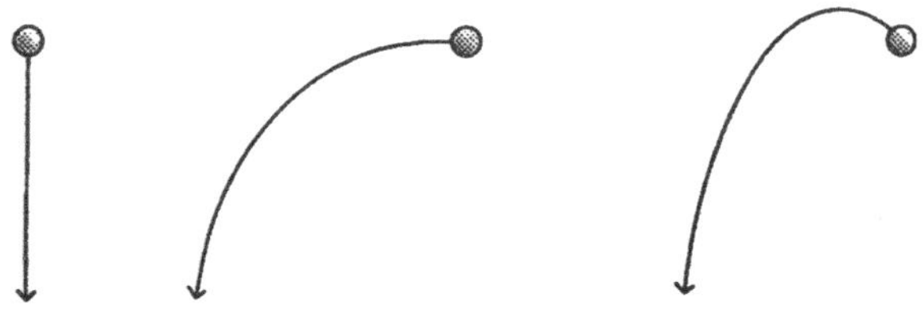

次に，糸の長さを変えて振り子の周期を測りました。下の表は糸の長さと周期の関係を表したものです。ただし，周期とは振り子が往復する時間です。

糸の長さ［cm］	25	50	75	100	125	150	175	200	225	250
周期［秒］	1.0	1.4	1.7	2.0	2.2	2.5	2.7	2.8	3.0	3.2

ダイ吉「お父さん，この目覚まし時計が欲しいんだけど，わからないところがあるんだ。
教えて。」
父　「どれどれ…。そこは○○，ここは△△だろう。」
ダイ吉「なるほど…。すると，ＡＢＣＤは（①），ＥＦＧＨは（②）だね。よし，早速応募しよう。」
母　「目覚まし時計が当たったら，ダイ吉は朝ちゃんと起きられるようになるの？」
お母さんが疑わしげな顔で聞きました。
ダイ吉「もちろんさ。日の出と共に起きてみせるよ。ところで，お父さん。日の出・日の入りの時刻は日本全国どこでも同じなの？」
父　「うーん。難しい問題だな…」
と言って，お父さんは日本地図と日の出・日の入りの時刻が書かれた表を持ってきてダイ吉君に見せました。

表１　日の出，日の入りの時刻

		春　分	夏　至	秋　分	冬　至
秋　田 東経140° 北緯《い》 40°	日の出	5:46	4:12	5:30	6:57
	日の入り	17:50	19:11	17:34	16:19
宇都宮 東経140° 北緯36.5°	日の出	5:46	4:22	5:30	6:49
	日の入り	17:50	19:02	17:34	16:29
金　沢 東経136.5° 北緯 36.5°	日の出	5:59	4:35	5:43	7:02
	日の入り	18:03	19:15	17:47	16:42

父　「この表は同じ経度にある秋田と宇都宮，同じ緯度にある宇都宮と金沢の，日の出と日の入りの時刻を表したものなんだ。」
ダイ吉「ゴチャゴチャしていて，よく分からないや。」
父　「とりあえず，日の出から日の入りまで，何時間何分あるか整理してごらん。」
お父さんの言うように，ダイ吉君は日の出から日の入りまでの時間を表にまとめてみました。

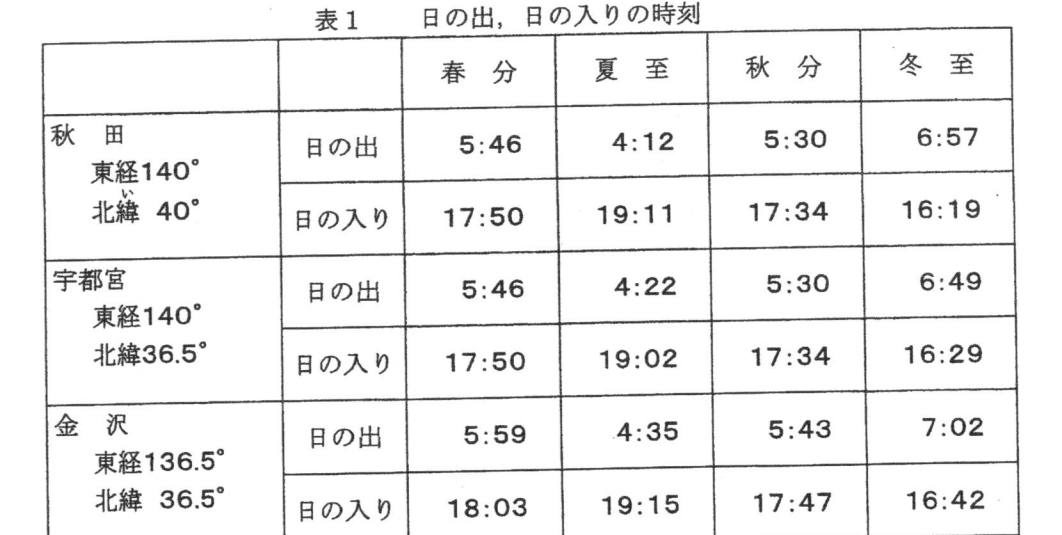

表２　日の出から日の入りまでの時間

	春　分	夏　至	秋　分	冬　至
秋　田	a	14時間59分	12時間4分	9時間22分
宇都宮	12時間4分	b	c	9時間40分
金　沢	12時間4分	14時間40分	12時間4分	d

ダイ吉「本当だ。いろいろなことがわかってきたよ。そうすると，今日は１月２６日だけど，函館・水戸・大阪・鹿児島の中で，明日の日の出は（③）が最も早くて，日の入りは（④）がいちばん早いんだね。また，この中で冬の昼間の時間が最も長いのは（⑤）だね。」

（１）①，②の（　）にあてはまる言葉を書きなさい。

（２）表２のａ～ｄに各地の日の出から日の入りまでの時間（○○時間△△分）を入れなさい。

（３）次の文は，ダイ吉君が表１と表２を見て考えたことです。｛　｝の中から適当なものを選びなさい。なお，あてはまる答が２つ以上ある場合はすべて答えなさい。
・ｅ｛ア．春分　イ．夏至　ウ．秋分　エ．冬至｝の日の出から日の入りまでの時間はどこでも同じ。
・同じ緯度で比べると，１年を通じて，ｆ｛ア．東　イ．西　ウ．南　エ．北｝にあるところほど，日の出が早く，日の入りも早い。
・同じ経度で比べると，夏至では，ｇ｛ア．東　イ．西　ウ．南　エ．北｝にいくほど日の出が早く，昼が長い。冬至では，ｈ｛ア．東　イ．西　ウ．南　エ．北｝にいくほど日の出が早く，昼が長い。

（４）（３）の文章と，右図を参考に，③～⑤の（　）に，あてはまる地名を選びなさい。
ア．函館　イ．水戸　ウ．大阪　エ．鹿児島

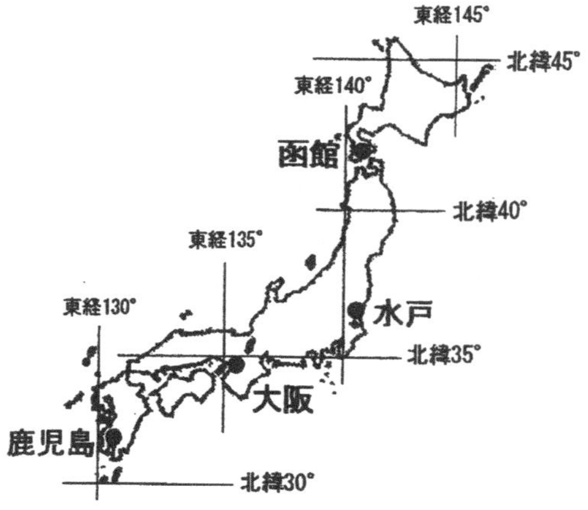

（1）図の（A）～（C）は，それぞれ（ア）～（ウ）のどれですか。

ア．肺　　　イ．小腸　　　ウ．肝臓

（2）図の（W）と同時に収縮する部屋は，図の（X），（Y），（Z）のどれですか。

（3）酸素の最も多い血液が流れる静脈は，図の①～⑩のどれですか。

（4）酸素の最も少ない血液が流れる動脈は，図の①～⑩のどれですか。

（5）食後，糖などの栄養分を最も多く含んだ血液が流れる血管は，図の①～⑩のどれですか。

（6）二酸化炭素以外の不要物が最も少ない血液が流れる血管は，図の①～⑩のどれですか。

［終わり］

平成25年度　入学試験問題　社　会　(40分)　ラ・サール中学校

注意：解答はすべて解答用紙に記入しなさい。

(40分)

1　次は、のび太くんが書いた日記の一部を抜《ぬ》き出《だ》したものです。これを読んで、以下の問いに答えなさい。

◆　**(2012年1月8日) 今年の大河ドラマ『平清盛』が始まりました。最初の場面で清盛の一族は滅亡《めつぼう》してしまいましたが、これからこのドラマは清盛の誕生から一族の滅亡までを描《えが》いていくのだそうです。**

問１．平清盛と平氏の滅亡について述べた、次の文中の空欄《くうらん》［　　］に適する語を漢字で答えなさい。

清盛は［　　］の乱で源義朝を破り、娘《むすめ》を天皇に嫁《とつ》がせるなどして強い力を持つようになった。しかし、伊豆《いず》に流されていた義朝の子が平氏討伐《とうばつ》の兵をあげて間もなく清盛が亡くなり、平氏は追《お》い詰《つ》められていった。最後には壇《だん》ノ浦《うら》(現在の山口県)の戦いで敗れて平氏は滅亡した。

◆　**(３月４日) ロシアで大統領選挙が行われ、プーチン首相が当選しました。プーチン首相は４年ぶりに大統領に復帰することになります。**

問２．世界の大統領と首相について述べた次のア～エのうち、正しいものを１つ選び、記号で答えなさい。

ア．中国では３月の全国人民代表大会で、習近平首相が経済成長の方針を示す報告を行った。
イ．フランスでは５月に大統領選挙が行われ、サルコジ大統領がオランド氏を破って当選した。
ウ．韓国《かんこく》では12月に大統領選挙が行われ、李明博《イミョンバク》大統領が再選を果たした。
エ．ドイツのメルケル首相は、12月に与党《よとう》の党首に再び選ばれた。

◆　**(６月５日) イギリスのエリザベス女王の即位《そくい》60年を祝う行事が行われました。**

らかな誤りを含むものを２つ除外し、残った３つを**時代の古い順**に並《なら》べかえ、記号で答えなさい。

ア．日本は朝鮮や満州の支配をめぐってロシアと対立し、日英同盟を結んでイギリスとのつながりを強めつつ、日露戦争を始めた。その後戦争に勝った日本は、ロシアが南満州に持っていた鉄道や鉱山などの権利をもらい受けた。

イ．日清戦争の直前、陸奥宗光外務大臣はイギリスとの交渉《こうしょう》に成功し、日本にいる外国人の裁判を日本の法律にもとづいて行うことが決められた。その後戦争に勝った日本は、清から多額の賠償金《ばいしょうきん》を手に入れ、また台湾をゆずり受けて日本の植民地とした。

ウ．アメリカの武力をおそれた江戸幕府は日米和親条約を結び、箱館（函館）と横浜の二港を開いて鎖国をやめた。続いて幕府は日米修好通商条約を結んだが、それは関税を相手の国と話し合って決めることにするなど、日本に不利なものだった。

エ．日本はソウルに役所を置き、伊藤博文をその長官として、大韓帝国（韓国）への支配を強め、それに反対する運動を軍隊の力でおさえた。さらには日本に併合《へいごう》する形で大韓帝国そのものをなくし、日本の植民地として支配するようになった。

オ．ノルマントン号事件が起こり、イギリス人領事による裁判が不公平なものだったため、関税自主権がないことによる不利益を多くの国民が感じ、条約改正を求める声が高まった。

問４．日本で初めて鉄道が走ったころ、まだ電気がないため、東京では馬が客車を引っ張る「馬車鉄道」が走っていました。このころ、汽車や馬車はすべて外国から輸入していました。

（あ）次のア～カはいろいろな時代の日本への輸入品や日本からの輸出品です。この中から輸出品を２つ除外し、残った４つの輸入品を日本に入ってきた時代の古い順に並べかえ、記号で答えなさい。

ア．正倉院にあるガラスの器や琵琶《びわ》　　イ．刀や扇《おうぎ》　　ウ．鉄砲（火縄銃）や火薬　　エ．軍艦《ぐんかん》や機械
オ．テレビや自動車　　カ．鉄器や青銅器

（い）江戸時代初めごろまで盛んに輸入され、その後国産化が進んで、江戸時代の終わり以後は盛んに輸出されたものは何ですか。

問５．今、東京都交通局が運営する地下鉄のひとつに都営大江戸線があります。この線は、相撲《すもう》で有名な両国国技館、歌舞伎《かぶき》で有名な歌舞伎座の近くを通っています。相撲や歌舞伎は、江戸時代にとても流行しました。それらをはじめとするこの時代の文化についてのべた次の文章ア～エの中に、１つだけ内容に誤りを含むものがあります。それを探し、その記号と訂正《ていせい》した語句をそれぞれ答えなさい。

その３

ア．絵画では、このころ発達した活字の技術を用いて、色鮮《いろあざ》やかな浮世絵がつくられた。中でも葛飾《かつしか》北斎の『富嶽《ふがく》三十六景』、歌川広重の『東海道五十三次』などの風景画や、喜多川歌麿《うたまろ》の美人画、東洲斎《とうしゅうさい》写楽の役者絵などが有名である。

イ．江戸時代の前半には、京都や大阪を中心とした文化が栄え、町人に広く受け入れられた。近松門左衛門は人形浄瑠璃《じょうるり》や歌舞伎の脚本《きゃくほん》を書き、井原西鶴は小説を書いて、町人の姿を生き生きと描《えが》いた。俳句では松尾芭蕉《ばしょう》が活躍《かつやく》した。

ウ．杉田玄白たちが『ターヘル＝アナトミア』を訳して『解体新書』として世に出すことで本格的に始まった蘭学は、医学だけでなく地理学や天文学にも広まった。伊能忠敬は日本全国を測量し、忠敬やその弟子《でし》たちによって正確な日本地図がつくられた。

エ．武士の息子《むすこ》たちは幕府や藩がつくった学校で学んだ。一方、寺子屋が各地につくられ、武士や僧《そう》などが子どもに読み書きやそろばんなどを教えた。シーボルトの鳴滝塾《なるたきじゅく》、吉田松陰の松下村塾《しょうかそんじゅく》のような私塾《しじゅく》も開かれ、多くの人々が学問を志した。

問６．地下鉄の都営浅草線にある日本橋駅からしばらく歩くと日本橋に着きます。ここは江戸時代の五街道の出発地でした。

（う）五街道を始めとする街道の整備は、幕府が全国支配のため、あるしくみを整えたことと深い関係があります。そのしくみとは何ですか。

（え）いろいろな時代の陸上交通についてのべた次の文章ア～エの中から、内容が正しいものを１つ選び、記号で答えなさい。

ア．奈良時代、政治の中心地と全国を結ぶ道路が造られ、一定の距離《きょり》ごとに駅と一里塚がおかれた。駅には世話をする人や乗《の》り継《つ》ぎのための馬や食料などが用意され、国司を始めとする役人たちがそれを利用した。

イ．奈良時代、農民たちは、かりとった稲《いね》を税として都に運び、それ以外の税としての産物は国府に運んだ。かれらの荷物には産地や品物を書いた木簡がつけられた。

ウ．鎌倉時代には、関東各地から鎌倉に向かう「鎌倉街道」がいくつも造られた。これは将軍が日ごろ御家人の土地を守ってくれている「奉公」に対し、御家人が戦いの時には鎌倉にかけつけて「御恩」を差し上げるためだった。

エ．安土桃山時代、織田信長は安土城を築き、その城下町に街道を通して旅人を立ち寄らせ、またこの町で自由に商工業を営むことを許した。さらに、琵琶湖の水運を利用してものの行き来を活発にした。このため、安土の町はたいへん栄えた。

問７．鉄道や自動車ができるまでは、ものを大量に運ぶ手段は船に限られました。次の地図中のａ～ｃは、室町時代の代表的な港です。それぞれの名前の組み合わせとして正しいものを、次のア～エの中から１つ選び、記号で答えなさい。

エ．第２次世界大戦後、アメリカ合衆国の統治下にあった地域は、小笠原諸島《おがさわらしょとう》・奄美《あまみ》諸島・沖縄の順に、日本への復帰を果たした。

◆　**８月、消費税増税法が成立しました。**

問３．　消費税増税法に関する説明として、明らかに誤っているものを下から１つ選び、記号で答えなさい。

ア．消費税増税法は、社会保障に必要な財源を確保することと、政府の借金を減らすことの２つの目標を同時に達成することを目指して制定された。

イ．消費税増税法は、今後の経済状況《じょうきょう》がよくなることを条件に、現在の消費税率を２段階で引き上げる予定で制定された。

ウ．消費税増税法は、参議院で否決された後に衆議院で再可決されて成立した。

エ．自由民主党と公明党は、消費税増税法に賛成した。

◆　**９月、日本は中国と国交を回復して 40 周年を迎えました。**

問４．　日本と周辺諸国との外交に関する説明として、明らかに誤っているものを下から１つ選び、記号で答えなさい。

ア．1956 年に日本はソ連（現在のロシア）と国交を回復したが、両国間の平和条約はいまだに結ばれていない。

イ．1965 年に日本は韓国《かんこく》と日韓基本条約を結んだ。

ウ．1978 年に日本は中国と日中平和友好条約を結んだ。

エ．2002 年に日本は北朝鮮《ちょうせん》と首脳会談を行い、両国間に国交が開かれた。

◆　**11 月、アメリカ合衆国で、大統領選挙と連邦《れんぽう》議会上下両院議員選挙が行われました。**

問５．　2012 年 11 月に行われた、アメリカ合衆国の大統領選挙と連邦議会上下両院議員選挙に関連する説明として、明らかに誤っているものを下から１つ選び、記号で答えなさい。

ア．任期については、大統領は４年、上院議員は６年、下院議員は２年となっている。

イ．大統領選挙では、民主党のオバマ候補が共和党のロムニー候補を破り再選された。

ウ．連邦議会の下院議員選挙の結果、民主党が下院の多数を占めることになった。

エ．連邦議会の上院議員選挙の結果、民主党が上院の多数を占めることになった。

その５

◆　**12 月、東京都知事選挙が行われました。**

問６．　都道府県の自治に関する説明として、明らかに誤っているものを下から１つ選び、記号で答えなさい。

ア．立候補できる年齢《ねんれい》が 25歳《さい》以上である都道府県知事は住民から直接選挙され、その任期は４年である。

イ．都道府県議会から不信任の議決を受けた都道府県知事は、その議会を解散することができる。

ウ．立候補できる年齢が 25 歳以上である都道府県議会議員は住民から直接選挙され、その任期は４年である。

エ．都道府県議会は提出された条例案を審議《しんぎ》するが、その条例は憲法や法律の規定に違反《いはん》してはならない。

◆　**12 月、国際連合の総会で、2013 年から 2015 年の３年間に適用される各加盟国の国際連合分担金比率が決定されました。なお、国際連合分担金比率とは、国際連合の活動費用を負担する割合です。**

問７．　国際連合分担金に関する説明として、明らかに誤っているものを下から１つ選び、記号で答えなさい。

ア．国際連合分担金比率は、各加盟国の支払《しはら》い能力に応じて決定される。

イ．日本の国際連合分担金比率は、2000 年以後下降傾向《けいこう》にあり、2010 年には 10%を下回った。

ウ．2010 年において、国際連合分担金比率が最も高かった加盟国はアメリカ合衆国で、20%を超《こ》えていた。

エ．2010 年末において、定められた期間内に国際連合分担金を納めていない額が最も大きい加盟国は、アメリカ合衆国であった。

◆　**12 月、国際連合の平和維持《いじ》活動に派遣《はけん》されていた自衛隊の部隊が中東のゴラン高原から帰国しました。**

問８．　国際連合に関連する説明として、明らかに誤っているものを下から１つ選び、記号で答えなさい。

ア．国際連合はアメリカ合衆国やイギリスなど 51 か国が参加して 1945 年に設立され、現在 193 か国が加盟している。

イ．国際連合では、安全保障理事会が中心となって、戦争の予防などに取り組み、平和を守るための活動を進めている。

ウ．日本は、1956 年に国際連合への加盟を認められ、これまでに安全保障理事会の非常任理事国を 10 回務めた。

エ．国際連合の平和維持活動に対して日本が初めて自衛隊を派遣した国は、カンボジアである。

オ．国際連合の総会で採択《さいたく》された人権に関する条約のひとつである「子どもの権利条約」は、世界のすべての子どもは生きる権利や教育を受ける権利などを平等に持っていると定めている。

カ．「持続可能な開発」を合言葉として 1972 年に開かれた国際連合人間環境《かんきょう》会議の提案を受け、国際連合は国際連合環境計画という機関を設立し、地球環境問題に取り組んできた。

録されました。海岸部は、リアス式海岸とともに直線的な海岸線も見られます。
また、日本でもっとも年間の降水量が多い地域もこの国立公園内にあります。

(2)右の日本地図中のXの国立公園内にある湿《しつ》地は、水鳥の生息地としての湿地を守るための国際条約に登録されています。この条約名を答えなさい。

問6． 下線部④について、災害にあうことが予想される地域や避《ひ》難場所、避難経路を示して、被害を最小限にとどめるために作成された地図を何といいますか。カタカナ7字で答えなさい。

問7． 下線部⑤について、

(1)地球温暖化が進むことによって直接的におこると考えられる被害として適当でないものを、次のア～エから1つ選び、記号で答えなさい。

ア．乾燥《かんそう》地域が広がって、農作物が作れなくなる地域が広がる。

イ．紫《し》外線がきつくなり、皮膚《ふ》がんや白内障などの病気にかかる人が増える。

ウ．海水面が上昇《しょう》して、土地の低い国や地域が水没《ぼつ》してしまう。

エ．病気を広める害虫の住む区域が広がり、病気にかかる人が増える。

(2)地球温暖化を引き起こす原因となる物質名を1つ答えなさい。

(3)1997 年に日本で国際会議が開かれ、地球温暖化の原因となる物質をどれだけ削《さく》減したらよいかの数値目標が示されました。この会議が開かれた都市名を答えなさい。

問8． 下線部⑥について、1992 年に地球環境を守るため、国際連合によって会議が開催《さい》されました。この会議が開催された都市名を答えなさい。なお、この都市は次の夏季オリンピックが開催される都市です。

（以上で問題は終わり）

2013年度　ラ・サール中学校　入学試験　算数　解答用紙

1．

(1)		(2)		(3)	

1の小計
12

2．

(1)			
(2)	①　：	②	
(3)	周の長さ　cm	面積　cm^2	
(4)	㋐　°	㋑　°	

2の小計
30

3．

(1)	km	(2)	：	(3)	時速　km

3の小計

平成 25 年度　入学試験問題　理　科　解答用紙　ラ・サール中学校

【１】（１０点）

A	(1)		(2)	
A	(3)			
B	(1) ①	②	③	(2)
B	(3) g	(4) g	(5)	(6)

【２】（１５点）

A	(1) ①	②	③	(2) C	D	E	(3) 秒	(4) 秒後
B	(1)	(2)	(3)	(4)	(5)			

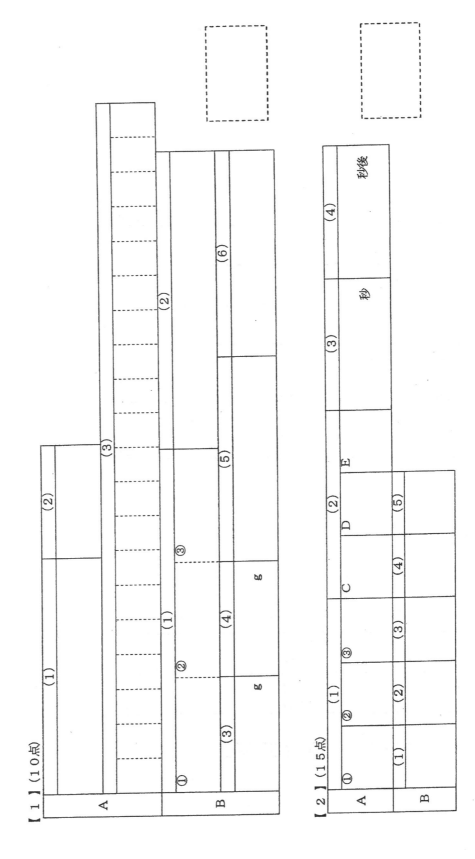

平成 25 年度　　入学試験問題

1

問 1	問 2	問 3　→　→
問 5 ↑	⊕	問 6

2

問 1	

問 2	問 3　→　→	問 4（あ）
問 5 記号	語句	問 6（う）
問 8	問 9	

3

問 1	問 2	問 3	問 4	問 5

4

問 1（1）	（2）	（3）

問 2	問 3（1）	（2）	問 4	問 5（1

問 6 →	問 7（1）	（2）
問 8		

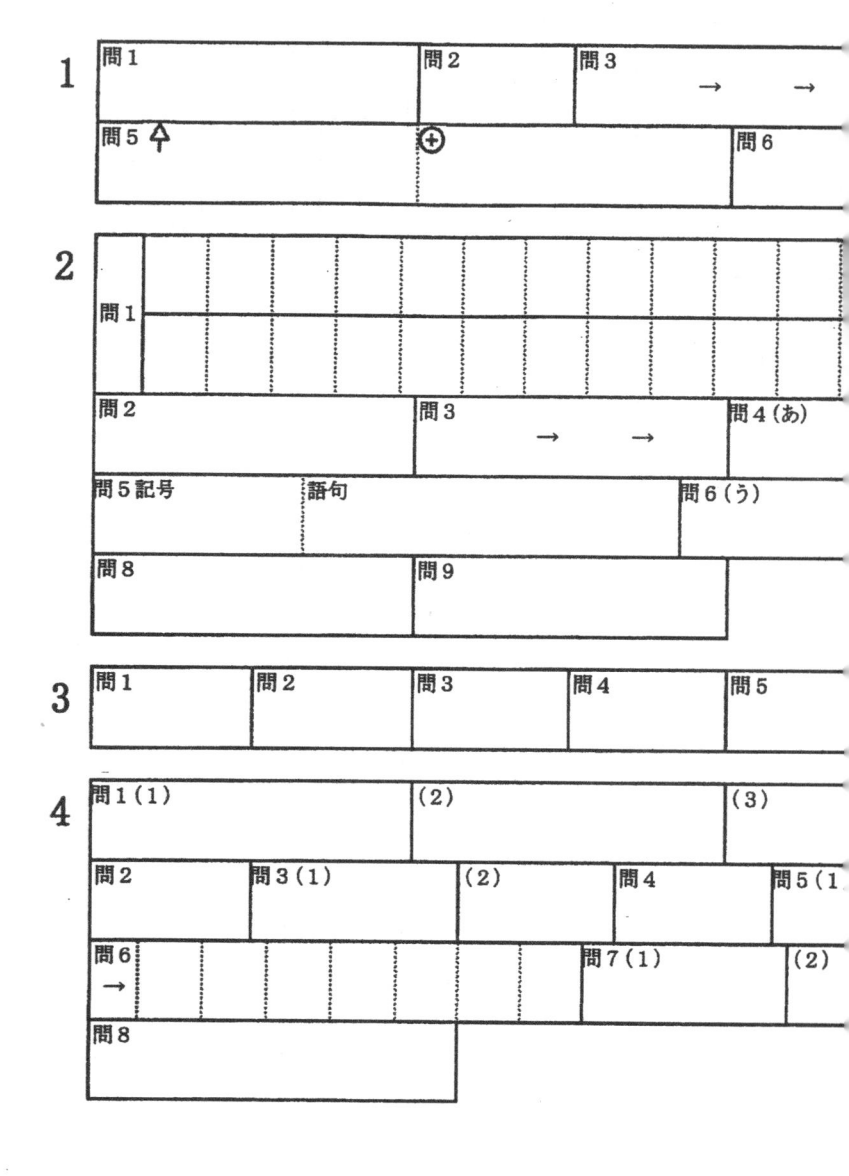

会　解答用紙　ラ・サール中学校

→ | 問4

問7 | 問8

点

20

40

→　→ | (い)

(え) | 問7

点

問6 | 問7 | 問8

点

(4)

(2) 条約

(3)

点

受験番号

得点

※50点満点
(配点非公表)

①				②			
A	B	C	D	E	F	G	H

(2)			
a	b	c	d
時間　分	時間　分	時間　分	時間　分

(3)				(4)		
e	f	g	h	③	③	⑤

【４】（１５点）

	(1)	(2)	(3)	(4)
A				
		(5) ア	(5) イ	(6)
				匹

	(1) A	(1) B	(1) C	(2)	(3)	(4)	(5)	(6)
B								

受験番号	得点
	※50点満点

4．

(1)	通り	(2)	通り	(3)	通り

4の小計
15

5．

(1)	cm	(2)	秒後

5の小計
13

6．

(1)	cm^3		
(2)	①辺	面	② cm^3

6の小計
15

受験番号	得点
	※100点満点

ます。

問１．　文中の空欄（　１　）～（　４　）にあてはまる語句を答えなさい。ただし、（　３　）には火山名を入れること。

問２．　文中の空欄≪　Ａ　≫・≪　Ｂ　≫にあてはまる語句の正しい組合せを、次のア～エから１つ選び、記号で答えなさい。

	ア	イ	ウ	エ
Ａ	太平洋	太平洋	フィリピン海	フィリピン海
Ｂ	北アメリカ	ユーラシア	北アメリカ	ユーラシア

問３．　下線部①について、

(1) 日本の国土のおよその緯度はどの範《はん》囲ですか。次のア～エから１つ選び、記号で答えなさい。

ア．北緯２０度～北緯４６度　　イ．北緯２０度～北緯５６度　　ウ．北緯３０度～北緯４６度　　エ．北緯３０度～北緯５６度

(2) 日本の南端《なんたん》はどこですか。次のア～エから１つ選び、記号で答えなさい。

ア．与那国《よなぐに》島　　イ．南鳥島　　ウ．魚釣《つり》島　　エ．沖ノ鳥島

問４．　下線部②について、日本の国土面積の中で山地が占めるおよその割合として適当な数値を、次のア～エから１つ選び、記号で答えなさい。

ア．４５％　　イ．６０％　　ウ．７５％　　エ．９０％

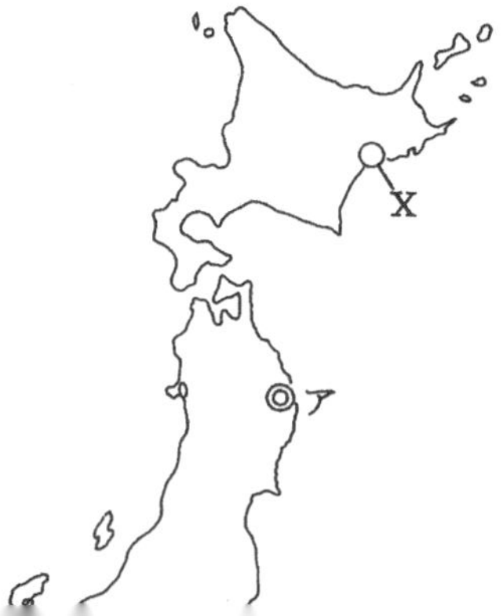

問５．　下線部③について、日本政府は日本の美しい風景を保護し活用するために、全国で 30 カ所の地域を国立公園に指定しています。

(1) 次の文章はある国立公園について説明した文章です。この国立公園のおよその位置を、右の日本地図中のア～オから１つ選び、記号で答えなさい。

この国立公園は３県にまたがり、山岳地帯とそこから流れ出る川および海岸部からなっています。桜が史跡《しせき》となっている山、古くから修験《しゅげん》道の道場とされ

にうたわれている権利の実現を目指している。

ク．国際連合の一機関であるユネスコは、教育や文化などの分野で世界の平和につながる活動をしており、文化遺産の修復や保存もその活動のひとつである。

4　次の文章を読んで、以下の問いに答えなさい。

日本の①国土は南北に長く、気候環《かん》境は多様です。加えて②山がちで平野が少ないため、国土の幅《はば》がせまく山地が海にせまっています。そのため、外国に比べて川は短く、流れが急になっています。また、それらの自然環境は、③美しい風景をはじめとして恵《めぐ》みをもたらす一方で、時に大きな災害を引き起こすこともあります。

日本の気候は、北海道など高緯《い》度の地域や一部の標高の高い地域を除くと温帯気候で、降水に恵まれています。（　1　）の影響《えいきょう》で、太平洋側の地域は夏に降水が多く、日本海側の地域は冬に降水が多くなります。太平洋側の地域では、梅雨や台風などの影響で一度に大量の降水がもたらされることがあり、それらが洪《こう》水や、土砂《しゃ》と水が一緒に一気に斜《しゃ》面を下る（　2　）などの被《ひ》害をあたえることがあります。また、日本海側の地域では、大雪によって被害がおこります。

日本には、およそ100余りの活火山が存在しています。そのため、火山噴《ふん》火は日本国内では日常的におこり、それにともなう災害もみられます。近年、人的な被害が大きかったのは、1991年に、（　3　）で発生した火砕《さい》流によるものであり、40名をこえる人命が失われました。また、きわめて稀《まれ》ではありますが、数百立方キロメートルにもおよぶ物質を短時間に噴出し、大規模な火砕流を発生させる噴火が日本でも過去に起こったことが知られています。

2011年におき、マグニチュード９．０におよんだ東日本大震《しん》災は、海の≪　A　≫プレートが陸の≪　B　≫プレートの下にもぐりこむことによって生じたひずみがもどることでおこった地震です。この地震で生じた津《つ》波によって多くの被害が出ました。空前絶後の被害の大きさに、日本社会は大きな衝撃《しょうげき》を受けました。このようなプレートの境界で発生する大地震以外に、活断層を震源とする大地震も日本では数多くみられます。1995年におきた阪神・淡路《あわじ》大震災や2004年と2007年に続けておきた（　4　）県を震源とする地震はこの例にあたります。

これらの災害に対して、④防災への様々な取り組みが進められています。最近では、森林の破壊《かい》や⑤地球温暖化など、人間が引き起こした環境破壊が災害の発生を助長しています。そのため、⑥私たちは自然環境を守っていく努力をしていくことも求められてい

問９．鹿児島には「唐湊《とそ》」という市内電車の停留所があります。その由来はよくわからないのですが、昔中国の船が入っていたとか、中国の人が住んでいたから、などと言われています。その中国と日本との行き来についてのべた次の文章ア～エのうち、平安時代が始まる前のことをのべていて、しかも内容が正しいものを**すべて**選び、記号で答えなさい。

ア．卑弥呼は魏《ぎ》に使いを送り、魏の皇帝《こうてい》から「漢委奴国王」と彫《ほ》られた金印や銅の鏡をさずけられた。

イ．菅原道真《すがわらのみちざね》が意見をのべたことがきっかけとなり遣唐使は廃止された。その後、道真は大宰府に流されてそこでなくなった。

ウ．冠位十二階を定めた聖徳太子は遣隋使として小野妹子を送り、隋の進んだ政治のしくみや文化を取り入れようとした。

エ．朝廷は阿倍仲麻呂《あべのなかまろ》や吉備真備《きびのまきび》などを遣唐使とともに唐へ送り、学ばせた。同じ時代に鑑真が来日し、唐招提寺《とうしょうだいじ》を開いた。

3　2012年におこったことに関して、次の問いに答えなさい。

◆　２月、天皇が心臓の手術を受けました。

問１．憲法に定められている天皇の国事行為《こうい》として、明らかに誤っているものを下から１つ選び、記号で答えなさい。

ア．儀式《ぎしき》を行う。

イ．勲章《くんしょう》などを授与《じゅよ》する。

ウ．外交の文書を認《みと》める。

エ．法律や条約を公布する。

オ．内閣総理大臣を任命する。

カ．国会議員の選挙を行うことを国民に知らせる。

キ．外国の大使などに会ったり、もてなしたりする。

ク．最高裁判所長官およびその他の最高裁判所裁判官を任命する。

◆　５月、沖縄《おきなわ》は本土に復帰して40周年を迎《むか》えました。

問２．沖縄に関する説明として、明らかに誤っているものを下から１つ選び、記号で答えなさい。

ア．江戸時代末期、アメリカ合衆国から来航したペリーの艦隊《かんたい》は、浦賀《うらが》沖に現れる前後に沖縄に立ち寄った。

イ．第２次世界大戦において、沖縄では本格的な地上戦が行われ、多くの島民が犠牲《ぎせい》になった。

ウ．1951年に日米安全保障条約が結ばれ、日本の各地にアメリカ軍がとどまることになったが、現在、日本にあるアメリカ軍施設《しせつ》

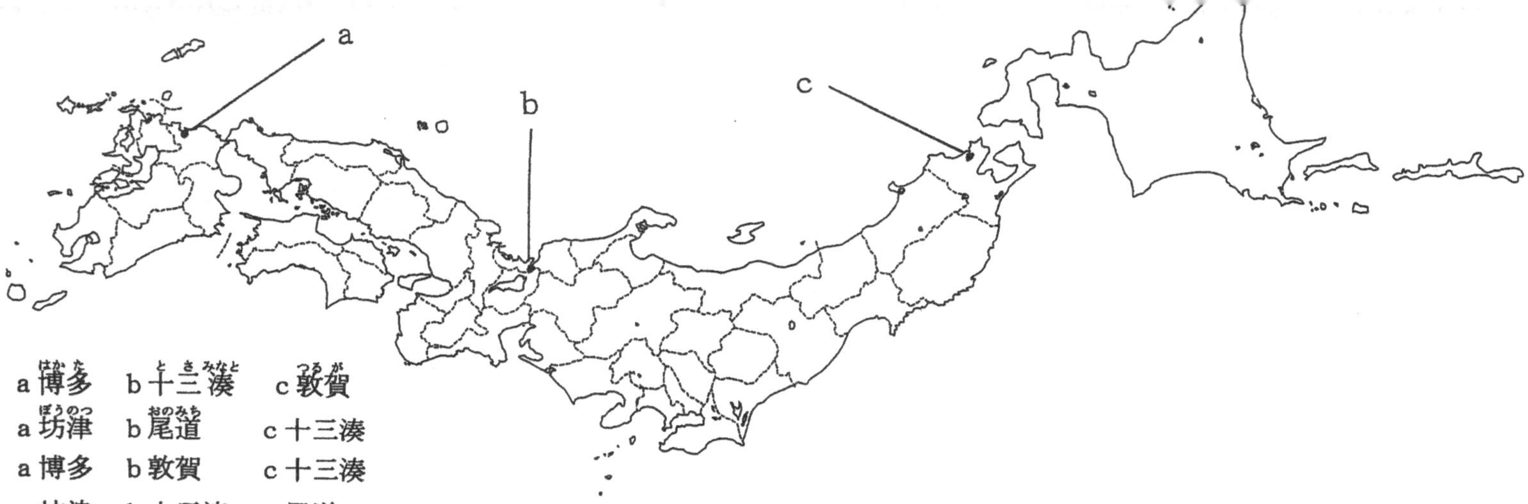

ア．ａ博多《はかた》　ｂ十三湊《とさみなと》　ｃ敦賀《つるが》
イ．ａ坊津《ぼうのつ》　ｂ尾道《おのみち》　ｃ十三湊
ウ．ａ博多　ｂ敦賀　ｃ十三湊
エ．ａ坊津　ｂ十三湊　ｃ尾道

問８．古い時代には、馬も貴重な乗り物でした。馬に関する次の文章ア～エの中に内容に明らかな誤りを含むものが１つあるのでまずそれを除外し、残った文章のうち、もっとも新しい時代の文章の下線部が何を指すかを答えなさい。記号は必要ありません。

ア．日本は蒙古襲来を二度とも退けることができたが、最初の時には馬に乗って一騎打《いっきう》ちをしようとした武士たちは元《げん》の軍勢の集団戦法に苦しめられた。この時の指揮《しき》をとったのが、当時執権を務めていたこの人物であった。

イ．古墳《こふん》には馬や家などをかたどった埴輪がおかれた。古墳はしだいに九州から東北にまで広がり、埼玉にあるこの古墳からは「自分はワカタケル大王の政治を助けた」という意味の内容が書かれた鉄剣《てっけん》が出た。

ウ．平清盛は朝廷の最も高い官職であるこの役職について政治の実権を握ったが、清盛がなくなった後、平氏はおとろえる。一ノ谷の戦いでは、源義経らが馬に乗ったまま急ながけをかけおりて攻《せ》めてきたため、平氏は敗れたといわれる。

エ．織田信長と上杉謙信の連合軍は、長篠の合戦で武田軍の騎馬隊《きばたい》を破った。この時信長に従っていた豊臣秀吉は、その後天下を取り、田の面積や収穫量《しゅうかくりょう》、耕作者を全国にわたって調べさせた。さらにこの法令を出して、武士と農民をはっきり分けた。

H25．ラ・サール中

その２

◆　(12 月 16 日) 今晩のテレビは衆議院議員選挙の特集番組ばっかりでした。結果はというと、自民党が過半数の議席を獲得《かくとく》しました。

問７．今回の選挙について、自民党が獲得した議席数にもっとも近い数字を次のア～エから１つ選び、記号で答えなさい。

ア．250　　イ．300　　ウ．350　　エ．400

◆　(2013 年１月２日)　今日のニュースによると、円相場が１ドル 87 円になっていました。お年玉をくれたおじさんが「去年のお年玉をドルで預金しておいて、今、円に交換《こうかん》すれば得したのにね。」と笑っていました。

問８．おじさんの話から考えると、昨年(2012 年)のお正月ごろの円相場は、１ドルがだいたい何円でしたか。もっとも近い数字を次のア～エから１つ選び、記号で答えなさい。

ア．77　　イ．87　　ウ．97　　エ．107

2

一昨年 (2011 年) ８月には東京都交通局が、昨年(2012 年)12 月には鹿児島市の市内電車が、それぞれ開業 100 年を迎《むか》えました。そこで、電車をはじめとする乗り物や私たちの移動について、歴史を振《ふ》り返《かえ》りながら考えてみましょう。

問１．1944 年、鹿児島市交通部（今の交通局の前身）は、市内電車の運転士として初めて女性や学生を採用しました。その理由を考えて 40 字以内で説明しなさい。

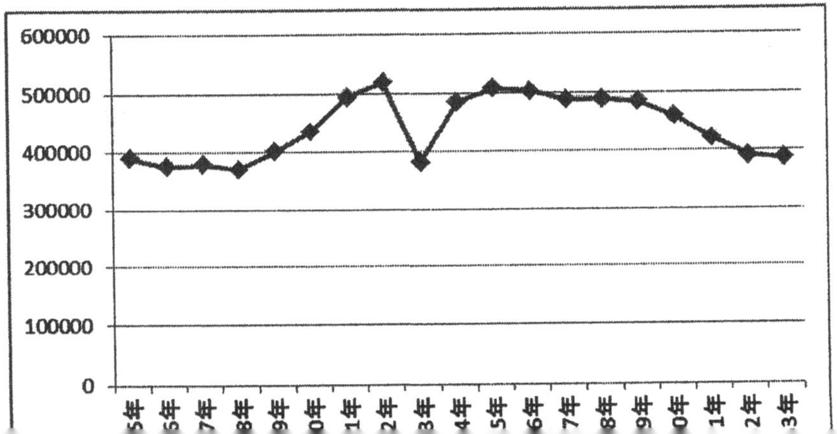

問２．右のグラフは、東京を走っていた市内電車の車両が一年間に何両使われたかを表しています。例えば、100 両の電車が 10 日間動いたら「1000 両」と考えます。このグラフの中で、大きな落《お》ちこみが１か所見られますが、そのことと深い関係をもつできごとの名を答えなさい。

問３．東京市電気局（今の東京都交通局の前身）ができた 1911 年に、日本は不平等条約の改正に成功しています。江戸時代の終わりごろから明治時代の終わりごろまでの日本と外国

ア．日本の国民総生産額が、はじめてアメリカ合衆国に次いで世界第２位になった。

イ．日本はソ連との国交を回復したが、歯舞《はぼまい》諸島・色丹《しこたん》島・国後《くなしり》島・択捉《えとろふ》島は返還《へんかん》されなかった。

ウ．アメリカ合衆国が北ベトナムを爆撃《ばくげき》し、ベトナム戦争が激しくなった。

エ．サウジアラビアなどの産油国が原油価格を引き上げたため、石油危機が起こった。

オ．イギリス連邦《れんぽう》内の自治領として、インドとパキスタンが独立した。

◆（８月 10 日）ロンドンオリンピックのテレビ中継《ちゅうけい》を見ていました。今日は女子レスリングの吉田沙保里《よしださおり》選手が優勝！　アテネ・北京オリンピックに続いて大会３連覇《れんぱ》を達成しました。

問４．ロンドン・アテネ・北京について述べた次のア～エのうち、正しいものを１つ選び、記号で答えなさい。

ア．この３つの都市は全《すべ》て、それぞれの国の首都である。

イ．この３つの都市のうちには、南半球にある都市がある。

ウ．この３つの都市がある国のうちには、日本よりも広い国土を持つ国が２つある。

エ．この３つの都市がある国のうちには、海岸線を持たない内陸国がある。

◆（８月 15 日）今日は田舎《いなか》のおばあちゃんの家に行きました。おばあちゃんが地図を描《か》いてくれたのですが、それによるとおばあちゃんの家は、駅から大通りをまっすぐ進んで（ 个 ）の手前の交差点を左に曲がり、（ ⊕ ）を過ぎた最初の交差点を右折して、……

問５．文中の記号个・⊕は地図記号です。それぞれ何を表しますか、漢字で答えなさい。

◆（10 月８日）2012 年のノーベル医学生理学賞に、iPS細胞《さいぼう》（人工多能性幹《かん》細胞）を作成した京都大学の山中伸弥《しんや》教授ら２人が選ばれました。

問６．日本人で山中教授以外にノーベル医学生理学賞を受賞した人物を、以下のア～エから１つ選び、記号で答えなさい。

ア．益川敏英《としひで》　　イ．利根川進　　ウ．大江健三郎《おおえけんざぶろう》　　エ．湯川秀樹《ひでき》

（５）表の（ア），（イ）に適する数値を答えなさい。

（６）メダカ何匹かと水草１本を水そうに入れて光をあてた場合，１時間後に溶けている酸素の量は１００でした。メダカを何匹入れましたか。

〔B〕図はヒトの血液の流れを模《も》式的に表しています。①～⑩は血管を，「→」は血液の流れる方向を，（A）～（C）は臓器を，（W），（X），（Y），（Z）は心臓の部屋を示しています。なお，（A）は呼吸をするための臓器です。

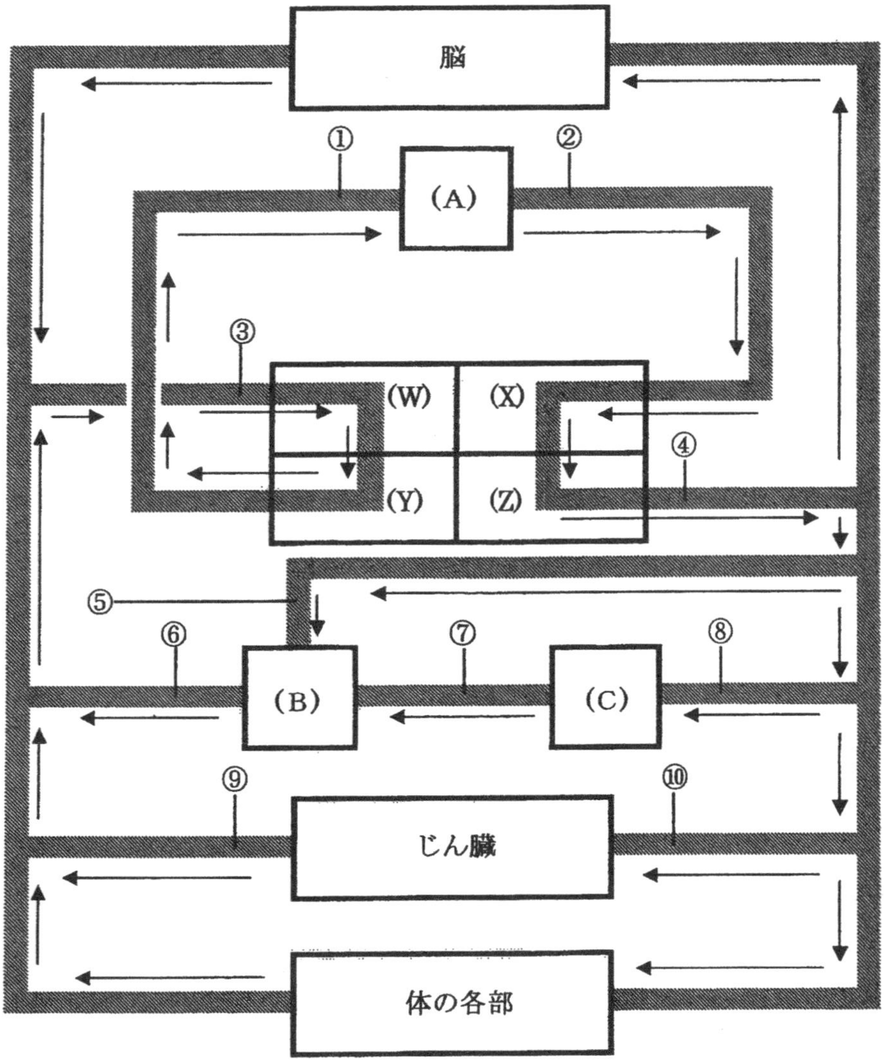

【4】

〔A〕メダカについて，次の問いに答えなさい。

（1）おすとめすは，背びれの形状で判別できます。おすの背びれを書き加えなさい。

（2）飼い方について，正しく述べたものはどれですか。

ア．水そうの水は，水道水をそのまま注いで用いる。

イ．水そうは，直射日光があたらない明るい場所に置く。

ウ．えさは，ミジンコや野菜や果物をあたえる。

エ．えさは，１日３回，あまるほどたくさんの量をあたえる。

（3）卵について，正しく述べたものはどれですか。

ア．栄養分の卵黄が含まれる。

イ．直径は約０．１ｍｍあり，多くの付着毛をもつ。

ウ．灰色の膜《まく》でおおわれており，中は透《す》けて見えない。

エ．１２～２月の早朝，水温が約１０℃の時に，水草にうみつけられる。

（4）卵が受精してからふ化するまでの日数は，水温により異なります。卵を約１５℃で育てた場合と，約２５℃で育てた場合について，正しく述べたものはどれですか。

ア．約２５℃で育てた方が日数が長くなる。

イ．約２５℃で育てた方が日数が短くなる。

ウ．両方の水温で日数にほとんど差がない。

水そうの水に溶けている酸素の量は，メダカの呼吸と水草の呼吸と光合成により変化します。空気の隙間《すきま》を残さないように密閉できる水そうで，メダカと水草，光のあて方を変えながらいろいろな条件にして１時間後に溶けている酸素の量を調べました。なお，はじめから溶けている酸素の量は１００とし，新たに発生した気体はすべて水に溶けるものとします。また，水温は一定に保ちました。表は条件と結果をまとめたものです。

水そう	メダカ	水草	光のあて方	溶けている酸素の量
①	入れなかった	入れなかった	あてなかった	100
②	入れなかった	1本入れた	あてなかった	（ア）
③	入れなかった	1本入れた	あてた	190
④	10匹《ぴき》入れた	入れなかった	あてなかった	70
⑤	10匹入れた	1本入れた	あてなかった	50
⑥	10匹入れた	1本入れた	あてた	（イ）

【３】ダイ吉君が雑誌を読んでいると，下のような「クロスワード」があったので，

早《さっ》速やってみました。

問題　たてのカギ，よこのカギをヒントに各マスをひらがなでうめたとき，

ＡＢＣＤ・ＥＦＧＨのマスに入る言葉を応募《ぼ》ハガキに書いて送って下さい。

正解者の中から抽《ちゅう》選で１０名の方に，マジンガーＸの目覚まし時計を差し上げます。

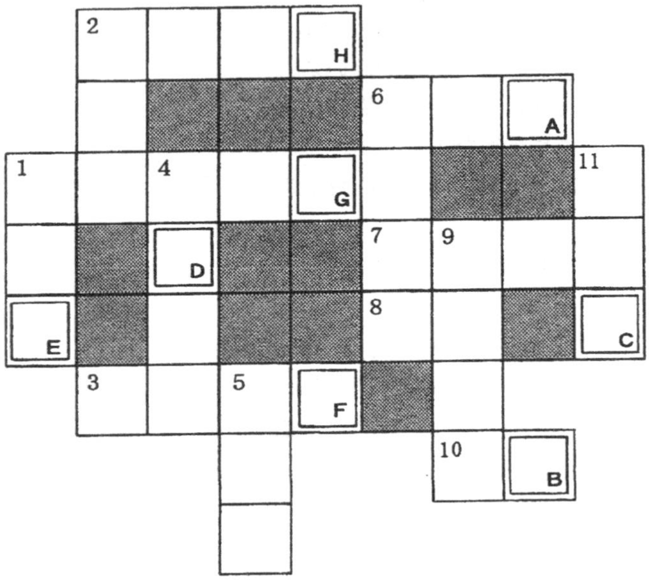

よこのカギ

１：太陽系の最も外側を回る惑《わく》星

２：寒い地域を，温帯に対して○○○○と呼ぶ

３：地震《しん》が発生した所

６：地層の中に含まれる昔の生物の殻《から》や骨など

７：惑星が太陽のまわりを回ることを○○○○と呼ぶ

８：河原ができるのは，川がカーブしているところの○○側

１０：よく晴れた日の昼間は，○○から風が吹く

たてのカギ

１：太陽が全て隠《かく》れて見えなくなるのは○○○日食

２：地球のひとつ外側を回る惑星

４：冬の代表的な星座といえば，○○○○座

５：溶《よう》岩が固まってできる黒くザラザラした石は○○○岩

６：日本列島など弧《こ》状に続く島々に沿ってみられる深い海

９：地球の外の広い空間

１１：地震の揺《ゆ》れの大きさを表す尺度

（3）図2のように，おもりをXで静かに放したところ，糸はOの真下のくぎにふれて，おもりはXと同じ高さのYでいったん止まりました。Xで放してから初めてYまで移動する時間は何秒ですか。

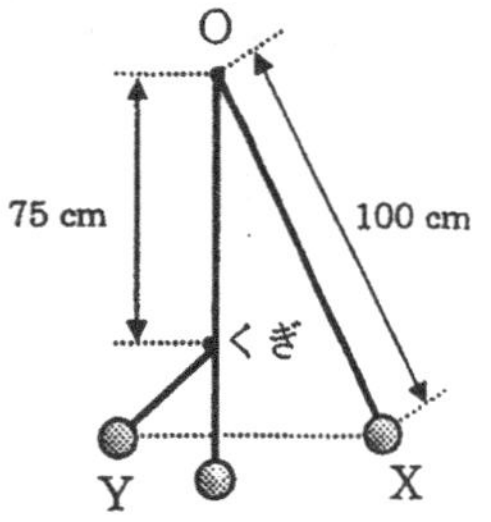

図2

（4）１００cmの振り子と２００cmの振り子を図3のように真下から同じ角度になるようにして同時に放しました。両方の振り子が初めて同時に真下を通るのは，放してから何秒後ですか。

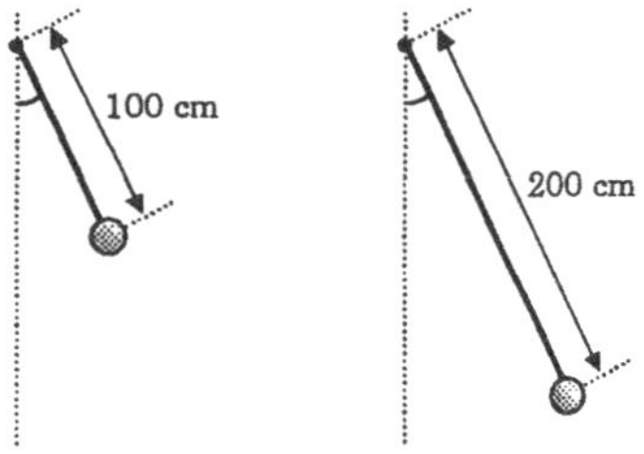

図3

〔B〕同じ豆電球，モーター，スイッチ，および検流計を同じ電池につないだ回路があります。表のア～エは閉じるスイッチ①～⑨の組み合わせを示しています。（1）～（5）のつなぎ方にあてはまる，閉じるスイッチの組み合わせとして正しいものをそれぞれ選びなさい。ただし，（2）以降では（1）で選んだ答以外のものから選びなさい。

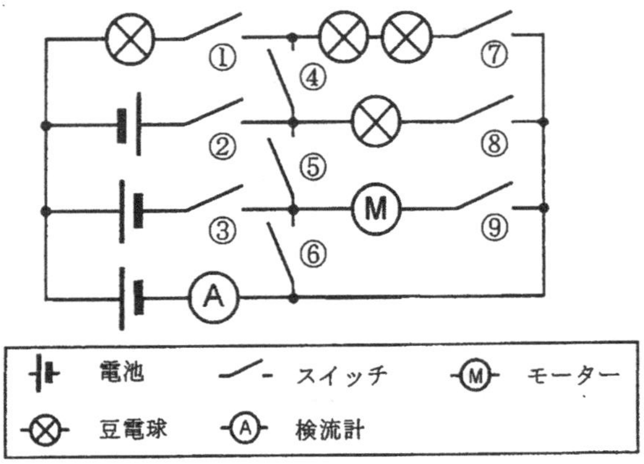

	閉じるスイッチ
ア	①，⑦
イ	②，⑤，⑥
ウ	③，⑤，④，⑦
エ	②，⑧，⑤，⑨

（1）検流計がこわれることがある危険なつなぎ方。
（2）点灯した豆電球1個あたりの光り方が最も明るくなるつなぎ方。
（3）点灯した豆電球1個あたりの光り方が最も暗くなるつなぎ方。
（4）検流計の値が最も大きくなるつなぎ方。
（5）検流計の値が0のままであるつなぎ方。

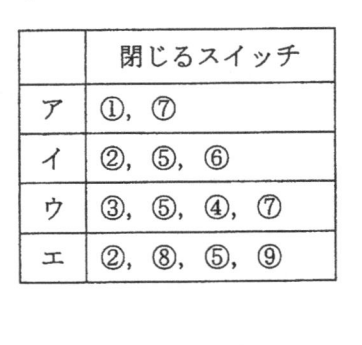

平成25年度　入学試験問題　理　科　ラ・サール中学校

注意：　1．解答はすべて解答用紙の答のらんに書きなさい。
　　　　2．いくつかの中から選ぶ場合は，記号で答えなさい。特に指示のない場合は1つ答えなさい。

（40分）

【1】

〔A〕両はしの開いたガラス管（直径5cm）を使って図のア～オのようにろうそくを燃やしました。

（1）ろうそくが全部燃えつきるのはどれですか。すべて選びなさい。

（2）（1）の中で最も短い時間で燃えつきるのはどれですか。

（3）（2）で燃えつきるまでの時間が最も短かった理由は何ですか。２０字以内で書きなさい。

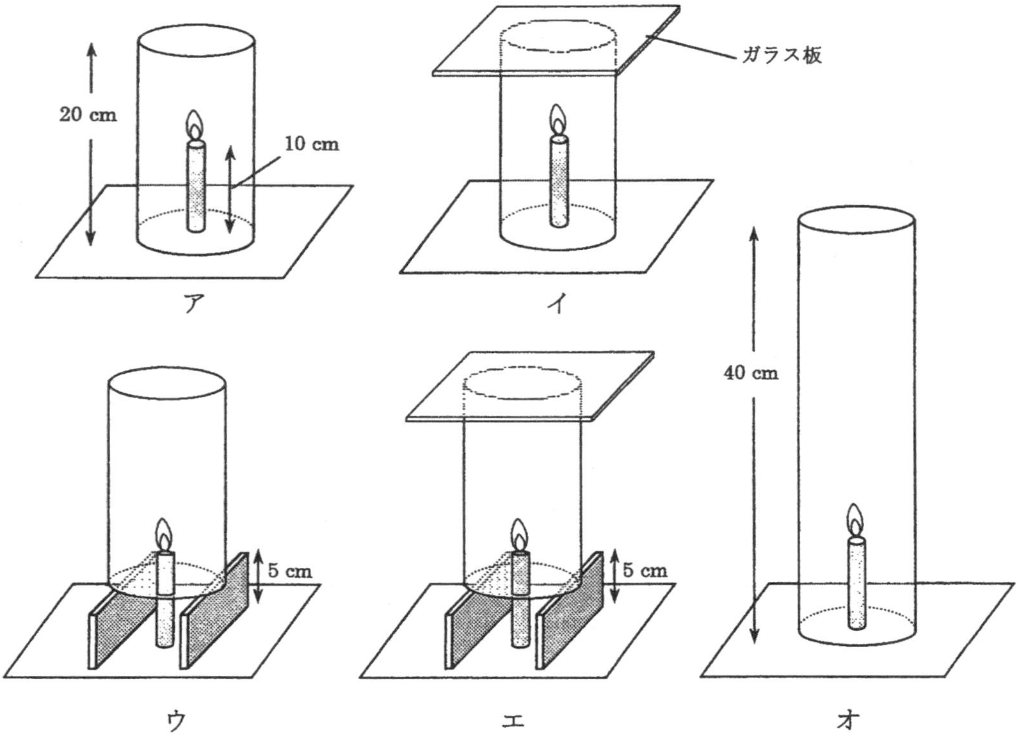

〔B〕濃さの違《ちが》う3つの塩酸 A，B，Cを用いて次の実験1～4を行いました。

〔実験1〕塩酸A，B，Cを３０ｇずつ蒸発皿に取り，それぞれに水酸化ナトリウム４ｇを加えました。水溶《よう》液を加熱し水をすべて蒸発させると①Aでは５．８５ｇの固体が，②Bでは４．７４ｇの固体が，③Cでは５．８５ｇの固体が得られました。

2013年度　ラ・サール中学校　入学試験問題　算数　（60分・100点）　その2

4．図のように，正三角形の各頂点と各辺のまん中にそれぞれ黒石か白石を置きます。その際，回転して同じになるものは同じ置き方とみなします。

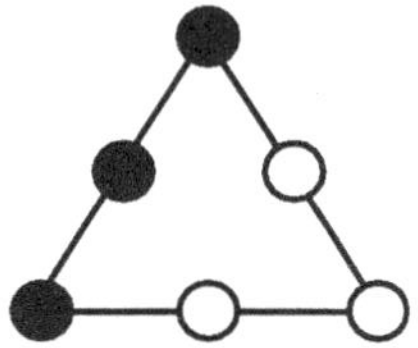

たとえば 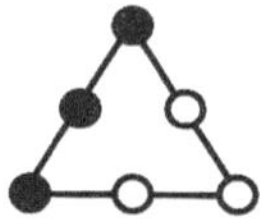 と 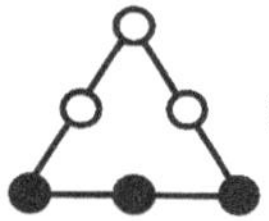（●は黒石，○は白石）は同じ置き方です。

このとき，次の問に答えなさい。（１５点）

⑴　黒石が２か所となる置き方は何通りですか。

⑵　黒石が３か所となる置き方は何通りですか。

⑶　置き方は全部で何通りですか。６か所すべてが同じ色でもかまいません。

5．

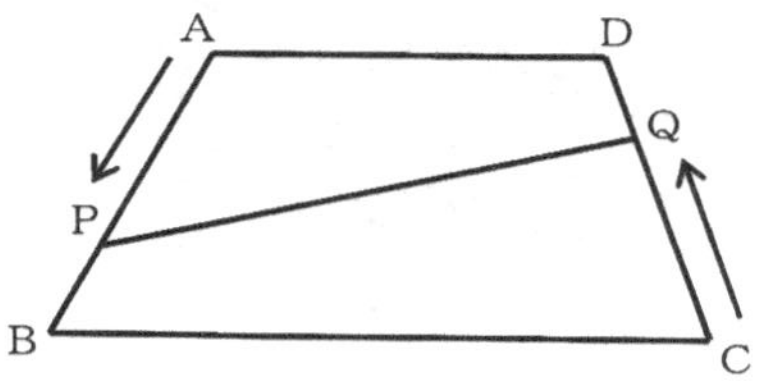

左図において四角形ＡＢＣＤはＡＤとＢＣが平行な台形で，ＡＢ＝８㎝，ＢＣ＝15㎝，ＣＤ＝６㎝，ＤＡ＝９㎝です。また，点Ｐは辺ＡＢ上をＡからＢまで毎秒２㎝で移動し，点Ｑは辺ＣＤ上をＣからＤまで一定の速さで移動します。今，２点Ｐ，Ｑが同時に出発し，３秒後に直線ＰＱが台形ＡＢＣＤの面積を２等分しました。このとき，次の問に答えなさい。（１３点）

斜線部分の周の長さと面積を求めなさい。円周率は3.14とします。

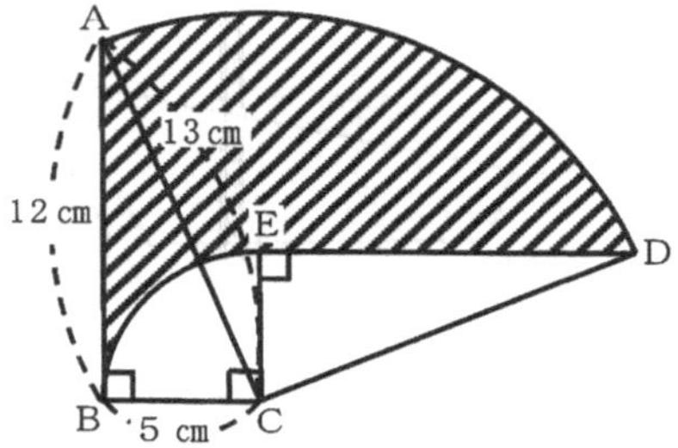

(4)　右図で，ＡＢ＝ＥＣであるとき，㋐と㋑の角の大きさを求めなさい。

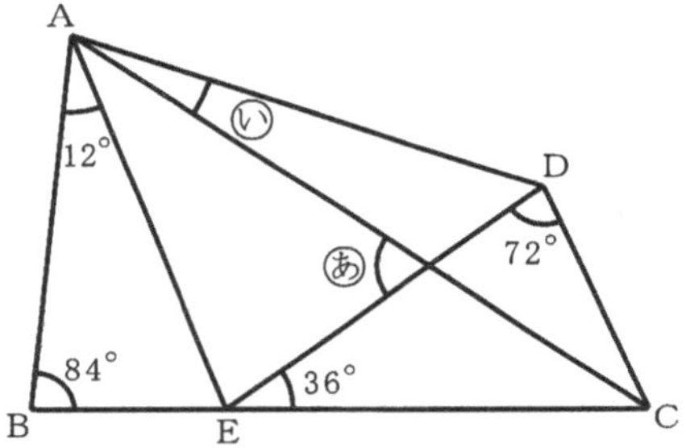

3．川沿いにＡ港があり，Ａ港から 24 km下流にＢ港があります。ＡＢ間を船ＰとＱが往復します。船ＰとＱは静水での速さは同じです。船ＰはＡ港を出発し，Ｂ港に着いてから 40 分後にＡ港に向かって出発します。また船ＱはＢ港を出発し，Ａ港に着いてから，やはり 40 分後にＢ港に向かって出発します。

午前９時に船Ｐ，ＱがそれぞれＡ港，Ｂ港を出発してＡＢ間を往復するとき，２度目にすれちがったのは正午でＡ港から９kmのところでした。このとき，次の問に答えなさい。（１５点）

(1)　１度目にすれちがったのはＡ港から何kmのところですか。

(2)　船が川を上る速さと下る速さの比を，最もかんたんな整数の比で答えなさい。

(3)　船が川を上る速さは時速何kmですか。

2012年度　ラ・サール中学校　入学試験問題　算数　（60分・100点）　その1

1． 次の□にあてはまる数を求めなさい。（12点）

(1)　$0.23 \times 42 + 0.69 \div \frac{3}{23} - 1.15 \times 11 = \square$

(2)　$(40 \times 6.01 + \square \div 15) - (233 + \frac{2}{45}) = 7.6$

(3)　$\{4 + 0.2 \times (2 \times \square - 0.625)\} \div 1.25 = 3.5$

2． 次の各問に答えなさい。（32点）

(1)　L中学校では初めにテニス部とサッカー部に入っていた生徒の合計が100人でした。その後テニス部の$\frac{1}{4}$とサッカー部の$\frac{1}{6}$の生徒が野球部に変わったために，テニス部とサッカー部に入っている生徒の合計は78人となりました。初めにサッカー部に入っていた生徒は何人ですか。ただし1人の生徒が複数の部に同時に入ることはできないとします。

(2)　$\frac{13}{15}$より大きく1より小さい分母が31の分数をすべて求めなさい。

(3)　右図の台形があります。まん中の線を中心として1回転させてできる立体の表面積を求めなさい。ただし，円周率は3.14とします。

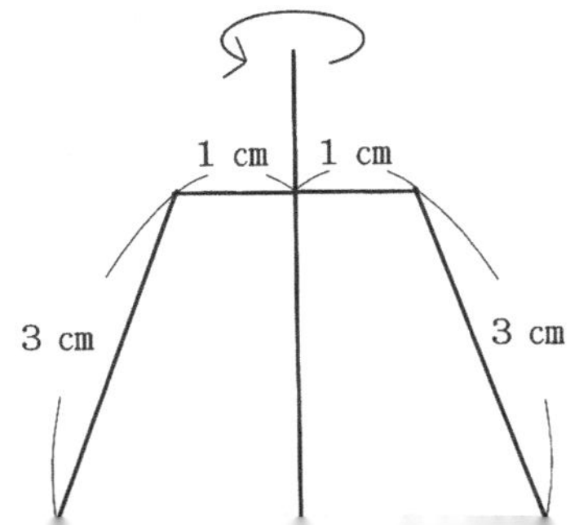

(1)　はじめて衝突するのはスタートしてから何秒後ですか。

(2)　はじめて衝突するまでに，三角形ＡＰＱが二等辺三角形となることがあります。何秒後ですか。すべて答えなさい。

(3)　スタートしてから480秒後までに，三角形ＡＰＱは何回二等辺三角形になりましたか。

6．三角柱ＡＢＣ－ＤＥＦと直方体ＢＥＦＣ－ＧＨＩＪを合わせた右図のような立体があります。ここでＢＣ＝ＢＧ＝２cm，ＢＥ＝４cmです。さらに点ＡはＢＣのまん中の点Ｋの真上にあり，ＡＫ＝２cm，点ＤはＥＦのまん中の点Ｌの真上にありＤＬ＝２cmです。
次の問に答えなさい。ただし角すいの体積は
(底面積)×(高さ)×$\frac{1}{3}$です。（12点）

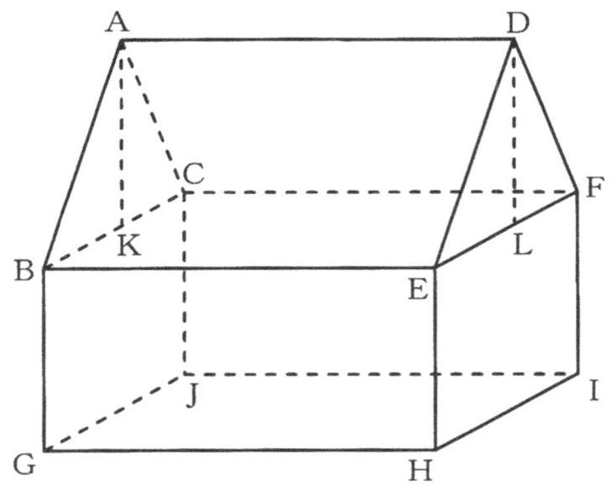

(1)　この立体を３点Ａ，Ｈ，Ｉを通る平面で切ったとき，点Ｂを含む立体の体積は何cm³ですか。

(2)　(1)でできた点Ｂを含む立体を３点Ａ，Ｇ，Ｈを通る平面で切ったとき，体積が大きい方の立体の体積は何cm³ですか。

〔B〕だ液の実験に関して，（1）～（7）の問いに答えなさい。

だ液の濃《こ》さとデンプンの分解との関係について調べるために，実験を行いました。だ液を水で薄《うす》めて，$\frac{1}{2}$ ～ $\frac{1}{8}$ 倍の濃さのだ液をつくりました。$\frac{1}{2}$ 倍の濃さのだ液は，だ液 3 cm³ を水 3 cm³ で薄めたものです。

1％デンプン溶《よう》液 3 cm³ に，$\frac{1}{2}$ ～ $\frac{1}{8}$ 倍の濃さのだ液のいずれかを 3 cm³ 加え，適切な条件で分解を開始しました。分解を開始してから 1 分ごとに，液の一部をとりました。これに（　A　）液を加え，分解が終了《りょう》するまでの時間を調べました。この時間を分解終了時間とします。表は，加えただ液の濃さと分解終了時間とをまとめたものです。なお，デンプン溶液に，だ液の代わりに水を加えて同様の実験を行った場合，デンプンは，分解されませんでした。

加えただ液の濃さ〔倍〕	$\frac{1}{2}$	$\frac{1}{3}$	$\frac{1}{4}$	$\frac{1}{6}$	$\frac{1}{8}$
分解終了時間〔分〕	4	6	8	12	16

（1）デンプンは，植物の葉に日光があたることで，二酸化炭素とあるものとからつくられます。あるものとは何ですか。

（2）デンプンは，（A）液により青紫《むらさき》色に変化します。（A）に入る薬品の名前を答えなさい。

（3）だ液と同じようなはたらきをする液には，胃液，すい液，腸液などがあります。これらの液を一般《ぱん》的に何といいますか。

（4）デンプンは，だ液，すい液，腸液のはたらきで最終的に何になりますか。
ア．タンパク質　　イ．脂肪《しぼう》　　ウ．ブドウ糖　　エ．アミノ酸　　オ．ビタミン

（5）小腸から体内に吸収された（4）は，主にある臓器に運ばれ，たくわえられます。この臓器の名前を答えなさい。

（6）$\frac{1}{5}$ 倍の濃さのだ液は，だ液 3 cm³ を何 cm³ の水で薄めたものですか。

（7）1％デンプン溶液 3 cm³ に，$\frac{1}{5}$ 倍の濃さのだ液を 3 cm³ 加えた場合の分解終了時間〔分〕を答えなさい。

【2】

〔A〕実験1～4を読んで，あとの問いに答えなさい。

［実験1］過酸化水素水に二酸化マンガンを加えて発生した気体を広口ビンA，B，Cに集め，これらに少量の石灰《かい》水を入れガラス板でふたをしました。それぞれの広口ビンのガラス板を手で押《お》さえよく振《ふ》り混ぜたところ，<u>石灰水には何の変化も見られませんでした</u>。

［実験2］針金の先に木片《へん》をくくりつけました。木片に火をつけ，図1のようにガラス板のふたを少しずらして広口ビンAの中に入れました。

［実験3］針金の先にスチールウールをくくりつけました。スチールウールをガスバーナーで赤熱し，実験2と同様にガラス板のふたを少しずらして広口ビンBの中に入れました。

［実験4］試験管に木片を入れて，図2のようなそうちで加熱する実験を行いました。十分に熱したあと木片を取り出し，実験2と同様に火をつけ，広口ビンCの中に入れました。

図1

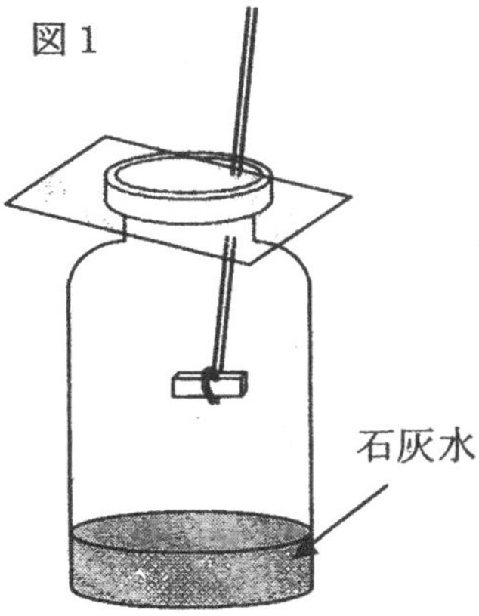

図2

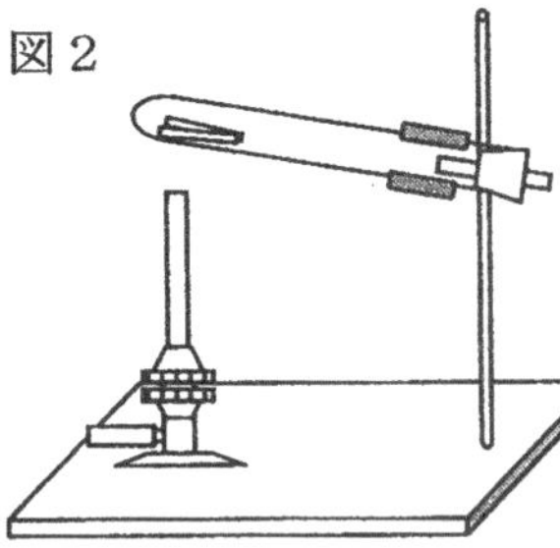

（1）実験1の下線部からどういうことがわかりますか。

（2）実験4の図2のように空気をしゃ断して加熱することを何といいますか。

（3）実験2，3，4で広口ビンA，B，Cの中で物の燃え方はどうでしたか。
A，B，Cのそれぞれについて次の中から選びなさい。
ア．はげしく燃えた。　　　　イ．まったく燃えなかった。

（4）実験2，3，4の後，広口ビンA，B，Cにそれぞれガラス板でふたをし，手で押さえてよく振り混ぜました。石灰水が白くにごった広口ビンをA，B，Cの記号ですべて答えなさい。

（5）実験4で木片を熱したとき試験管の中に茶色の液体がたまりました。これを水で薄めたものに，BTB液を加えると何色になりますか。

父「電気が（⑦）に変わらず，（⑧）に変わるため，同じ明るさでも電気のむだが少ないのさ。」
ダイ吉「ソラの口の中の温度はずいぶん高かったよ。」
父「ソラはラ・サール中学を目指して，勉強に燃えているからさ。」

（1）①にあてはまる説明として，適当なものを選びなさい。
ア．トタン屋根は熱をたくわえやすい　　イ．トタン屋根は光をよく反射する
ウ．トタン屋根は土や空気より暖まりやすい　　エ．トタン屋根は水をふくみにくい

（2）②にあてはまるものとして，適当なものを選びなさい。
ア．日なたの地面の温度　　イ．日かげの地面の温度
ウ．日の当たっている木の葉の温度　　エ．日の当たっていない木の葉の温度

（3）③に入る言葉として，適当なものを選びなさい。
ア．日なたの地面より低かった　　イ．日なたの地面と同じだった
ウ．日なたの地面より高かった

（4）④についての説明として，適当なものを選びなさい。
ア．昼は海より陸の気温が高く，ぼう張した空気が陸から海に向かって流れ出し，陸風がふく。
イ．昼は海より陸の気温が高く，ぼう張した空気が上昇《しょう》し，海から空気が流れこむため，海風がふく。
ウ．昼は陸より海の気温が高く，ぼう張した空気が海から陸に向かって流れ出し，海風がふく。
エ．昼は陸より海の気温が高く，ぼう張した空気が上昇し，陸から空気が流れこむため，陸風がふく。

（5）⑤の内容と最も関係の深いものを選びなさい。
ア．よく晴れた日は，空が青くきれいに見える。
イ．くもりの日は，晴れの日より暗い。
ウ．雨の日は，せんたく物がかわきにくい。
エ．夜，晴れていると，朝の気温がとても低くなることがある。

（6）⑥に関することとして，正しいものを選びなさい。
ア．水は１００℃になると，加えた熱が液体から気体になることに使われてしまうため，温度が上がらない。
イ．水は１００℃になると，初めて蒸発が始まる。
ウ．水は１００℃になると，水の中にふくまれていた小さな空気のあわが大きくなりさかんに外に出て行くようになる。
エ．食塩を溶かした水はふっとうしないため，油のように１５０℃まで温度を上げることができる。
オ．圧力なべを使って水を熱すると，１００℃に達する前にふっとうしてしまう。

（7）⑦，⑧に適当な言葉を入れなさい。

【4】

〔A〕水に沈《しず》んでいるものは水中で軽く感じられます。このわけを調べるために，重さや体積がわかっているレンガ，ガラス，および鉄をそれぞれ図のようにばねばかりにつるし，水中での重さを測定しました。結果は表のとおりです。

	重さ〔g〕	体積〔cm³〕	水中での重さ〔g〕
レンガ	１２	１０	２
ガラス	２４	１０	１４
	４８	(ア)	２８
鉄	７９	１０	６９
	１５８	２０	１３８
	(イ)	３０	(ウ)

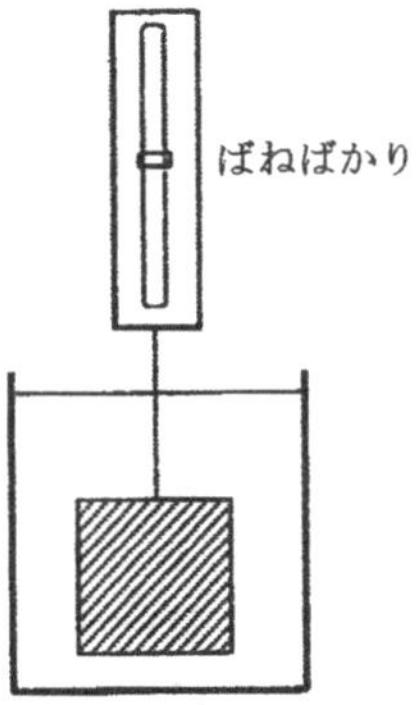

体積１０cm³の鉄を水に入れると，同じ体積の水が押し上げられて水かさが増します。１cm³あたりの水の重さは１ｇなので，押し上げられた水の重さは１０ｇとなります。これは鉄の重さ７９ｇと水中での重さ６９ｇの差にちょうど等しくなっています。この関係はものの種類や体積を変えても同じであることが，表から確かめられます。したがって，

（水中での重さ）＝（ものの重さ）―（押し上げられた水の重さ）

となることがわかります。

（１）表の（ア），（イ），（ウ）にあてはまる数を答えなさい。

（２）重さ６０ｇのものを水中で測ったら３６ｇでした。その体積は何cm³ですか。

（３）銅の重さは１cm³あたり９ｇです。体積１５０cm³の銅は水中で何ｇですか。

（４）ものの重さと水中での重さの比が３：１となるのは，１cm³あたりの重さが何ｇの場合ですか。

（５）金と銀をある割合で混ぜて１２０ｇの合金を作り，水中でその重さを測ったところ１１０ｇでした。この合金のうち，銀の重さは何ｇですか。ただし体積１cm³あたりの重さは金が２０ｇ，銀が１０ｇで，それらは合金にしても変わりません。

（６）次の文の①，②にあてはまる数を答えなさい。

水の代わりに食塩水にものを入れるとき，その中での重さは，押し上げられた食塩水の重さだけ小さくなります。１cm³あたり１.１ｇの食塩水に７２ｇのガラスを入れるとき，（　①　）ｇの食塩水が押し上げられます。したがって，食塩水中でのガラスの重さは（　②　）ｇになります。

平成24年度　入学試験問題　　社　会　　ラ・サール中学校

注意：解答はすべて解答用紙に記入しなさい。

（40分）

1　のび太くんが書いた2011年の日記を読んで、以下の問いに答えなさい。

◆（２月20日）リビアで長年続いた独裁政権に反対する運動がおこりました。中東や北アフリカの国ぐにでは大きな変化がおこっています。先月にはチュニジアでも政権が崩壊《ほうかい》していますし、エジプトでも大きな運動がおこったようです。エジプトはこれからどうなっていくのでしょうか。

問１　リビアとエジプトでそれぞれ独裁政権を続けていた国家元首の名前の組合せとして正しいものを、次のア～エから１つ選び、記号で答えなさい。

ア．ベン＝アリーとムバラク　　イ．ベン＝アリーとサーレハ　　ウ．カダフィとムバラク　　エ．カダフィとサーレハ

◆（３月18日）以前から建設されていた東京スカイツリーが高さ634メートルに到《とう》達したそうです。これで「世界一高いタワー」としてギネスブックにのることになります。

問２　現在、東京スカイツリーに抜《ぬ》かれて日本で２番目に高いタワーになっているのが東京タワーです。東京タワーが完成した、1958年前後の日本のようすについて述べた次のア～エのうち、正しいものを１つ選び、記号で答えなさい。

ア．ソ連との国交が回復したが、歯舞《はぼまい》群島・色丹《しこたん》島・国後《くなしり》島・択捉《えとろふ》島は返還《かん》されなかった。

イ．沖縄に続いて小笠原《おがさわら》諸島が日本に返還された。

ウ．テレビ・洗濯《たく》機・自家用車という、いわゆる「三種の神器」が家庭に備えられるようになった。

エ．アジアで最初のオリンピックが札幌で開催《さい》され、東京～新大阪間に新幹線が開通した。

◆（６月25日）ユネスコの世界遺産委員会は、東京都の小笠原諸島を世界自然遺産に、岩手県の奥州藤原氏が栄えた時代の寺院などを「平泉の文化遺産」として世界文化遺産に、それぞれ登録することを決めたそうです。これで日本には12の文化遺産と４つの

I　九　州　この場所が、筑前・筑後・肥前・肥後・豊前・豊後・日向・薩摩・大隅に分かれていたことからこう呼ばれる。

問１　A～H（Iは含《ふく》まない）を、内容に注目して時代の古い順に並べ替《か》えたときに、３番目と６番目になるものを選び、それぞれ記号で答えなさい。ただし、Aは関白が初めて置かれた時期として考えること。

問２　Aについて。摂政や関白が正式に廃《はい》止された時期と、都（天皇がいるところ）が京都から離《はな》れた時期とはほぼ一緒《いっしょ》ですが、それはいつ頃《ころ》のことですか。次のア～エのうち、時期が最も近いものを選び、記号で答えなさい。

ア．平安時代の終わり頃　　イ．鎌倉時代の終わり頃　　ウ．室町時代の終わり頃　　エ．江戸時代の終わり頃

問３　Bについて。次のア～エは様々な時代の対立に関する文章です。このうち１つの文章だけに明らかな誤りが１つ含まれ、その語句を訂《てい》正すればその文章は正しくなります。誤りを含む文章の記号と、誤りを訂正した語句を、それぞれ答えなさい。

ア．政府は西南戦争など、不満をもつ士族による各地の反乱を、軍隊の力で抑《おさ》えた。この頃板垣退助は、国会を開くことを主張し、自由民権運動の中心になった。これに対し政府は取りしまりを強めたが、いずれ国会を開くと1881年に約束した。

イ．朝廷は、北条氏が政治を行っている幕府を倒《たお》せという命令を出した。しかし幕府側は北条政子の演説もあって団結を固め、朝廷の軍勢を破った。これ以後幕府の力は西国にもおよび、やがて武家諸法度が作られて、幕府の支配力は強まった。

ウ．中大兄皇子や中臣鎌足は、645年に蘇我氏を倒し、すべての土地と人民を天皇が治める新しい政治のしくみを整え始めた。それにより庶《しょ》民は様々な税を出すこととされ、その後衛士《えじ》として都の警備に、防人《さきもり》として北九州の防衛にあたることもあった。

エ．島原や天草で、キリスト教の信者を中心とした人々が一揆《き》を起こしたが、徳川家光は大軍を送ってこれを抑えた。この後幕府はポルトガル船の来航を禁じ、長崎を通じた貿易相手をオランダと中国に限った。この他朝鮮や琉球とも交流があった。

問４　Cについて。

(1)空欄《らん》に入る適切な人名を答えなさい。明治政府の基礎《そ》を築いた薩摩出身の人物です。

(2)この人たちは日本がどんな国になればよいと思って下線部①のような改革を目指したのでしょうか。幕末に激しい政治上の争いが起こったきっかけが何であったかを考えて（ただし、その内容を解答に含める必要はない）、20字以内で答えなさい。

H24.ラ・サール中

問５　Ｄについて。次の図ア～エのうち、Ｄと最も関係が深いものはどれですか。１つ選び、記号で答えなさい。

ア

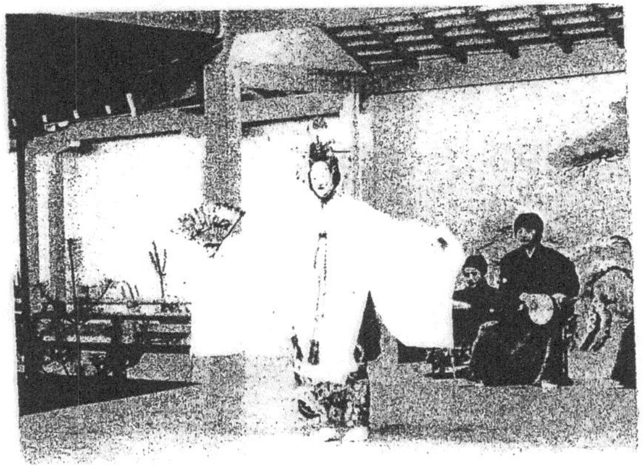

イ

ウ

エ

問６　Ｅについて。

(1) 五街道がつくられ、使われた時代に、東海道のすべての宿場町の風景を描《えが》いて有名になった浮《うき》世絵師は誰《だれ》ですか。

(2) ものを大量に運ぶために使われた手段は、江戸時代までと明治以降では変化が見られます。江戸時代までの手段と、明治時代

ではない。

エ．憲法には、言論の自由を保障する定めはあるが、集会の自由を保障する定めはない。

問３　下線部ｂ「選挙」に関して、法律は公職の候補者として選挙に出ることができる者の資格を何歳《さい》以上というように年齢《れい》で制限しています。この年齢に関して述べた次のア～エのうち、適切なものを１つ選び、記号で答えなさい。

ア．参議院議員に立候補できる者と都道府県議会の議員に立候補できる者の年齢は同じだが、その年齢と市町村長に立候補できる者の年齢は異なる。

イ．衆議院議員に立候補できる者と都道府県議会の議員に立候補できる者の年齢は同じだが、その年齢と市町村長に立候補できる者の年齢は異なる。

ウ．衆議院議員に立候補できる者と市町村議会の議員に立候補できる者の年齢は同じだが、その年齢と都道府県知事に立候補できる者の年齢は異なる。

エ．参議院議員に立候補できる者と市町村議会の議員に立候補できる者の年齢は同じだが、その年齢と都道府県知事に立候補できる者の年齢は異なる。

問４　下線部ｃ「法律」が成立する過程に関して述べた次のア～エのうち、明らかに誤っているものを１つ選び、記号で答えなさい。

ア．憲法は、法律案の提案について、先に衆議院に提案しなければならないと定めている。

イ．憲法は、法律案について、憲法が定める特別の例外を除き、原則として両議院で可決したときに法律となると定めている。

ウ．衆議院で可決し、参議院で否決した法律案については、衆議院で出席議員の３分の２以上の多数で再び可決したとき、法律となる。

エ．法律案の提案は、国会議員だけでなく、内閣も行うことができる。

問５　下線部ｄに関して述べた次のア～エのうち、明らかに誤っているものを１つ選び、記号で答えなさい。

ア．憲法は、予算案について、衆議院と参議院とが異なった議決をし、両院協議会を開いても意見が一致《ち》しないときは、衆議院の議決を国会の議決とすると定めている。

イ．憲法は、衆議院および参議院の両議院で内閣不信任決議案が可決されたとき、この内閣は 10 日以内に衆議院を解散しない限り、総辞職をしなければならないと定めている。

ウ．憲法は、衆議院および参議院が、それぞれ、その会議などの手続きおよび内部の規律に関する規則を定めることを認めており、この規定に基づいて衆議院規則および参議院規則が制定されている。

エ．憲法は、衆議院議員の任期を４年とし、衆議院が解散された場合には、４年の期間満了《りょう》前に任期が終了すると定めている。

問６　下線部ｅに関して述べた次のア～カのうち、明らかに誤っているものを１つ選び、記号で答えなさい。

ア．内閣総理大臣の指名について、衆議院が指名の議決をした後、国会休会中の期間を除いて 10 日以内に参議院が指名の議決をしないときは、衆議院の議決に基づいて内閣総理大臣が決まる。

イ．内閣総理大臣は、国務大臣を辞めさせることができる。

ウ．内閣総理大臣は、国務大臣を任命するが、その過半数を国会議員の中から選ばなければならない。

エ．内閣総理大臣およびその他の国務大臣は、衆議院または参議院に議席をもっているか否《いな》かにかかわらず、議案について発言するため議院に出席することができる。

オ．内閣総理大臣以外の内閣の構成員は、財務大臣など省の長として各省に１人ずつ置かれる合計 11 人の国務大臣に限られており、それ以外の者が内閣の構成員になることはできない。

カ．内閣総理大臣の指名について、衆議院と参議院とが異なった指名の議決をし、両院協議会を開いても意見が一致しないときは、衆議院の議決に基づいて内閣総理大臣が決まる。

問７　下線部ｆに関して述べた次のア～カのうち、明らかに誤っているものを１つ選び、記号で答えなさい。

ア．最高裁判所長官は、内閣が指名し、天皇が任命する。

イ．最高裁判所は、訴訟《そしょう》に関する手続き、弁護士、裁判所の内部規律および司法事務処理に関する事項について、規則を定める

問１　図１中の◯には、比較的短い距離に多くの駅が設置されています。これらの駅が位置する都道府県名を３つ答えなさい。
ただし順序は問いません。

問２　右の図２は、図１中のア〜ウの人口の変化を示したものです。Ｐ〜Ｒとア〜ウとの正しい組合せを、次の１〜６から１つ選び、番号で答えなさい。

	1	2	3	4	5	6
P	ア	ア	イ	イ	ウ	ウ
Q	イ	ウ	ア	ウ	ア	イ
R	ウ	イ	ウ	ア	イ	ア

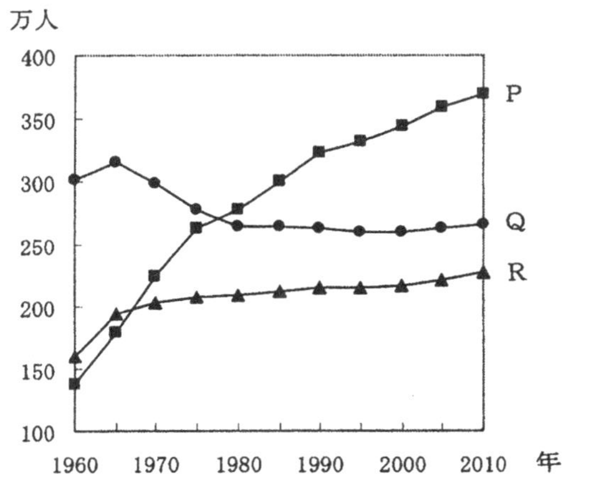

日本国勢図会《え》による。

図　2

問３　図１中のカ〜クの市名を答えなさい。

問４　次の文Ｓ〜Ｕは、図１中のサ〜スのいずれかの市について述べたものです。Ｓ〜Ｕとサ〜スとの正しい組合せを、次の１〜６から１つ選び、番号で答えなさい。

Ｓ　新幹線の駅から北へ向かうと、世界遺産の城があります。

Ｔ　新幹線の駅から南東へ向かうと、水島臨海工業地帯があります。

Ｕ　新幹線の駅から西へ向かうと、県庁があります。

	1	2	3	4	5	6
S	サ	サ	シ	シ	ス	ス
T	シ	ス	サ	ス	サ	シ
U	ス	シ	ス	サ	シ	サ

その７

問５　図１中のＡ～Ｆは、すべて県庁所在都市です。

(1) 次の表中のタ～ツは、Ａ～Ｃがそれぞれ属する県のいずれかについて、工業出荷額の内訳を示したものです。タ～ツとＡ～Ｃとの正しい組合せを、次の１～６から１つ選び、番号で答えなさい。

	金属	機械	化学	食料品	その他
タ	22.0	52.6	4.3	7.5	13.6
チ	14.9	25.0	43.8	4.7	11.6
ツ	4.1	21.2	1.9	57.9	14.9

統計年次は2009年。日本国勢図会による。単位：%

	1	2	3	4	5	6
タ	A	A	B	B	C	C
チ	B	C	A	C	A	B
ツ	C	B	C	A	B	A

(2) 次の表中のナ～ヌは、Ｄ～Ｆがそれぞれ属する県のいずれかについて、農業産出額の内訳（%）を示したものです。ナ～ヌとＤ～Ｆとの正しい組合せを、次の１～６から１つ選び、番号で答えなさい。

	米	野菜	果実	畜《ちく》産
ナ	60.1	12.4	3.5	17.7
ニ	21.9	30.7	21.9	14.3
ヌ	25.7	10.1	4.9	52.4

統計年次は2009年。地理統計要覧による。単位：%

	1	2	3	4	5	6
ナ	D	D	E	E	F	F
ニ	E	F	D	F	D	E
ヌ	F	E	F	D	E	D

問６　次の図３中のハ～フは、図１中のＸ～Ｚのいずれかの市町村の気候の特徴《ちょう》を示したものです。ハ～フとＸ～Ｚとの正しい組合せを、下の１～６から１つ選び、番号で答えなさい。

2012年度　ラ・サール中学校　入学試験　算数　解答用紙

1．

(1)		(2)		(3)	

1の小計
12

2．

(1)	人
(2)	
(3)	cm^2
(4)	①　：　／　②　cm^2

2の小計
32

3．

(1)	分	(2)	

3の小計

平成２４年度　ラ・サール中学校入学試験　理科　解答用紙

【１】（１５点）

A	(1) ①	②	③	④	⑤
	(2) 図2	図3	図4		
B	(1)	(2) 液	(3)	(4)	
	(5)	(6) cm^3	(7) 分		

【２】（１０点）

A	(1)					
	(2)	(3) A	B	C	(4)	(5) 色

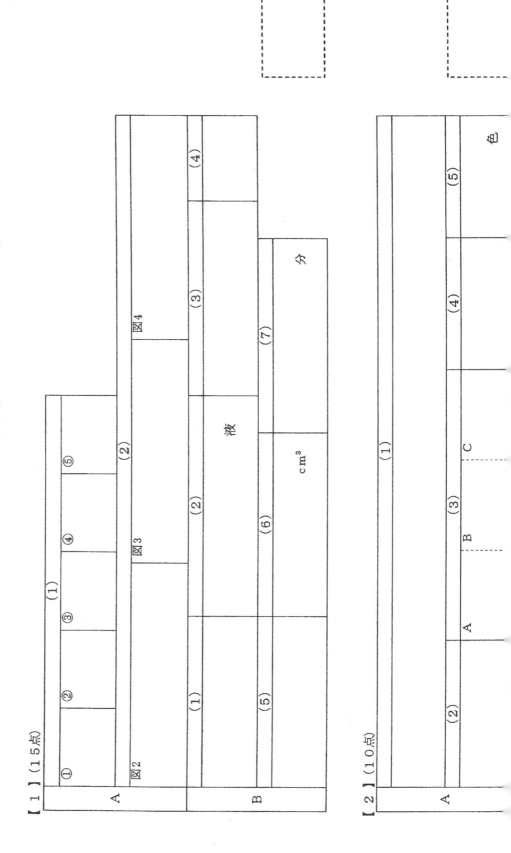

解答用紙　2

1

問1	問2	問3	問4
問6 Y		⛨	問7

2

問1 3番目	6番目	問2	問3記号
問4 (1)		(2)	
問5	問6 (1)		(2)
問8	問9 → → → → →		

3

問1	問2	問3	問4

4

問1		
問3カ　　市	キ　　市	ク
問5 (1)	(2)	問6

年度中学社会

問5

問8

点

問7

問10

点

問5 問6 問7 問8

点

問2

市 問4

点

受験番号

得点 ※50点満点
(配点非公表)

B		X	Y		cm^3	cm^3

【３】（１０点）

	(1)	(2)	(3)	(4)	(5)	(6)	(7)	
A							⑦	⑧

【４】（１５点）

	(1)			(2)	(3)
A	ア	イ	ウ	cm^3	g
	(4)	(5)	(6)		
	g	g	①	②	

	①	②	③	④	⑤	⑥
B						

受験番号	得　点
	※50点満点

4.

(1)	個	(2)	番目	(3)	

4の小計
16

5.

(1)	秒後
(2)	秒後
(3)	回

5の小計
16

6.

(1)	cm^3	(2)	cm^3

6の小計
12

受験番号	得　点
	※100点満点

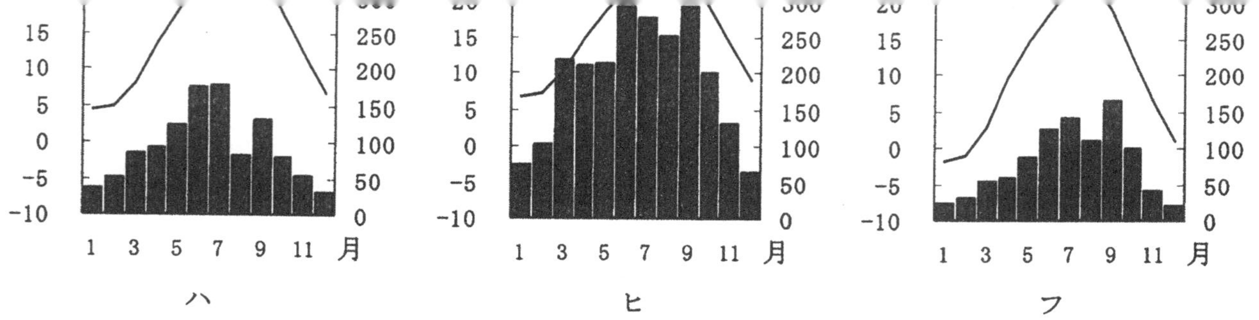

気象庁のホームページによる。

図　3

	1	2	3	4	5	6
ハ	X	X	Y	Y	Z	Z
ヒ	Y	Z	X	Z	X	Y
フ	Z	Y	Z	X	Y	X

（以上で問題は終わり）

4　昨年は、九州新幹線鹿児島ルートが全線開業しました。次の図１は、新幹線の駅のある市町村について、鹿児島市との距離《きょり》と市町村人口との関係を示したものです。図１を見て、下の問いに答えなさい。

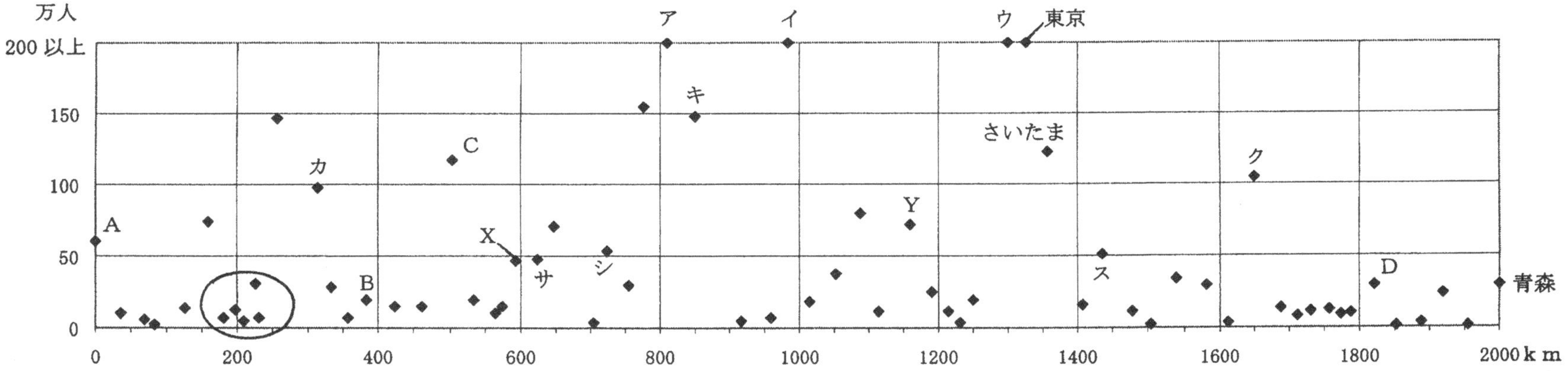

ミニ新幹線は除く。

鹿児島市との距離は、鹿児島中央駅とそれぞれの駅との新幹線の路線距離。

東京の人口は 23 区の人口で、鹿児島市との距離は鹿児島中央駅と東京駅との距離。

◆…九州・山陽・東海道・東北新幹線の駅のある市町村。

○…上越《えつ》新幹線の駅のある市町村。さいたま市で東北新幹線と上越新幹線が分かれる。

×…北陸（長野）新幹線の駅のある市町村。高崎市で上越新幹線と北陸（長野）新幹線が分かれる。

市町村人口は 2010 年の統計。国勢調査による。

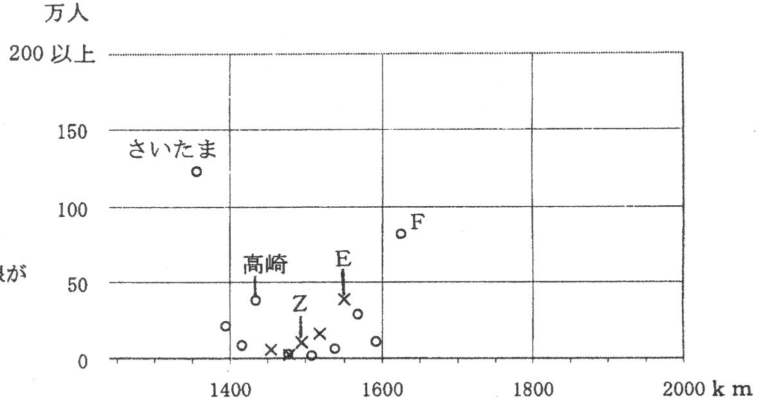

図　1

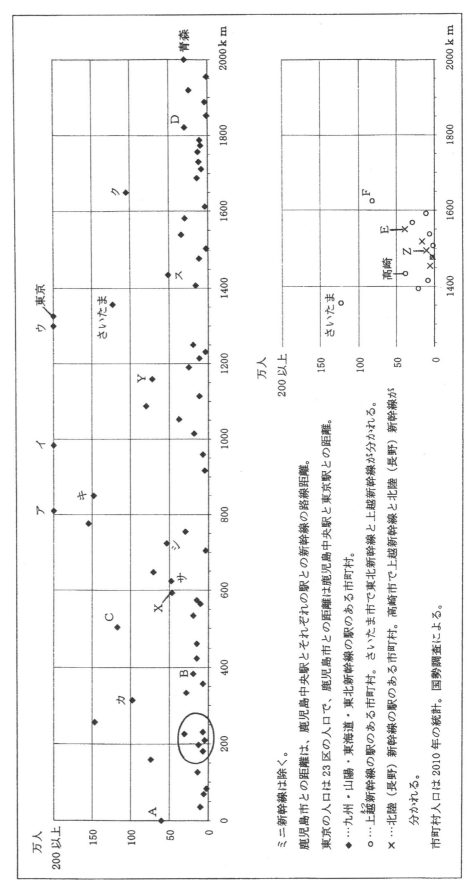

ウ．下級裁判所の裁判官は、最高裁判所の指名した者の名簿《ぼ》に基づいて、内閣が任命する。

エ．憲法は、人が裁判所において裁判を受ける権利をもつことを保障している。

オ．最高裁判所長官以外の最高裁判所裁判官は、内閣が任命する。

カ．裁判所は、国会が制定した法律が憲法に違《い》反するか否かを裁判によって判断する権限をもつが、内閣またはその他の行政機関が行った行政処分が憲法に違反するか否かを裁判により判断することはできない。

問８　下線部ｇの例として適切なものを、次のア～エから１つ選び、記号で答えなさい。

ア．内閣が、裁判官を辞めさせるかどうかの裁判をするために、内閣の構成員全員で組織する分限《ぶんげん》裁判所を設ける場合

イ．国会が、裁判官を辞めさせるかどうかの裁判をするために、両議院の議員の一部で組織する弾劾《だんがい》裁判所を設ける場合

ウ．法務省が、内閣総理大臣を辞めさせるかどうかの裁判をするために、法務大臣などで組織する弾劾裁判所を設ける場合

エ．内閣が、国会議員を辞めさせるかどうかの裁判をするために、内閣の構成員全員で組織する分限裁判所を設ける場合

その４

3　次の文章を読んで、下の問いに答えなさい。

近代憲法は、ａ基本的人権と統治機構の二つの部分から構成されていますが、統治機構の基本原理は国民主権と権力分立です。

統治機構のうち、立法権・行政権・司法権について、日本国憲法は、立法権が国会に属し、行政権が内閣に属し、司法権が裁判所に属するものとしています。

国会について、憲法は、「国権の最高機関であって、国の唯一《ゆいいつ》の立法機関である」（第 41 条）と定め、ｂ選挙によって選出された議員を構成員とし、国民代表機関としての性格をもつ国会を中心にして政治が行われるべきという指針を示しています。また、国会は立法機関としてｃ法律を制定します。国会では、ｄ衆議院および参議院によって構成される二院制が採られています。

内閣について、憲法は、「行政権は、内閣に属する」（第 65 条）とした上で、「内閣は、法律の定めるところにより、ｅその首長たる内閣総理大臣及《およ》びその他の国務大臣でこれを組織する」（第 66 条第１項《こう》）と定めています。

ｆ裁判所について、憲法は、「すべて司法権は、最高裁判所及び法律の定めるところにより設置する下級裁判所に属する」（第 76 条第１項）と定めています。また、裁判所法は、「裁判所は、ｇ日本国憲法に特別の定めのある場合を除いて一切《いっさい》の法律上の争訟《そうしょう》を裁判し、その他法律において特に定める権限を有する」（第３条第１項）と規定しています。

憲法の統治機構に関する部分は、国の立法権・行政権・司法権以外に、財政や地方自治などについても規定しています。このうち、地方自治について、憲法は、「地方公共団体は、その財産を管理し、事務を処理し、及び行政を執《しっ》行する権能を有し、法律の範《はん》囲内で（　Ａ　）を制定することができる」（第 94 条）としています。

問１　本文中の空欄《らん》（　Ａ　）には地方公共団体の議会が制定する法の名称《しょう》が入ります。適切な言葉を漢字で答えなさい。

問２　下線部ａ「基本的人権」と日本国憲法に関して述べた次のア～エのうち、明らかに誤っているものを１つ選び、記号で答えなさい。

ア．憲法に「プライバシー」という言葉はないが、プライバシーの権利は裁判所の判決などを通じて新しく認められてきた人権である。

イ．憲法は、健康で文化的な生活を営む権利を保障しているが、この権利は戦前の大日本帝国憲法にはなかったものである。

問７　Ｆについて。下線部②の４人の領地を東西に並べた時に、東から２番目に位置するのは誰の領地ですか。ただし、解答はその一族で最も有名な武将の名を、姓《せい》名ともに答えること。

問８　Ｇについて。明治以降の日本と中国に関する次の文章ア～エのうち、内容が正しいものを１つ選び、記号で答えなさい。

ア．1894 年、日本は朝鮮半島の支配をめぐって清と対立し、日清戦争が起こった。日本は勝ち、台湾と遼東《りょうとう》半島を譲《ゆず》り受け、多額の賠償《ばいしょう》金をもらった。しかしロシア・ドイツ・イギリスから強く求められたため、遼東半島を清に返した。

イ．日露戦争で勝利した日本は、ポーツマス条約を結び、ロシアが南満州に持っていた鉄道や港の権利を得た。その後日本の経済が行きづまると、一部の人が、この満州の権利を足がかりに大陸に進出することで景気をよくしようと主張し始めた。

ウ．1931 年、満州にいた日本軍が南満州鉄道の線路を爆《ばく》破し、これを中国軍のしわざだとして攻撃《こうげき》を始め、満州を占《せん》領した。翌年日本はこの地方を独立させて満州国と呼んだが、国際連合はこれを認めなかったため、日本は国際連合を脱《だっ》退した。

エ．1937 年に日中戦争を始めた日本は、1941 年まで中国と戦った。その後国交はとだえていたが、1972 年にようやく中華人民共和国との間で国交が正常化され、1978 年には日中共同声明が発表されて両国の交流は活発になった。

問９　Ｈについて。日本史のそれぞれの時代には、このようなしくみをはじめとして、政治上必要なしくみがさまざまな形で作られました。次のア～カは、地方を支配するしくみに関する文章です。これらを時代の古い順に並べ替え、記号で答えなさい。

ア．朝廷に任命される役人の他に、将軍の家来である御家人が守護に任命されて地方を治めた。

イ．全国が 60 あまりの国に分けられ、朝廷から派遣《けん》された役人が、天皇の命令に従ってそれぞれの国を治めた。

ウ．選挙で選ばれた人が都道府県の代表となり、その地方の特徴《ちょう》にあわせた政治を行うことができるようになった。

エ．将軍の家来である大名が、幕府の方針に従ってそれぞれの領地を治め、参勤交代を行って政治の中心地と領地を往復した。

オ．天皇がすべての力を握《にぎ》るようになり、政府が任命した役人が地方に派遣され、それぞれの府や県を治めた。

カ．実力のある大名が自分の力で土地とそこに住む人を支配し、その支配する場所を広げるために盛んに合戦を行った。

問 10　Ｉについて。九州には古い時代の遺跡《せき》が多くあります。次のア～カのうち、九州にある遺跡を全《すべ》て選び、記号で答えなさい。

ア．板付遺跡　　イ．三内丸山遺跡　　ウ．吉野ヶ里遺跡　　エ．登呂遺跡　　オ．鳥浜貝塚　　カ．野尻湖遺跡

その２

◆（10月7日）2011年のノーベル平和賞に、３人の女性が選ばれました。このうちの１人でリベリアという国の大統領であるサーリーフ氏は、アフリカで女性として初めて選挙で選ばれた大統領なのだそうです。

問７　2004年にアフリカ出身の女性として初めてノーベル平和賞を受賞したのは誰《だれ》ですか。ごみを減らし、循環《じゅんかん》型社会を作っていくためのキーワードとして「MOTTAINAI（もったいない）」という言葉を世界に広めた人です。

◆（10月31日）　国連の潘基文《パンギムン》事務総長が、世界の人口が70億人に達したと発表したそうです。しかし、新たに生まれた子どもたちの中には飢《う》えに苦しんだり、教育を受けられなかったりしている人もいます。世界の子どもたちがみな健康で豊かな生活ができるようになってほしいです。

問８　国際連合の中の１つの機関で、近年は「子どもの権利条約」にもとづいて、保健・栄養・教育などの子どもの権利を守るための活動を行っている組織の名前は何ですか。

2　「四季」や「三冠《かん》王」など、ある数字をあたまにかぶせて、同じような事物をその数だけ集めていうことばを「名数」といいます。次の文章は、日本の歴史に関係する名数とその説明です。これを読んで、下の問いに答えなさい。解答は特に指示がない限り正しい漢字で答えること。

A　**一の人**　第一の席に着くことから、摂政や関白を指す。

B　**両　統**　持明院統《じみょういんとう》と大覚寺統《だいかくじとう》という、天皇家の二つの血筋を指す。この両統の対立が、やがて南北朝の対立につながった。

C　**三　傑《けつ》**　①政治の大きな改革を実行する上で重要な働きをした、木戸孝允・（　　　）・西郷隆盛を指す。

D　**四　座**　大和国にあった、猿楽《さるがく》を行う人々の集団。金剛《こんごう》座・金春《こんぱる》座・宝生《ほうしょう》座・観世《かんぜ》座の４つ。観世座から世阿弥が出た。

E　**五街《かい》道**　主要な交通路である、東海道・中山道・日光街道（道中）・奥州街道（道中）・甲州街道（道中）を指す。

F　**七《しち》　雄《ゆう》**　②北条・織田・毛利・今川・武田・上杉・豊臣を指す。

G　**十大紡**　紡績業の中でも最大手の10社を指した。日本国内で綿糸を作る一方、中国に工場を建ててそこでの生産も行った。

問３　奥州藤原氏が栄えた 11 世紀から 12 世紀の日本の説明として最も適切なものを、次のア～エから１つ選び、その選んだ文中の空欄《らん》［　　］に適する語を答えなさい。ただし、選んだ記号を答える必要はありません。

ア．舎人《とねり》親王が編集した、日本の歴史書である［　　］が完成し、天皇に献《けん》上された。

イ．将軍家のあとつぎ争いなどから、［　　］の乱が京都を戦場にして 11 年間も続いた。

ウ．平氏が、反対する武士たちをまとめた源頼朝ら源氏によって、現在の山口県でおこなわれた［　　］の戦いで滅《ほろ》ぼされた。

エ．２度にわたる［　　］軍の襲《しゅう》来を撃《げき》退したが、御《ご》恩としての領地をほとんどもらえなかった武士たちは幕府に不満を持つようになった。

◆（７月７日）　政府が東日本大震《しん》災後の電力不足にそなえて、東京電力と東北電力管内の大企《き》業などに対し、昨夏比 15％の節電を義務付ける電力使用制限令を発動したそうです。これは 37 年ぶりの発動になるそうです。ぼくたちも家庭で節電に協力しようと思います。

問４　前回の電力使用制限例は、1974 年に出されました。それは、前年（1973 年）の出来事で電力供給が不足するおそれが出たためとされています。その出来事は何ですか。

◆（７月 19 日）ドイツで開かれていた、サッカーの女子ワールドカップで優勝した日本代表選手たちが帰国しました。今回のワールドカップで日本代表は準々決勝でドイツ、準決勝でスウェーデン、そして決勝でアメリカ合衆国をそれぞれ破って優勝しました！

問５　ドイツ・スウェーデン・アメリカ合衆国について述べた次のア～エのうち、誤っているものを１つ選び、記号で答えなさい。

ア．この３つの国は、全《すべ》てそれぞれ２つ以上の国と陸上で国境を接している。

イ．この３つの国は、全て人口が日本よりも多い。（2010 年の時点で）

ウ．この３つの国は、全て海岸線を持っている。

エ．この３つの国の首都は、全て東京都よりも北にある。

◆（８月 15 日）今日は田舎《いなか》のおばあちゃんの家に行きました。おばあちゃんが地図をかいてくれたのですが、それによるとおばあちゃんの家は、駅から大通りをまっすぐ進んで（ Y ）の手前の交差点を左に曲がり、（ ⊕ ）を過ぎた最初の交差点を右折して、……

問６　文中の記号 Y ・ ⊕ は地形図記号です。それぞれ何を表しますか。

K「電気も使わずに動くなんてすごい。なぜ，この鳥は水を飲む動作を続けるの？」

父「この密閉されたガラス容器中には蒸発しやすい液体が入っていて，液体以外の部分は蒸気で満たされているんだ。この蒸気を使って動くんだよ。」

K「へえ，なるほどね。」

父「それから，頭部は水を吸収しやすいようにしておくためにフェルト布でおおわれているんだ。お風呂《ふろ》上がりにタオルできちんと体をふかないと風邪《かぜ》をひいてしまうように，フェルト布をぬらして放っておくと，水がだんだん蒸発して頭部の温度が①｛ア．上がり　イ．下がり｝，頭部内の液体が蒸発し②｛ア．やすい　イ．にくい｝状態になるんだよ。」

K「せんたく物は気温が低いときのほうが乾《かわ》きにくいしね。ということは，蒸気の力は腹部よりも頭部内のほうが③｛ア．大きく　イ．小さく｝なって力のバランスがくずれるよね。だから，腹部から頭部の方に液体が押されて上がっていくんだね。ストローでジュースを飲む時と同じような状況《きょう》だよね。」

父「その後は，腹部よりも頭部のほうが重くなって頭部が下がり，腹部内でガラス管の口が液面から出る。そうなると，液体は頭部から下の腹部のほうに流れていき，頭部のほうが軽くなっていく。だから，頭部は持ち上がって元の状態に戻《もど》るんだ。このくり返しで，水飲み鳥は水を飲む動作を続けているんだよ。」

K「この鳥も暑そうだから，うちわであおいで頭部に風を送ってあげよう。水を飲む間隔《かく》は④｛ア．長く　イ．短く｝なるんだね。」

お父さんは水のかわりに，消毒用アルコールに鳥の顔をつける実験を見せてあげました。

K「飲む間隔は⑤｛ア．長く　イ．短く｝なるんだよね。注射のときにも使われているアルコールは水よりも蒸発し⑥｛ア．やすい　イ．にくい｝からね。」

K「アインシュタインもびっくりした水飲み鳥のしくみがわかって僕《ぼく》も天才の仲間入りかな。」

母「食事の準備ができたから，そろそろお誕生日会を始めましょう。」

［終わり］

〔B〕次の文章を読んで，①～⑥に適当なものを選びなさい。

今日はK君の誕生日です。K君はお父さんからプレゼントをもらいました。なかには鳥のような形をしたガラス製のおもちゃ（図1）が入っていました。

K「お父さん，このおもちゃはどうやって使えばいいのかな？」

父「これは水飲み鳥と呼ばれているおもちゃで，顔を水につけると動き出すんだ。あの科学者アインシュタインも，このおもちゃを見たときにその不思議さにびっくりしたというエピソードもあるんだぞ。」

図1

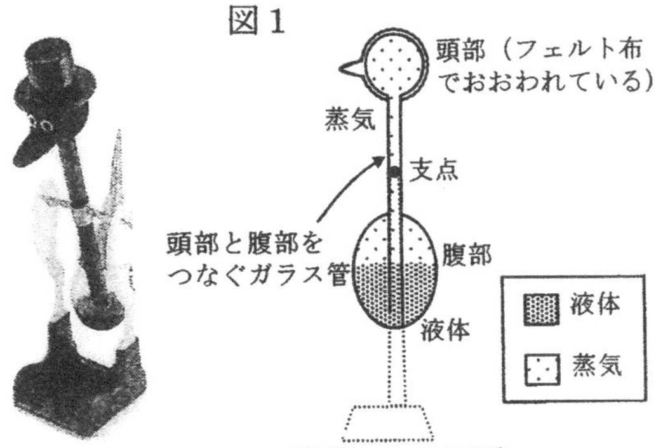

頭部（フェルト布でおおわれている）
蒸気
支点
頭部と腹部をつなぐガラス管
腹部
液体
液体
蒸気

（実物）　（真横から見た図）

早速，図2(a)のように，コップに入れた水に鳥の顔をつけて手をはなすと，(c)～(g)の運動をくり返しました。

図2

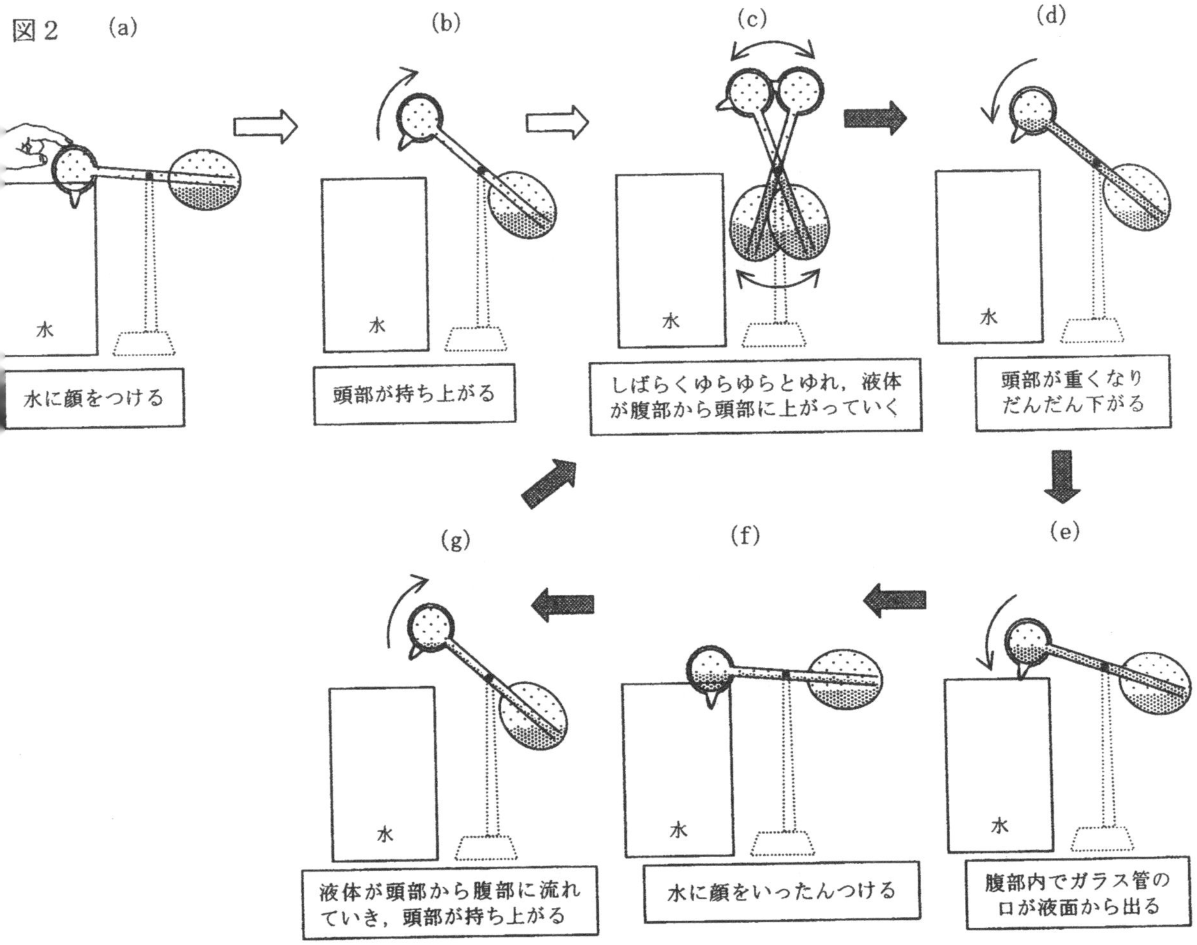

(a)
水
水に顔をつける
(b)
水
頭部が持ち上がる
(c)
水
しばらくゆらゆらとゆれ，液体が腹部から頭部に上がっていく
(d)
水
頭部が重くなりだんだん下がる
(e)
水
腹部内でガラス管の口が液面から出る
(f)
水
水に顔をいったんつける
(g)
水
液体が頭部から腹部に流れていき，頭部が持ち上がる

【3】ある日，お父さんが面白い温度計を持って帰ってきました。

父「これは放射温度計といって，センサーを測りたいものの方に向けて近づけて，このボタンを押すだけで，ものの温度が測れる温度計なんだ。」
ダイ吉「へえ，おもしろいね。どんなしくみになっているの。」
父「目には見えないけど，光の仲間に赤外線というのがあるんだ。聞いたことあるかい？温度がちがうものでは，そこから出てくる赤外線の性質がちがっているので，このことを利用して温度を測っているんだよ。」
ダイ吉「へえ，借りてもいいかな，お父さん。」
父「いいよ。大切に使うんだよ。」
　下の表は，ダイ吉君がいろいろな所で温度を測った結果をまとめたものです。

日なたのトタン屋根	４８．３℃	冷とう庫の中の食品	－２１．３℃
日なたの地面	３２．３℃	愛犬ソラの口の中	３７．８℃
日かげの地面	１６．４℃	ダイ吉君の口の中	３６．７℃
日の当たっている木の葉	２９．８℃	お母さんの手のひら	３３．２℃
日の当たっていない木の葉	２２．２℃	天ぷらをあげているときの油	１５０℃
日なたにある池の水	？　℃	にたっているお湯	９９．６℃
日の当たっているガラス窓	２４．６℃	ＬＥＤ電球	２５．４℃
ダイ吉君の服の表面	２３．１℃	けい光灯	５０．２℃

　この表をお父さんに見せると，お父さんはゆかいな顔をしていました。
ダイ吉「何がおもしろいの？」
父「こんなにいろいろな所の温度を測るとは思わなかったからさ。」
ダイ吉「日なたのトタン屋根の温度がすごく高いけど…」
父「それは（①）からさ。ところで，この日の気温を測ったかい？」
ダイ吉「いや，測っていないけど。」
父「どの温度が気温に一番近いだろう？」
ダイ吉「（②）かな。」
父「そうだね。」
ダイ吉「日なたにある池の水の温度は（③）よ。」
父「このことが原因で，１日の中の時間帯によって，④海からの海風と陸からの陸風という向きの違《ちが》う風がふくことがあるんだよ。」
ダイ吉「窓ガラスはとう明で光をよく通すのに，なぜ暖かくなるの？」
父「ガラスは光は通すけど，日光にふくまれる赤外線の一部を吸収してたくわえるため，温度が上がっているんだ。⑤雲にも赤外線を一時的に吸収して，にがしにくい性質があるよ。」
ダイ吉「天ぷらをあげているときの油の温度は１５０℃もあったよ。」
父「⑥水は１００℃でふっとうしてしまうが，油は１００℃ではふっとうしないからね。」
ダイ吉「最近，電気屋さんで見かけるＬＥＤ電球が省エネで地球に優《やさ》しいと言われるのは何でだろう？」

〔B〕固体A～Dは，アルミニウム，鉄，ミョウバン，石灰石のいずれかです。

実験１～３を読んで，あとの問いに答えなさい。

［実験１］水にA～Dをそれぞれ加えたところ，Aだけが水に溶《と》けました。

［実験２］水酸化ナトリウム水溶液にA～Dをそれぞれ加えたところ，気体Xが出てきたのはBを加えたときだけでした。

［実験３］塩酸にA～Dをそれぞれ加えました。気体Xが出てきたのはBとCを加えたときでした。またDを加えたときは別の気体Yが出てきました。

１ｇの固体B，２ｇの固体Cに少しずつ塩酸を加えていったときの，溶けずに残った固体の重さと出てきた気体の体積の関係を下の表１，２に示しました。

表１　　１ｇの固体Bに塩酸を加えたとき

加えた塩酸　〔cm^3〕	0 cm^3	20 cm^3	40 cm^3	60 cm^3
溶けずに残った固体B 〔g〕	1g	0.64g	(①)g	0g
出てきた気体X　〔cm^3〕	0 cm^3	450 cm^3	900 cm^3	1250 cm^3

表２　　２ｇの固体Cに塩酸を加えたとき

加えた塩酸　〔cm^3〕	0 cm^3	10 cm^3	20 cm^3	30 cm^3
溶けずに残った固体C 〔g〕	2g	1.44g	0.88g	0.32g
出てきた気体X 〔cm^3〕	0 cm^3	225 cm^3	450 cm^3	675 cm^3

（１）固体A～Dの組み合わせとして正しいものをア～カより選びなさい。

	A	B	C	D
ア	アルミニウム	ミョウバン	石灰石	鉄
イ	アルミニウム	ミョウバン	鉄	石灰石
ウ	ミョウバン	アルミニウム	石灰石	鉄
エ	ミョウバン	アルミニウム	鉄	石灰石
オ	ミョウバン	鉄	石灰石	アルミニウム
カ	ミョウバン	鉄	アルミニウム	石灰石

（２）気体X，気体Yは何ですか。

（３）表１の（ ① ）に入る数を答えなさい。

（４）１ｇの固体Bを全部溶かすには少なくとも何 cm^3 の塩酸が必要ですか。
小数第１位を四捨五入して整数で答えなさい。

（５）０.８ｇの固体Bに塩酸を６０cm^3 加えた後，２ｇの固体Cを加えました。
出てくる気体Xは全部で何 cm^3 ですか。

平成24年度　入学試験問題　　理　科　　ラ・サール中学校

注意：　1．解答はすべて解答用紙の答のらんに書きなさい。
　　　　2．いくつかの中から選ぶ場合は，記号で答えなさい。特に指示のない場合は１つ答えなさい。

（40分）

【１】

〔A〕図１に示した光学けんび鏡に関して，（１），（２）の問いに答えなさい。

（１）次のａ～ｅの文の①～⑤に最も適するものを選びなさい。

図１

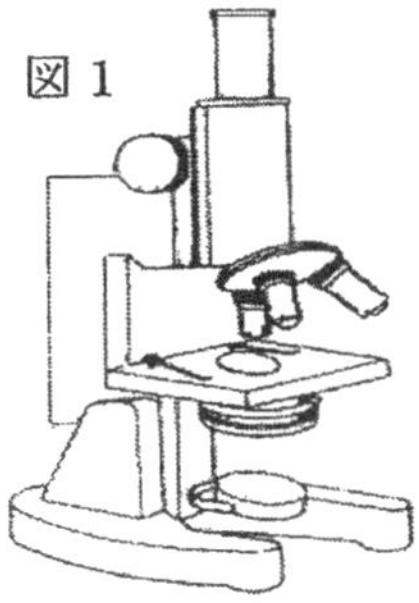

a　観察倍率は，５倍の接眼レンズと１０倍の対物レンズを用いた場合，①（ア．5　イ．10　ウ．15　エ．50）倍となります。

b　観察開始時の観察倍率は，観察物を見つけやすくするために，②（ア．高い　イ．低い）倍率にします。

c　ピントは，対物レンズを横から見ながら，対物レンズの先端《たん》とプレパラートとの間の距離《きょり》をできるだけ③（ア．近づけた　イ．遠ざけた）あと，接眼レンズをのぞきながら合わせます。

d　けんび鏡の視野内の右下にある観察物は，接眼レンズをのぞきながらプレパラートを④（ア．左上　イ．左下　ウ．右下　エ．右上）に移動させることで，けんび鏡の視野内の中央に移動させることができます。

e　観察倍率を５０倍から⑤（ア．100　イ．200　ウ．300　エ．400）倍に拡大すると，５０倍のときに見えたものの面積が４倍になって見えます。

（２）池の水をとり，けんび鏡で拡大すると，図２～４の生物が観察されました。それぞれの生物の名前を答えなさい。

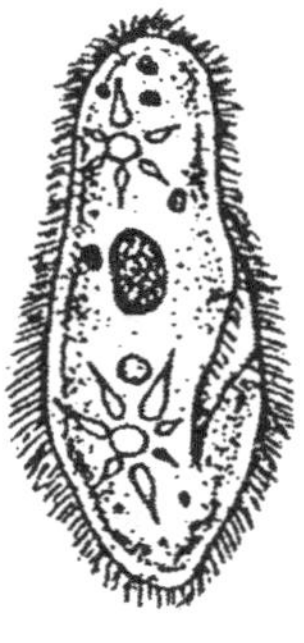

図２

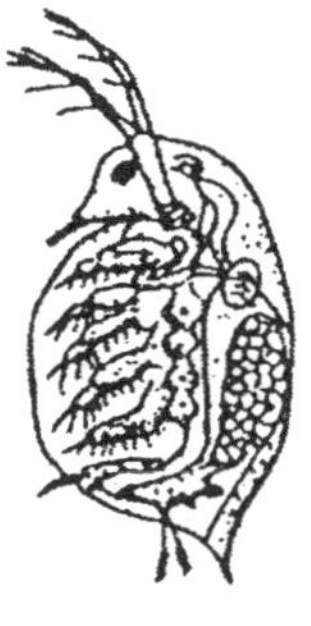

図３

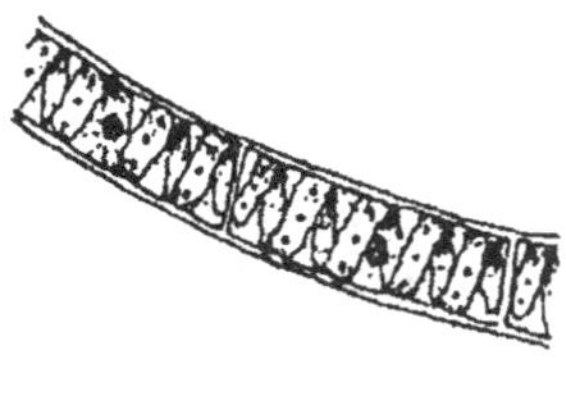

図４

2012年度　ラ・サール中学校　入学試験問題　算数　（60分・100点）　その2

4. どの位にも１や７の数字があらわれない整数を２から小さい順に

２，３，４，５，６，８，９，20，22，23，24，25，26，28，29，…

と並べます。次の問に答えなさい。（16点）

(1)　このような２桁《けた》の整数 20，22，23，…，99 はいくつありますか。

(2)　999 は何番目の整数ですか。

(3)　2012 番目の整数は何ですか。

5. 周の長さが 90 cmの円があり，周上に点Ａをとります。
２つのボールＰ，Ｑは，点Ａをスタートして，Ｐは時計まわりに毎秒４cm，Ｑは反時計まわりに毎秒１cmの速さでそれぞれ円周上を動きます。
やがてＰとＱは出会い，衝突《しょうとつ》して，その後速さが入れかわり，Ｐは毎秒１cm，Ｑは毎秒４cmの速さで，もと来た円周上をもどります。
これ以降ＰとＱは衝突するたびに速さが入れかわり，もと来た円周上をもどります。
ただしボールの大きさは考えないものとします。次の問に答えなさい。（16点）

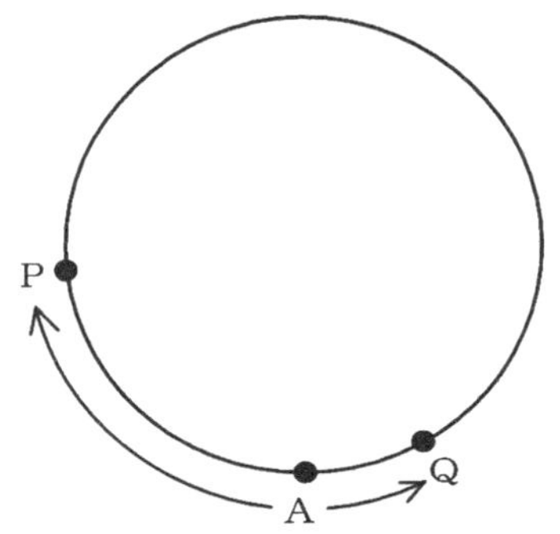

(4)　右図のような長方形ＡＢＣＤがあります。辺ＢＣ，ＣＤ上にそれぞれ点Ｅ，Ｆがあり

ＢＥ：ＥＣ＝２：３　　　ＣＦ：ＦＤ＝１：１

を満たしています。

①　三角形ＡＥＤと三角形ＤＥＦの面積比を求めなさい。

②　三角形ＥＦＧの面積が６㎠のとき，長方形ＡＢＣＤの面積を求めなさい。

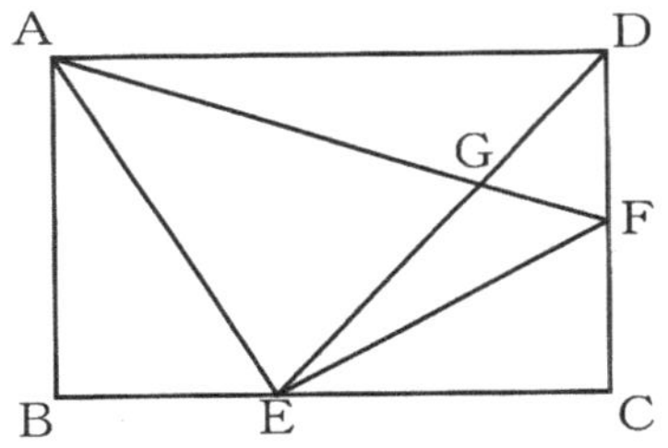

３． ある有料道路の料金所には，毎分決まった台数の車がやってきます。料金所には料金受け取りのゲートが何か所かあります。あるとき車が全部で 56 台並んでしまったので，ゲートを４か所にしたところ，ちょうど６分後に並んでいる車が全部で 14 台になりました。そのあとゲートを３か所にしたところ，３か所にしてからちょうど７分後に車の並びがなくなりました。どのゲートも１分あたりに処理できる車の台数は同じです。次の問に答えなさい。(12 点)

(1)　車が 56 台並んでしまったとき，ゲートを３か所にしていたら，車の並びがなくなるまで何分かかりましたか。

(2)　車の並びがなくなったとき，ゲートを２か所にしました。２か所にしてから［　　］分後には並んでいる車が全部で 20 台を超《こ》えていました。［　　］にあてはまる最も小さな整数を答えなさい。

2011年度　ラ・サール中学校　入学試験問題　算数　（60分・100点）　その１

１．次の □ にあてはまる数を求めなさい。（１２点）

(1)　3.827÷0.6＝ □ あまり □ （商は小数第２位まで求め，余りも求めなさい。）

(2)　25×2630＋125×215＋375×49＝ □

(3)　$(6.3-2\frac{1}{4})\div(1+0.875\div\square)=3$

２．次の各問に答えなさい。（３２点）

(1)　右図でＢＣとＦＥは平行です。x，yの値を求めなさい。

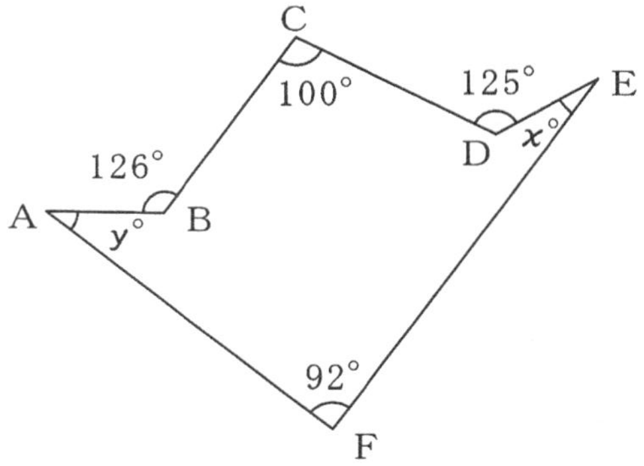

(2)　針金を折り曲げて，たてと横の長さの比が１：５の長方形Ａを作りました。次に，同じ長さの針金でたてと横の長さの比が４：５の長方形Ｂを作ると，Ｂの面積はＡの面積の何倍ですか。

(3)　時計が今２時何分かを指しています。そして，４分30秒後には，今の短針の位置に長針が来ます。今，２時何分ですか。

2011年度　ラ・サール中学校　入学試験問題　算数　（60分・100点）　その2

4．

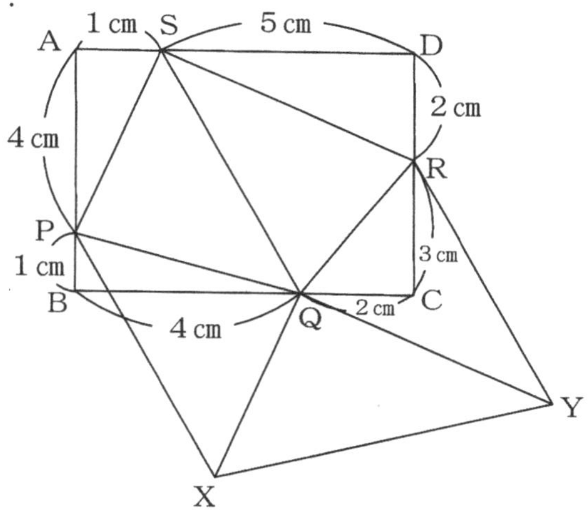

　図のように長方形ＡＢＣＤの辺ＡＢ，ＢＣ，ＣＤ，ＤＡ上にそれぞれ点Ｐ，Ｑ，Ｒ，Ｓをとります。さらに，四角形ＳＰＸＱとＳＱＹＲがともに平行四辺形となるように，点Ｘ，Ｙをとります。

　このとき，次の問に答えなさい。（１３点）

(1)　四角形ＰＱＲＳの面積を求めなさい。

(2)　五角形ＳＰＸＹＲの面積を求めなさい。

5．図の位置に一辺が６cmの正方形ＡＢＣＤと長方形ＰＱＲＳがあり，正方形ＡＢＣＤの辺ＡＤに沿って長方形ＰＱＲＳが右の方へすべっていきます。辺ＰＱのまん中の点Ｍが頂点Ｄに到着したら，長方形は，点Ｍを中心に時計まわりに点Ｑが辺ＣＤに重なるまで回転します。そして今度は

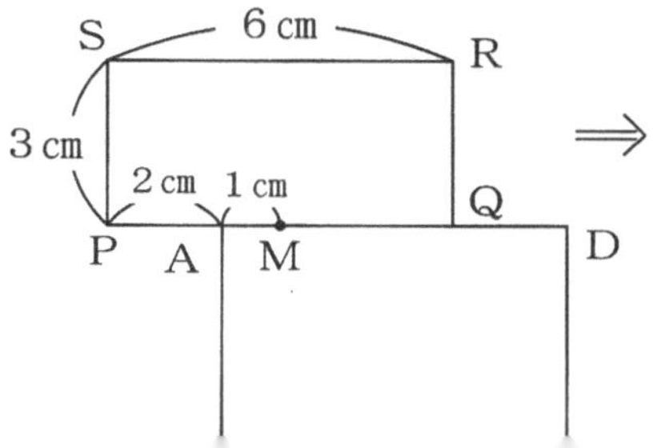

（３）次の文は，図の結果について考えたものです。（ ① ），（ ② ）には最も適する語を入れ，（ ③ ），（ ④ ）では適する語を選びなさい。

日の出頃《ころ》に気孔が開き始め，日差しが強くなる正午頃に気孔の大きさは最大になり，日の入り頃に閉じています。こうすることで，日差しが強くなる正午頃に，葉で（ ① ）をつくるために必要な（ ② ）を気孔からたくさん取り入れることができます。また，気温が上がる正午頃に，蒸発量を③（ア．増やす ，イ．減らす）ことで，葉の温度が④（ア．上がり ，イ．下がり）すぎることを防ぐことができます。

（４）イネの花は，おしべとめしべをそれぞれ何本もちますか。

（５）イネのように，おしべとめしべを１つの花の中にもつものはどれですか。次から２つ選びなさい。

ア．アサガオ　　イ．イチョウ　　ウ．マツ　　エ．ヘチマ
オ．カボチャ　　カ．トウモロコシ　　キ．アブラナ

〔B〕動物に関して，以下の問いに答えなさい。

（１）ヒト，カエル，メダカには，いろいろな特ちょうが見られます。ア～キの特ちょうについて，①ヒトのみに見られるもの，②カエルのみに見られるもの，③メダカのみに見られるものを次からすべて選びなさい。

ア．体の外で受精する。
イ．親と同じ形の子を産む。
ウ．子は母乳を飲んで育つ。
エ．えらで呼吸した後，肺で呼吸する。
オ．背骨を持たない。
カ．うろこを持つ。
キ．気温が変わると，体温も同じように変わる。

（２）昨年，すでに絶滅《ぜつめつ》したと考えられていた日本固有のある魚が，70年ぶりに再発見されたと報じられました。この再発見された魚を選びなさい。

ア．シナノユキマス　　イ．クニマス　　ウ．ニジマス
エ．サクラマス　　オ．カワマス

【２】次の文を読んで，以下の問いに答えなさい。

大吉君の家族は，夏休みに鍾乳洞《しょうにゅうどう》へ行きました。鍾乳洞の入り口は，ぽっかりと黒い神秘的な穴が開いています。

大吉「お父さん，早く入ろうよ。」

父　「その前にひとつ注意しておくが，順路からはずれた道には絶対に行ってはいけないよ。鍾乳洞の中は迷路のようになっていて，迷ったら二度ともどってくることができなくなるかもしれないからね。お父さんの後をしっかりついてくるんだよ。」

お父さんは大吉君と妹のモモちゃんに言い聞かせました。

大吉「わかったよ。」

鍾乳洞の内部は所々に照明があるだけで，うす暗くげん想的な世界が広がっています。

大吉「なんで，こんな洞《どう》くつができたのかな？」

父　「これは，（　①　）がとけこんだ雨が地下にしみこんで，長い年月の間に，地層をとかしてできた洞くつなんだ。」

大吉「ということは，この洞くつは（　②　）でできているんだね。何が材料になったの？」

父　「③大昔のサンゴなどが材料になっているのさ。」

モモ「所々につららの様なものがあるよ。」

大吉「さわっちゃダメだよ！これはできるまでに大変な時間がかかるんだから。ね，お父さん。」

父　「これは鍾乳石《しょうにゅうせき》といって，１日に１００００分の３ｍｍくらいしか成長しないんだよ。だから，１ｃｍのびるのにも，（　④　）年くらいかかるんだ。」

大吉「ところで，鍾乳洞の中は快適だけど，どこかにエアコンでもついているのかな？」

父　「そんなもの，あるわけないさ。だけど，鍾乳洞の中は，⑤１年中，だいたい同じ温度に保たれているんだよ。」

大吉「風は吹《ふ》かないの？」

父　「おくまで入るとほとんどないけど，⑥入り口付近では風を感じることがあるよ。」

所々に水がたまった池の様なところがあり，すき通った水をたたえています。

モモ「すごくきれいな水。飲んでもいい？」

母　「飲んじゃだめよ。」

父　「この水も，もとは雨水だよ。ちなみに，地上にある池とは違《ちが》って⑦生物はほとんどすんでいないんだ。」

大吉「鍾乳洞の中に，生物は全くいないの？」

父　「⑧限られたわずかな生物はすんでいるよ。」

大吉「大昔は，ヒトも鍾乳洞に住んでいたって聞くけど…」

父　「大吉もここでくらしてみるか。」

大吉「そうしたら，来年から，どうやってラ・サールに通うのさ。」

1粒のＣに塩酸を十分に加えたところ，気体Ｙが 1.25 ℓ出ました。同じように，水酸化ナトリウム水溶液を十分に加えたところ，気体Ｙが 1.25 ℓ出ました。以上をまとめると表１のようになりました。

表１

	塩酸	水酸化ナトリウム水溶液
Ａ　１粒	Ｘが 0.25 ℓ出た	気体は出なかった
Ｂ　１粒	気体は出なかった	気体は出なかった
Ｃ　１粒	Ｙが 1.25 ℓ出た	Ｙが 1.25 ℓ出た

（１）アルミニウム，石灰石，銅はＡ～Ｃのそれぞれどれですか。

（２）Ａ～Ｃを２粒ずつ，合計６粒に塩酸を十分に加えたら何ℓの気体が出ますか。

〔実験２〕

Ａ～Ｃの合計が６粒となるような**組合せア～コ**をつくりました。**組合せア～コ**のそれぞれに塩酸を十分に加えたところ，出てきた気体ＸとＹの体積の合計は表２のようになりました。

同じように，**組合せア～コ**に水酸化ナトリウム水溶液を十分に加えたところ，出てきた気体Ｙの体積は表３のようになりました。

表２

組合せ	塩酸を加えた場合
ア	2.75 ℓ
イ	0.75 ℓ
ウ	2.50 ℓ
エ	2.00 ℓ
オ	2.50 ℓ
カ	4.00 ℓ
キ	1.25 ℓ
ク	3.75 ℓ
ケ	1.75 ℓ
コ	3.50 ℓ

表３

組合せ	水酸化ナトリウム水溶液を加えた場合
ア	2.50 ℓ
イ	気体は出なかった
ウ	1.25 ℓ
エ	1.25 ℓ
オ	2.50 ℓ
カ	3.75 ℓ
キ	気体は出なかった
ク	3.75 ℓ
ケ	1.25 ℓ
コ	2.50 ℓ

（３）Ｂが含《ふく》まれていない組合せをすべて選び，**ア～コ**の記号で答えなさい。

（４）Ａ～Ｃを合計１０粒用意して塩酸を十分に加えたら，出てきた気体ＸとＹの体積の合計は 2.25 ℓでした。このとき，Ａ～Ｃはそれぞれ何粒含まれていましたか。考えられる**組合せ**を例にならってすべて答えなさい。

例　Ａが２粒，Ｂが０粒，Ｃが８粒の場合の答え　（２，０，８）

（５）Ａ～Ｃを１２～１５粒組み合わせて塩酸を十分に加えたとき，気体ＸとＹの体積の合計が 5.5 ℓになる**組合せ**は全部で何通りありますか。

【４】つり合いに関する実験を行いました。これらの実験では，長さが 60 cm の棒，200 g のおもり，皿，分銅および何本かの同じばねを使います。ばねにおもりをつるしたところ，おもりの重さとばねののびの関係は図１のようになりました。棒の重さは棒の中心にかかり，ばねと糸の重さは考えないとして，以下の問いに答えなさい。

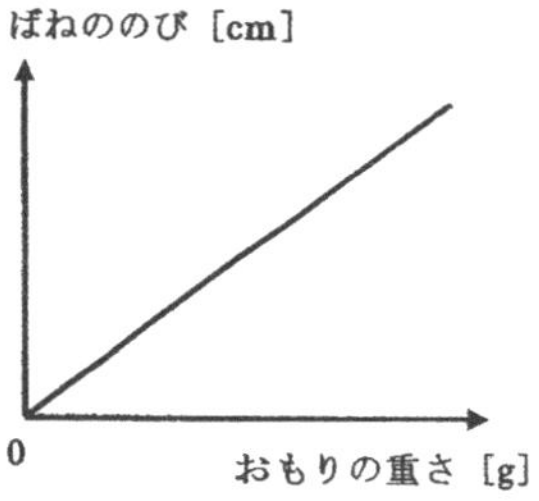

図１

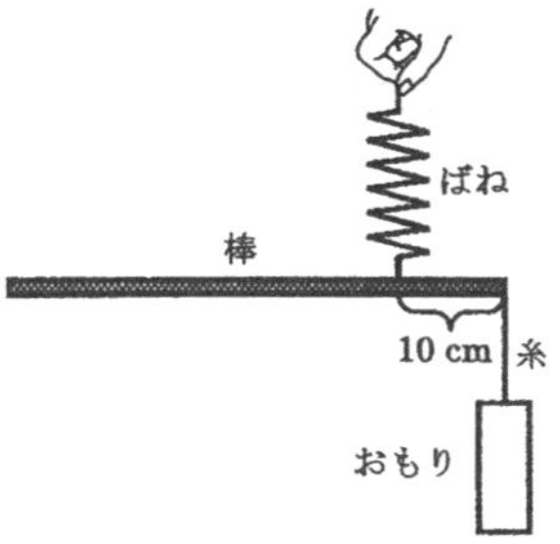

図２

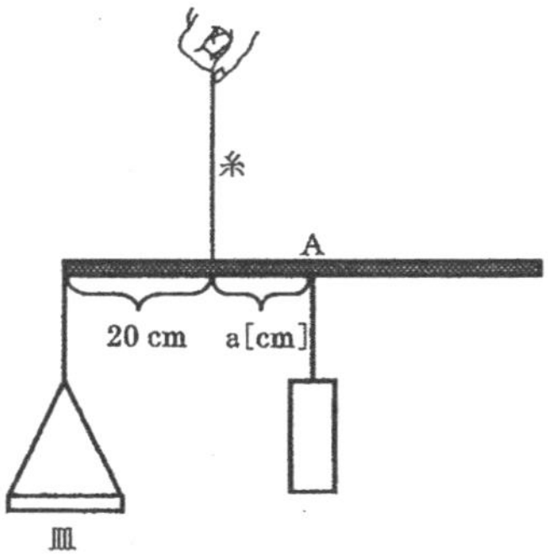

図３

（１）図２のように，棒の右端《はし》におもりを糸でつけ，棒の右端から 10 cm の位置にばねをつけて引き上げたところ，棒は水平になってつり合いました。このとき，ばねは 2.4 cm のびました。棒の重さは何 g ですか。

（２）図３のように，棒の左端から 20 cm の位置に結び付けた糸を持ち，棒の左端につるした 80 g の皿とつり合わせるために，手で持った糸から右に a [cm]の位置におもりをつり下げて，棒を水平にしました。このとき，おもりをつり下げた位置を点Aとします。

① a の長さは何 cm ですか。

② 皿に 40 g の分銅をのせたとき，おもりを点Aから右に何 cm 動かせば棒が水平になってつり合いますか。

③ 皿に 100 g の分銅をのせたとき，おもりを点Aから右に何 cm 動かせば棒が水平になってつり合いますか。

④ 点Aに 0 g の目盛りをつけ，以下，20 g，40 g，…と 20 g ごとに目盛りをつけて一目盛りが 20 g のさおばかりを作ります。このさおばかりの目盛りの間隔《かんかく》は何 cm にすればよいですか。また，最も大きな目盛りの値は何 g ですか。

H23.ラ・サール中
K 教英出版

平成23年度　入学試験問題　社　会　ラ・サール中学校

＊解答は、すべて解答用紙に記入しなさい。

（40分）

1　2010 年の日本や世界で起きたできごとについて、以下の問いに答えなさい。

問１　2010 年は、奈良に平城京がおかれてから 1300 年目にあたります。奈良県ではこれを記念してさまざまな催《もよお》しが行われました。では、平城京が都であったのは約何年間ですか。最も近い数字を、次のア～エから一つ選び、記号で答えなさい。

ア．30　イ．50　ウ．80　エ．100

問２　１月、カリブ海の島国で地震《しん》があり、大勢の人が亡《な》くなるなど、大きな被《ひ》害が出ました。この国では、貧しい人が多いうえに、政治も混乱しているため、以前より国連が平和維持《いじ》活動（PKO）を行っていましたが、今回の地震による被害を救援《きゅうえん》するため日本も PKO に参加しました。この国の名前を、次のア～エから一つ選び、記号で答えなさい。

ア．タヒチ　イ．ドミニカ　ウ．ジャマイカ　エ．ハイチ

問３　２月、バンクーバーで、冬季オリンピックが開催《かいさい》されました。冬季オリンピックとしては、今までで最も多くの国と地域が参加したそうです。バンクーバーはどこの国にある都市ですか。その国の名前を答えなさい。

問４　３月、イラクで国民議会選挙が行われ、12 月に新政権が発足しました。政権の発足がこのように遅《おく》れたのは、国内にある３つの勢力《せいりょく》のバランスをとりつつ、１つの政権にまとめるのに時間がかかったため、といわれています。その３つの勢力とは、イスラム教シーア派、イスラム教スンニ派、そしてある民族からなる勢力ですが、その民族の名前を、次のア～エから一つ選び、記号で答えなさい。

ア．タジク　イ．グルジア　ウ．クルド　エ．グルカ

問５　４月、宮崎県で家畜《ちく》伝染病の口《こう》てい疫《えき》が発生し、牛・豚《ぶた》などに感染して、約 29 万頭が処分されるなど大きな被害が出ました。８月になり口てい疫はおさまりましたが、全国の畜産農家に大きな不安をあたえました。次の表は、牛の飼育頭数の多い順に都道府県を上から５つ示したものです。Ｘ、Ｙにあてはまる都道府県名を答えなさい。

2　次の【A】～【E】は、日本のある県について述べた文章です。これらの文章を読んで以下の問いに答えなさい。

【A】この県は広い平野の南西部に位置しています。南部と東部は海に面しており、西部は山がちな地形です。県東部の臨海部は、古くから都市化・工業化が進んでいます。高度経済成長以降、急速に人口が増加し、現在では日本で２番目に人口の多い都道府県です。また、①県内には政令指定都市が３都市あり、日本で最も多くの政令指定都市をかかえる都道府県になっています。県南部の海岸は、夏は海水浴でにぎわうと同時に、かつて日本の政治の中心地であった（　１　）があり、国内外から多くの観光客が訪れます。

【B】この県は、東部でとなりの県と陸地で接している以外は、周囲を海に囲まれています。多くの離《り》島と半島があり、海岸線は非常に複雑であるため、②海岸線の長さは全国２位です。県内は多くの良い港にめぐまれており、古くから海外との交流がさかんに行われ、鎖《さ》国をしている時にも海外に開かれていました。県庁所在地は港湾《わん》都市で、造船がさかんです。県第２の市である（　２　）市は、昔からの軍港があり、現在も海上自衛隊の基地があります。また、この市にはヨーロッパの町並みを模した観光施《し》設があり、国内外から多くの観光客が訪れます。県南部の（　３　）半島には火山があり、1991年の噴《ふん》火にともなう火砕《さい》流によって多くの被《ひ》害がもたらされました。

【C】この県は、北部は海に面し、南部は山地になっています。≪　あ　≫の季節風の影響《えいきょう》で、冬に降水量が多く、内陸地域では降雪もみられます。県東部には２つの湖があり、その２つの湖の間に県庁所在地である［　X　］市が位置しています。県中央部には、約400年にわたり採掘《くつ》されてきた（　４　）銀山の跡《あと》があり、2007年に③世界文化遺産に登録されました。また、この県に所属する≪　い　≫については、韓国も領有を主張しています。

【D】この県の内陸部の大部分は山岳丘陵《がくきゅうりょう》地帯で、西側には県境に（　５　）山脈があり、これと平行して東側には高地が広がっています。そして、この二つの山系の間を川が南に向かって流れ、その流域には平地が広がっています。県庁所在地の［　Y　］市もこの川の流域に位置します。県東部は海に面しており、出入りのはげしい海岸になっています。また、その沖《おき》合は日本有数の漁場となっており、優《すぐ》れた漁港・港湾にもめぐまれています。産業は農林水産業がさかんですが、④最近は先端《たん》技術産業の工場が進出しており、工業の発展も見られます。

【E】この県は南部には約500キロメートルの海岸線が、北部は3000メートル級の山々からなる山岳地帯が、東西に長い地形を囲んでいます。⑤山地から流れ出た川が何本も県内を縦断し、海に流れています。この県は茶の生産量など日本一を記録するものが多く、県のホームページには200以上の日本一が掲載《けいさい》されています。そのうちの１つである“日本一高い山”も県北東の県境に位置しています。

3　次の文章を読み、以下の問いに答えなさい。

1945年8月14日、日本がポツダム宣言を受諾《じゅだく》し、第二次世界大戦は終わりました。敗戦国日本は、主権が天皇にあることなどを定めた、従来の大日本帝国《ていこく》憲法を使い続けることはできず、新しい憲法の制定が必要になりました。新しい憲法の制定は、1946年6月に始まったａ帝国議会で行われ、そこでの審議《しんぎ》・可決を経て、日本国憲法として1946年11月3日に公布、1947年5月3日に施行《しこう》されました。

日本国憲法第41条は、「国会は、国権の最高機関であって、国の唯一《ゆいいつ》の立法機関である」と定めています。国会は、ｂ立法をおもな仕事とし、衆議院および参議院によって構成されています。両議院の議員について、憲法第43条第1項《こう》は、「両議院は、全国民を代表するｃ選挙された議員でこれを組織する」としています。

行政権を担《にな》う機関がｄ内閣であり、内閣の組織について、憲法第66条第1項は、「内閣は、法律の定めるところにより、その首長たる内閣総理大臣及《およ》びその他の国務大臣でこれを組織する」としています。内閣のもとには、内閣府およびｅ11の省が置かれています。

司法権を担う裁判所について、憲法第76条第1項は、「すべて司法権は、ｆ最高裁判所及び法律の定めるところにより設置するｇ下級裁判所に属する」としています。

日本国憲法が施行された当時、日本は連合国の占領《せんりょう》下にありました。その後、サンフランシスコ平和条約（日本国との平和条約）により、連合国との戦争状態を終了《しゅうりょう》させた日本は、ｈ国際社会に復帰していきました。

問1　下線部ａに関する以下の記述のうちから、明らかに誤っているものを一つ選び、記号で答えなさい。

ア．衆議院は、衆議院議員選挙法の定めるところに従って公選された議員によって組織された。

イ．衆議院議員の選挙について、25歳《さい》以上の男女による普通《ふつう》選挙が認められたのは1925年のことであり、この年、治安維持《いじ》法も制定された。

ウ．帝国議会がはじめて開かれたのは、大日本帝国憲法公布の翌年に当たる1890年であった。

エ．大日本帝国憲法は、1人の人が同時に衆議院議員と貴族院議員の資格をもつことを禁止していた。

問2　下線部ｂ「立法」について、法には、国会が制定する法律以外にさまざまなものがありますが、それらの法に関する以下の記述のうちから、明らかに誤っているものを一つ選び、記号で答えなさい。

ア．憲法は、条約については天皇が公布すべき法に含《ふく》めていない。

問４　下線部ｄに関する以下の記述のうちから、明らかに誤っているものを一つ選び、記号で答えなさい。

ア．内閣は、衆議院を解散する権限をもち、衆議院が解散されたときは、解散の日から 40 日以内に衆議院議員総選挙を行い、その選挙の日から 30 日以内に特別国会を召集《しょうしゅう》することになっている。

イ．憲法は、国会議員の選挙の施行を公示することなど、天皇の国事行為については内閣の「助言と承認《しょうにん》」により行うべきものと定めている。

ウ．内閣は、国会に法律案を提出する権限をもち、内閣総理大臣が内閣を代表して提出する。

エ．憲法は、参議院で、内閣を構成する内閣総理大臣またはその他の国務大臣に対して、問責決議案が可決されたときは、10 日以内に、その内閣が総辞職すべきものと定めている。

問５　下線部ｅとして、明らかに誤っているものを一つ選び、記号で答えなさい。

ア．消費者省　　イ．環境《かんきょう》省　　ウ．経済産業省　　エ．総務省　　オ．防衛省

問６　下線部ｆに関する以下の記述のうちから、明らかに誤っているものを一つ選び、記号で答えなさい。

ア．最高裁判所は、15 人全員の裁判官で構成される大法廷《ほうてい》、または５人の裁判官で構成される小法廷で審理《しんり》および裁判をする。

イ．最高裁判所長官およびその他の最高裁判所裁判官は、内閣が指名し、天皇が任命する。

ウ．最高裁判所裁判官は、70 歳になったときに定年となり、退官する。

エ．最高裁判所は、ある法律が憲法に違反《いはん》すると判断する場合、その裁判を小法廷ではなく、大法廷で行わなければならない。

問７　下線部ｇに関する以下の記述のうちから、明らかに誤っているものを一つ選び、記号で答えなさい。

ア．法律は、下級裁判所として、高等裁判所・地方裁判所・家庭裁判所・簡易裁判所の４種類の裁判所を設けることとしている。

イ．憲法は、下級裁判所裁判官の任期を 10 年とし、再任されることができると定めている。

ウ．下級裁判所が行う事件の審理および裁判について、高等裁判所は３人の合議制または５人の合議制で行い、地方裁判所は１人制または３人の合議制で行う。

エ．簡易裁判所の判決に不服があるときは、地方裁判所に訴《うった》えることになっており、簡易裁判所の判決への不服を理由に高等裁判所

G　桜島が大噴火《だいふんか》を起こし、農作物が大きな被《ひ》害を受けました。都では、将軍のあとつぎ争いなどから、有力な武士たちが２つに分かれてはげしく戦っているということです。

H　中国よりも遙《はる》かに遠い国の人がやってきて、１年近く滞在《たいざい》していました。この人は、この地を治める大名に布教の許可を求めましたが、うまくいかず、都に向かって旅立ちました。

I　私の主人は、都から大軍を率いてやってきた関白と戦いましたが敗れ、今まで戦《いくさ》で勝ち取ってきた多くの領地を奪《うば》われました。また、関白からの命令で、農民たちから刀を取り上げることになりました。

J　南の島の国王がやってきました。この前の戦争で私の主人に敗れたからです。この国は、滅《ほろ》ぼされませんでしたが、このあと中国と日本の両方に属することになり、国王は江戸まで出かけるということです。

K　島原というところで大きな戦がありました。その藩《はん》の農民の多くが亡《な》くなったため、その藩を立て直すため、幕府の命令で、私の住む村からもそこに移住することになった人がいます。

L　幕府の許可を受けて、全国の地図づくりを進めている人の一行が、私の村にもやってきました。距離《きょり》を測る器械などめずらしいものを使っていました。

M　城下町から少し離《はな》れた所に、大砲《ほう》などを製造するための近代的な工場がありましたが、先月、イギリスの軍艦《ぐんかん》がやってきて、はげしく砲撃《ほうげき》し、大きな被害が出ました。

N　先日、城山で西郷さんの率いた軍勢が敗れました。城山にこもっていたのは約 300 人、攻撃した政府軍の総勢は約５万人ということでした。

O　昨年９月にロシアとの戦争が終わりました。私の村から出征《せい》した人々が無事に帰ってくることを記念して、３月には立派な石造りの「凱旋門《がいせんもん》」ができました。

P　今年の１月桜島が大噴火しました。３月には鹿児島出身の首相が辞任し、そのあとの首相は、ヨーロッパで起こっていた戦争に参加することを決定しました。

Q　12 月８日に、日本海軍がハワイの真珠湾《しんじゅわん》を奇襲《きしゅう》攻撃しました。その少し前、たくさんの軍用飛行機が桜島の近くの錦江湾《きんこうわん》（鹿児島湾）で訓練を行っていました。真珠湾と錦江湾の地形が似ているからだそうです。

R　私のいとこが今度中学を卒業して関西方面の会社に就職することになりました。きょうは、同じような人々を乗せた特別列車の見送りのため駅にいきました。今年の夏、大阪の万国博覧会の会場で会おうと約束しました。

問２　下は石の鏃《やじり》の図（実物大）です。これに関して、次の文章の（　　）に入る語を１～２字で答えなさい。

ア

イ

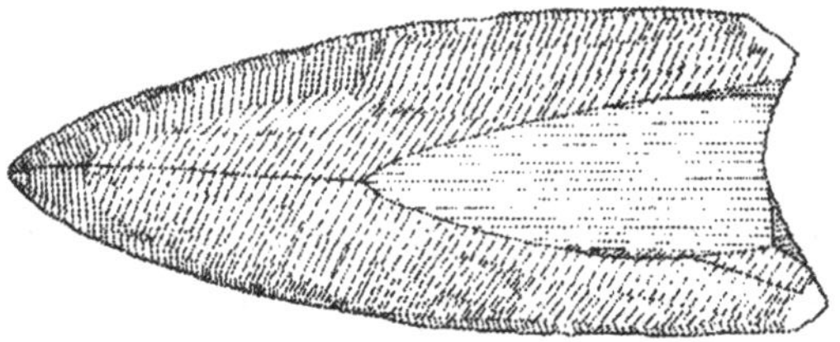

アは、ほぼ１万年の間使われました。イは、その次のＡの文章の時代の物で、大きさも重さも２倍以上になっています。アとイでは、用いる対象がちがいました。アの対象は（　ａ　）、イは（　ｂ　）になります。

問３　Ｅの下線部に関して、国（王朝）の名前を２つあげなさい。漢字で書けば１文字になる国と２文字になる国です。

問４　Ｈの下線部に関連して、布教しようとした宗教と関係の深いできごとについて触《ふ》れている文章を、Ａ～Ｒ（Ｈを除く）から１つ選び、記号で答えなさい。

問５　Ｎの下線部に関して、政府軍は兵力を集めるためにどのような仕組みをつくっていましたか。15字以内で説明しなさい。

問６　Ｏのころを説明する文章として、誤っているものを次のア～ウから１つ選び、記号で答えなさい。

ア．日清戦争の賠償金《ばいしょうきん》の一部を使って北九州に八幡《やはた》製鉄所をつくり、重工業が発展した。

イ．田中正造が、足尾銅山の鉱毒で苦しむ人々を救おうとして活発に活動した。

ウ．日本とイギリスは、条約上完全に対等な関係になったので、同盟を結んだ。

問７　次の図版ア～クを年代の早い順に並べかえ、２番目・５番目・７番目となるものと同じ時代あるいはもっとも近い時代の文章を、Ａ～Ｒから１つ選び、それぞれ記号で答えなさい。道具などについては、日本で使われ始めたときの年代で考えなさい。

2011年度　ラ・サール中学校　入学試験　算数　解答用紙

1.

(1)	商　　，余り	(2)		(3)	

1の小計
12

2.

(1)	$x=$　　，$y=$	(2)	倍	
(3)	2時　　分	(4)	個	一番小さいもの
(5)	cm²			

2の小計
32

3.

(1)	：　：	(2)	：　：	(3)	km

3の小計
14

4.

(1)	cm²	(2)	cm²

4の小計

平成23年度　理　科　解答用紙　ラ・サール中学校

【１】（１５点）

A	(1) ① g	② g	③ g	④ g	(2) g
A	(3) ①	②	③	④	(4) おしべ 本 / めしべ 本	(5)
B	(1) ①	②	③	(2)

【２】（１０点）

(1)	(2)	(3)	(4)	(5)

(6)	(7)	(8)

平成23年度　　社　会　　解答

1

問1	問2	問3	問4
問6	問7	問8	問9

2

問1 (1)	(2)		(3)
(5)	問2 あ	い	問3 X
問4			
問6	問7		

3

問1	問2	問3	問4	問5

4

問1 (1)　と　の間		(2)　と　の間		(3)				
(5)　と　の間		(6)　と　の間		問2 a				
問4	問5 →							
問6	問7 2番目	5番目	7番目					

紙　　ラ・サール中学校

5 X　Y

点

(4)

Y

問5

問8　問9

点

6　問7　問8

点

の間　(4)　と　の間

b　問3

点

受験番号

得点

※50点満点
(配点非公表)

A					

B	(1)			(2)	(3)
	アルミニウム	石灰石	銅	ℓ	

B	(4)	(5)
		通り

【４】（１５点）

(1)	(2) ①	(2) ②	(2) ③	(2) ④ 間隔	(2) ④ 最も大きな値
g	cm	cm	cm	cm	g

(3) ①	(3) ② 左	(3) ② 右	(4) ①	(4) ② c	(4) ② d
cm	cm	cm	g	cm	cm

受験番号	得点
	※50点満点

5．

(1)	cm
(2)	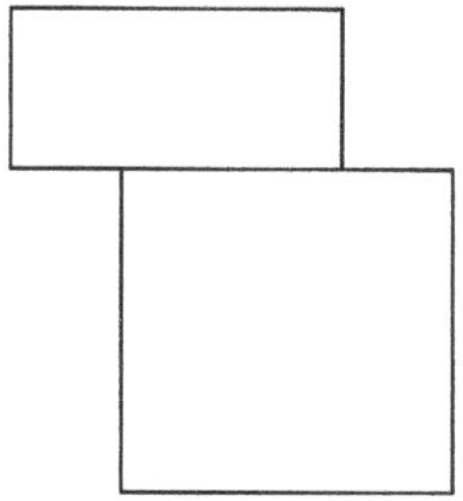
	面積　cm²

6．

(1)	cm³	(2)	cm³

5の小計
16

6の小計
13

受験番号	得点
	※100点満点

	2008年	2009年		2008年	2009年
X	81.9	82.3	X	51.1	53.5
栃木県	5.7	5.6	Y	36.7	37.6
岩手県	5.1	4.8	宮崎県	29.5	29.8
熊本県	4.5	4.3	熊本県	14.8	14.7
千葉県	4.3	4.1	岩手県	11.2	11.2

問6　5月、中国で上海万博が始まり、なかでも日本館は大きな人気を呼びました。日本と中国とは長い交流の歴史があり、むかしから日本は仏教などの進んだ文化を中国から取り入れてきました。では、今から約1400年前に、聖徳太子が建てた寺は何ですか。次のア～エから一つ選び、記号で答えなさい。

ア．唐招提寺《とうしょうだいじ》　イ．東大寺　ウ．法隆寺《ほうりゅうじ》　エ．興福寺《こうふくじ》

問7　8月、南米にある国のサンホセ鉱山で落盤《らくばん》事故があり、33人が地下に閉《と》じ込《こ》められました。世界が注目するなか政府は懸命《けんめい》な救援活動を行い、10月に全員無事救出されました。この国の名前を次のア～エから一つ選び、記号で答えなさい。

ア．ペルー　イ．チリ　ウ．アルゼンチン　エ．ブラジル

問8　8月、環境《かんきょう》にやさしい自動車（エコカー）であるハイブリッドカーを買う人が多かったそうです。ハイブリッドカーは、ガソリンエンジンともう一つの動力機関を組み合わせています。その動力機関とは何か答えなさい。

問9　11月、ロシアのメドベージェフ大統領が北方領土を訪問しました。ソ連時代をふくめロシアの最高指導者としては初めてのことですが、これにより日本とロシアとの領土問題の解決は難しさを増した、といわれています。では、北方領土のなかで最も北に位置する島の名前を、次のア～エから一つ選び、記号で答えなさい。

ア．国後《くなしり》　イ．択捉《えとろふ》　ウ．歯舞《はぼまい》　エ．色丹《しこたん》

問１　文中の空欄（　１　）～（　５　）にあてはまる地名を答えなさい。

問２　文中の空欄≪　あ　≫・≪　い　≫に入る語句として最も適当なものを、次のア～エから一つ選び、それぞれ記号で答えなさい。

≪あ≫：ア．北東　　イ．北西　　ウ．南東　　エ．南西

≪い≫：ア．尖閣《せんかく》諸島　　イ．佐渡《さど》島　　ウ．与那国《よなぐに》島　　エ．竹島

問３　文中の空欄［　Ｘ　］・［　Ｙ　］にあてはまる都市名を答えなさい。

問４　下線部①について、この県の政令指定都市を３都市とも答えなさい。

問５　下線部②について、海岸線の長さが全国１位の都道府県を答えなさい。

問６　下線部③について、アメリカ合衆国が核《かく》実験をくり返してきた太平洋上のさんご礁《しょう》が、2010年８月に世界文化遺産に登録されました。そのさんご礁の名前を答えなさい。

問７　下線部④について、先端技術産業の工場では半導体やＩＣなどの生産を行います。この県では、先端技術産業の工場はどのような場所に進出していますか。製品の性質や輸送の便を考えた上で答えなさい。

問８　下線部⑤について、この県を流れている河川として正しいものを、次のア～エから一つ選び、記号で答えなさい。

ア．天竜川　　イ．吉野川　　ウ．利根川　　エ．信濃川

問９　都道府県のほとんどは、都道府県章を制定しています。そのデザインは都道府県の風土・歴史・文化などを象徴《ちょう》的に表現したもの、都道府県名にふくまれる文字の一部もしくは全体をデザインに採用しているもの、県の形（地形）や特産物を抽《ちゅう》象化したものなどがあります。次のア～オの県章は【Ａ】～【Ｅ】の県のいずれかのものです。【Ｅ】の県章を次のア～オから一つ選び、記号で答えなさい。

ア

イ

ウ

エ

オ

ウ．憲法は、「この憲法及び法律の規定を実施するために、政令を制定すること」を内閣の権限とし、天皇は国事行為として政令を公布する。

エ．憲法は、両議院が、それぞれの会議の手続きや議院内部の規律に関して規則を定める権限をもつと規定している。

オ．憲法は、最高裁判所が、訴訟《そしょう》に関する手続き、弁護士、裁判所の内部規律、司法事務処理に関する事項について、規則を定める権限をもつと規定している。

カ．法律は、地方公共団体の住民が、有権者の一定割合の署名を集めて、地方公共団体の長に対して、条例の制定・改正・廃止《はいし》の請求《せいきゅう》をすることができると定めている。

問３　下線部ｃに関する以下の記述のうちから、明らかに誤っているものを一つ選び、記号で答えなさい。

ア．2010年７月の参議院議員通常選挙の時点における選挙区選出議員の改選議席について、民主党の獲得《かくとく》議席数は、自由民主党のそれを下回った。

イ．衆議院比例代表選出議員の選挙については、政党は、名簿《めいぼ》に記載《きさい》される候補者に、当選人となるべき順位を付けて名簿を作成する。

ウ．2010年７月の参議院議員通常選挙の時点における改選議席について、民主党と共に与党《よとう》を形成していた国民新党は、比例代表選出議員選挙でも選挙区選出議員選挙でも、議席を獲得することができなかった。

エ．参議院比例代表選出議員の選挙については、政党は、名簿に記載される候補者に、当選人となるべき順位を付けないで名簿を作成する。

オ．2010年７月の参議院議員通常選挙の時点における改選された議席および非改選議席を合わせた議席数について、民主党と国民新党からなる与党は、参議院における総議席数の過半数を超《こ》えた。

カ．2010年７月の参議院議員通常選挙の時点における比例代表選出議員の改選議席について、民主党の獲得議席数は、自由民主党のそれを上回った。

問８　下線部ｈ「国際社会」への日本の復帰は国際連合への加盟などを通じて実現していきました。国際連合に関する以下の記述のうちから、明らかに誤っているものを一つ選び、記号で答えなさい。

ア．国際連合は、連合国によって開かれたサンフランシスコ会議において採択《さいたく》された国際連合憲章に基づき、1945 年に成立した。

イ．国際連合の成立当初の原加盟国は 51 か国であったが、その後加盟国が増加し、2006 年にモンテネグロが加盟したことにより、加盟国数は 192 か国となった。

ウ．日本は、日中共同声明により、中華《か》人民共和国との戦争状態の終結および国交の正常化を果たした後、1972 年に国際連合に加盟した。

エ．国際連合憲章は、国際連合の目的として、最初に「国際の平和及び安全を維持すること」を挙げている。

4

次の文章は、現在の鹿児島県の地域にかつて住んでいた人々が見たであろう情景などを時代の早い順に記したものです。これに関して、以下の問いに答えなさい。

A　北の方から、人々がやってきました。南の島でとれる貝を手に入れるためです。北の方では稲《いね》作りが始まっているようで、そのために使う石の道具を見せてくれました。

B　円形と四角形を組み合わせた大きな墓がつくられました。ここに葬《ほうむ》られる人は、近畿《きんき》地方の有力者と強いつながりをもっており、身につけていた甲冑《かっちゅう》（よろいとかぶと）も近畿地方から手に入れた物と聞いています。

C　都の人々は、私たちのことを隼人《はやと》とよんでいます。この前、都に貢《みつ》ぎ物を持っていった仲間が数年ぶりに戻《もど》ってきました。都のすぐ隣《となり》の場所に、巨大な仏像を造り始めたということでした。

D　都から派遣《はけん》されてきた役人が、この地方の政治をみています。その役所のある一角で、和歌をよむ集まりがありました。その時使っていた器にひらがなで和歌の一部を書き付けていました。

E　私が仕えている主人は、今度幕府の命令で、３か月間北の方へ出張します。仕事は、砂浜に造られた石塁《せきるい》（石造りの塀《へい》のようなもの）のそばで、いつ攻めてくるかわからない敵に備えることだそうです。

F　２人の天皇がいて、私の主人は京都の天皇を認め、幕府に従っていますが、すぐとなりの領主はもう１人の天皇を認めており、しばしば戦争が起こっています。

○と○の間という形で答えなさい。答えが同じになることもあります。

(1) ア．卑弥呼《ひみこ》は、中国の魏《ぎ》に使いを送り、金印をもらった。
イ．平家を倒《たお》した源義経が、武士の政権を開いた。
ウ．オランダの船だけが貿易を許され、それ以外の外国の船は日本への来航を禁止された。

(2) ア．鑑真《がんじん》が唐《とう》から渡ってきて、日本に初めて仏教を伝えた。
イ．京都に、金色に輝《かがや》く３層の建物を完成させた人物が、中国（明《みん》）との貿易を始めた。
ウ．尾張《おわり》（今の愛知県）出身の人物が、延暦寺《えんりゃくじ》を焼き討ちし、大阪に城を築いて天下統一の拠《きょ》点とした。

(3) ア．藤原道長は、自分の子どもを天皇の座につけ、大きな力をふるった。
イ．近松門左衛門という人形浄瑠璃《じょうるり》の台本作者が、数々の作品を著《あらわ》し、人気を得た。
ウ．政府は、伊藤博文らを欧《おう》米に派遣し、国王の下で長い議会の歴史をもつイギリスを手本に憲法作りを進めた。

(4) ア．ペリーが率いるアメリカの艦隊が浦賀《うらが》に来て、圧力をかけたため、幕府は通商のための条約を結んだ。
イ．政府は、岩倉具視《いわくらともみ》を中心とする使節団を欧米に派遣し、条約の改正に一部成功した。
ウ．空襲を避けるために、多くの人々が疎《そ》開した。

(5) ア．政府は、江戸時代の身分の仕組みを廃《はい》止したので、人々のなかでの差別は行われなくなった。
イ．満州事変で国際的地位を高めた日本は、国際連盟の常任理事国になった。
ウ．水俣病・イタイイタイ病などの四大公害病が起こり、公害対策基本法が制定された。

(6) ア．幕府のもと役人であった人物が、飢饉《ききん》で苦しむ人々を救おうとして、大阪で乱を起こした。
イ．「学問のすすめ」という書物が著され、蘭《らん》学がさかんになった。
ウ．教育基本法が制定され、天皇中心の国づくりを支える教育の進め方が示された。

エ

オ

カ

キ

ク

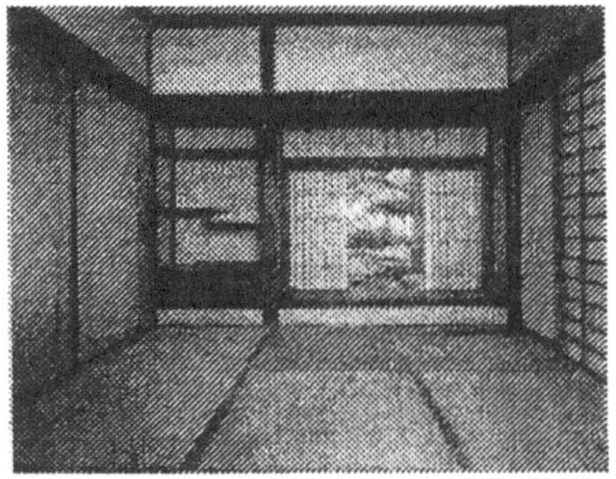

問題は以上です。

（3）図4のように，棒の両端《りょうたん》につけた2本のばねで2本の棒を水平にしてつり合わせました。

① bの長さは何 cm ですか。

② 左右のばねののびはそれぞれ何 cm ですか。

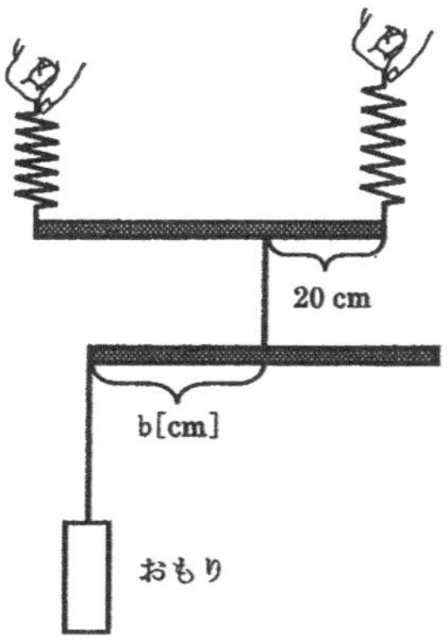

図4

（4）図5のように，ばねでつるしたおもりをゆっくりと水にしずめたところ，おもりの底面の深さとばねののびの関係は，図6のようになりました。

① おもりの底面の深さが 4 cm のとき，ばねにかかる重さは何 g ですか。

② 図7のように，2本の棒を水平にしてつり合わせたとき，おもりの底面の深さは 8 cm，左のばねののびは 2 cm でした。c，dの長さはそれぞれ何 cm ですか。

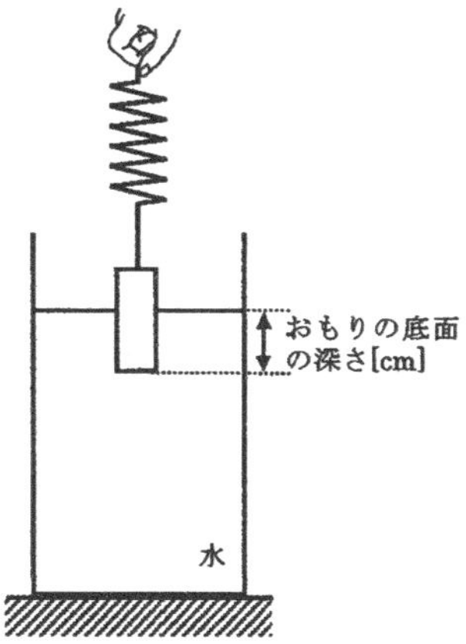

図5

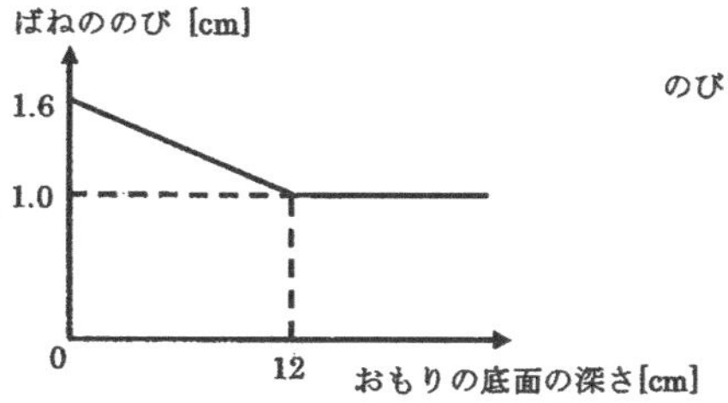

図6

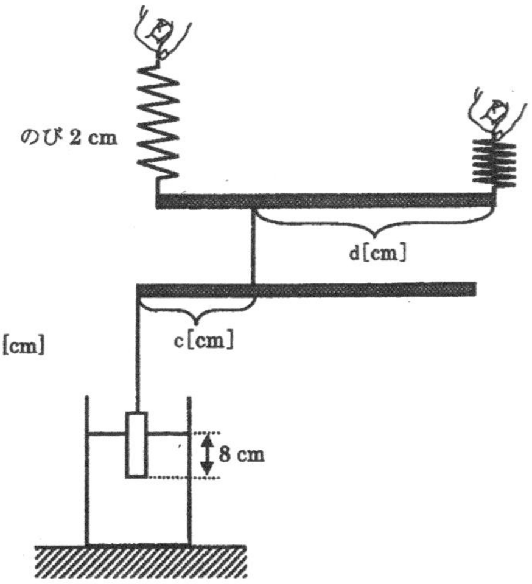

図7

[終わり]

【3】

〔A〕次の文を読んで，以下の問いに答えなさい。

乾電池《かんでんち》を分解しました。炭素棒の周りに黒い粉末があったので一部を蒸発皿に入れ，残りを試験管A，B，Cに入れました。黒い粉末に磁石を近づけましたが磁石にはつきませんでした。蒸発皿をバーナーで熱すると，石灰水を白くにごらせる気体がでてきました。

試験管Aに塩酸，Bに水酸化ナトリウム水溶液《すいようえき》，Cにオキシドールを入れると，そのうちの1つから気体Dが出てきました。気体Dの中に火のついた線香《せんこう》を入れると線香ははげしく燃えました。

また乾電池の底の部分に使われていた金属を小さく切って，塩酸，水酸化ナトリウム水溶液，オキシドールに入れるとそのうちの2つから同じ気体Eが出てきました。気体Eに気体Dを混ぜて火をつけると音を立てて燃えました。

まだ使用していない使い捨てカイロの封《ふう》を切ると中から黒い粉末が出てきました。一部を蒸発皿に入れ，残りを試験管F，G，Hに入れました。蒸発皿に入れたものに磁石を近づけると磁石につきました。蒸発皿をバーナーで熱すると，石灰水を白くにごらせる気体がでてきました。

試験管Fに塩酸，Gに水酸化ナトリウム水溶液，Hにオキシドールを入れるとそのうちの1つから気体Eが出てきました。

（1）乾電池と使い捨てカイロの両方に共通して入っていると判断できるものは何ですか。

ア．食塩　　イ．銅　　ウ．二酸化マンガン　　エ．炭素　　オ．鉄

（2）使い捨てカイロの中に入っていて，乾電池の中には入っていないと判断できるものは何ですか。

ア．食塩　　イ．石灰石　　ウ．二酸化マンガン　　エ．炭素　　オ．鉄

（3）気体Eは何ですか。

（4）下線部で気体が出ないのはどの水溶液ですか。

ア．塩酸　　イ．水酸化ナトリウム水溶液　　ウ．オキシドール

〔B〕アルミニウム，石灰石，銅をそれぞれ1gの重さにした粒《つぶ》を用意し，次の実験をしました。

〔実験1〕

1粒のAに塩酸を十分に加えたところ，気体Xが 0.25 ℓ出ました。同じように，水酸化ナトリウム水溶液を加えたところ，気体は何も出てきませんでした。

1粒のBに塩酸と水酸化ナトリウム水溶液をそれぞれ加えたところ，気体は何も出てきませんでした。

（1）①に入る語を，次から選びなさい。
ア．酸素　　イ．ちっ素　　ウ．二酸化炭素　　エ．水素　　オ．アンモニア

（2）②に入る石の名前を答えなさい。

（3）下線部③から，この場所の大昔の様子として考えられることを，次から選びなさい。
ア．塩分をふくまない湖の底であった。
イ．標高の高い山の上であった。
ウ．寒冷な深い海の底であった。
エ．高温の砂ばく地帯であった。
オ．温暖で浅い海の底であった。

（4）④に入る数字を，次から選びなさい。
ア．１０　　イ．９０　　ウ．１４０　　エ．８００
オ．２３００　　カ．３００００

（5）下線部⑤に関連して，鍾乳洞に入ったときに感じることとして正しいものを，次から選びなさい。
ア．夏はすずしく，冬は暖かく感じる。　　イ．夏は暑く，冬は寒く感じる。
ウ．夏も冬も暖かく感じる。　　エ．夏も冬も寒く感じる。

（6）下線部⑥に関連して，夏に鍾乳洞の入り口付近で吹いている風の様子を正しく表しているものを，下の図から選びなさい。

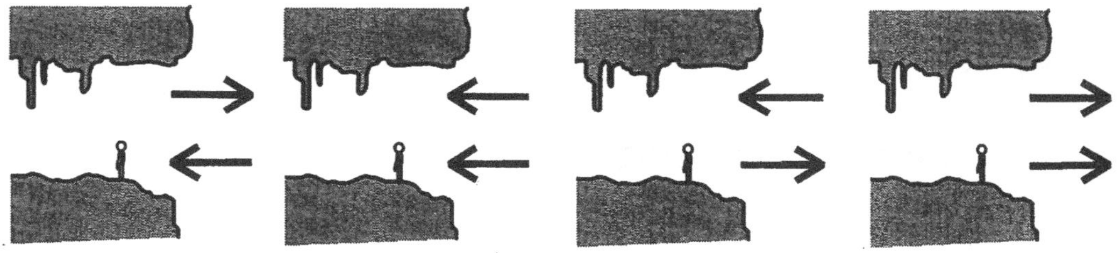

ア　　イ　　ウ　　エ

（7）下線部⑦の理由として正しいものを，次から選びなさい。
ア．水温がとても低いから。
イ．酸素がとけていないから。
ウ．水がほとんど入れかわらないから。
エ．太陽光が当たらないから。

（8）下線部⑧に関連して，鍾乳洞の中にふつうはいない生物はどれですか。次から２つ選びなさい。
ア．モグラ　　イ．ミミズ　　ウ．ゲジ　　エ．コウモリ

平成23年度　入学試験問題　　理　科　　ラ・サール中学校

注意：　1．解答はすべて解答用紙の答のらんに書きなさい。
　　　　2．いくつかの中から選ぶ場合は，記号で答えなさい。特に指示のない場合は１つ答えなさい。

（40分）

【１】

〔Ａ〕植物の体の表面からの水の蒸発に関する実験Ａ～Ｄを行いました。100ｇの水が入ったメスシリンダーに，ワセリン（水や空気を通さない）を塗《ぬ》った部分が異なるイネ（茎《くき》，葉の大きさなどは同じ）をさし，24時間後に減った水の量をそれぞれ測定しました。下の表はその結果をまとめたものです。以下の問いに答えなさい。

	実験Ａ	実験Ｂ	実験Ｃ	実験Ｄ
ワセリンを塗った部分	なし	葉のうら	葉のおもて	茎
24時間後に減った水の量	23.3ｇ	6.3ｇ	18.3ｇ	22.3ｇ

（１）①～④の各部分から，24時間で蒸発した水の量は何ｇですか。
　① 葉のうら
　② 葉のおもて
　③ 茎
　④ メスシリンダーの水面

（２）葉の両面にワセリンを塗り，同様の実験を行った場合，24時間後に減る水の量は何ｇですか。

　実験により，葉のうらで特に蒸発が盛んなことがわかりました。葉のうらを顕微鏡《けんびきょう》で観察したところ，気孔《きこう》という穴がたくさんあいていました。そこで，気孔の穴の大きさが一日の間でどのように変化するかを，ある夏の日に調べたところ，図のようになりました。

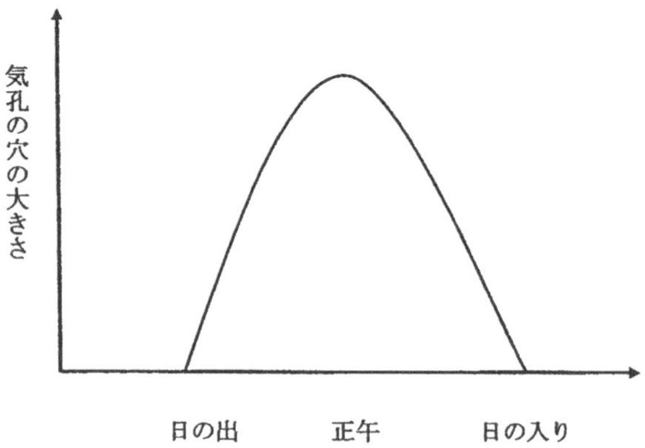

点Cに到着したら，同じように
点Mを中心に時計まわりに点Qが辺BCに重なるまで回転します。

このようにして長方形PQRSが正方形ABCDの外側を一周したとき，次の問に答えなさい。ただし，円周率は3.14とします。（16点）

(1)　点Pが動く部分の長さを求めなさい。

(2)　長方形PQRSが動いたあとはどのような図形になりますか。斜線で示しなさい。また，その面積を求めなさい。

6．

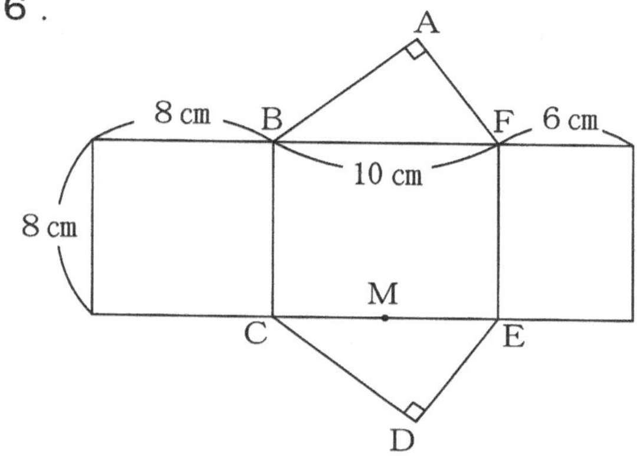

左図の展開図で表される角柱について，次の問に答えなさい。（13点）

(1)　この立体の体積を求めなさい。

(2)　辺CEのまん中の点をMとし，この立体を3点A，B，Mを通る平面で切るとき，点Cを含む立体の体積を求めなさい。ただし，角すいの体積は(底面積)×(高さ)×$\frac{1}{3}$です。

ものを求めなさい。

(5)　面積が３cm²の正三角形を図のように３つ並べます。
　点Ａは辺のまん中の点です。斜線部分の面積を求めなさい。

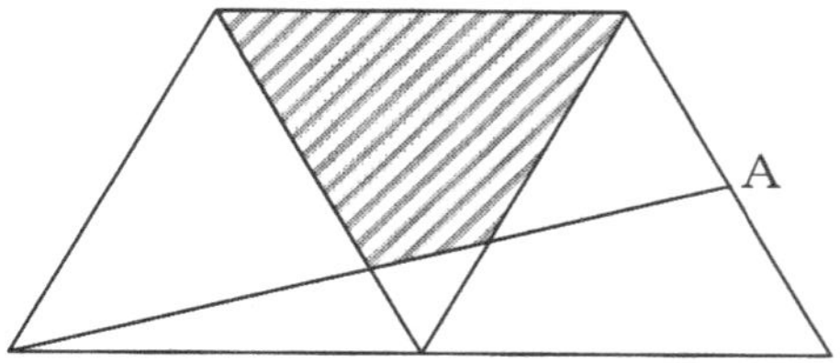

3．スタート地点からゴール地点までの途中２か所に，休息所Ｐ地，Ｑ地があります。

　Ａ君，Ｂ君，Ｃ君は，正午に出発し，それぞれＰ地までは一定の速さで歩くものとします。

　Ｃ君がＰ地へ一番早く，午後２時48分に着き，Ｃ君の到着より21分遅れてＢ君が着き，Ｂ君の到着よりさらに27分遅れてＡ君が着きました。

　Ａ君は休まずＢ君と一緒にＰ地を出て，最初のＢ君の速さで歩いたので，午後５時42分にＱ地に着きました。Ａ，Ｂ両君はそこで20分休息し，今度は最初のＡ君の速さでゴールまで歩いたので，午後７時14分にゴールしました。このとき，次の問に答えなさい。（１４点）

(1)　Ａ君，Ｂ君，Ｃ君３人の最初の速さの比を最も簡単な整数の比で表しなさい。

(2)　スタート地点からＰ地，Ｐ地からＱ地，Ｑ地からゴール地点までの距離の比を最も簡単な整数の比で表しなさい。

(3)　Ａ君の最初の速さが毎時4.9kmとすれば，スタート地点からゴール地点までは何kmですか。